새로운 시작을 위한

아티스트 웨이

새로운 시작을 위한

아티스트 웨이

| 줄리아 카메론 지음 | 정영수 옮김 |

**중년 이후의 삶에서
창조성과 의미를 발견하기**

청미

우리 모두에게 일생을 함께할

창조성에 대한 영감을 준

제러미 타처에게 이 책을 바칩니다.

7주차 · 적응 유연성 되살리기

8주차 · 기쁨 되살리기

9주차 · 움직임 되살리기

10주차 · **생명력** 되살리기

11주차 · **모험심** 되살리기

12주차 · **신뢰** 되살리기

25년 전, 나는 창조성을 다룬 『아티스트 웨이』라는 책을 썼다. 이 책에는 우리가 창조성을 회복하고 발휘하기 위해 단계별로 할 수 있는 것들이 소개되어 있다. 나는 종종 이 책을 '다리'라고 일컫는다. 많은 사람들이 『아티스트 웨이』를 통해 속박과 두려움이라는 바닷가에서 벗어나 큰 성취감을 주는 창조성이라는 약속의 땅으로 나아갈 수 있었기 때문이다. 모든 연령대가 『아티스트 웨이』를 활용했는데 이제 막 은퇴한 수강생들의 태도는 무척 절실했다. 나는 그들에게 은퇴와 함께 다가온 특별한 문제가 있음을 감지했다. 수년간 많은 이들이 내게 은퇴를 앞두고 있는 과도기와 관련된 문제를 다루어달라는 요청을 했다. 당신이 지금 들고 있는 이 책은 내 25년 강의 인생의 정수이자, '인생의 제2막'을 시작하는 수강생들이 던지는 "그다음은 뭐죠?"라는 질문에 대한 내 대답이다. 이 책을 읽으며 당신은 이제 막 은퇴한 이들이 마주하는 흔한 문제들, 예를 들어 남아도는 시간이나 부실한 체계, 갑자기 구식처럼 느껴지는 주변 환경, 또는 미지의 것에 대한 선명한 두려움과 결부된 미래를 향한 기대감 등을 알게 될 것이다. 최근에 한 친구가 이런 걱정거리를 털어놓았다. "내가 할 줄 아는 것은 회사 일밖에 없어. 일을 그만둔 다음에 무엇을 할 수 있을까? 아무것도 하지 못하게 되는 건 아닐까?"

그렇지 않다. '아무것'도 하지 못하게 되는 상황은 벌어지지 않을 것이다. 당신은 많은 것을 할 것이다. 당신은 당신 자신만이 길어낼 수 있는, 내면에 존재하는 다채로운 영감의 샘에 놀라워하며 기뻐할 것이다. 당신이 뭔가를 이루고자 갈망할 때 당신은 혼자가 아니라는 사실을, 당신 곁에는 은퇴라는 특별한 문제를 다루는 데 도움이 되는 창조성 도구들이 있다는 사실을 깨닫게 될 것이다. 이것들 중 어떤 도구들은 『아티스트 웨이』를 활용해 작업을 해본 사람들에게는 친숙한 도구일 것이고, 어떤 도구들은 새롭거나 그 사용법이 혁신적일 것이다. 이 책은 이제 막 은퇴한 이들에게 금기시되어온 많은 주제들, 즉 따분함, 경솔함, 무소속감, 성급함, 흥분과 우울감 등에 대해 다룰 것이다. 또한 이 책을 활용하는 이들에게 함께 사용하면 창조성의 부활을 촉발할 수 있는 간단한 도구들을 제시할 것이다. 모든 사람들이 창조적임을, 그리고 창조성을 탐험하는 데 결코 늦은 때란 없다는 것을 증명할 것이다.

나의 아버지는 광고 회사에서 영업 담당 임원으로 35년간 성실하게 성공적인 직장 생활을 하다가 은퇴를 한 뒤, 자연에 관심을 기울였다. 아버지는 '블루'라는 스코틀랜드 테리어를 사서 매일 오랫동안 함께 산책했다. 또한 아버지는 조류 관찰용 쌍안경을 사서 매시간 새들을 관찰하고 기록하면서 경이로움과 기쁨을 느꼈다. 또 되새류, 검은방울새, 박새, 굴뚝새, 왜가리, 그리고 약간 이국적인 새를 관찰했다. 1년 중 절반은 플로리다의 배에서 지내고 나머지 반은 시카고 교외에서 지냈는데, 다양한 새들의 군집 생활에 흥미로워하고 새들의 우스운 몸짓에 푹 빠졌다. 아버지는 배에서 혼자 지내는 것이 너무 위험해지자 아예 북부로 이주해 석호°에 있는 작은 오두막에 자리를 잡았다. 거기에서 아버지는 홍관조와 풍금조, 큰어치, 부엉이, 그리고 가끔은 매를 관찰했다. 내가 놀러 가면 아버지는 조류 관찰에 대한 애정을 드러냈다. 아버지의 열정은 전염성이 있어서 정신을 차려보면 나는 어느새 아버지가 관찰하고 있던 새들의 오듀본 그림들을 사고 있었다. 조심스럽게 액자에 끼운 그림들은 내게 큰 기쁨을 주었다. 아버지가 새롭게 발견한 취미는 곧 내 취미가 되었다. 아주 잠깐씩 말이다.

"시간과 집중력만 있으면 돼." 아버지는 이렇게 말하곤 했다. 은퇴 후, 아버지는 자신에게 시간과 집중력 두 가지가 모두 있음을 깨달았다. 새들은 아버지의 친구가 되어주었다. 잘 보이는 곳에 왜가리의 일종인 그레이트 블루 헤론이 둥지를 틀자 아버지는 몹시 흥분했다. 아버지한테 들을 때마다 나는 잠깐이라도 그 새를 볼 수 있었으면 하는 기대를 품었다. 그 새는 아름답고 우아했다. 아버지는 인내심을 가지고 왜가리를 기다렸다. 아버지의 인내심은 은퇴가 준 선물이었다. 중책을 맡아 스트레스가 많은 일을 하는 동안 아버지는 개를 키우지도 새를 관찰하지도 않았다. 그렇지만 자연은 계속 아버지를 불렀고, 아버지는 은퇴한 후에야 비로소 자연의 부름에 온전히 응답할 수 있었다.

나는 54세에 맨해튼으로 이사했다. 노년기에 들어선 64세에는 샌타페

° 모래가 만의 입구를 막아 바다와 분리되어 생긴 호수.

이로 이주했다. 샌타페이에는 지인 두 사람이 살고 있었다. 바로 글쓰기 교사인 내털리 골드버그와, 모건 종 우승마를 길러낸 엘버타 혼스타인이다. 이로써 내게 가장 중요한 기본 요소가 해결되었다. 나는 글쓰기와 말을 무척 좋아했다. 맨해튼에서 10년 동안 살면서 자유롭게 글을 썼지만 말을 타지는 못했다. 내가 샌타페이로 이주한 것은 '아티스트 웨이'의 실행이었다. 나는 내가 정말로 좋아하는 것 25가지를 적었다. 그 목록의 상위에는 세이지와 카미사, 향나무, 까치, 붉은깃찌르레기, 넓은 하늘이 있었다. 다시 말해 남서부 지역과 관련된 것들이었다. 그 목록 어디에도 뉴욕을 떠올릴 만한 것은 전혀 없었다. 사슴, 코요테, 짧은꼬리살쾡이, 독수리, 매 등, 내가 사랑하는 것들은 모두 남서부 지역에 서식하는 동식물이었다. 목록을 적을 당시에는 내 나이에 대해서 생각하지 못했었지만 지금 돌아보니 뉴욕에서 샌타페이로의 이주는 내 인생에서 마지막 이사가 될지도 모르는 중요한 일이었다.

나는 3일 안에 살 집을 정하기로 마음먹고 뉴욕에서 샌타페이로 날아가 집을 찾으러 다니기 시작했다. 단독 주택이 아니라 아파트일 것, 걸어서 갈 수 있는 거리에 식당과 카페가 있을 것, 산이 보일 것 등등, 내가 바라는 조건을 모두 적어서 목록으로 만들었다. 부동산 중개업자가 보여준 첫 번째 집은 위 조건들을 모두 만족시켰지만 나는 그 집이 싫었다. 목록을 세심히 살피며 계속 집을 보러 다녔다. 대부분의 집들은 연한 색 카펫이 깔려 있었는데, 타오스에서 살아본 경험에 따르면 그런 카펫은 집에 재앙을 불러들였다.

마침내, 집을 구하러 다닌 첫날 늦은 시각에 부동산 중개업자가 마지막 집을 보여주었다.

"왜 당신에게 이 집을 보여주려고 하는지 저도 모르겠어요." 그녀는 이렇게 운을 떼더니 나를 태우고 미로 같은 비포장도로를 굽이굽이 돌아 장난감으로 뒤덮인 마당 딸린 작은 흙벽돌집으로 갔다. "애가 넷이나 되는 부부가 살아서 이렇게 정신이 없어요." 부동산 중개업자가 양해를 구했다. 나는 집 안을 찬찬히 들여다보았다. 장난감들과 옷가지들이 사방에 흩어져 있었고 긴 의자들이 빽빽하게 들어차 있었다.

"이 집으로 하겠어요!" 내 말에 부동산 중개업자는 깜짝 놀랐다. 그 집은 향나무 사이에 자리 잡고 있어서 산이 보이지 않았다. 카페와 식당도 몇 킬로미터나 떨어져 있었다. 그럼에도 불구하고 그 집은 내게 "바로 여기가 네 집이야!"라고 외치고 있었다. 가파른 진입로는 겨울철에 위험할 것이며 눈 속에 갇혀 지내는 데 익숙해져야 할 거라는 느낌이 들었다. 그렇지만 창문이 있고 나무에 둘러싸인 팔각형 모양의 방이 내 마음을 사로잡았다. 나는 아버지가 이 '새장 같은 방'을 정말로 좋아할 것이라고 확신했다. 나는 이 방을 집필실로 만들었고, 매일매일 이 방에서 글을 쓰는 시간을 감사하며 지내고 있다.

산 중턱에 위치한 이 흙벽돌집에서 책을 모으고 친구를 사귀며 산 지 이제 3년이 거의 다 되어간다. 샌타페이는 사람들을 따뜻하게 반겨주는 곳이었다. 이 도시에는 내 책의 가치를 인정해주는 독자들로 가득하다. 책 표지 사진 때문에 내 얼굴을 알아보는 사람들이 종종 있다. "좋은 책을 써주셔서 감사해요." 사람들이 인사를 건넨다. 나는 샌타페이에서의 내 인생을 정성 들여 가꾸어나갔다. 내 우정은 공통 관심사에 기반을 둔다. 나는 창조성이 영적인 통로라고 믿으며, 친구들 중에는 불교 신자와 주술 숭배자들도 많다. 나는 3개월마다 맨해튼으로 가서 워크숍을 진행한다. 맨해튼은 따뜻하게 맞이해주면서도 압도하는 느낌을 준다. 나는 나 자신을 '샌타페이에서 온 줄리아'라고 소개하면서 샌타페이에서 사는 것이 무척 좋다고 수강생들에게 말하는데 이는 진심이다.

우편물은 진입로 끝에 있는, 곧 부서질 듯한 우편함으로 들어온다. 나는 가까스로 우편함을 열고 우편물을 꺼내온다. 우편물 가운데 상당수는 달갑지 않은 것들이다. 샌타페이에서 지낸 첫해 3월에 나는 65세가 되었다. 그런데 내 우편함에 '나이듦'과 관련된 광고물로 넘쳐나기 시작한 것은 1월이었다. 나를 노인으로 간주하고 발송한 노인의료보험제도와 특판 보험 안내문을 매일 받았다. 그 우편물을 받고 나서 나는 마치 감시를 당하고 있는 기분이 들어 불쾌했다. 많은 광고주들은 도대체 내가 65세가 되는 줄 어떻게 알았을까?

나는 나 자신이 생일이 다가오는 걸 두려워하고 있음을 깨달았다. 마음으로는 아직 젊다고 느낄지도 모르지만 공식적으로 나는 노인으로 분류되었다. 심지어 묫자리를 사라고 호객 행위를 하는 우편물도 있다. 나는 확실히 나이를 먹고 있을 뿐 아니라 인생의 마침표에 가까워지고 있다. 나는 가족들이 장례비를 부담하기를 원했을까? 아니, 그렇지 않았다.

우편물은 냉혹하고 가차 없는 빛으로 나 자신을 비춰보는 거울이 되었다. 웃을 때 잡히던 눈가의 주름은 주름살이 되었다. 목에도 주름살이 보였다. 나는 노라 에프론의 자전적 에세이 『목을 보면 기분이 나빠져(I Feel Bad About My Neck)』*를 떠올렸다. 그 책을 처음 읽었던 60세

• 우리나라 번역서의 제목은 『내 인생은 로맨틱 코미디』(박산호 역, 브리즈, 2007)이다.

에는 과장된 사랑 이야기라고 생각했다. 그렇지만 그때는 내 목을 보고 기분이 나빠지기 전이었고, 공인된 노인인 65세가 되기 전이었다.

'노인'이라는 단어는 공식적으로 65세 이상의 사람들에게 해당하는 용어이다. 그렇지만 '노인'이라고 불리는 사람들이 모두 스스로를 노인으로 생각하는 것은 아니다. 그리고 모든 사람이 65세에 은퇴하는 것도 아니다. 어떤 사람은 50세에, 어떤 사람은 80세에 은퇴한다. 나이란 상대적인 것이다. 활동 중인 예술가들 대부분은 결코 은퇴를 하지 않는다. 영화감독 존 카사베츠는 이런 말을 했다. "나이를 얼마나 먹었든지 간에 당신이 창조적이고자 하는 열망을 유지할 수 있다면 어린아이는 당신 안에서 계속 살아 있다." 존 카사베츠는 '젊은 노년'으로 불려도 손색없을 만큼 그 자신이 훌륭한 본보기가 되었다. 그는 연기와 연출을 병행하며 자신의 신념을 반영한 영화 제작에 참여했다. 그는 아내 제나 롤런즈를 포함하여 여러 배우들과 함께 한 작업을 통해 '관계와 인연'에 관한 이야기를 들려주었다. 나이가 들면서 그는, 고민하고 갈등을 겪는 사람들을 그린 자신의 여러 작품에 직접 출연했다. 누구나 그의 열정을 느낄 수 있었다. 그는 영화 속에서 가장 나이 든 인물을 연기할 때조차도 마음만큼은 언제나 청춘이었다. 존 카사베츠를 본받는다면 우리는 인생에 대한 열정적인 관심을 유지할 수 있다. 우리는 어떤 일에 전적으로 우리 자신을 내던질 수 있고 65세에도 여전히 생기 넘치는 초보자가 될 수 있다.

샌타페이에서 중위 연령*은 60세라고 한다. 나는 식료품점에서 많은

---

* 나이순으로 한 줄로 세웠을 때 가장 가운데에 있는 사람의 나이.

노인들이 카트를 밀고 있는 모습을 보고 그 말이 사실임을 알 수 있었다. 사람들은 샌타페이로 은퇴한다. 나는 "아직도 글을 쓰나요?"라는 질문에 거의 이골이 날 지경이다. 사실, 나는 글을 쓰지 않는 삶을 상상할 수 없다. 작업과 작업 사이에 틈이 생기는 것을 늘 두려워해서 하나의 작업이 끝나면 바로 이어서 다음 작업을 시작한다. 나는 계속 내 작업이 못 미더웠다. 아무리 40권이 넘는 책을 집필한 관록이 있다 해도, 책을 쓸 때마다 이 책이 마지막이 될지도 모른다는 두려움에 시달린다. 결국에는 나이 때문에 펜을 놓게 될까 봐 무섭다.

나는 최근에 실력 있는 상담 치료사 바버라 맥캔들리시에게 상담을 받으러 갔다.

"우울해요. 다시 글을 쓰지 못할까 봐 두려워요." 나는 고민을 털어놨다.

"당신은 나이 드는 것을 두려워하고 있군요. 나이듦을 두려워하는 감정을 주제로 글을 쓴다면 다시 자유롭게 글을 쓰고 있는 자신을 발견하게 될 거예요." 그녀가 조언했다.

답은 언제나 '창조성'이다.

극작가 리처드 넬슨은 새로운 작업에 온몸을 던진다. 그의 나이는 문제가 되지 않는다. 그의 최근 작품인 연작 희곡 『애플 씨네 이야기(The Apple Family Plays)』*는 몰두하면 무엇을 성취할 수 있는지를 보여주는 좋은 예이다.

탁월한 작가 존 바워스는 60세에 첫 소설 「이야기의 끝(End of Story)」을 출간했다. 그는 64세에 첫 번째 작품보다 더 길고 야심찬 두 번째 소

• 리처드 넬슨(1950~)이 2010년부터 2013년까지 집필한 총 네 편의 희곡.

설 작업에 몰두하고 있는데, 로라 잉걸스 와일더가 『초원의 집』을 출간했을 때 그녀는 64세였다고 말한다. 그는 샌타페이에서 연 최근작 사인회에서 밝은 무대 조명 때문에 주름살이 많이 보인다고 말했다. 그런 농담을 하긴 했지만 그는 나이에 비해 건강해 보이는 매력적인 사람이다. 그의 왕성한 창작 활동이 그의 정신을 실제 나이보다 훨씬 더 젊게 유지해주는 것으로 보인다.

60대 중반의 내 친구 로라는 시카고에 있는 지역 체육관에서 격렬한 줌바 댄스 수업을 수강한다. "겨우 따라가는 수준이야." 로라는 겸손하게 말한다. 사실 그녀는 따라가는 수준 이상이다. 자세에 자신감이 차 있고, 활력이 넘친다. "겨우 일주일에 세 번인데 뭘." 로라가 말은 이렇게 하지만 그녀의 신체 건강과 긍정적인 마음가짐에 줌바 댄스 수업이 영향을 미친 것은 확실하다. 로라는 어린 시절 발레를 배울 때부터 언제나 춤추는 것을 무척 좋아한 데다가 쾌활하고 창조적인 천성에 딱 맞는 운동을 찾은 덕분에 확실히 얼굴에 빛이 나고 어느 때보다도 지금 더 지속적으로 운동을 하고 있다.

백발이지만 몸이 탄탄한 웨이드는 최근에 오랜 학자 생활을 그만두고 은퇴했다. 대학 철학과에서 카리스마 넘치는 강의로 명성을 날렸던 그는 은퇴 후 연극 강의를 수강하고 싶은 강렬한 욕구를 느끼는 자신에게 깜짝 놀랐다. 젊은 시절 지역 극단에서 활발한 활동을 했었던 그는 현재 열정적으로 연기 활동을 하고 있다. 최근에는 젊은 시절 한시도 떠나지 않았던 바로 그 지역 극단에서 상연하는 「이보다 더 좋을 수는 없다」에서 잭 니콜슨의 배역을 맡고 있다. "무대로 귀환했습니다." 그는 빙그레 웃는다. 그의 얼굴에는 흥분한 표정이 역력하며 극단의 젊은 단원들은 그의 지난 이야기를 무척 듣고 싶어 한다.

은퇴를 한 뒤, 로라와 웨이드 두 사람은 모두 젊은 시절의 열정이 되살아나고 있다는 것을 알았다. 틀림없는 사실이다. 우리 자신의 '인생의 제2막'에서 무엇이 우리에게 기쁨을 가져다줄 것인지를 시사하는 단서는 우리가 살아온 인생 안에 있다.

어린 시절 브라우니 카메라*로 사진 찍는 것을 무척 좋아했던 내 친구 배리는 오랫동안 통신 기술 분야에서 일하다가 은퇴를 함과 거의 동시에 이 열정을 재발견했다. 그는 디지털 카메라의 마법을 즐겁게 배우며 사진을 찍기 시작하더니, 곧 찍은 사진을 편집·수정하기 위해 포토샵을 하기 시작했다. 이제는 날마다 페이스북에 자기가 찍은 사진을 올리는데 그 사진들은 신비롭고 아름답다. 그리고 그는 때로는 있는 그대로의, 과장 없는 이미지를 올리기도 하고, 때로는 예술가적 시선으로 자신만의 독특한 인상을 전달하기 위해 원본 사진을 변형해서 올리기도 한다. 그는 앞으로도 종종 자신의 사진이 명화를 연상시킬 때까지 보정하는 작업을 계속할 것이다.

배리가 내게 이런 말을 한 적이 있다. "다섯 살 때쯤 나는 아빠 무릎에 앉아서 아빠와 함께 록웰 켄트의 『세계 유명 명화 100선』을 봤어. 아빠는 작품 설명 부분을 읽어주시고는 했지. 나는 여러 주 동안 아빠와 함께 그 책을 보면서 많은 미술 작품을 접하게 됐고 그 이후로 예술은 언제나 나와 함께했지." 친구들이 배리는 예전부터 자신의 소명을 잘 알고 있었다고 말하면, 배리는 겸손하게 이렇게 말했다. "내가 내 소명을

---

* 이스트만 코닥사의 간단한 상자형 카메라.

알고 있었다는 걸 나는 몰랐어. 아마 많은 사람들이 그럴 거야."

피카소는 이렇게 말했다. "모든 어린아이들은 예술가로 태어난다. 문제는 어떻게 하면 어른이 되어서도 예술가로 살아갈 수 있는가이다." 이를 위해서는 열정과 헌신, 그리고 무엇보다 초보자가 되는 용기라는 자질이 필요하며, 이러한 자질들은 우리가 이미 가지고 있는 자질들이다.

최근에 나는 예술가 친구와 저녁을 먹었다. 67세인 그는 여전히 날마다 작가로, 라디오 디제이로, 교사로 일한다. 우리는 내 최근 집필 활동과 은퇴와 관련된 내 생각에 대해 이런저런 이야기를 나누었다.

"예술가들에게 은퇴란 없어." 그는 간단하게 말했다.

그것은 사실이다. 토머스 미한은 83세에 한 시즌에 뮤지컬 작품 둘을 브로드웨이 무대에 올렸다. 86세인 그는 지금도 새로운 작품 준비에 한창이다. 존경받는 바이올리니스트이자 교사인 로만 토텐버그는 생의 마지막 날까지, 90대에도 가르치고 연주를 했다. 건축가인 프랭크 로이드 라이트는 일리노이주 오크파크에 미완의 건축물을 남기고 91세로 생을 마감했다. 가수이자 기타리스트인 비비 킹은 89세로 생을 마감했는데 죽기 6개월 전까지 순회공연을 했다. 작사가이자 뮤지컬 대본 작가인 오스카 해머스타인 2세는 65세 이른 나이에 생을 마감했지만, 「사운드 오브 뮤직」이 브로드웨이 무대에 오르는 모습을 볼 수 있었다. 그가 마지막으로 작곡한 「에델바이스」는 리허설이 진행되는 동안 작품에 추가되었다.

이를 통해 우리는 무엇을 배울 수 있을까? 자기표현은 멈추지 않으며, 멈춰서도 안 된다는 점이다. 우리 한 사람, 한 사람은 모두 창조적이다. 우리는 저마다 이 세상에 선보일 독특한 것을 가지고 있다. 시간과 경험을 둘 다 가지고 있다는 점은 우리에게 유리한 면이다. 은퇴기는 프로젝트와 씨름하고, 묻어두었던 꿈을 꺼낼 때이며, 과거를 다시 돌아보고 미지의 세계를 탐험할 때이다. 바로 우리의 미래를 설계할 때이다.

| 창조성 회복을 위한 기본 원칙 |

1. 창조성은 생명체의 자연 질서이다. 생명체는 순수하고 창조적인 에너지이다.

2. 우리 자신을 비롯한 모든 생명체에 영향을 미치는, 근본적이며 내재된 창조력이 있다.

3. 우리가 가진 창조성에 우리 자신을 여는 것은 우리와 우리 생명체에 내재된 창조주의 창조성에 우리 자신을 여는 것과 같다.

4. 우리 자신은 창조물이다. 따라서 우리 자신은 창조적 존재가 됨으로써 창조성을 계속 유지해나가게 된다.

5. 창조성은 신이 우리에게 준 선물이다. 창조성을 사용하는 것은 우리가 신에게 돌려드리는 선물이다.

6. 창조적이길 거부하는 것은 아집이며 우리의 본성을 거스르는 것이다.

7. 우리가 우리의 창조성 탐험을 위해 우리 자신을 여는 것은 신에게 우리 자신을 여는 것이며 이는 선하고 순리에 따르는 것이다. 신(God), 즉 유익하고 정돈된 방향(good, orderly direction)에게 우리 자신을 여는 것이다.

8. 우리가 창조주에게 우리의 창조적 통로를 열면, 부드럽지만 강력한 변화가 많이 일어날 것이다.

9. 더 폭넓게 확장되는 창조성에 우리 자신을 열어도 괜찮다.

10. 창조적 꿈과 동경은 신성한 근원에서 비롯된다. 우리가 꿈에 다가
가는 것은 신성함에 다가가는 것이다.

이 책을 어떻게 활용할 것인가?

이 책은 창조성을 확장하기를 바라는 사람이라면 누구나 참여할 수 있
는 12주 프로그램으로 구성되어 있다. 이 책은 예술가라고 '명명된' 사
람들만을 위한 책이 아니다. 이 책의 대상은 인생의 제1막을 뒤로하고
아직은 확고히 설계되지 않은 인생의 제2막에 들어서려는 사람들이다.
이는 어떤 사람들에게는 직장에서의 은퇴를 의미할 수도 있고, 또 다른
이들에게는 자녀들이 성장하여 독립한 뒤 빈 둥지를 마주함을 뜻할 수
도 있다. 또 어떤 사람들에게는 갑자기 '노인'으로 낙인찍혔을 때 창조적
정신에 생기를 불어넣어주는 것을 의미할 수도 있다.

매주, 당신은 그 주에 해당하는 부분을 읽고, 그 안에 담긴 과제를 수
행하게 될 것이다. 당신은 기본 도구 4가지를 이용해 과제를 수행할 것
이다. 즉, 매일 '모닝 페이지'를 쓰고, 일주일에 한 번씩 '아티스트 데이
트'를, 그리고 일주일에 두 번씩 나 홀로 '산책'을 할 것이다. '회고록'은
12주에 걸쳐 진행될 것이며, 당신의 특별한 인생 이야기를 12부분으로
나누어 한 번에 한 부분씩(감당할 수 있는 만큼씩) 다시 돌아볼 것이다.

12주(석 달)가 길게 느껴질지도 모르지만, 당신 인생의 다음 단계를
위해 일주일에 몇 시간씩 투자하는 것이라고 생각하면 좋을 것이다.

모닝 페이지: 매일 아침에 일어나자마자 의식의 흐름에 따라 손으로 3
　　쪽씩 글을 쓰기. '당신만 볼 것.'

회고록: 주마다 몇 년 단위로 기억을 일깨우고 당신의 인생을 되돌아
　　보도록 구성된 과정

아티스트 데이트: 일주일에 한 번씩, 뭔가 재미있는 것을 찾아보는 혼자
　　만의 탐험

산책: 일주일에 두 번, 개나 친구나 휴대 전화 없이 20분간 혼자 걷기

모닝 페이지

내가 '모닝 페이지'라고 부르는 이 창조성 회복의 기본 도구는 그야말로
무슨 내용이든지 아침에 손으로 3쪽씩 글을 쓰는 것이다. 이것은 아침
에 가장 먼저 하는 일이며 아무에게도 보여주지 말아야 한다. 모닝 페이
지를 쓰는 데 잘못된 방식이란 없다. 나는 모닝 페이지를 당신이 보낼
하루를 선명하게 바라보지 못하게 방해하는 것은 뭐든지 닦아서 없애
버리는 자동차 와이퍼라고 생각한다.

"새 모이 사는 것을 깜빡했다. 새로 산 식기 세척기 세제는 생각한 것
보다 별로다. 나는 AAA(미국 자동차 서비스 협회)의 회원권을 갱신해야
한다. 프린터 용지가 다 떨어졌다. 동생한테 전화해야겠다." 이와 같은 모

닝 페이지는 사소하고 하찮은 것처럼 보일지 모르지만 창조성과 관련된 좀 더 깊이 있는 모험을 위한 길을 구축하는 활동이다.

모닝 페이지는 우리가 정확하게 어디에 있는지 우리와 우주, 둘 모두에게 알려준다. 나는 종종 모닝 페이지를 활동적인 명상으로 생각한다. 또 다른 한편으로는 모닝 페이지가 우리 인생 구석구석에 쌓여 있는 먼지를 떨어내는 아주 작은 솔이라고 생각한다. 시간이 없다며 모닝 페이지 쓰기를 여러 차례 거부한 사람들이 결국에는 빈 시간이 생길 때 할 수 있는 일로 모닝 페이지 쓰기만 한 것이 없다는 생각을 점차 갖게 되었다.

모닝 페이지는 은퇴자들에게 이상적임이 틀림없다.

"줄리아, 난 시간이 없어요."라고 말하던 사람이 "줄리아, 나는 시간이 얼마든지 있어요. 그리고 내가 그 시간을 어떻게 활용하고 싶어 하는지 잘 알아요."라고 말하게 된다. 나는 모닝 페이지는 영적인 라디오라고 설명한다. 우리가 분노, 두려움, 기쁨, 즐거움, 꿈, 희망에 대해 쓸 때, 우리가 진정 누구인지를 우주에 알리는 것이다. 자유롭게 글을 쓸 때, 전에는 알아차리지 못했을 수도 있는 인생의 선택 지점이 보이고 좀 더 자유로워진 우리 자신을 발견하게 된다. 우리는 우주가 우리에게 보내는 대답을 듣기 시작한다. 다음 단계에 무엇을 해야 하는지 알려주는 육감과 직감이 우리를 조심스럽게 잘 이끌어준다. 종종 모닝 페이지는 엄한 사랑을 보여주는 친구이다. 만일 우리가 중요한 문제에 조치를 취하지 않으면, 모닝 페이지는 자신이 한 제안을 따를 때까지 우리를 계속 들볶을 것이다.

나는 종종 이런 얘기를 듣는다.

"줄리아, 모닝 페이지를 쓰다 보면 저절로 냉철해져요."

"줄리아, 모닝 페이지를 쓰면서 나 스스로 식습관과 운동 습관에 대해서 엄격하게 관리를 하고 싶어 하는 마음이 있다는 것을 알게 되었어요. 23킬로그램이나 뺐다니까요."

매일매일 모닝 페이지를 쓰면서 불평만 늘어놓을 뿐 적극적으로 행동하지 않기는 무척 어렵다.

모닝 페이지는 우리를 창조주와 의식적으로 접촉하도록 이끈다. 모닝 페이지는 우리의 꿈과 영감에 좀 더 적합한, 새로운 인생으로 나아갈 수 있는 다리를 놓아준다.

"줄리아, 나는 모닝 페이지가 무서워요."라는 이야기를 가끔 듣는다. 나는 모닝 페이지는 부드럽고 온화하다는 말로 용기 없는 사람들을 안심시킨다.

"나는 정말 모닝 페이지가 효과가 있는지 모르겠어요." 때로는 의심 많은 이들이 말한다. "일단 한번 모닝 페이지를 써보세요." 나는 그들을 격려한다. 모닝 페이지를 쓰는 데에는 잘못된 방법이란 없다. 모닝 페이지는 경험해봐야 진가를 알 수 있는 도구이다. 실제로 모닝 페이지를 써보면 그 효과를 믿게 된다.

난기류가 없다면 그 속도감을 실감하지 못할지도 모르는 제트기 승객들과 마찬가지로 모닝 페이지를 쓰는 사람들 역시 변화의 속도를 눈치채지 못할지도 모른다. 아무런 변화 없이 모닝 페이지를 쓰는 일은 불가능하다. 그렇지만 어떤 사람들은 모닝 페이지를 쓰는 시간이 그저 따분하기만 하다고 이의를 제기한다.

"그래도 계속 쓰세요. 계속해서 쓰다 보면, 돌파구를 찾게 될 거예요." 나는 그들에게 이렇게 조언한다.

"줄리아, 그런데 정말이에요. 아무 일도 일어나지 않는다고요." 내가 보기에는 이미 빛의 속도로 변화하고 있는 수강생에게 이런 이야기를 들을 때도 있다. 창조성 회복이 눈에 잘 띄지 않는 경우가 종종 있는데, 이것은 창조성 회복이 예상치 못한 방향으로 우리를 변화시키기 때문이다. 나는 작가가 그림 그리기를, 변호사가 글쓰기를, 교사가 노래 부르기를 시작하는 것을 본 적이 있다. 누구나 예상치 못한 방향으로 변화할 수 있다. 이런 현상을 나는 종종 이렇게 표현한다. "당신이 이 도구들을 사용하는 것은 사과나무를 흔드는 것과 같아요. 그런데 우주는 오렌지를 전해주죠."

예상치 못한 방향으로의 변화는 비단 예술에서만 일어나는 것은 아니다. 캐럴은 성인 문해 교육 프로그램에 자원봉사를 하게 되었다. 그 일은 그녀에게 말할 수 없는 기쁨을 안겨주었고, 그녀의 공허한 시간을 채워주었다. 앤서니는 체스 리그에 참가했다. 몬티는 브리지 클럽에 가입했다. 새로운 취미에 몰두하는 모습은 자주 목격하게 되는 모닝 페이지의 성과이다. 그러므로 다음에 '내게는 아무 일도 일어나지 않는다.'라는 생각에 사로잡히게 되면 다시 한번 생각해보기 바란다.

모닝 페이지를 쓰는 것은 주의를 집중하는 행동이다. 주의 집중을 하면 언제나 그 보상으로 치유가 일어난다. 많은 사람들이 치유적 가치에 대해 인식하지 못하고 모닝 페이지를 시작한다. 우리는 모두 상처를 안고 있다. 상대적으로 상처가 심하고 덜한 차이가 있을 뿐이다. 어떤 사람들은 어린 시절에 심한 타격을 입었을 수도 있고, 또 어떤 사람들은 성인이 되어 상처를 입었을 수도 있다. 모닝 페이지를 쓰면서 우리에게 일어났던 잘못된 일을 문자 그대로 '바로잡게' 된다.

모닝 페이지는 현재에 초점을 맞춤으로써 미래에 대한 희망을 갖게 해준다. 하루하루 우리에게는 많은 선택의 순간들이 있다. 우리의 선택들을 보면서 우리의 마음도(그리고 삶의 무게도) 가벼워진다.

모닝 페이지를 처음 쓰는 사람들은 이전에 회피했던 많은 감정에 압도될지 모른다. 우리는 모호한 상태에 잘 길들여져 있다. 그러나 이런 모호함은 더는 우리에게 도움이 되지 않는다. 어떤 것에 대해 실제로는 전혀 다르게 느낄 수도 있는데 우리는 "난 괜찮아."라고 말하는 데 길들여져 있다. 모닝 페이지는 우리에게 구체적으로 표현하도록 격려한다. "난 괜찮아."라고 말하는 대신에 "난 화가 나. 짜증이 나. 위협을 느껴."라고, 그 많은 것들 가운데 '괜찮은' 것은 하나도 없다고 말하는 자신을 발견할지도 모른다. 우리의 감정을 정확히 말하고 표현하는 법을 배워감에 따라 우리는 그 감정에 덜 휘둘리게 된다. 부정적인 감정을 인정할 때 비로소 우리는 그 감정을 나쁘게 생각하지 않기 시작한다. "나는 위협을 느껴.", 또는 "나는 질투가 나.", "나는 너무 화가 나 미치겠어."라고 쓸지도 모른다. 이전에 무시했던 감정을 느낌으로써 우리는 그 감정을 다루는 데 도움을 받는다. 우리는 더는 감추어져 있던 그런 감정에 습격당하지 않는다. 모닝 페이지를 통해 힘든 감정을 탐색하고 표현하면서 우리는 진실성이라는 가치 있는 예술을 우리에게 가르친다. 처음에는 모닝 페이지에, 그다음에는 우리 삶에, 우리는 새로운 경계를 세운다. 더는 하얀 거짓말로 자신의 감정을 감추지 않는다. 모닝 페이지에 우리 자신을 드러내 보이고 나면, 곧 세상에서 어느 누구에게도 좌지우지되지 않는 우리 자신을 보게 될 것이다.

모닝 페이지를 쓰면 우리는 인생의 목적을 향해 서게 된다. 우리 자신의 가치는 더욱 명확해진다. 처음에는 우리 자신에게, 그리고 다음에는 다른 이들에게 더욱 솔직해진다. 솔직함이 다른 사람들을 밀어낼까 봐 두려울 때가 있겠지만 실제로는 그 반대임을 우리는 깨닫는다. 즉, 우리가 치유받고 성장할수록 우리를 둘러싼 관계 또한 치유받고 성장한다.

모닝 페이지는 손으로 쓴다. 이유가 뭘까? 매번 수강생들은 컴퓨터로 쓰는 게 훨씬 더 빠르다고 말한다. 그렇게 하는 게 훨씬 더 효율적이지 않은가?

아니다. 나는 그렇게 생각하지 않는다.

모닝 페이지의 핵심은 꼭 손으로 써야 한다는 것이다. 우리 생각을 정확하게 기록하려면 손으로 느리게 써야 한다. 컴퓨터로 쓰면 우리 생각을 모닝 페이지에 휙휙 던져 넣는 셈이 된다. 손으로 모닝 페이지를 쓰는 것은 시속 60킬로미터로 차를 모는 것과 같다. "아, 출구가 저기 있네. 저기 좀 봐. 편의점이 있어."라고 말할 수 있다.

그런데 컴퓨터로 모닝 페이지를 쓰는 것은 시속 120킬로미터로 차를 모는 것과 같다. "저런, 저기가 내가 나가야 할 출구였어? 저기가 편의점이었어? 주유소였어?"라며 놀란다. 지각 작용은 순식간에 일어난다. 너무 빨리 차를 몰면 보거나 느낀 것을 제대로 알지 못한다. 우리는 중요한 이정표와 그 안에 적힌 세부 사항을 못 보고 지나친다. 손으로 쓰면 마주한 것을 정확히 알게 된다. 손으로 모닝 페이지를 쓰면 결국 손으로 인생을 만들게 되는 것이다. 많은 사람들이 컴퓨터로 써야 더 빨리 쓸 수 있다고 생각하지만 우리는 빠른 속도를 목표로 하지 않는다. 우리가 생각하고 느끼는 것과 우리 자신을 정확하게 연결하기 위해 손으로 쓰는 것이다. 컴퓨터로 쓰면 우리 인생에 일어나는 사건에 대해 스스로 '괜찮다'

고 서둘러 말한다. 그렇지만 '괜찮다'가 정말로 의미하는 것은 무엇인가?

그에 대한 답변은 손으로 쓸 때 얻을 수 있다.

내가 슬플 때, 손으로 쓰면 슬픈 이유를 적게 된다. 나는 두 달 전에 죽은 반려견 타이거 릴리가 그립다. 그리고 아빠와 같이 시간을 보내러 뉴욕에 가 있는 딸아이가 보고 싶다. 동양풍 양탄자에서 꾸벅꾸벅 조는 내 강아지의 버릇이나 자기에게 일어난 일을 들려주는 딸아이의 달콤한 목소리처럼 내가 그리워하는 것에는 특별함이 있다. 아니, 나는 정말 '괜찮다'고 느끼지 않는다. '괜찮다'라는 말은 나 자신과 현실 사이에 놓인 연막이며 실안개이다. 종이에 손으로 쓰면 내 솔직함이 뚜렷이 느껴진다. 한 단어, 한 단어, 손으로 쓰면 자판으로 입력하는 것보다 더 느리겠지만 나 자신의 질문(그리고 답)에 훨씬 더 빨리 직접 접촉할 수 있다.

모닝 페이지는 우리가 어려운 관계를 헤쳐나갈 때 참을성 있게 우리를 가르친다. 모닝 페이지는 우리가 새로운 목표와 계획을 세우고 실행에 나서기 시작할 때 우리의 저항을 통해 우리를 가르친다.

| 과제 |

모닝 페이지

매일 아침, 가능하면 일어나자마자, 무슨 내용이든 3쪽을 쓰라. 단면 노트에 손으로 쓰고, 당신만 보도록 하라. A4 크기 노트를 추천한다. 그보다 더 작으면 당신의 생각을 펼치는 데 방해가 될 것이다. 부디 손으로 쓰기를 바란다. 컴퓨터 등을 이용하면 더 빠르게 쓸 수 있다고 생각할지도 모르지만 그 효과는 동일하지 않다. 종종 커피를 마시기 전에 모닝 페이지를 써야 하는지 질문하는 사람들이 있다. 커피 애호가인 나로서는 아침에 커피로 정신을 깨우는 시간에 결코 어느 누구의 방해도 받고 싶지 않다. 그럼에도 불구하고 커피 한 잔을 내리는 데 45분을 쓰지는 말라고 말하고 싶다. 가능한 한 빨리 모닝 페이지를 시작하라. 모닝 페이지를 빨리 시작할수록 그 효과는 더욱 커질 것이다.

사랑하는 사람이나 소중한 친구에게 모닝 페이지를 보여주지 말라. 모닝 페이지는 사적이고 완전히 자유로운 형식이며 순전히 의식의 흐름에 따라 기록하는 것이다. 모닝 페이지는 일종의 영적인 지압 요법*을 시행하는 것으로 하루를 새로 시작하기에 앞서 우리를 깨끗하게 정화하는 것이다. 모닝 페이지는 '일반적인 글쓰기'가 아니며 일정한 형식으로 하나의 주제를 깊이 탐구하는 학술 논문은 더더욱 아니다. 모닝 페이지는 우리에게 남아 있는 전날의 정신적 잔여물을 말끔하게 없애준다. 이 작업을 꾸준히 하면 우리 인생의 궤도가 달라질 것이다.

아티스트 데이트

창조성 회복의 두 번째 주요 도구는 아티스트 데이트이다. 이것은 일주일에 한 번씩, 당신이 관심을 갖고 매력적이라고 느끼는 것을 살피는 나홀로 탐험이다. 뭔가 재미있는 것을 해보자고 자기 자신에게 제안했을

• 원어는 카이로프랙틱(Chiropractic)이다. 이는 손을 뜻하는 그리스어 '카이로(Cheir)'와 치료를 뜻하는 '프랙틱스(Praxis)'를 합성한 말로, 손으로 척추를 자극해 통증을 줄이고 교정하는 일을 말한다. 글쓴이는 모닝 페이지를 '손'으로 써야 함을 강조하고자 이러한 비유법을 사용했다.

때 저항이 있을 거라 예상하고 대비해야 한다.

모닝 페이지는 일이다. 그래서 우리는 흔쾌히 그 일을 시작한다. 창조성을 위해 노력해야 하는 '일'이라는 개념을 우리는 이해하고 있는 듯하다. 이와는 대조적으로, 아티스트 데이트는 놀이를 하라고 할당된 시간이다. 우리는 종종 입으로는 '아이디어 창출을 위한 놀이'라고 하지만 재미가 얼마나 우리에게 도움이 되는지 항상 진심으로 이해하는 것은 아니다. 아티스트 데이트를 시도한 사람들은 통찰과 육감, 돌파구를 경험한다고 말한다. 행복에 대한 의식이 높아진다고 이야기한다. 심지어 어떤 사람들은 아티스트 데이트를 하면 자신보다 더 강력한 힘과 의식적으로 접촉하게 된다고까지 말한다. 그러므로 내면의 저항을 거슬러 아티스트 데이트를 시도해볼 만한 가치가 있다.

빨리 아티스트 데이트를 계획하라. 이것이 아티스트 데이트의 '데이트'* 부분이다. 그런 다음 얼마나 빨리 당신 내면의 훼방꾼이 행동을 개시하는지 지켜보라. 갑자기 아티스트 데이트 대신에 해야만 하는 수백만 가지 일들이 떠오를 것이다. 소중한 사람이 같이 하자고 간청할 것이다. 그렇지만 안 된다. 아티스트 데이트는 혼자 해야 한다. 우리가 자신의 의견을 굽히지 않을 때, 그 보상으로 독립성이 고취된다.

아티스트 데이트는 많은 돈을 들이거나 이국적일 필요는 없다. 반려동물 가게에 들르는 것처럼 아주 단순한 것도 괜찮다. 내가 좋아하는 아티스트 데이트 중 하나는 어린이 서점에 들르는 것이다. 어쩌면 아티스트, 즉 우리의 창조적 예술가는 내면에 있는 어린아이로 나타날 수도 있

• '데이트(date)'에는 날짜, 약속 등의 뜻이 있다.

다. 어린이 서점은 내가 흥미를 느끼는 주제를 대충 훑어볼 수 있을 만큼의 정보를 제공하며, 유희적 분위기 속에서 다양한 주제를 탐험하고 여기저기 기웃거리는 등 즐겁게 놀 수 있게 해준다.

아티스트 데이트의 핵심은 '당신'에게 신선하고 흥분되는 기분을 선사한다는 것이다.

찰스는 아티스트 데이트로 화원에 갔다. 그는 그곳에서 아름다운 난초들을 보았지만, 결국에는 점원이 몇 달 동안 끄떡없이 잘 클 거라고 말해준 분홍색과 파란색의 브로멜리아드˙를 샀다.

뮤리엘은 아티스트 데이트로 음악을 선택했다. 그녀는 교회 성가대가 찬양을 드리는 헨델의 「메시아」를 들으러 갔다. "정말로 장엄하고 아름다웠어요. 성가대원들이 그렇게 재능이 많은 줄 몰랐어요." 그녀는 느낀 바를 전했다.

글로리아는 화방에 갔는데, 특이하게도 그 화방에는 110킬로그램이나 되는 뱀이 아크릴 상자에 담겨 있었다. "뱀을 보고 무서웠어요. 하지만 덕분에 이것저것 물건을 사면서 모험하는 느낌이 들었어요." 그녀가 말했다.

앙투아네트는 활기 넘치는 아티스트 데이트를 했다. 다니던 체육관에서 킥복싱 수업을 들었다. "금세 숨이 차고 진도를 따라갈 수 없었지만 체력이 좋아지리란 걸 알았기에 계속하기로 마음먹었죠. 어쨌든 그 강사는 체중이 좀 나가는 편이어서 계속해서 격렬한 속도로 운동을 하지는 못했어요. 나는 강사가 완벽하지 않다는 사실을 즐겼어요. 그 점이

˙ 파인애플과의 관상용 식물.

제게 용기를 주었어요." 그녀가 말했다.

아티스트 데이트는 용기를 요구한다. 하지만 그 용기에 대한 보상으로 우리는 활기와 영감을 되찾는다.

아티스트 데이트의 첫 번째 성과 중 하나는 체력이 증진된다는 것이다. 놀이를 시작해보면, 의외로 쉽게 지치지 않는다는 것을 알게 된다. 세상은 모험으로 가득 차 있고, 우리는 모험심이 가득한 영혼이다. 모험을 계획하면서 우리는 '능통함'보다는 '호기심'이라는 면에서 생각하는 것이 중요하다. 당신이 스케이트를 타는 법을 모른다고 해보자. 배우기에 늦은 때란 결코 없다! 우리 안의 어린아이는 오랜 세월 굶주린 경우가 많다. 우리는 이제 의무보다는 매력이라는 관점에서 생각해야 한다. 우리는 경이감을 되살리려 애쓰고 있다. 동물원, 조류 공원, 수족관은 종종 아티스트 데이트를 시작하기에 이상적인 장소이다. 우리는 거기에서 살아 있는 동물들을 만난다. 우리가 그 동물들을 호기심 가득한 눈으로 바라보듯 그들도 우리를 그렇게 바라볼 것이다. 모험을 계획할 때 우리는 유희를 추구하는 상상 속 어린아이를 만들어내고 싶어 할 수도 있다. 그러나 진짜 어린아이를 데려오지는 말라. 아티스트 데이트의 핵심은 우리가 살아 숨 쉬는 어린아이를 돌볼 책임으로 제약받지 않던 젊은 시절에 가졌던 경이감과 흥분을 되찾는 것이다.

회고록을 진행하면서 당신은 다시 찾아간 시기의 기억을 떠오르게 하는 아티스트 데이트를 하고 싶어질지도 모른다. 이러한 '기억하기' 아티스트 데이트는 몹시 강력할 것이다. 한 수강생이 어린 시절 여름마다 할머니 댁에 놀러 갔었고, 높은 선반 위에 '할머니 쿠키'가 담긴 키가 큰 통이 놓여 있던 것을 기억해냈다. 몇 년이 지난 후 회고록 작업을 하면서, 그녀는 그 경험을 되살리는 특별한 아티스트 데이트를 했다.

"할머니 댁에 있었던 쿠키 통을 떠오르게 하는 것을 찾을 수 있지 않을까 하는 희망을 가지고 몇몇 골동품 상점을 찾아갔어요. 놀랍게도 그 기억을 떠오르게 하는 통을 발견했죠. 할머니 쿠키 통이 정확히 어떻게 생겼었는지 내가 잘 모른다는 사실을 깨달았지만, 파랗고 하얀 그 쿠키 통은 내 안에 있는 어린아이다운 면을 불러일으켰어요. 이모한테 레시피를 구해서 내 손으로 '할머니 쿠키'를 만들었고, 분홍색 설탕을 입힌 쿠키들이 서로 달라붙지 않도록 쿠키 통 안에 공들여 기름종이를 깔았어요. 이 경험은 정말 감동적이었어요. 할머니 쿠키의 향과 맛은 아주 소박하고 행복했던 시절로 나를 데려가주었어요."

또 다른 수강생은 고통스러운 기억과 관련된 아티스트 데이트를 했고 놀랄 만한 결과를 얻었다. 다음은 크리스가 들려준 이야기이다. "나는 알코올 중독으로 형을 잃었어요. 오랫동안 나는 형을 돌보았어요. 매우 복잡한 감정이 드는 무서운 시간이었어요. 때때로 나는 형과 나 자신을 둘 다 잃는 것은 아닌지 두려웠어요. 형과 나는 그리니치빌리지에 살았는데 매일 마주하는 일상에서 할 말이라고는 없었죠. 몇 년간 혼돈스럽고 불안정했어요." 크리스는 그리니치빌리지에서 형과 살 때 가던 중국 음식점에 갔다. "그곳을 떠난 뒤 나는 수년간 그 식당에 가지 않았어요." 그는 기억을 끄집어냈다. "항상 주문했던 만두를 시켰어요. 옛날과 똑같은 만두가 아직 그대로 있더군요. 그 맛과 향이 나를 그 시절로 데리고 갔어요. 나는 옛날 동네를 걸었고, 내가 살았던 아파트를 지나갔어요. 나는 옛 기억에 압도당하고 말았어요. 내가 키우던 개의 강아지 시절 모습과 여러 나이대의 형의 모습, 그리고 상태가 좋았을 때와 좋지 않았을 때 형의 모습이 모두 생각났어요. 형과 같이 만두를 나눠 먹던 때도 있었고, 형이 거의 혼수상태로 소파에 앉아서 술을 마실 때 눈물을 참으며 혼자 만두를 삼키던 시절도 있었죠. 나는 그 당시 자주 갔던 문구점에도 들렀어요. 때때로 무언가 상실감을 느낄 때면 그 가게에 들어가서 그냥 서서 색색의 펜들을 바라봤어요. 내가 좋아하는 것을 보면서 기분 전환을 하려고 했던 거죠. 여러 해가 지나 나는 색색의 펜들을 바라보며 문구점 거기에 서 있었어요. 형과 내 어두웠던 시절을 생각하니 정말 슬퍼졌어요. 그런데 그때 믿을 수 없는 일이 일어났어요. 나는 이전의 나 자신을 위해 거기 서 있는 것일 수도 있다는 것을 깨달은 거예요. 수년 전 하릴없이 이 펜, 저 펜을 써보며 거기에 서 있었던 그 남자는 바로 저였어요. 그 시절의 나 자신을 돌아보며 '이봐, 다 잘될 거야. 너는 잘 이겨낼 거야.'라고 말할 수 있을 것 같았어요. 내게는 일종의 마무리였어요. 나는 그날 나 자신을 위해 펜을 하나 샀어요. 그 펜을 쓸 때마다 정말로 행복해요."

우리 자신과 연애하고, 우리 자신에게 구애하며, 새롭거나 역사적인 장소들을 탐험하는 이 아티스트 데이트에는 보통 한 시간밖에 안 걸린다. 일어나서 밖으로 나가 아티스트 데이트를 할 때 기울인 노력만큼 그 시간은 매우 기억에 남을 만한 시간이 될 것이다.

아티스트 데이트

가능한 모험 10가지의 목록을 작성하라. 일주일에 한 번씩, 모험 하나를 실제로 해보라. 이 목록 중에서 하나를 해도 좋고, 주중에 떠오른 것을 해도 좋다. 아티스트 데이트는 당신에게만 기쁨을 주는, 당신 혼자만의 탐험이다. 일주일에 한 번, 1시간 정도 걸릴 계획을 세우라(단, 당신이 원한다면 더 여러 번, 오래 해도 괜찮다). 중요한 사람을 만나듯이 아티스트 데이트 일정을 잡으라. 계획을 취소해버리고 싶거나 다른 사람을 초대하고 싶은 유혹을 이겨내라. 아티스트 데이트는 당신 내면에 있는 창조적 예술가와의 만남이다. 이 과제를 수행하는 것에 큰 저항감을 느낄지도 모르지만, 의심할 것도 없이 그 보상은 놀라울 것이며 당신에게 영감을 불어넣어줄 것이다.

산 책

산책은 가장 가치 있는 창조성 도구 중 하나이자 가장 단순한 도구이기도 하다. 『아티스트 웨이』에서 나는 12주차에 운동을 넣었다. 나는 당시에 운동이 중요하다는 것은 알았지만 얼마나 중요한지는 깨닫지 못했다. 25년이 지난 지금, 나는 강의할 때마다 주 2회 산책을 과제로 제시한다. 나는 산책이 불안을 누르고, 창조성이 밖으로 표출되도록 한다는 것을 알게 되었다.

"줄리아, 그렇지만 저는 산책할 시간이 없어요." 이따금 수강생들이 이의를 제기한다. 그들은 산책의 중요성을 깨닫지 못하기 때문에 그렇게 말하는 것이다. 가장 강력하게 이의를 제기하던 수강생들이 산책을 가장 많이 지지하는 팬이 되는 것은 아주 흔한 일이다. 한 수강생이 이렇게 설명한 적이 있다. "마치 우주에게 말을 걸면 우주가 산책을 통해 대답을 하는 것 같아요."

산책은 감수성을 훈련하는 것이다. 우리는 걸으면서 창조성의 샘을 가득 채운다. 우리는 새로운 이미지에 주목하고 새로운 관계를 맺는다. 창가 화단에 앉아 있는 고양이에서부터 주인이 잡은 목줄을 세게 잡아당기는 개에 이르기까지, 우리는 우리와 모든 생물들의 관계를 알아챈다. 아이가 놀면서 지르는 흥겨운 비명 소리에서부터 짹짹 지저귀며 찾아오는 새의 즐거운 노랫소리까지 우리는 인생의 멜로디에 많은 음을 함께 짜 넣는다. 산책은 경험이라는 비단 조각을 이어 조각보를 만든다. 그렇다. 걷는다는 것은 정말 중요하다.

"솔비투르 암불란도(Solvitur ambulando)." 성 어거스틴이 말했다. "그것은 걸으면 해결된다."라는 뜻이다. 여기서 '그것'은 무엇이든 될 수 있다. 많은 이들은 걸으면서 일상생활의 문제를 해결한다. 걷기는 체계를 가져다줄 뿐 아니라 해답도 가져다준다. 우리는 문제를 안고 산책을 나갔다가 해결책을 안고 돌아올 가능성이 꽤 크다.

모나는 산책을 하지 않겠다고 버텼다. 그녀는 귀중한 시간을 낭비하는 것이라고 생각했다. 꼭 시도해봐야 한다고 내가 강하게 얘기하자 그녀는 짜증을 내다가 적대감마저 내비쳤다. "줄리아, 당신은 산책할 시간이 있을지 모르지만, 나는 그럴 시간이 없어요." 그녀가 항의했다.

"모나, 딱 20분이면 돼요. 아마 그 정도 시간은 낼 수 있을 거예요." 내가 말했다.

화가 난 채로, 모나는 처음으로 20분 동안 산책을 했다. 그녀는 길을 따라 일곱 블록을 걸어갔다가 되돌아왔다. 걸어갔다 되돌아오는 데 각각 10분씩 걸렸다. 그녀가 걸을 때 다람쥐가 길 위로 날쌔게 뛰어다니고 붉은깃찌르레기가 사과나무 가지 위에서 기분 좋게 지저귀었다. 그 찌르레기는 이 도시에서 아주 희귀한 새라고 모나는 혼잣말을 했다. 그 새를 발견했다는 점이 그녀는 만족스러웠다. 마지못해, 모나는 산책에는 무언가 좋은 점이 있을 수도 있다는 것을 인정했다. 그 주의 두 번째 산책에서, 모나는 우연히 서로 두 손을 꼭 잡고 걷고 있는 나이 든 연인 한 쌍을 보았다. 그들을 보며 모나는 신뢰감과 낙천적인 기분을 느꼈다. '나이를 먹는다는 것이 그렇게 나쁜 일은 아닐지도 몰라.' 어느새 모나는 이런 생각에 빠져들었다. 그녀는 자신이 예상했던 것보다 더 금세 산책을 좋아하게 되었다. 과제는 일주일에 두 번 산책하기였는데, 그녀는 매일 산책을 했고, 걸을 때마다 모험심을 느꼈다.

외교관인 다그 함마르셸드는 매일 오래 산책하는 것에 대한 믿음이 있었다. 산책을 하면서 그는 정치적 수완에 관한 복잡한 질문들에 대해 생각하고는 했다. 소설가 존 니컬스는 매일매일 글을 쓰고, 산책도 했다. 존경받는 글쓰기 교사 브렌다 유랜드는 매일 긴 시간 동안 하는 산책을 깊이 신뢰했다. "내가 스스로 터득한 사실을 말해줄게요. 10킬로미터 정도 걸으면 도움이 되더라고요. 그런데 꼭 혼자서 매일 걸어야 해요." 산책은 우리 정신뿐 아니라 몸에도 유산소 운동이 된다. 걷는 데에는 돈이 들지 않고, 비싼 헬스클럽에 가거나 트레이너를 둘 필요도 없다. 산책을 통해 우리는 정신적으로, 육체적으로 서서히 건강해진다.

리사는 퇴직하면서 격한 감정에 휩싸였고 비만이 되었다. 그녀는 매일 걷기 요법을 시작했다. 그녀가 표현한 대로 '정신을 맑게 하기 위해서'이기도 했지만 '20분밖에 걸리지' 않기 때문이었다. 그리고 그녀는 2달 만에 4.5킬로그램을 감량했다. "산책에는 중독성이 있어요." 그녀가 말했다.

작곡가인 프랜시스는 오페레타를 작곡하다가 중간에 막혀버렸다. 내 조언에 따라 그녀는 산책을 시도했고, 2주 후에 행복해하며 말했다. "다시 멜로디가 샘솟아요."

뉴욕에 사는 제럴드는 길을 따라 서로 이웃하여 서 있는 맨해튼의 다양한 건물들을 눈여겨보며 종종 목적지까지 걸어간다. 천성이 낙천적인 그는 산책 덕분에 기분이 좋아진다고 믿는다.

매일 산책하는 습관은 매일 건강을 지키는 습관이다. 20분이면 충분하지만 많은 사람들이 산책을 시작하면 그보다는 더 오래 걷는다.

케이티는 영향력 있는 저작권 대리인으로 산책의 힘을 믿는 사람이다. 그녀는 시내 곳곳을 누비는, '도시 하이킹'이라는 활동을 계속하는데, 하루에 16킬로미터 이상을 걷는다. 그녀는 이렇게 말한다. "산책을 하면 평화로워지고 명확해져요. 신선한 공기는 기분을 북돋아주고, 걸을 때 종종 통찰과 직관을 얻게 돼요."

산 책

일주일에 두 번, 20분 동안 혼자 걸어보라. 반려견이나 배우자, 친구, 휴대 전화 없이 온전히 혼자 걷도록 하라. 당신이 변화할 때이다. 명확해질 때이다. 홀로 하는 산책은 당신 뇌리에 통찰이 들어설 자리를 만들어준다. 나는 종종 산책 중에 "아하!(통찰을 얻었을 때 내는 소리)"를 듣기 위해 기꺼이 귀를 기울인다. 귀를 기울일 때마다 나는 통찰을 얻는다.

회고록

이제 막 은퇴한 수강생들에게서 자주 듣는, 특별히 가슴 아픈 말이 있다. "아, 내 인생은 그다지 흥미롭지 않았어요."

그런데 사실 모든 인생은 대단히 흥미롭다. 그리고 우리가 살아온 인생을 열린 마음으로 들여다보면, 기꺼이 경의를 표하게 되고, 결국 자신의 능력을 인정하고 자신을 칭찬하게 될 것이다.

마술같이 들리는가? 정말 그렇다.

회고록은 삶 자체를 기반으로 하는 주간(週間) 활동이다. 당신의 인생을 여러 부분으로 나누는데, 경험에 비춰보면 당신 나이를 12로 나누어 매주 한 부분씩 다루는 것이 적당하다. 매주 제시한 '질문 목록'의 질문에 답변을 하다 보면 생생한 기억이 떠오를 것이며, 생각지 못한 치유와 명확함을 얻을 것이다. 걱정하지 말라, 당신이 하고 싶지 않다면 인생의 역작을 쓸 필요는 없다. 저마다 회고록은 모두 다를 것이다. 예를 들어, 질문에 간단하게 답변하거나 일반적인 산문체로 떠오르는 기억을 적는 형식을 선택할 수도 있다. 가끔은 번갈아가며 시와 그림, 또는 노래 형식으로 답이 흘러나올 수도 있다. 이런 과정을 통해 당신은 다시 찾고 싶었던 꿈, 폐기하려고 마음먹은 아이디어, 치유되기를 기다리고 있는 상처를 발견할 것이며, 무엇보다도 당신이 살아온 인생의 가치를 깨닫게 될 것이다. 좀 더 깊이 파고들고 싶은 주제가 있을 것이다. 나는 수강생들로 하여금 그들 인생의 여러 시기를 모아 편집하고, 헤어진 연인들에 대해서 곡을 쓰고, 지금에서야 진가를 알게 된 영향을 준 이들에게 감사의 편지를 보내고, 아는 사람들을 바탕으로 한 단편 소설 또는 자신의 경험을 바탕으로 한 에세이를 쓰게 했다.

당신이 살아온 인생을 열린 마음으로 돌아보게 되면 당신의 인생도 열린 마음으로 당신을 돌아보게 될 것이다. "아무것도 기억나지 않는다."라고 걱정하는 수강생들이 있었지만 이는 기우에 지나지 않았다. 매주 첫 번째 과제인 '회고록'에는 당신이 답해야 할 질문이 있다. 즐거움과 모험이 가득한 현재까지의 당신 인생을 조심스럽게 천천히 되돌아보도록 안내하는 이 과정을 통해 당신은 강력한 통찰을 얻게 될 것이다. 당신 자신과 당신 이야기 가운데 깊고 복잡하며 창조적인 많은 부분들을 되돌아보고 되살림으로써 당신은 남은 인생의 출발점이 될 명확함과 목적을 깨닫게 될 것이다.

이 도구를 당신에게 소개하게 되어 무척 흥분된다. 당신의 인생은 이 도구를 통해 변화될 것이다. 이 책에 담긴 이야기를 통해 당신 자신을 발견하게 되기를 바란다. 필자가 인생의 제2막이라고 명명한 이 시기는 어느 때보다 흥미진진하고 충만한 시간이 되리라고 믿는다.

경이감 되살리기

이번 주에 당신은 창조적인 모험을 천천히 시작하면서 아주 어린 시절 기억 속으로 침잠해 들어갈 것이다. 뭐든지 가능할 것 같은 친숙한(그러나 어쩌면 오랫동안 무시되어왔을) 느낌의 경이로움을 되찾게 될 것이다. 또한 새로운 지평의 탐험을 방해하고 있을지도 모르는 낡은 생각, 다시 말해 회의주의와 자기 검열이라는 내부 장벽, 창조성은 몇몇 소수에게만 주어진 매우 드문 재능이라는 외부 사회의 추정, 뭔가 새로운 일을 시작하기에는 '너무 늦었다'는 생각 등을 검토하고 폐기하기 시작할 것이다. 당신은 좀 더 연민을 가지고 당신 자신과 당신의 이야기를 바라보기 시작할 것이다. 당신은 놀라워하며 세상에 기여할 수 있는 많은 것을 지닌 유일무이한 존재로 자신을 인식하기 시작할 것이다.

어린 시절의 호기심으로 되돌아가기

우리 내면 가운데 창조에 관여하는 부분은 어린아이 같다. 그 부분은 경외감으로 가득하고 새로운 경험에 눈빛이 초롱초롱해진다. 또한 새하얀 눈으로 뒤덮인 별천지와 오븐에서 굽고 있는 초콜릿 칩 쿠키의 매혹적인 냄새, 새 연필에서 나는 사각거리는 소리, 화려한 서진의 기분 좋은 유혹과 같은 주위의 감각적인 경이로움에 매료된다. 빅토리아풍의 고택을 보면 구석구석 매력적인 데가 많은 일리노이주 리버티빌의 고택에서 살았던 내 어린 시절 추억이 생생하게 되살아난다. 그 집에 있던 비밀 방과 정교한 조각품, 비밀 문에는 그 집을 지은 목수의 예술가적 기교가 나타나 있었다. 벽의 특정 부분을 두드리면 그 벽이 휙 열리고 뒤에 있던 전축 같은 것이 나타나곤 했는데, 그럴 때마다 어찌나 스릴 넘치던지……. 집을 이리저리 돌아다니는 것 자체가 모험이었다. 집 안 구석구석마다 뭔가 발견되기만을 기다리고 있는 것 같은 오묘한 느낌이 있었다.

아름다움을 볼 수 있기에 젊음은 행복하다. 누구든지 계속 아름다움을 볼 수 있다면 절대로 늙지 않을 것이다.
— 프란츠 카프카

어린아이들은 한 번에 한 가지씩 발견한다. 아주 사소한 부분도 호기심을 일으킨다. 어린아이들은 성인과는 다른 시간관을 가지고 있기 때문에 무언가를 배울 때 '서두름'이라는 개념이 없다. 모든 새로운 발견은 가장 최신의 흥미로운 지식 체계를 기반으로 하며, 그다음에 경험이 형성된다. 성인은 종종 이러한 자연스러운 관점을 잊어버리고 빨리 배우라고 자신에게 압력을 가하거나 즉시 해결책을 찾아내라고 조바심을 내며 자신을 다그친다.

이제 막 은퇴한 사람들은 전문가 시절의 꽉 짜인 삶을 뒤로하고 빈둥거린다고 느껴질 정도로 느슨한 삶으로 들어가게 되는 경우가 종종 있다. 은퇴의 충격 때문에 깜짝 놀랄 수도 있다. 갑자기 빈 시간이 끝없이 이어질 기세를 보인다. 가능성은 무한하며, 이것은 매우 버거운 문제가 될 수도 있다. 이제 막 은퇴한 사람들은 거의 만장일치로 은퇴 초기 며칠간을(심지어는 몇 달간을) '극심한 적응기'라고 묘사한다.

리처드는 오랫동안 레크레이션 책임자로 일하다가 은퇴한 첫날 아침, 날마다 일정이 꽉 차 있던 숱한 세월이 마감되었다는 허전함을 안고 일어났다. 아내가 그날 무슨 일을 할 것인지 물었을 때 그는 "자전거를 탈 것 같아."라고 대답했다. 그다음에 아내가 어디로 갈 거냐고 물었을 때 그는 대답할 말이 없다는 것을 깨달았다. "갈 곳이 없어." 그가 고백했다.

빅터는 엔지니어로서 직장 생활을 마감했다. 은퇴 초기에 그는 직장에서 가져온 책을 훑어보면서 계속 서재를 배회했다. 딸이 안부 전화를 걸어와 즐겁게 은퇴 생활을 보내고 있는지 물었다. "뭘 해야 할지 잘 모르겠어." 그가 대답했다.

당신은 당신 자신에게 매우 너그러워져야 한다. 이것이 중요하다. 특히 은퇴 초기에는 더더욱 그렇다. 이 시기에는 당신 자신에게 아무리 너그러워져도 지나치지 않다.

현실적으로 말해서, 많은 은퇴자들은 자신에게 주어진 아주 많은 여가 시간이 도리어 충격적인 경험이 될 수도 있다는 것을 예측하지 못한다. 갑자기 하고 싶은 대로 하라고 내버려두면, 그들은 침울해지고 우울해지며 결국에는 자기 자신을 부정적으로 판단하게 된다. "훨씬 더 잘해내야만 해."라고 중얼거리며, 자기 자신에게 자비를 베푸는 데 어려움을 겪는다. 실패에 대해 가혹한 판단을 하는 대신에 자기 자신에게 너그러운 말을 건넬 수 있다면 얼마나 좋을까. "물론 나는 충격에 빠져 있어. 힘겨운 적응기를 보내고 있는 거야."

목적의식을 갈망하는 것은 인간의 본성이다. 그러므로 그러한 목적의식 없이 당신이 표류한다고 느끼기 시작할 때 공포감이 찾아드는 것은 당연하다. 이때 모닝 페이지, 아티스트 데이트, 그리고 산책은 당신에게 구명보트가 되어줄 것이다. 이 세 가지 기본 도구는 당신의 하루와 한 주를 위한 '체계'를 만들어준다. 이 체계 안에서 새로운 아이디어와 기회가 생길 것이다. 동시에 회고록 작업을 위한 간단한 질문에 대답을 하면서 당신은 새로운 관심사와 열망, 그리고 앞으로 나아갈 방향을 발견하기 시작할 것이다. 당신은 오랜 시간 잃어버렸던 꿈과 열정을 다시 일깨우게 될지도 모른다. 풍부하고 스릴 넘치는 여정이 당신을 기다리고 있다.

샐리는 30년 동안 회계사로 일하다가 은퇴했다. 처음에 그녀는 당황했다. "나는 창조적인 일을 하고 싶었어요. 하지만 나 자신은 전혀 창조적이지 않은 사람이라고 생각했어요. 나는 숫자를 다루는 일만 했어요. 모든 것은 검은 숫자 아니면 하얀 종이였죠." 그녀가 말했다.

모닝 페이지를 시작했을 때, 샐리는 전혀 예상치 못한 창조적 에너지가 터져 나오는 것을 경험했다. "내 모닝 페이지는 나에 대한 온갖 아이디어로 가득 찼어요. 나는 집 안의 모든 색을 바꾸었고, 회사 다닐 때 입던 옷을 거의 다 버렸어요. 색상이 화려한 옷을 입고 싶었거든요. 정원에 화초를 심고 싶었어요." 그녀는 자신의 변화를 전했다.

그녀는 마지못해 회고록을 시작했다가 예상치 못한 것을 발견했다. "'회고록'이라는 단어에 겁을 먹었지만 이런 생각이 들었어요. '질문에 답하지 못할 거 뭐 있어?' 그건 할 수 있을 것 같았어요. 많은 기억이 떠올랐어요. 할아버지는 벽화 화가였고, 나는 할아버지가 작업하는 곳에 따라가는 걸 좋아했었어요. 그때 느꼈던 흥분감이 기억났어요. 마치 비밀의 세계에 들어가는 것 같았죠. 그 경험이 얼마나 신비로웠는지 거의 다 잊어버렸더라고요." 계속해서 기억을 더듬다가 샐리는 어린 시절 부엌 벽에 그림을 그렸다가 야단맞은 일이 떠올랐다. "그림을 그리면서 아름다운 작업을 하고 있다고 생각했어요. 정말 재미있었어요. 그런데 엄마가 중간에 들어와서 불같이 화를 냈어요. 내가 엄마 부엌 벽을 엉망진창으로 만들어놓았는데 원래대로 하려면 돈이 너무 많이 들었어요. 그때는 형편이 좋지 않았거든요. 그 당시 내가 큰 죄책감을 느끼고 몹시 충격에 빠졌었던 기억이 나요."

샐리는 자기방어를 하고자 할아버지도 벽에 그림을 그리지 않느냐고 했다. 그러자 엄마는 이렇게 대답했다. "할아버지는 진짜 화가잖니. 할아버지가 벽에 그림을 그린 거랑 네가 한 건 다른 거야."

샐리는 이 언쟁을 잊어버렸었지만 예전을 되돌아보면서 엄마의 말이

내가 아는 가장 지적인 사람들의 내면은 모두 어린아이
같다.
　　　　　　　　　　　　　　　　－짐 헨슨

그녀 가슴에 비수처럼 꽂혔었다는 것을 알게 되었다. "학창 시절 내내 미술을 잘하지 못했어요." 그녀는 이제야 말한다. "자기 충족적 예언과 같은 거였어요. "'진짜' 화가라는 것이 있는데, 내가 아는 한 나는 진짜 화가가 아니야.' 이렇게 생각했던 거죠. 나도 모르게 그때 그 자리에서 되도록 그림 그리는 일과는 거리가 먼 일을 하는 것이 낫겠다고 마음먹었던 것 같아요."

샐리가 화방에서 아티스트 데이트를 하기 위해서는 엄청난 용기가 필요했다. "화방 안으로 걸어 들어가는데 무척 긴장이 됐어요. 그 안에 들어가기 전에 네 번이나 문 앞을 서성이다 되돌아왔죠. 나도 알아요. 멍청한 소리라는 거. 하지만 내가 거기 들어가도 괜찮다는 사실을 믿지 못했던 것 같아요." 그녀는 고백한다.

그런데 그 안으로 들어가는 순간, 그녀는 어떤 기억에 사로잡혔다. "물감이며 붓, 캔버스를 보자 할아버지와 함께 있던 바로 그곳으로 되돌아간 느낌이었어요. 심지어 어떤 물감은 포장이 똑같았어요." 샐리는 간단한 화구들을 사서 집으로 돌아와 그림을 그렸다. "너무 기뻐서 웃음이 절로 나왔어요. 내가 뭘 제대로 알고 한 것은 아니었지만, 나중에 보니 정말 하고 싶었던 거였죠. 순수하고 어설프고 아주 신나는 작업이었어요."

몇 달 후, 샐리는 그 화방에 다시 들렀다가 벽화반 초급 과정이 이미 개강했다는 사실을 알게 되었다. 그녀는 늦었지만 그 과정에 등록할 수 있는지 점원에게 물었고 참여할 수 있다는 답변을 들었다. 몇 달 후, 샐리는 방충망을 친 베란다에 그리기 시작한 작은 벽화를 자랑스럽게 보여주었다. 나뭇가지 위에 새들이 앉아 있는 단순한 그림이었다. 현관에는 뭐가 있을까? 벽화를 그리고 있는 그녀의 할아버지 사진이 붙어 있었다.

"나는 벽에 그림을 그리면 여전히 흥분돼요." 샐리는 웃으며 이렇게 고백한다. "내가 잃어버렸던 열정을 찾을 수 있다면, 다른 사람들도 모두 그렇게 할 수 있다고 확신해요. 순수했던 시절로 돌아가기 위해 조금만 노력하면 돼요. 하지만 그럴 만한 가치가 있어요. 게다가 나는 마치 할아버지와 함께 시간을 보내는 것 같은 기분이 들어요."

그러면, 어디에서부터 출발해야 할까? 물론 맨 처음부터다. 본능적으로 탐험에 마음이 열려 있는 어린 시절의 우리 자신을 기억해내는 것이 도움이 된다. 아주 어린 시절에 대한 우리 기억은 특별하다. 우리가 진정한 열정의 실마리를 찾고자 하는 마음이 있다면 그 실마리는 그 기억 속에 있다는 점을 알게 될 것이다.

| 과제 |

회고록 - 1주차

당신은 매주 하는 회고록 탐험에서 나이를 12로 나눈 햇수만큼씩 다루게 될 것이다. 예를 들어, 만 60세인 사람은 이번 주에 태어난 순간부터 만 5세까지 되돌아볼 것이다. 다음의 '질문 목록'을 따라 빠르게 답을 적는 것으로 시작해보라. 그 질문들은 당신의 의식과 무의식을 되살리도록 구성되어 있다. 당신은 이 목록을 통해 흥미롭거나 고통스러운, 또는 해결되었거나 해결되지 않은 많은 기억들을 다시 떠올리게 될 것이며, 거기에 틀린 답이란 것은 없다. 당신만 할 수 있는 '당신'의 이야기이다. 특별한 감정을 동반하는 기억은 아티스트 데이트를 위한 훌륭한 재료이자, 특별히 긴 산책의 연료이며, 오랫동안 잊고 지냈던 친구와 연락을 취하게 하는 동기이다. 당신이 어떤 특별한 기억 속으로 깊이 들어가고 싶어진다면, 지금이든 나중에든, 기억 속으로 들어가라. 그 일주일 동안 틈틈이 당신이 적은 답을 되돌아보고 뭔가 마음의 움직임이 느껴지면 그로 인해 떠오르는 기억을 하나 혹은 그 이상으로 확장해보라. 떠오른 기억을 서술 형식으로 표현하고 싶을지도 모른다. 또는 그 기억이 시나 그림, 노래 등 다른 형식으로 표현하도록 영감을 줄 수도 있다. 당신 자신을 부드럽게 대하라. 당신의 회고록을 쓰는 방식에 옳고 그름은 없다.

나이: _____

1. 어디에서 살았는가?

2. 누가 당신을 돌보았는가?

3. 반려동물을 키웠는가?

4. 가장 어린 시절 기억은 무엇인가?

5. 가장 좋아했던 책은 무엇인가? 가장 좋아했던 장난감은 무엇인가?

6. 기억나는 냄새를 묘사하라.

7. 가장 좋아했던 음식은 무엇인가?

8. 기억나는 소리(목소리, 노래, 기적 소리, 개 짖는 소리 등)를 묘사하라.

9. 시간을 보낸 기억이 있는 장소를 묘사하라.

10. 이 밖에 떠오른 다른 기억은 무엇인가? 이번 회고록에서 아티스트 데이트를 통해 탐험해보고 싶은 것을 발견했는가? (예를 들어, 갓 구워진 빵 냄새가 기억났다면, 빵집 방문하기는 근사한 아티스트 데이트가 될 것이다.)

결코 늦지 않았다

이런 농담이 있다.

질문: 내가 피아노를 배우고 나면 몇 살이 될 것 같아요?
답변: 당신은 피아노를 배우지 않아도 어차피 그 나이가 될 거예요.

최근에 나는 「초보자가 되기에 너무 늦은 때란 결코 없다」라는 글을 페이스북에 올렸다. '좋아요' 버튼을 누른 숫자가 엄청났다. 한 여성은 자신의 아버지가 76세에 피아노를 배우기 시작했는데 여전히 잘 배우고 있다고 했다. 나는 60세가 되었을 때 피아노를 배우기 시작했다. 65세에 선생님은 내가 장족의 발전을 했다고 말했지만 나는 아직도 초보자 수준이라고 생각했다. 나는 매주 작은 노트를 품고 피아노를 배우러 갔다. 선생님은 그 노트에 그 주 과제를 기록했다.

"C 장조 음계 연습, G 장조 음계 연습, 연습, 기간, ……."

나는 여전히 피아노 수업을 받고 있다. 매주 목요일, 나는 피아노 수업 시간에 얼굴을 내밀고 그 주의 연습 기록이 적힌 노트를 선생님에게 가지고 간다. 나는 피아노 수업이 정말 좋다. 의심의 여지없이 나는 아직도 초보자이지만, 얼마간의 발전이 있었다. 무엇이든지 진전이 있다는 것은 만족스러운 일이다. 육남매 중 3명이 음악가가 된 우리 집안에서, 어린 시절에 나는 '음악적 재능이 없는 아이'로 여겨졌다. 피아노는 종종 내가 할 수 있는 곡보다 훨씬 더 어려운 곡을 연주하는 내 형제자매 가운데 한 명이

지금으로부터 1년 후, 당신은 오늘 시작했었더라면 좋았
을 것이라고 후회할 것이다.　　　　─ 캐런 램

차지했다. 나는 행복하게 시와 책에 몰두했지만, 내 안에는 집 안 곳곳을 춤추며 돌아다니는 선율의 한 부분이 되고 싶은 소망이 있었다. 언제나 음악으로 가득한 우리 집이 참 좋았다. 비록 초보자 수준이지만 오늘날 내가 우리 집에 음악을 더하는 일원이 되었음에 희열을 느낀다.

무언가를 시작하기에는 '너무 늦었다'라고 말할 때, 우리가 실제로 말하고자 하는 바는 종종 '초보자가 되고 싶지는 않다'라는 말이다. 그렇지만 우리가 (아주 조금이라도) 발을 담그고자 한다면 그 보상으로 어린 아이 특유의 경이로움을 느끼게 된다.

질리언은 배우로서 길고도 성공적인 삶을 즐겼다. 그렇지만 70세가 가까워지면서 연기를 할 수 있는 기회가 점점 줄어들었고 배역을 맡게 되는 일도 점점 뜸해졌다. 그녀는 시간을 때우는 것일 뿐이라는 말로 스스로를 안심시키며 시를 쓰기 시작했다. 사람들이 그녀가 새로 발견한 열정에 대해 물으면 그녀는 "난 그저 초보자일 뿐이에요."라고 말했다. "난 더 알고 싶어요." 그녀가 내게 말했다. 나는 그녀에게 글쓰기 강의를 들어보라고 권했다. "수준 있는 교육을 받기에는 나이가 좀 많아요." 그녀가 답했다. 나는 창조적인 예술에서 나이는 문제가 되지 않는다고 말했다. 어쨌든 로버트 프로스트는 50세에 생애 처음으로 퓰리처상을 받았고, 69세에 생애 네 번째 퓰리처상을 수상했다.

질리언은 용기를 내어 사이버 대학교 시 쓰기 과정에 지원했다. 그 과정에 합격하자 그녀는 깜짝 놀라며 기뻐했다. 그녀는 내게 걱정하며 말했다. "그 과정을 마칠 때면 나는 75세가 돼요. 그리고 이 나이에 인터넷을 사용할 생각을 하니 겁이 나요." 그래서 나는 이렇게 말해주었다. "어쨌든 당신은 75세가 될 거예요. 그리고 당신이 컴퓨터를 쓸 수 있도록

절대로 굴복하지 말라. 절대로 굴복하지 말라. 절대로, 절대로.
— 윈스턴 처칠

도와줄 수 있는 사람은 많아요." 그녀는 그 시 쓰기 과정의 합격을 받아들이고, 10대 손녀에게 얼마 되지는 않지만 약간의 수업료를 줄 테니 일주일에 두 번씩 컴퓨터를 가르쳐달라고 부탁했다. 손녀는 할머니를 도와드리면서 용돈도 벌 수 있다고 기뻐했다. 시 쓰기 집중 강좌 프로그램을 시작할 때쯤, 그녀는 알아야 할 온라인 사용법에 숙달돼 있었다. 그녀는 시 쓰기에 대해 더 깊이 배우고 다양한 형태의 시를 지어보는 것이 정말로 좋았다. 놀랍고 감사하게도 선생님들이 그녀의 작품을 좋아하고 진가를 인정해줬다.

그리고 피할 수 없는 순리에 따라 75세를 맞이했을 때 그녀는 '시 전공'으로 석사 학위를 받았고, 강렬한 열정을 지니고 있었으며, 한때는 그녀를 겁먹게 했던 컴퓨터를 정말로 편안하게 여기게 되었다.

질리언은 새로운 예술 행위를 시작하는 것이 두려웠지만, 컴퓨터와 불가사의한 인터넷을 사용하는 것이 훨씬 더 두려웠을 것이다. 하지만 배우기 위해 작은 걸음을 내디디면서 그녀는 컴퓨터나 인터넷은 새로운 도구일 뿐이라는 사실을 깨달았다. 게다가 실상 그 도구들은 생각했던 것보다 훨씬 더 사용하기 편리했다.

무언가 시작하려고 할 때 우리 앞을 가로막는 장애물은 우리가 인식하는 것보다 더 작은 경우가 많다. 그 과정을 시작하기 위해 필요한 것은 꿈을 향해 아주 작은 걸음 하나를 내딛는 일이다. '너무 늦었다'는 말은 많은 이들에게 강력한 장애물이지만, 사실 꿈꿔왔던 활동을 시도하는 데 있어 그것이 실질적으로 걸림돌이 되는 경우는 거의 없다.

"나는 예순다섯 살 먹도록 운동을 해본 적이 한 번도 없어요." 패티는 말한다. "올림픽 체조 선수가 되기에는 너무 늦었겠지만 할 수 있는 것은 다 해보기로 결심했어요. 산책을 하고, 헬스클럽에 등록하고, 트레이너를 고용하고, 영감을 얻기 위해 텔레비전으로 올림픽 경기를 시청하고 말이죠. 10대 소녀가 평행봉에서 회전하는 모습을 텔레비전으로 보면서 그저 '난 절대로 저 동작을 할 수 없어.'라고 말하기만 한다면 패배주의자가 되는 것 같아요. 그렇다면 내 목표는 진짜 선수가 되는 것일까요? 아니에요. 내 목표는 지금보다 조금이라도 더 건강해지는 거예요. 나는 작은 진전만으로도 만족할 수 있어요. 실제로는 무척 만족스러워요."

새로운 영역을 탐험할 때 우리는 종종 인생 경험이 매우 도움이 된다는 점을 깨닫는다. 우리는 인내하는 법을 배웠다. 장기전을 지긋하게 지켜볼 수도 있다. 우리는 전문 지식을 식별할 수 있으며, 목표를 달성하기 위한 효율적인 방법을 찾는 데 도움을 줄 사람을 찾아낼 수도 있다. 그리고 나이에 상관없이 누구나 새로운 무언가를 시작할 때 스릴을 느낀다.

론은 70세이다. 은퇴가 다가오고 있기는 하지만 그는 여전히 정년 보장 교수로 계속 근무하고 있다. 지난해에 그는 지난 40년간 지녀온 집필 아이디어로 관심을 돌렸다. 그는 날마다 글을 쓰면서 자신의 아이디어에 살을 붙였다. 그런 다음 그는 작가인 친구에게 제안서를 보냈고, 그 친구는 그 제안서를 자신의 저작권 대리인에게 보냈다.

"책이 훌륭해요. 제가 이 책의 저작권 대리인이 되고 싶습니다." 그 대리인이 답장을 보내왔다.

그렇게 해서 초보 작가인 론은 일급 저작권 대리인을 대동하고 완전히 새로운 도전을 하게 되었다. 그는 학계에서는 존경받는 교수로서 일을 처리하는 방법을 잘 알았다. 그렇지만 출판계에서 일을 처리하는 방법은 전혀 다른 이야기였다.

　다행히 그는 학계에서의 다년간 경험을 통해 조사와 분석의 가치를 알았다. 그는 숙련된 전문가에게 손을 내밀었고, 격려를 받았다. 그의 앞에는 커다란 프로젝트가 놓여 있었지만, 그것은 그가 고대하던 것이었다. "나는 뭔가 배우는 걸 굉장히 좋아해요. 그리고 지금 나는 완전히 생소한 이 과정의 학생이 될 겁니다." 그는 말한다.

　그는 새로운 것을 시작하기에 '너무 늙지' 않았다. 그는 은퇴를 앞두고 이 프로젝트를 시작함으로써 인생의 제2막을 멋지게 준비했다. 시간을 체계화하는 데 도움을 주는 큰 규모의 프로젝트가 있다면, 그는 무척 엄격한 학사 일정에서 벗어나 은퇴라는 광대한 자유로 들어가는 변화에 좀 더 순조롭게 적응할 수 있을 것이다.

　초보자가 되기에 너무 늦은 때란 결코 없다.

| 과제 |

너무 늦은 때란 결코 없다

손에 펜을 쥐고 공책에 1부터 5까지 쓴 다음, 다음 문장을 완성하라.

1. 만일 너무 늦지 않았다면, 나는 ＿＿＿＿＿ (하고) 싶다.

2. 만일 너무 늦지 않았다면, 나는 ＿＿＿＿＿ (하고) 싶다.

3. 만일 너무 늦지 않았다면, 나는 ＿＿＿＿＿ (하고) 싶다.

4. 만일 너무 늦지 않았다면, 나는 ＿＿＿＿＿ (하고) 싶다.

5. 만일 너무 늦지 않았다면, 나는 ＿＿＿＿＿ (하고) 싶다.

내면 검열관

직장 생활을 하는 동안, 우리는 으레 상사에게, 때로는 동료들에게 비판을 받았다. 많은 이들은 해마다 또는 분기마다 이루어지는 업무 평가를 견뎌냈고 빈번한 부정적 평가를 업무의 일부로 받아들였다. 은퇴를 한 뒤에도 계속해서 부정적인 평가를 받는데, 그것은 고용주가 아닌 우리 자신의 내면 검열관이 만들어낸 산물이다. "넌 잘하고 있지 못해.", "넌 더 잘할 수 있었어."라고 말하는 내면의 목소리가 바로 내면 검열관이다. 내면 검열관은 비판적이고 확신에 찬 목소리로 난데없이 우리를 공격한다. "넌 더 잘할 수 있었어.", "넌 잘해야 했어."라고 내면 검열관이 언급하면 종종 우리는 이 비판을 우리 자신에게 반복해서 가한다. 내면 검열관을 대면할 때, 검열관의 부정적인 목소리가 이성의 목소리가 아니라는 점을 알면 도움이 된다. 오히려 검열관은 우리가 그에게 맞서며 "저런 말을 하는 건 그저 내면 검열관일 뿐이야."라고 말할 때까지 계속 우리를 공격하는 희화화된 악당에 가깝다.

많은 이들에게 이 부정적인 내면의 목소리는 가공할 만한 적이다. 우리는 종종 많은 세월을 허비했다. 내면 검열관의 부정적 성향을 믿으면서, 검열관이 평가하는 바를 믿으면서, 그 부정적 믿음을 이용해 프로젝트와 즐거움을 포기하라고 우리 자신을 설득하면서 말이다. 예를 들어, 그 시나리오는 다음과 같다.

나는 옷을 디자인하고 싶어.

창조성의 최악의 적은 자기 의심이다. ─ 실비아 플라스

검열관 : 너는 패션 디자인을 배우기에는 너무 늙었어.

나는 정말로 옷을 디자인하고 싶어.

검열관 : 너는 패션 감각이 없잖아.

그래도 나는 한번 도전해보고 싶어.

검열관 : 엄청난 돈 낭비야.

나는 그 정도 경제적 여유는 있어.

검열관 : 너 정말 바보로구나!

우리는 어리석다고 느껴질까 봐 두려워서 종종 꿈을 접어버린다. 내면 검열관의 목소리를 이성의 목소리로 여긴다. 그렇지만 실제로 어리석은 것은 우리에게 기쁨과 미래의 보상을 포기하라고 설득하고 있는 내면 검열관의 목소리이다.

내면 검열관은 전형적으로 회의적이다. 우리의 아이디어를 비웃고, 포기하도록 종용한다. 검열관은 '학교 폭력 가해자' 같은 어조로 말하며, 종종 지나치게 단순화된 추론을 활용한다. 좀 더 면밀히 들여다보면 검열관이 터무니없이 부정적이라는 것을 알 수 있다. 실제로 검열관은 가장 좋은 아이디어에 대해서 비난할 수 있다. 검열관에게는 어떤 독창적인 아이디어도 위험해 보일 수 있다. 우리의 창조성을 파릇파릇한 목초지라고 하자. 내면 검열관은 그 목초지에 들어오는 동물들을 자신이 결정한다고 믿는다. 검열관은 잘 알려지고 친숙한 동물들(예를 들어 소와 같은 아이디어)을 좋아한다. 그런데 참신한 아이디어(예를 들어 얼룩말과 같은 아이디어)가 목초지에 들어오려고 애를 쓴다. 검열관은 참신한 아이디어를 보자마자 놀리며 공격하기 시작할 것이다. 또한 다음과 같이

그림을 잘 그리지 못한다는 내면의 목소리가 들리면 억지로라도 반드시 그림을 그리라. 그러면 그 목소리는 잠잠해질 것이다.   — 빈센트 반 고흐

고함치며 폄하할 것이다. "줄무늬가 있다고? 줄무늬에 대해 들어본 사람 있어? 줄무늬가 있으니 어리석어 보여."

"이건 얼룩말이야. 얼룩말은 줄무늬가 있어." 검열관을 달래며 말해봐도 별 소용이 없다. 검열관은 들으려 하지 않는다. "소를 보내." 검열관은 명령한다. 그리고 우리가 패배를 인정하지 않는 한, 검열관은 얼룩말을 향해 날카로운 공격을 계속할 것이다. 우리의 가장 독창적인 아이디어를 위해 검열관이 가장 맹렬한 공격을 아껴두고 있다는 점을 깨닫는 것이 중요하다.

나는 40권이 넘는 책을 저술한, 경험이 많은 작가이다. 그럼에도 불구하고 나의 내면 검열관은 건재하며 꽤나 그럴듯하다. 내가 새로운 책에 대한 아이디어를 제시할 때마다 내면 검열관은 활동을 개시한다. 검열관은 "이건 형편없는 아이디어야."라고도 하고, "넌 절대로 해낼 수 없어."라고도 한다. 나는 그 검열관에게 나이절이라는 이름을 붙여줬는데 나이절의 허를 찌르는 것은 거의 불가능하다. 나는 최근에 나이절을 격분시키는 책을 썼다. 내가 쓴 모든 페이지가 이전보다 훨씬 더 가혹한 비평을 불러일으키는 것 같았다. 젊은 작가였다면 나는 너무 낙담해서 글쓰기를 포기했을 것이다. 좀 더 나이가 들고 현명해지자 어느새 나는 나이절의 공격에 분노하게 되었다. 그 분노는 저술 활동을 계속할 수 있는 에너지가 되었다.

이제 나는 이렇게 말할 줄 알게 되었다. "오, 나이절, 안녕! 이번에는 또 뭐가 마음에 안 들어?"

내 수강생들은 내면 검열관에게 이름을 지어주고 묘사하는 것을 즐긴다. 그들이 그렇게 하면 검열관은 작아지고, 종종 쉽게 묵살할 수 있는 만화 캐릭터로 변한다.

우리는 우리의 내면 검열관을 제거할 수는 없지만 피하는 방법을 배울 수는 있다.

애니는 생물학자로 일하다가 은퇴했고, 회고록을 쓰고 싶어 했다. 그녀는 자신의 일생에 대해 기록해서 자녀들 및 손주들과 함께 나누는 꿈을 꾸었다. 그녀는 평생 글을 써왔다. 주로 편지와 짧은 에세이였다. 그렇지만 그녀는 자신의 인생을 다시 돌아보면서 더 길고 정제된 글을 쓸 수 있기를 진심으로 바랐다.

그녀의 내면 검열관은 그 아이디어는 말도 안 된다고, 그녀의 인생은 따분하다고 말했다. 하지만 애니는 인내심을 갖고 한 번에 한 쪽씩, 때로는 한 단어씩 계속 썼다. 그녀는 머릿속에 들리는 검열관의 험악한 목소리를 무시하면서 이렇게 농담했다. "얘기해줘서 고마워." 회고록을 시작한 초반에 그녀는 여성 글쓰기 동아리에 참가했다. 그녀는 동아리 회원들의 지지를 받으며 매주 1회분씩 크게 무리하지 않고 찬찬히 회고록을 써나갔다.

"이건 바보 같은 짓이야. 누가 이딴 걸 읽고 싶어 하겠어?" 내면 검열관이 떠들기 시작했다. 하지만 애니는 고집스럽게 계속 글을 썼다. 글쓰기 동아리 회원들은 그녀의 이야기에 열광했다. 매주 한 해씩 되돌아보며 애니는 크고 작은 자신의 모험을 써 내려갔다. 결국 그녀는 검열관의 부정적 사고를 대부분 무력화할 수 있었다. 그녀는 모든 부정적인 말을 긍정적인 말로 변환하는 창조적 연금술을 실행하기 위해 열심히 노력했다.

"아무도 이 글을 읽으려 하지 않을 거야." 검열관이 의견을 내놓았다.

"누군가는 이 글을 굉장히 읽고 싶어 할 거야." 애니가 쏘아붙였다.

의심은 배반자이다. 그리고 의심은 두려움을 일으켜 시도
조차 하지 못하게 하여, 좋은 것을 얻을 수 없게 한다.
— 윌리엄 셰익스피어

"네 인생은 고리타분해." 검열관이 압박했다.

"내 인생은 수많은 작은 모험들로 가득 차 있어." 애니가 대답했다.

한 번에 한 마디씩, 애니는 자신이 내면 검열관보다 한 수 앞서갈 수 있도록 자신을 단련시켰다. 우리도 이 같은 방법을 배울 수 있다. 우리의 검열관에 맞서기 위해서는 자신에 대한 상당한 연민이 필요하다. 자신을 포함해 모든 사람에게 검열관이 존재한다는 사실을 아는 것에서부터 출발하는 것은 도움이 된다. 검열관은 아무것도 이루어지지 않는다고 말하기 때문이다. 그리고 우리 자신의 편에 서서 비관적인 전망에 대항하는 행동을 더 많이 취할수록 우리는 점점 더 강해질 것이다. 행동은 행동 그 자체를 기반으로 한다. 우리가 내딛는 각각의 창조적 걸음은 우리에게 에너지를 주고 우리를 다음 걸음으로 이끈다. 검열관이 뭐라고 말하든지 간에, 우리가 행동할 때 우리의 삶도 변화한다. 그러니 이제 당신만의 프로젝트를 시작하라. 단, 내면 검열관의 공격에 대한 경계를 늦추지 말라. 낙담하지 말라. 내면 검열관은 얼간이다.

| 과제 |

내면 검열관을 위축시키라

몇 분 안에 당신의 내면 검열관의 이름을 짓고 검열관을 묘사해보라. 검열관은 남성인가? 여성인가? 아니면 남성도, 여성도 아닌가? 몇 살인가? 어떻게 생겼는가? 어떻게 말하는가? 가장 즐겨 쓰는 비난하는 말과 모욕적인 행동은 무엇인가? 당신은 검열관의 모습을 그리고 싶을 수도 있다. 내 수강생들은 검열관을 야수, 마녀, 4학년 때 담임 선생님 등으로 그렸다. 당신의 검열관이 어떠한 모습으로 등장하든 내버려두라. 유머 감각은 언제든지 환영한다. 고약한 존재를 그리고 이름을 붙이고 묘사해보는 동안 당신 인생에서 내면 검열관의 힘은 자연스레 위축될 것이다.

회의감과 겨루기

회의감은 다양한 모습으로 나타날 수 있다. 우리 자신의 능력이나 기본 도구들이 제 역할을 할지에 관한 의심이나 염려의 형태로 우리 내면에서 나올 수 있다. 또한 선택된 소수만이 창조적이라는 사회적 신념의 형태나 우리가 창조적 여정을 시작할 때 끼어들어 경계하는 이야기를 건네는, 우리와 매우 친밀한 사람들의 목소리의 형태로 우리 밖에서 나타날 수도 있다. 출처에 상관없이 회의감은 보편적이며 파괴적이다. 이러한 불안감을 파악하고 떨쳐버리며, 우리 자신의 부정적 신념이나 주위 사람들의 부정적 신념을 무시하고 앞으로 나가는 것이 중요하다.

나는 여전히 제대로 인도받지 못할 것 같은 두려움, 다시 말해 회의감 때문에 고통스럽다. 나는 다른 사람들을 가르치면서 회의감 역시 방해물이 된다는 점을 알게 됐다. 그래서 다음과 같은 질문을 하게 되었다. "어떻게 하면 사람들이 회의감을 극복하도록 도울 수 있을까요?" 내게 떠오르는 답은 항상 다음과 같다. "모닝 페이지를 쓰라고 권하라. 인도해 달라고 요청하라고 권하라. 그 결과를 기록하라고 권하라." 나는 모닝 페이지를 25년 넘게 써오면서 모닝 페이지가 영적 지혜의 믿을 만한 원천이 된다는 사실을 깨달았다.

우리가 직접 창조주와 소통할 수 있다는 생각은 너무 멋진 생각이어서 도저히 믿어지지 않을 것이다. 우리는 창조주와 소통하기 위해서는 영적 훈련을 받은 목사, 랍비, 사제 등 제삼자가 필요하다고 배웠다. 그런데 내 경험에 비추어보면 모든 사람은 창조주와 직접 소통할 수 있다. 기꺼이 시도해보려는 마음만 있으면 된다.

모닝 페이지에 나는 간결하게 쓴다. "저를 인도해주세요." 그런 다음 귀 기울여 듣고, '들은' 것을 적는다. 안내자의 목소리는 고요하고 부드러우며 단순하다. 그 목소리는 내게 당황하지 말라고 말한다. 나는 세심하게 잘 인도받고 있고 모든 일이 계획대로 진행되고 있으며 내 앞길에 한 치의 오류도 없다고 말한다. 다음과 같은 또 다른 지시 사항이 있을 수도 있다. "○○을 시도해보라." 그것을 시도하면 믿음에 대한 보상으로 나는 눈에 보이는 확실한 결과를 얻게 된다. 행동을 통해 내면의 지혜에 대한 믿음을 증명할 때 내면의 회의감은 줄어든다.

많은 사람들은 긴 방학이 될 거라 생각하며 은퇴를 기대한다. 그들이 상상하는 은퇴는 마침내 '금지된 기쁨'이라 할 만한 것을 추구하는 시기인 것이다.

"은퇴하면 강아지를 키울 거야." 애그니스는 스스로 다짐했다. 그렇지만 막상 은퇴를 하자 그 꿈을 이룰 수 없는 수만 가지 이유를 발견했다.

"은퇴하면 배우가 될 거야." 하워드는 꿈꾸듯 말했다. 하지만 오랜 교직 생활 끝에 교장으로 은퇴한 그는 뜻밖에도 자신이 초보자가 되는 것을 달가워하지 않는다는 사실을 깨달았다. 그는 존경과 위엄에 상당히 익숙해져 있었다.

'바보처럼 보일 거야.' 그는 이런 생각이 들었다. 그래서 배우로서의 꿈

가장 무서운 장애물은 자신에게만 보일 뿐 다른 사람에게는 보이지 않는다.
―조지 엘리엇

은 그저 꿈으로 남게 되었다.

제임스는 은퇴를 하면, 요트에서 살면서 이 항구 저 항구로 여행 다니는 꿈을 꾸었다. 홀아비인 그는 집을 팔고 요트를 샀다. 그러나 이 항구 저 항구로 여행하는 대신에 그는 요트를 부두에 안전하게 정박해놓은 채 추리 소설을 읽으며 모험을 추구했다.

모닝 페이지를 쓰면서 내면의 회의감을 제압할 수 있게 되지만, 주위 사람들의 회의감과는 계속 맞서야 한다. 회의감은 두려움에서 비롯된다. 선한 의도이겠지만 사람들은 우리의 두려움에 초점을 맞출 뿐, 꿈이 실현되면 따라올 기쁨에 초점을 맞추지는 않는다.

많은 은퇴자들은 무모해 보이는 것이 두려워 금지된 기쁨을 추구하지 못한다. 이들 주위에는 모험에 회의적인 친구들이 있다. 이 친구들은 모험에 대해 다른 생각을 갖고 있다. "강아지를 키운다고? 집이 아주 지저분해지고 뒤치다꺼리할 것도 많아진다고. 게다가 나중에 강아지를 못 팔면 어떻게 할 거야?", "배우가 되겠다고? 경쟁자들이 얼마나 많을지 생각이나 해봤어?", "요트를 타고 다니며 살겠다고? 위험할 것 같은데." 우리 대부분에게 정말로 필요한 것은 믿음 거울, 즉 우리의 모험을 지지해줄 사람이다. "강아지를 기른다고? 정말 재미있겠네.", "배우가 되겠다고? 네가 연기에 소질이 있다고 늘 생각했었어.", "요트를 타고 여행하며 살겠다고? 어이, 뱃사람!"

은퇴 초기에는 아기 걸음마처럼 작은 우리의 걸음을 응원해줄 사람을 찾는 것이 아주 중요하다. 마치 처음으로 자신의 세계를 발견한 젊은이처럼, 우리는 자유롭게 놀며 공상에 잠기고, 새로운 방향을 향해 손을 뻗어보고, 흥미를 가질 만한 분야에 가볍게 발을 담가본다. 모닝 페이지를 실제로 써보면서 우리는 "모닝 페이지를 쓰는 데 잘못된 방법은 없다."라는 점을 상기시키는 마음의 근육을 키워나간다. '딱 한 시간' 동안 뭔가 재미있는 일을 하는 아티스트 데이트를 통해 우리는 우리 자신을 확장해나가는 주제나 영역에 기웃거린다. 이를 통해 우리는 성장한다. 회의감보다 한 수 앞서가는 비결은 계속해서 부드럽게 앞으로 밀고 나아가는 것이다.

법조계에 오래 몸담았던 해리는 은퇴할 날만 학수고대해왔다. 그는 은퇴 후의 삶이 프로젝트와 모험으로 가득 찰 것이며 무척 즐거울 것이라고 상상했다. 그렇지만 막상 은퇴를 하자 해리가 마음속으로 그리던 삶과는 사뭇 달랐다. 하루하루가 길고 공허하게 느껴졌다. 그가 하고자 했던 많은 프로젝트 중에 어느 것 하나 시작하기가 쉽지 않았다. 모험의 경우, 그는 자신이 두려움을 느끼고 있음을 알게 되었고, 스스로도 생각이 많은데 친구들까지 저마다 다른 의견을 내놓았다. 그는 이런 말을 했다. "나는 내가 얼마나 회의적인 사람인지 몰랐어요." 그는 말한다. "나는 언제나 일어날 수 있는 최악의 시나리오를 예측하면서 상황을 하나하나 떼어놓고 보도록 스스로를 단련시켜왔어요. 나는 기소인으로서 반드시 이겼어야 했던 소송에서 패한 적이 여러 번 있었어요. 일을 하면서 '정의'라는 것을 불신하게 되었고 이 내면의 회의감을 지적인 태도라고 포장했죠. 내 주변에는 나와 같은 사람들이 많아요. '영리하다'는(적어도 분별력 있다는) 미명하에 우리는 서로의 부정적 태도를 강화한 것 같아요."

그는 의기소침해졌지만 결국 이른바 '성공적인 은퇴 생활'을 하고 있는 현명한 친구의 조언을 얻을 수 있었다. 그 친구는 흥미를 느끼는, 크고

실패를 피할 수 없다는 것을 모르는 사람들이 성공을 이룬다.　　　　　　　　　　　　　　　　　—코코 샤넬

작은 프로젝트를 활발하게 추진하면서 자신의 삶에 만족했다.

"은퇴 생활에 적응하는 데 2년 정도 걸릴 거야. 그동안 네가 하려는 일에 회의적인 사람들 때문에 힘들다면 그 사람들과 연락을 끊는 게 좋아. 그 사람들에게(그리고 너 자신에게) 쉴 시간을 줘. 지금은 시시콜콜 따질 때가 아니라 좀 어리숙하게 굴 때야. 앞으로 너한테 무슨 일이 일어나는지 지켜보라고." 그 친구가 조언했다.

조언의 내용이 좀 극단적이기는 했지만 해리는 그 조언을 통해 큰 안도감을 얻었다. 맞는 말이었다. 그의 아이디어에서 결점을 찾아내서 경고를 하려는 지인들에게 조언을 구하는 것이 무슨 도움이 되겠는가? 그것은 단지 능력의 한계를 절감하게 할 뿐이다. 그는 자신을 확장하도록 격려해줄 사람과 함께 시간을 보내고 그 자신을 격려하는 데 시간을 쓸 필요가 있었다. "어쩌면 시간이 좀 걸릴지도 몰라." 그는 깨달았다. "그래도 괜찮아. 새로운 인생이 하룻밤 사이에 만들어지는 건 아니니까."

해리는 모닝 페이지와 함께 새로운 삶을 탐험하기 시작했다. 모닝 페이지를 쓴 날이면 그는 생산적인 기분을 느꼈다. 그는 은퇴의 충격을 극복하고 미래의 가능성을 꿈꾸는 데 모닝 페이지가 얼마나 훌륭한 도구인지를 차츰 깨닫게 되었다. "모닝 페이지는 희망을 줍니다." 그는 인정했다. "아티스트 데이트를 하려고 하니까 겁이 났어요. 그리고 내 인생을 돌아보면서 무수한 후회, 그리고 놓쳐버린 기회와 마주하게 될까 봐 두려웠어요. 하지만 내가 정말로 버려야만 하는 건 뭘까? 이 또한 작은 걸음들로 해낼 수 있을 거예요." 결국 그는 자신의 계획에 아티스트 데이트와 산책, 그리고 회고록을 추가해 한 번에 하루씩 자신의 미래 기반을 다져나가기 시작했고, 그 결과 조금씩 낙관적인 생각이 자라나는 것을 느끼게 되었다. 친구들에게 다시 연락을 했을 때, 그는 친구들이 자신의 변화를 감지했음을 알아차렸다. "그렇지만 좀 더 기다려야 할지도 몰라요. 이건 한동안 나 혼자 간직해야 할 것 같아요." 그는 고백했다.

| 과제 |
적극적인 친절

회의감은 두려움에서 비롯되며, 두려움은 연민으로 치유받는다. 우리 자신에게 너그러워진다면 우리의 취약성을 극복하고 꿈을 향해 나아갈 수 있을 것이다. 실제로 조금이라도 우리 자신에게 적극적인 친절을 베풀어준다면 그 힘으로 우리는 아주 먼 길을 갈 수 있다.

당신 자신을 위해 할 수 있는 친절한 행동 3가지를 기술하라. 예를 들면 다음과 같다.

1. 나는 양초와 멋진 거품 목욕제를 사서 장시간 호화로운 목욕을 할 수 있다.
2. 나는 오후 시간을 들여 마침내 지난 10년간 눈엣가시 같던 책장 위 잡동사니들을 말끔하게 치울 수 있다.
3. 나는 코미디 영화를 보러 동네 극장에 갈 수 있다. 그 영화는 혹평을 받은 영화라 '시간 낭비'가 될 수도 있지만, 예고편을 보며 크게 웃은 뒤 내심 보고 싶어 했던 영화이다.

이번 주에는 이 행동 중 하나를 골라 실행해보라.

1. 며칠 동안 모닝 페이지를 썼는가? 모닝 페이지를 직접 써보니 어떤 느낌이 드는가?

2. 아티스트 데이트를 했는가? 무엇을 했는가? 회고록에서 아티스트 데이트를 통해 탐험해보고 싶은 것을 발견했는가?

3. 산책을 했는가? 산책을 하는 동안 당신의 관심을 끈 것은 무엇인가?

4. 이러한 도구들을 활용할 때 겉보기에는 난데없이 불쑥 떠오르는 것 같은 통찰이나 깨달음을 '아하'라고 한다. 이번 주에는 어떤 '아하'를 발견했는가?

5. 이번 주에 동시성을 경험했는가?(동시성이란 바로 그곳에, 마침 그때에 '우연히' 있는 것처럼 보이는 것을 말한다. 예를 들어 오랫동안 연락이 끊겼던 친구를 생각하고 있던 찰나에 그 친구에게서 연락이 온다든가, 흥미를 갖고 있던 주제에 대한 정보를 알게 되었다든가 하는 것이다.) 그것은 무엇이었는가? 그것을 통해 유대감을 느꼈는가?

6. 회고록에서 좀 더 충실히 탐험해보고 싶은 것을 발견했는가? 다양한 형식으로 탐험을 할 수 있다. 사각 퀼트나 그림 그리기, 우스꽝스러운 춤, 노래, 또는 단순한 시로 표현될 수 있다. 초기의 성과물을 이러쿵저러쿵 평가해서는 안 된다는 점을 명심하라. 특정 시간이나 기억에 대해 세련된 에세이를 쓸 수밖에 없는 사람이 있다. 감동을 받아 행동을 하고 싶어 하는 사람도 있다. 특히 어떤 정서 기억은 혼자 오랫동안 자전거를 타거나 숲속을 산책하도록 영감을 줄

지도 모른다. 어쩌면 당신은 인생의 이 시기에 들었던 음악을 다시 찾아 듣고 싶어지거나 어린 시절 집 안에 흐르던 음악 앨범을 소장하고 싶어질지도 모른다. 어떤 행동을 취해야 할지 확신이 서지 않더라도 걱정하지 말라. 계속 앞으로 나아가면 된다.

자유로움 되살리기

이번 주에 당신은 자유를 갈망하는 동시에 자유 때문에 당혹감을 느낄지도 모른다. 회고록의 다음 단계로 진입하면서 당신은 좀 더 많은 독립성을 갈망했던(그리고 좀 더 많은 독립성을 보장받았던) 어린 시절의 당신 자신과 마주하게 될 것이다. 무력감이 사라지고 새로운 에너지, 즉 변화에 사용될 에너지가 물밀듯 밀려온다. 과거뿐 아니라 현재에도 새로운 자유로움을 만나게 되면서 시간과 공간, 일상의 문제가 더욱 중요해졌다. 후기 아동기(7~12세)의 성숙 과정과 은퇴기의 안정화 과정 사이에는 유사성이 있다. 독립성이 너무 많다고 할 수 있는가? 시간이 너무 많다고(또는 너무 적다고) 할 수 있는가? 당신은 어떻게 살기를 바라는가? 당신이 머무는 곳은 어수선하거나 시대에 뒤떨어졌다는 느낌을 주는가? 편안한 느낌, 또는 우울한 느낌을 주는가? 집 안 환경에 작은 변화만 줘도 당신의 다양한 모습을 개발하는 데 도움이 된다는 점을 알 수 있을 것이다. 자유로움이 증대되면 환경은 당신의 새로운 관점을 반영할 것이다. 자유로움을 통해 열매 맺는 삶을 성취하려면 균형이 필요하다. 잘 짜인 체계 안에서 충만하고 풍성한 삶을 더 쉽게 이룰 수 있다.

강화된 독립성

은퇴 생활에 들어서면서 우리는 갑자기 독립적인 위치에 놓인다. 더는 어떤 스케줄이나 업무 요청에도 매이지 않고, 우리가 우리 자신의 상사가 되는 복합적인 상황에 처하게 된다. 우리가 이 상황에 기대감을 가지고 있든, 어떤 면에서 체계성 부족을 두려워하든, 우리에게 더 많은 독립성이 주어진 것은 우리가 이제 자유롭게 빚어가야 할 새로운 현실이다.

독립성은 축하받을 대상인 동시에 두려워할 대상이 될 수도 있다. 혼자 힘으로 해나간다는 것은 한편으로는 흥분되는 일이지만 다른 한편으로는 오랫동안 동료들이 보내왔던 지원이 부족하다는 의미이기도 하다. 모닝 페이지와 아티스트 데이트는 우리 자신을 지원하는 능력을 강화하는 데 도움을 줄 수 있다. 모닝 페이지는 자기 자신에게 정직해지고 연민을 베푸는 법을 가르쳐준다. 아티스트 데이트는 과감하게 세상 속으로 나아가고 위험을 감수하는 법을 알려준다. 이 두 가지 도구는 함께 사용하면 우리의 본성과 다채로운 성격을 발견할 때 일어나는 변화

다른 이들이 세상과 어떻게 조화를 이루며 살아왔는지를
전하는 이야기에 만족하지 말고 너 자신의 신화를 펼치라.
— 루미

의 강력한 기폭제가 된다.

　회고록 속에서 되돌아볼 인생의 다음 단계는 당신의 학령 초기에 초점을 맞추게 될 것이다. 또한 그즈음 새롭게 증가한 독립성에 관한 기억도 포함할 것이다. 학교 첫날이나 처음으로 집이 아닌 곳에서 보낸 밤 등 가장 단순한 수준의 증가한 독립성에 관한 기억을 끄집어내다 보면, 은퇴기에 당신 자신의 독립성을 재발견하는 경험과 이상할 정도로 비슷한 기억이 물밀듯 밀려들 것이다.

　"어릴 때 기타를 배웠어요." 제프는 말한다. "열 살쯤이었을 거예요. 기타를 배우는 동안 엄마가 기다리면서 지켜보는 것이 정말로 싫었어요. 더는 견딜 수 없었죠. 나는 혼자 수업을 받고 싶었어요. 내가 한 연습에 대해 엄마 잔소리는 듣고 싶지 않았어요. 나는 혼자 기타를 배우러 가게 해달라고 계속 졸랐어요. 엄마는 마지못해 허락해주셨죠. 그렇지만 문제는 내가 정말로 충분히 연습을 하지 않는다는 데 있었어요. 지켜보지 않으면 엄마는 내가 제대로 기타를 배우고 있지 않다는 사실을 알 수 없는 거죠. 이 문제는 엄마와 나 사이에 끊임없이 갈등을 일으켰어요. 엄마는 내가 정말로 기타를 진지하게 배우고 싶어 하는지, 엄마가 힘들게 번 돈을 내가 기타를 배우러 다니는 데 쓸 만한 가치가 있는지 항상 물었어요. 나는 기타 수업을 정말로 좋아했지만 스스로 꾸준히 규칙적으로 연습을 하게 되지는 않았어요. 결국 나는 기타 배우기를 그만두었어요." 은퇴한 지금, 제프는 기타를 다시 시작할 수 있을까 하고 궁금해한다. "내게는 내재된 기억이 있어요. 그렇지만 실제로 내 회고록을 들여다보면 내가 갖고 있던 반항심은 과거나 현재나 별반 다르지 않다는 것을 알 수 있어요. 엄마는 아무 잘못이 없어요. 나는 '기타를 가지

내가 누구인지 깨달을 때 나는 자유로워질 것이다.
—랠프 엘리슨

고 내가 하고 싶은 대로 할 거야.'라고 말함으로써 내 독립성을 행사하고 싶었던 것뿐이에요. 혼자인 지금도 그때와 아주 똑같이 행동하고 있다는 것을 깨달았어요. 이번에는 나를 상대로요. 난 단지 내가 참을 수 있다는 것을 증명하기 위해 즐겁게 할 수 있는 일을 참고 있어요." 제프는 이 기억을 끄집어내는 것은 고통스럽지만 동시에 매우 효과적이라는 점을 깨달았다. "일종의 나 자신의 암호를 해독하는 것과 같아요. 지금까지 내가 그렇게 해왔다고 해서 내가 같은 방식을 계속 고수할 필요는 없어요. 또 누가 알아요? 다음 아티스트 데이트에서는 중고 기타를 사려고 악기점을 기웃거리고 있을지."

아티스트 데이트는 거의 즉각적으로 자유로움을 느끼게 해주는 강력한 도구이다. 당신이 한 시간을 투자하면 굉장한 결과물을 가져다주는 이 아티스트 데이트는 잘못 이해했나 싶을 정도로 작은 모험이 될 수도 있다. 기꺼이 문밖으로 한 걸음 내딛기만 하면 된다.

당신이 사는 도시나 마을에 대해 너무 잘 알고 있어서 새로이 발견할 것이 아무것도 없다는 생각이 들더라도 탐험을 시도해보라. 또한 아티스트 데이트의 '혼자'라는 측면은 '익숙한 것'을 새로운 빛 속으로 던져넣는다. 다른 사람들과 함께 여러 번 가봤지만 혼자서는 한 번도 가본 적이 없는 식당이 있을 것이다. 당신이 식상하다고 생각한 그 식당이 실은 혼자 찾아가면 흥미와 기쁨의 원천이 될 수 있다. 먹고 싶은 음식을 뭐든지 자유롭게 주문할 수도 있고, 디저트를 먼저 주문하거나 아니면 아예 주문하지 않을 수도 있다. 메뉴에서 봤지만 한 번도 주문해본 적이 없는 음식을 마음대로 주문할 수도 있고, 전혀 새로운 자리에 앉아볼 수도 있다. 혼자 해보는 경험은 작지만 새로운 시각을 밝혀주는 모험이다.

카라는 날마다 자신의 하루를 온전히 감당해야 하는 변화가 생각했던 것보다 더 어렵다는 것을 깨달았다. "내가 종속적인 사람이라고는 생각하지 않아요. 그런데 갑자기 혼자 너무 많은 시간을 보내고, 직장을 다닐 때 늘 그랬던 것처럼 조직의 한 일원으로 활동하지 못하니까 불안해요." 그녀가 혼자 해야 하는 아티스트 데이트를 기꺼이 하겠노라고 마음먹자 고립감이 깨지기 시작한 것은 참 아이러니한 일이다.

"아주 간단한 것을 시도했을 뿐인데 이렇게 큰 흥분과 모험을 경험할 수 있다니 놀라워요!" 카라가 고백했다. "수십 번도 더 동네 극장에 갔었지만 혼자 가본 적은 한 번도 없었어요. 혼자 극장에 가니 모든 경험이 무척 대단하게 느껴졌어요. 내가 보고 싶은 영화만 보고, 수년간 먹지 않았던 사탕을 사 먹었더니 정신이 아찔할 지경이었죠. 실제로 혼자 외출해서 그 단순한 일탈을 실행에 옮겼을 때 얼마나 낯설게 느껴지던지 정말로 놀라웠어요. 아티스트 데이트를 하고 난 후에는 나 자신과의 비밀이 생긴 것 같았어요. 나는 나 자신과 친구가 될 수 있다는 것을 배우기 시작했어요. 그리고 아티스트 데이트를 꾸준히 했더니 다른 사람들에게 다가가고 관계를 맺는 일이 실제로 더 쉬워졌어요."

내털리는 은퇴 후에 생애 처음으로 여행할 시간과 돈이 생겼다. 여러 해 동안 그녀는 프랑스와 관련된 것에 푹 빠져 지냈다. 그렇지만 실제로 해외여행을 할 수 있으리라는 생각은 결코 하지 못했다. 그녀와 함께 여행하고 싶어 할 사람이 있으리라고 상상하기 어려웠거니와 혼자 여행한다는 것은 더더욱 꿈도 꾸지 못했다. 대신에 그녀는 가장 간단한 방식으로 프랑스 문화를 탐험했다. 살고 있는 곳에서 프랑스를 주제로 한 아티스트 데이트를 한 것이다. 그녀는 아티스트 데이트로 프랑스어 자막이

세상에서 가장 중요한 것은 내가 진정 나다워지는 법을
아는 것이다. ― 미셸 드 몽테뉴

있는 영화를 보고, 프랑스 요리 수업을 듣고 프랑스 와인으로 진행하는 와인 감별 수업을 들었다. 그녀는 온라인 프랑스어 어학 코스에서부터 동네 약국에서 파는 수입 비누와 향수에 이르기까지 프랑스 문화를 경험할 기회가 도처에 있다는 사실에 무척 흥분했다.

"프랑스를 마음에 품고 있었기 때문이었는지도 모르지만 어디에서나 프랑스가 보이기 시작했어요. 지역 뉴스에서 '자전거를 타고 프랑스 여행을!'이라는 광고를 발견했을 때 이것은 나를 위한 여행이라고 확신했어요." 내털리는 광고에 있는 전화번호로 전화를 걸어 그녀의 자전거 실력이면 충분하고 66세라는 그녀의 나이도 아무런 문제가 되지 않는다는 것을 확인했다. "작은 것부터 하나씩 실행에 옮겨왔기 때문에 자전거 여행을 생각했을 때에는 그렇게 대단한 일처럼 느껴지지 않았어요." 그녀는 말한다.

이 엄청난 모험을 하는 데 드는 비용은 별로 비싸지 않았다. 그녀는 가기로 마음을 먹고 전화를 끊었다. "그게 4년 전이에요." 그녀는 말한다. "한 번에 4주 코스로 네 번을 다녀왔어요. 올해는 파리에 아파트를 얻어서 4주 동안 더 머물 거예요." 내털리는 외국 도시를 혼자 여행하고, 이제는 그 도시가 친구처럼 느껴질 정도로 자신이 독립적일 수 있으리라고 상상해본 적이 없었다. "난 파리가 아주 편안할 뿐 아니라, 너무 좋아요." 그녀는 활짝 웃는다. 그녀는 이 모험에서 마음이 맞는 많은 친구들을 만났다. "그들은 나를 자유로운 영혼의 소유자이자 용감한 모험가로 여겨요." 그녀는 이렇게 말하며 크게 웃는다. "그런 표현은 전에 나를 규정하던 말이 아니었어요. 하지만 말보다는 행동이 더 중요한가 봐요." 우리의 꿈을 향한 적극적인 행동은 그것이 크든 작든 간에 결국 자신감을 고취해주고 무엇을 할 수 있는지 더욱 정확하게 알 수 있도록 해준다.

작은 단계를 거쳐야 더 큰 단계에 이른다. 그리고 다음 단계는 항상 당신 힘이 미치는 곳에 있다. '아하, 난 ○○을 시도해볼 수 있어.'라고 생각할지도 모른다. 방에 페인트칠을 하고 의자 천갈이를 하며 부엌에 새 식탁을 들여놓을지도 모른다. 카탈로그 상품을 구경하며 '아이쇼핑'을 할 수도 있고 자신을 위해 새 침대보와 아름다운 스카프를 살 수도 있다. 작지만 의미 있는 이런 변화들은 당신에게 자유로움을 선사한다. 레오 톨스토이가 언급했듯이, 당신은 아주 작은 변화들이 일어날 때 진정한 삶을 살게 된다는 것을 깨닫게 된다. 당신이 진정한 관심사에 따라 행동을 취할 때 각각의 작은 변화들은 당신에게 힘을 불어넣는다. 각각의 작은 변화들은 당신만의 독특한 방식에 따라 자유롭게 꾸려갈 인생에 더 큰 변화를 가져올 길을 준비한다.

| 과제 |

회고록 - 2주차

지난주에 중단한 나이에서 다시 시작하라. 늘 그렇듯이 특정한 기억 속으로 더 깊이 파고들어갈 마음이 든다면 지금이든, 나중에든 실행에 옮기라.

나이: _____

1. 어디에서 살았는가? 당신의 침실을 묘사하라.
2. 주로 누구와 함께 놀았는가? 특별히 큰 영향을 미친 선생님이 있

는가?

3. 이 시기에 새로운 예술 영역에 도전해보았는가?

4. 전에 느껴보지 못한 자유를 이 시기에 경험해보았는가? 그것은 무엇이었는가?

5. 무엇이 권태롭다고 느꼈는가?

6. 기억나는 냄새를 묘사하라.

7. 이 시기에 친했던 친구(진짜 친구와 상상 친구 모두)를 묘사하라.

8. 이 시기에 가장 좋아했던 음식을 묘사하라.

9. 시간을 보낸 기억이 나는 장소를 묘사하라.

10. 이 밖에 떠오른 다른 기억은 무엇인가?

시간

은퇴 전, 직장 생활을 하는 동안, 많은 이들은 너무 바빠서 창조성을 추구할 수 없다는 것을 깨닫는다. 우리는 지금 당장은 할 수 없고 은퇴 뒤로 미뤄야 할 일이라고 아이디어들을 묵살한다. 은퇴 후에는 우리가 시간의 바다에서 헤엄을 치고 있음을 깨닫는다. 시간은 사방팔방으로 뻗어가는 것처럼 보인다. 그렇지만 학자들이 안식년 동안 집필을 하지 못하는 것과 비슷하게, 계획된 프로젝트를 시작조차 해보지 못하는 경우가 허다하다. 시간이 너무 없어도 그렇지만 시간이 너무 많아도 버겁다.

우리 자신을 과도하게 압박하며 시간을 어떻게 쓰고 있는지 비난하기는 아주 쉽다. 우리는 이리저리 돌진한다. '아무것도 하지 않고 시간을

결국 중요한 것은 몇 해를 살아왔는가가 아니라 어떤 인생을 살아왔는가이다. ─ 에이브러햄 링컨

낭비할' 때 우리는 스스로를 '게으르다'고 말한다. 우리는 시간이 '충분'하지 않거나 너무 많다. 우리는 이미 사용한 시간을 안타깝게 생각한다. 우리가 통제할 수 없는 것들에 대해 걱정하며 보낸 시간과 우리가 정말로 좋아하지 않는 일을 하느라, 또는 '그가 혹은 그녀가 나를 사랑하는가?'에 대해 끝없이 집착하며 보낸 '잃어버린' 시간을 후회한다. 우리는 사회의 일원으로서 '시간을 지혜롭게 사용하도록' 훈련받는다. 그리고 우리는 시간은 돈이고, 시간은 짧으며, 시간은…… 궁극적으로 우리가 계획하고 사용하는 것이라고 끊임없이 상기하게 된다.

많은 수강생들은 회고록을 살펴보면서 그들이 '낭비했다'고 생각한 시간이 사실은 잘 사용되었다는 것을 알게 된다. 이와는 반대로 우울 또는 자기 의심의 구덩이 속으로 자신을 밀어 넣으며 시간을 보낸 것이 단순히 시간을 낭비한 것이 아니라 자기 파괴적인 것이었음을 깨닫는 수강생들도 있다. 특히 한 수강생은 '머릿속으로 최악의 시나리오를 쓰고 파멸한 미래 속에서 사는 데'에 자신이 상당한 창조성을 사용했음을 깨달았다고 말했다. 이런 깨달음을 명확히 표현하는 것은 두 번 다시 이와 같은 행동을 하지 않게 하는 첫 단계였다. 그는 의식적으로 어떤 목적을 향해 자신의 시간과 창조성을 돌리면서 초조함을 훨씬 덜 느끼게 되었다. "그런 일을 하느라 시간을 낭비했다고 자책하고 또 자책했어요." 그는 말한다. "정말이지 말도 안 되는 일의 반복이었지만, 그 순환을 멈추기 위해 내가 한 것은 하던 일에 변화를 준 것이었어요. 부엌을 청소하는 것처럼 아주 사소한 일로도 내가 쓸모 있는 사람이 될 수 있음을 깨달았어요. 내가 모르는 것에 대해 나 자신을 질책하는 대신에 내가 하고 싶어 하는 것이 무엇인지, 다시 말해 내가 정말 어떻게 시간을 쓰고 싶어 하는지 천천히 알게 되었어요."

처음에는 시간을 어떻게 보내고 싶어 하는지 몰라도 괜찮다. 우리에게는 뜻밖에도 창조성을 추구하기에 충분하고도 남을 시간이 생겼지만, 그렇다고 해서 창조성을 추구하기가 꼭 수월하다고는 할 수 없다. 사실 이때, 즉 시간이 생겼을 때, 우리는 우리 자신에게 최대한 너그러워야 한다. 완벽할 필요는 없다. 그냥 한 걸음, 또 한 걸음을 내딛고 우리가 안내되고 있다고 신뢰하는 것이 중요하다. 우리가 할 수 있는 가장 영향력이 큰 일 중 하나는 일상을 체계화하는 것이다. 모닝 페이지는 창조적 삶을 건설하기 위한 첫걸음이다. 매일 모닝 페이지를 쓰면 적절한 체계가 생긴다. 모닝 페이지는 매일 점진적으로 방향을 제안하고, 우리는 곧 우리 자신이 모닝 페이지를 쓰고 있을 뿐 아니라 모닝 페이지가 제안하는 것을 하고 있음을 알게 된다.

이제 막 은퇴한 이들은 종종 시간과 관련된 다양한 스트레스 요인을 경험한다. 시간은 짧고, 인생 또한 너무 허무하다는 생각을 한다. 이 두 가지 생각이 항상 사실인 것은 아니다. 한순간도 낭비하지 말고 모든 순간을 완벽하게 만들라고 우리 자신을 압박하지 않는 것이 중요하다. 많은 은퇴자들은 이 시기를 인생의 '마지막 장'이라고 생각한다. 그런데 사실 이 시기에 우리는 인생의 여러 장을 써나갈지도 모른다. 우리가 느끼는 두려움에도 불구하고 창조성은 항상 우리와 함께 있다. 우리가 65세에 도달한 순간 갑자기 창조성이 말라버리는 불가사의한 일은 일어나지 않는다. 조지아 오키프처럼 90대에 최고의 전성기를 구가하는 예술가들을 생각해보라.

클로드는 공인 회계사로 바쁘게 일하다가 은퇴했다. 그는 자유 시간이 전혀 없는 사람이었는데 은퇴 후에는 자유 시간이 아주 많아졌다. 나는 그에게 체계를 얻는 수단으로 모닝 페이지를 써보라고 권유했다. 그는 주저했지만 적극적으로 모닝 페이지 쓰기에 나섰다. "모닝 페이지를 쓰면 우울해져요. 뒤로 미뤄두었던 많은 꿈이 보이거든요." 클로드가 말했다.

"계속해서 써보세요. 멈추지 말고 써보세요." 나는 그에게 용기를 주었다.

모닝 페이지를 쓰기 시작한 지 몇 주 후, 그의 꿈 하나가 유독 부각되었고, 클로드는 수강생들로 하여금 각자의 영화를 만들도록 해준다는 영화 학교 광고를 보고 그 학교에 등록하기로 결심했다.

그의 가족과 친구들은 모두 그가 시작한 '별난' 시도에 그가 제정신이 아니라고 생각했지만 그는 점점 흥분되는 것을 느꼈다. 그는 대부분의 수강생들보다 40세가 많은 65세였다. 그렇지만 나이가 많아서 손해가 되기는커녕 그의 인생 경험 덕분에 동료 수강생들보다 유리한 위치에 서게 되었다. 그는 할 이야기가 많았으며, 겸손하고 균형감 있는 위치에서 말할 수 있었다. 30대에 이혼한 이후로 오랫동안 죄책감을 느껴왔던 그는 첫 단편 영화에서 이혼 문제를 솔직하게 다루었다. 그의 동료들은 비난받기 쉬운 대담한 주제를 선택한 그에게 박수갈채를 보냈다. 대부분 미혼인 수강생들은 그들 삶에서 아직 일어나지 않았지만 일어날 가능성이 있는 주제에 대한 솔직 담백한 탐험에 감사의 마음을 표현했다. 20~30대 동료 수강생들은 그가 가르쳐야만 했던 교훈을 기꺼이 받아들였다. 클로드는 자신의 이야기에 담긴 고통을 공유할 때 놀라운 행복감과 성취감을 느낀다는 점을 깨달았다. "나는 쓸모가 있고 긍정적이라

시간이 흐르면 모든 비밀은 드러나게 마련이다.

— 장 라신

는 느낌이 들어요." 그는 말한다. "나는 할 이야기가 있고 이야기할 시간도 있어요. 또 다른 영화를 만들려고 생각 중이에요."

은퇴기에 시간이 온전히 당신의 것이 되면 체계의 중요성은 최고조에 이른다. 그렇지만 당신이 바라는 체계가 곧바로 당신에게 명확히 드러나지 않을 수도 있다. 모닝 페이지는 당신의 하루를 체계화하는 데에 도움을 주는 것에서부터 시작하지만, 결국 당신이 보내는 한 주 한 주와 한 달 한 달을 체계화하는 작업을 추진하도록 안내한다. 모닝 페이지는 당신이 시간을 사용하는 방법에 작은 변화를 제안한다. 예를 들어, 당신은 다음과 같이 쓸지도 모른다. "좀 더 일찍 일어나고 싶다. 나는 언제나 이른 아침 시간을 즐기고, 한낮이 되도록 게으름을 피우면 쓸모없게 느껴진다. 나는 모닝 페이지를 쓰고 산책을 하고 나서 샤워를 하고, 무슨 일이 생길지 모르더라도 오전 9시쯤이면 하루를 시작할 준비가 되어 있을 것이다." 모닝 페이지는 또한 당신이 시간을 투자하는 방법에 좀 더 큰 변화를 제안한다. "아마도 난 지역 학교에서 자원봉사를 할 수 있을 것이다. 어쩌면 난 그동안 쌓아두었던 시리즈물을 읽을지도 모른다. 아마도 난 나와 함께 책을 읽고 싶어 하는 사람이 있는지 알아볼지도 모른다. 북클럽에 가입하면 혼자 책을 읽는 것보다 더 재미있을 수도 있다. 아마도 난 ○○을 할 수 있을 것이다."

그렇다. 아마도 당신은 할 수 있을 것이다. 당연하다. 당신에게는 날마다 '충분한' 시간이 있다. 중요한 것은 당신 자신의 가치관과 소망에 따라 시간을 쓰는 것이다. 그렇게 시간을 쓰다 보면 시간에 대한 걱정이 줄어들 것이다. 시간을 잘 사용하는 것 자체가 보상이다. 하루하루를 뒤돌아보고 그날 성취한 생산적인 것 중 하나를 떠올려보면(그것이 도움이 필요한 친구에게 전화를 한 것뿐이라고 하더라도) 우리는 힘과 만족감을 느끼게 된다. 모닝 페이지는 생산적인 활동을 하라고 우리에게 신호를 보낸다. 회고록도 그러한 활동 중 하나이다. 모닝 페이지와 회고록 탐험의 조합은 우리 일상에 긍정적인 체계를 제공한다.

| 과제 |
시간

다음 문장을 완성하라. 단, 지나치게 깊이 생각하지 말고 빠른 속도로 적으라.

1. 시간이 더 있다면 나는 _____을/를 해볼 것이다.
2. 시간이 더 있다면 나는 _____을/를 해볼 것이다.
3. 시간이 더 있다면 나는 _____을/를 해볼 것이다.
4. 시간이 더 있다면 나는 _____을/를 해볼 것이다.
5. 시간이 더 있다면 나는 _____을/를 해볼 것이다.

1. 시간이 부족하다면 나는 _____을/를 해볼 것이다.
2. 시간이 부족하다면 나는 _____을/를 해볼 것이다.
3. 시간이 부족하다면 나는 _____을/를 해볼 것이다.
4. 시간이 부족하다면 나는 _____을/를 해볼 것이다.
5. 시간이 부족하다면 나는 _____을/를 해볼 것이다.

인생길의 장애물 치우기

여가 시간이 더 많기 때문에 우리는 그 어느 때보다 더 오랜 시간을 집에서 지낸다. 집에서 시간을 보내다 보면 끝내지 못한 문틀 작업이나 항상 꽉 끼어서 잘 열리지 않는 부엌 잡동사니 서랍, 바꾸려고 벼르고 있던 낡은 현관 매트 등, 개선하고 싶은 것들이 눈에 띄게 된다. 모드 이모가 정성스럽게 수놓은 베개나 대수롭지 않게 여기던 호수의 전망, 이제는 여유롭게 즐길 수 있는 나무들 사이에서 뛰노는 동물들의 익살스러운 행동 등, 바쁜 일상에 정신이 팔려서 알아보지 못했던 아름다움 또한 눈에 들어온다. 우리는 주위에 관심을 기울이고 지켜보면서 종종 그 진가에 감동을 받고 행동으로 옮기게 된다.

집 안 꾸미기와 가구 제작, 바느질, 정원 가꾸기 등, 집에는 우리를 기다리고 있는 창조적 잠재력이 있다. 이제 우리는 주변 환경을 경험하고 수용할 시간을 갖고 집에 있으므로, 우리 삶의 공간을 돌보는 것은 우리에게 유익하다.

직장 생활을 하는 동안에는 우리의 업무 공간을 지켜보는 눈길이 있었다. 그래서 많은 이들이 업무 공간을 깔끔하게 유지하려는 경향이 있었다. 어쨌든 일하는 곳이 어수선하면 우리가 업무를 경시하는 것으로 비춰지는 것 같았다. 은퇴한 지금, 우리 자신은 잡동사니의 피해자가 되어 있을지도 모른다. 이제는 우리의 행동을 지켜보는 눈길이 없기 때문에 우리는 주변 환경을 돌보지 않은 채 내버려둔다. 신문과 잡지가 점점 쌓여간다. 어수선한 책상에 앉았을 때 명확히 생각하기 어려운 것은 전

우리가 진정으로 필요로 하는 것을 알아내는 가장 좋은
방법은 우리가 필요로 하지 않는 것을 제거하는 것이다.
— 곤도 마리에

혀 놀라운 일이 아니다. 어수선함은 명료함의 적이다. 주변을 정리하는 데 몇 분만 쓰면 집중력과 기억력 등을 높일 수 있다. 대부분의 명상 훈련에서는 20분간의 집중 시간을 장려한다. 나는 20분간의 청소가 효과적인 명상법임을 깨달았다. 신문을 치워버리고 관계없는 것들을 폐기할 때 우리 인생의 우선순위는 명확해지기 시작한다. 넘쳐나는 서류 더미를 똑바로 정리하고 나면 정말로 중요한 것이 무엇인지 명확하게 깨닫게 된다. 어수선한 책상(또는 양말 서랍)은 어수선한 정신과 다름없으며 물론 그 반대도 마찬가지이다.

정리 정돈의 대가 곤도 마리에는 우리 가정에 기쁨을 가져오는 요소만 남기고 나머지는 버리라고 말한다. 처음에는 이 말이 과격하게 들릴지 모르지만, 우리가 소유한 모든 것을 꼼꼼히 살펴볼 뿐 아니라 우리에게 이득이 되는 것만 간직한다는 미니멀리스트*의 생각은 정말로 매우 강한 영향력이 있다. 소유한 물건을 하나하나 정리하다 보면 그것을 간직할지 버릴지 알게 될 것이라는 그녀의 믿음을 따르는 많은 이들은 '기쁨을 불러일으키는' 것만 남기고 나머지 물건들을 봉지에 가득가득 담아 집 밖에 내다 버렸다. 그것은 우리 소유물의 가치를 인정하고 우리 자신과 우리의 선택을 존중하는 분명하고 적극적인 방법이다. '새로운 것에 자리를 내주기 위해 옛것을 깨끗하게 정리하는' 이 과정은 이제 막 은퇴한 이들에게 특히 영향력이 크다. 우리의 공간을 깨끗하게 정리할 때 우리는 새로운 생각이 들어갈 자리를 마련하는 것이다. 우리는 직관을 위한 공간을 만든다. 문자 그대로 우리 머리를 깨끗하게 정리하

---

* 최소한의 것을 통해 최대 효과를 이루려는 사고방식을 지닌 사람.

가구를 새로 들여놓기보다는 들어내는 것으로 방을 매우
호화롭게 꾸밀 수 있다.　　　　－프랑시스 주르댕　　　2주차 자유로움 되살리기 · 83

는 것이다.

회고록을 통해 우리 인생을 돌아보는 일과 정리 정돈을 동시에 하면 그 영향력은 두 배가 된다. 우리가 소유물을 하나하나 살펴볼 때 우리 기억은 자극을 받는다. 우리가 기억을 돌아볼 때 우리 소유물 가운데 많은 것들의 가치가 더 커지거나 작아진다. 에스터는 오랜 세월 동안 살아왔던 집을 떠나 이사 갈 준비를 하면서 동시에 회고록 작업을 했다. "무척 힘들었지만 나는 전면적인 변화에 감사해요." 그녀는 말한다. "은퇴를 하자마자 나는 집을 팔았어요. 이사할 계획이 있었지만 그렇게 빨리 집이 팔릴 줄은 몰랐어요. 차분히 생각할 겨를도 없이, 가지고 있던 물건들을 모두 살펴보고 이사 갈 때 가져갈 물건을 정해야만 했죠. 부담이 되기도 했지만 자유로워지는 기분이 들었어요. 회고록 속 내 이야기를 돌아보면서 가지고 있던 물건들을 정리하니 내 인생이 더욱 명확해졌어요." 35년의 세월이 담긴 물건들을 모두 집 밖으로 꺼내다 보니 그녀 자신의 인생이 눈앞에 펼쳐졌다. "애들이 어렸을 때 적어놓은 이야기와 애들이 처음으로 피아노 연주회를 할 때 만들어줬던 옷가지들, 그리고 내 대학 졸업장과 아이들 대학 졸업장 등등, 모든 것들이 거기에 다 있었어요." 에스터는 한꺼번에, 그리고 극적인 방식으로 자신의 인생을 돌아보면서 결론에 더 빨리 이를 수 있었음을 깨달았다. "당신이 소유한 모든 것들을 살펴보면(계속 가지고 있을지 또는 내다 버릴지 결정하라는 압력을 받으면서) 당신 자신이 얼마나 많은 물건을 가지고 있는지, 정말로 필요하지 않은 것들이 얼마나 많은지 깨닫게 돼요. 그건 그저 보관되어 있었을 뿐이에요. 쓰이지도, 사랑받지도, 눈길을 받지도 못하면서 말이에요."

가지고 있던 물건들을 버리면서 에스터는 버리면 버릴수록 버리는 것이 더 쉬워진다는 것을 배웠다. "엄마가 항상 예쁜 카드를 주셨다는 것을 새삼 알게 되었어요." 그녀는 말한다. "처음엔 모두 간직하고 싶다는 충동을 느꼈어요. 하지만 곧이어 이런 생각이 들더군요. '내가 정말 얼마나 간직하고 싶어 하는 걸까? 정말 그 카드를 다시 꺼내 보게 될까?' 나는 삶을 간소화하기 위해서 의식적으로 규모를 줄이고 있었어요. 카드를 모두 간직하는 대신에 의도적으로 엄마의 뛰어난 안목을 높이 인정하기로 했어요. 그리고 지금은 누군가에게 카드를 줄 때마다 엄마처럼 세심하게 마음을 쓰려고 해요. 어떤 면에서는 이렇게 하는 편이 엄마가 주신 카드를 모두 간직하는 것보다 엄마를 더 기리는 방법이라고 생각해요."

은퇴한 많은 사람들이 직장 생활을 하는 동안에는 일에 정신이 팔려서 알아보지 못했던 그들 자신만의 공간에 크게 영향을 받는다. 브로드웨이에서 배우 활동을 하는 샘은 70세가 되었을 때 회고록 작업을 하기 시작했다. "나는 계속 오디션을 보고, 무대에 서고, 내레이션을 하고, 광고를 찍고 있었어요." 그는 말한다. "그렇지만 전보다는 일이 줄고 여유 시간이 많아졌죠. 70세가 되자 휴지기가 찾아왔어요. 내가 무엇을 느끼고 싶어 했는지는 모르지만 상당히 우울했어요. 나는 오스카상을 탄 동년배들을 바라봤어요. 나는 배우로서 오랫동안 꾸준히 탄탄한 경력을 쌓아왔지만 '비교' 게임을 그만둘 수는 없었어요. 30대에 로스앤젤레스에 있었다면 어떻게 됐을까? 내가 첫 브로드웨이 작품에 출연하지 않았다면 어떻게 됐을까? 그 대신에 무슨 일이 벌어졌을까? 회고록을 통해 내 인생을 되돌아보면서 나는 상당히 아주 서서히 내가 걸어온 배우

유용한 것과 아름답다고 생각하는 것 외에는 아무것도
집 안에 들여놓지 말라.　　── 윌리엄 모리스

로서의 길을 인정하기 시작했어요. 다른 누군가의 업적이 아니라 나 자신의 업적이었어요. 나는 자랑스러운 작업을 했어요. 나는 무수히 많은 사람들을 만났어요."

샘은 자신의 인생을 '○○라면 어떻게 됐을까?'하고 가정하지 않고 있는 그대로 보는 데 초점을 맞추면서, 처음으로 자기 주변에 확실히 집중했다. 그는 자신이 인생에서 기념이 될 만한 것들은 모두 간직해온 진정한 수집광이었음을 깨달았다. 그의 집은 젊은 배우 시절 맡았던 단역부터 시작해서 역할별로, 시즌별로, 오늘날에 이르기까지 연극 광고지와 8×10 사이즈(20.32cm×25.4cm) 고급 잡지 등의 기념품으로 어수선했다. 내가 그에게 간직해둔 것들 중 일부를 버리라고 했을 때 그는 그야말로 경악을 금치 못했다. 기념품으로 가득한 그의 아파트에 막상 그를 위한 공간은 거의 없었다.

샘은 그의 집이 정말로 그를 위한 환경이 아님을 인정해야 했다. "회고록 작업을 하면서 항상 나는 이 배우 혹은 저 배우보다 '못하다'고 느꼈다는 것을 알게 됐어요. 내가 이만큼의 성과를 이루었다고 스스로에게 증명하기 위해 모든 기념품을 간직하고 있었다는 생각이 들었어요. '알아요? 난 메리 마틴과 춤을 추었어요. 리처드 로저스를 만났고요. 여기에 언급되었고, 저기에서 굉장한 평을 받았어요.' 그렇지만 이 엄청난 양의 물건들 때문에 나는 생각할 여지가 전혀 없었죠. 내가 성취한 것과 내가 여전히 성취하고 싶어 하는 것에 대한 전망을 찾을 여유가 없었던 건 말할 것도 없고요. 게다가 내가 가지고 있는 것들 대부분은 상자에 담겨 천장에 닿을 정도로 쌓여 있었어요. 이렇게 하는 것이 정말로 내게 무슨 도움이 되었겠어요?"

"나는 모든 것을 살펴봤어요." 그는 계속 말한다. "결국 나는 생애 처음으로 나 자신의 경력을 인정하게 되었어요. 언제나 나 자신이 이뤄낸 것들을 어느 정도 묵살해왔으면서도 그런 사실을 깨닫지 못하고 있었던 거죠."

우리 대부분은 으레 자신의 성취를 묵살한다. 그러므로 모든 것이 갖춰진 인간으로서 앞으로 나아가기 위해 우리 자신의 이야기를 돌아보는 회고록 작업을 하는 것이 매우 중요하다.

샘은 기념품을 거의 다 없앴다. "결국에는 정말로 내게 이야기를 건네는 물건들만 남겼는데 겨우 한 상자 정도였어요." 그는 말한다. "처음에는 이 물건들을 살펴보기가 무척 힘들었어요. 마치 감정이 롤러코스터를 타는 것 같았죠. 하물며 없앨 때는 어땠겠어요? 내 인생을 내다 버리는 것 같았어요. 그렇지만 반대로도 마찬가지였죠. 내가 정말로 사랑했고 대체 불가능한 물건들을 50~60개 추려내는 것으로 내 인생을 예우하고 있었어요. 나는 많은 것들을 재활용에 내놓고, 연극 광고지와 사진은 도서관에 기증했어요. 그런 다음, 가죽으로 된 아주 커다란 스크랩북을 사서 내 경력에서 중요한 부분은 거기에 채워 넣었어요." 그의 생각과 기념품을 한 군데에 모아 잘 정리했기 때문에 함께 나눠야 하는 그의 많은 이야기들이 통합되고 좀 더 접근하기 쉬워졌다. 샘은 이렇게 고백한다. "지난 50년 동안 나는 어느 것 하나 잊어버리고 싶지 않았어요. 그래서 모든 것을 계속 간직하고 있었죠. 그런데 내려놓고 나니 오히려 더 많은 것을 가지게 됐어요."

그가 새로 찾은 자유는 제삼자의 눈에 더 뚜렷하게 보인다. 그는 눈에 띄게 자신에 대한 부담감을 덜었고 확실한 자신감을 얻었다.

"내 소중한 기억들을 상자 안에 욱여넣고 손도 대지 않는 대신에 선반 위에 두고 정중하게 대하고 있어요." 샘은 설명한다. "여러 친구들과 그 스크랩북을 같이 보았는데 친구들이 얼마나 즐거워하는지를 지켜보면서 재미있었어요. 한 친구는 자기 집의 절반을 차지하고 있는 오래된 운동용품을 나처럼 정리해야겠다는 생각이 들었다는 말까지 했어요. 그리고 내 아파트는 지금 훨씬 더 넓어졌어요. 덕분에 나는 다시 생각을 할 수 있게 되었어요. 사실 내 첫 희곡을 써볼까 하는 생각을 하고 있어요."

당신이 소중히 여기지 않는 것을 내려놓으면(더는 당신에게 도움이 되지 않는 것에 작별을 고하면) 오늘을 살 여유가 생긴다. 오늘을 산다는 것은 과거를 놓아주고 내일의 가능성을 향해 당신 자신을 여는 것이다.

| 과제 |

지금 그리고 여기

이전에는 '너무 바빠서' 앉아 있지 못했던 집 안 어딘가에 잠시 앉아 있어보라. 앉아서 주위를 둘러보며 새로운 시각으로 당신의 집을 제대로 살펴보라. 무엇이 가치 있어 보이는가? 무엇을 바꾸고 싶은가? 이 훈련을 할 때 바꾸고 싶은 것이 너무 많이 눈에 들어오거나 감정이 북받쳐 오르는 느낌이 들어도 걱정하지 말라. 모닝 페이지가 이러한 통찰들의 우선순위를 정하고 처리하는 것을 도와줄 것이다.

20분

잡동사니 몇 가지를 치우는 일은 견딜 만하다. 20분 정도 정리하는 일도 견딜 만하다. 타이머를 설정하고 타이머가 울리면 곧바로 하던 일을 멈추겠다고 마음속으로 다짐한 뒤, 20분 동안 당신 집에서 더는 필요하지 않은 것들을 버리라. 당신은 쓰레기, 재활용, 기부용, 이렇게 봉지 세 개를 들고 집을 살펴볼 수 있다. 나는 시계를 상대로 경주하기를 좋아한다. 20분 동안 얼마나 많이 치울 수 있을까? 아주 적은 양의 잡동사니와 씨름하다 보면 우리는 겉보기에는 불가능해 보이는 임무에서 약간의 진척을 보인다. 그리고 진척이 있으면 우리는 종종 더 많은 결과를 내도록 고무된다.

권 태

권태는 우리 자신에게 "아, 다 소용없어."라고 말하기 위해 쓰는 가면이다. 즉, 권태는 두려움을 가리는 것이다. 우리는 권태롭다고 말하지만 실은 두려운 것이다. 위험을 감수하기가 두렵고, 새로운 것을 시도하기가 두려운 것이다. 많은 이들이 권태로움으로 고통을 겪는다(말 그대로 고통을 겪는다). 권태롭다고 느끼면 우리는 꼼짝하지 못할 것 같은 기분이 든다. 아무것도 우리의 열정에 불을 붙여주지 못할 것 같다. 권태로움이

대체로 그녀는 지루해질 틈이 없었기 때문에 전혀 지루하지 않았다. — 젤다 피츠제럴드

사라지는 날이 오기는 할까 하는 생각이 든다. 지푸라기를 잡고 있는 것처럼 절박하다. 어쩔 줄 몰라 하면서, 겁에 질린 채 두려움에 떨면서 우리는 아무것도 모른다는 믿음이 자리한 어두운 곳으로 더 깊이 우리 자신을 끌고 들어간다.

우리가 아무것도 모른다고 믿는 것은 무시무시한 생각이며, 이는 결코 사실이 아니다. 그렇지만 우리가 권태로움에 사로잡혀 있다면 우리 자신을 권태로움에서 떼어내 어떤 전망을 갖게 하기가 매우 어려울 수 있다. 우리는 무력감에서 벗어날 필요가 있다. 이를 성취하는 데 아티스트 데이트보다 더 좋은 방법은 거의 없다.

67세인 캐럴라인은 미술 작품과 예술가가 많은 샌타페이에서 살았다. 그렇지만 그녀는 샌타페이에 살면서 누릴 수 있는 것들을 찾아다니지 않았기 때문에 어디에 살든 별 상관이 없었다. 그녀가 토로했던 권태로움의 해결책으로 아티스트 데이트를 권하자 그녀는 따르려 하지 않았다. 그녀는 재미있을 만한 일을 하나도 생각해내지 못할 것이라고 생각했다. 나는 그녀에게 염려하지 말라고 했다. 아티스트 데이트를 완벽하게 해낼 필요는 없다고, 재미있을 법한 것을 하나라도 생각해낼 수 있다면 잘 진행될 것이라고 했다. 그녀는 마지못해 갤러리에 가볼 수 있을 것 같다고 말했다. 샌타페이는 구불구불한 길 구석구석마다 수많은 갤러리가 들어차 있는 캐니언 로드가 유명하다. 캐럴라인은 샌타페이에서 4년 동안 살면서 거기에는 한 번도 가본 적이 없었다.

"너무 평범하고 뻔할 거예요." 그녀는 부정적으로 말했다.

"굉장할 거예요. 완벽한 아티스트 데이트가 되겠어요." 나는 그 말을 받아넘겼다.

결국 캐럴라인은 첫 번째 갤러리 방문을 계획했다.

"갤러리를 둘러보는 데 한 시간을 쓰기로 다짐했어요." 캐럴라인은 말한다. "그래야 문밖을 나설 수 있었어요. 흔쾌히 시작하려면 시간제한이 필요하다고 생각했어요. 처음에는 미술 작품에 대해서, 또는 미술 작품이 내 안에 뭔가를 불러일으킬지에 대해서 확신이 없었어요. 그렇지만 들어온 지 고작 5분밖에 안 지났고 한 시간을 쓰겠다고 말했었으니까 계속했어요."

여러 작가들의 작품에 깊은 흥미를 느꼈을 때 그녀가 얼마나 기뻤을지 상상해보라.

"갤러리에 열 번쯤 갔을 때 내가 갤러리 관람을 즐기고 있다는 것을 알게 되었어요." 그녀는 어색하게 웃으며 말한다. "탐험하기를 꺼린 것은 나 자신의 지적 능력을 부정한 것이었어요. 혼자 전시회에 갔을 때 나는 영감을 받았어요. 이 예술가들 모두 홀로 작업을 했지만 어떤 힘에 이끌려 창조하고 또 창조해왔다는 것을 알게 되었죠. 이 예술가들이 계속 작품 활동을 해왔기 때문에 미술 작품 전부가 존재하는 거였어요. 무척 인상적이었어요. 그리고 그 작품들을 통해 교훈을 얻을 수 있다는 것을 깨달았어요. 내 인생에는 좀 더 강하게 나 자신을 독려할 수 있는 순간이 많았어요. 지역 예술가들이 재능이 무척 많다는 사실이 정말 좋아요. 매력적인 지역 사회의 일원으로서 나 자신을 그려보기 시작했고, 지역 사회를 위해 내가 뭔가 보탬이 될 수 있을 거라는 상상도 하기 시작했어요."

캐럴라인은 그날 더 밝은 기분으로 집으로 돌아갔다. 그녀는 오래전부터 집 앞 진입로에 작은 꽃밭을 만들고 싶어 했는데, 이제는 자신이 꽃밭을 만들 수 있을 거라고, 그리고 이건 창조성 면에서 매혹적인 아이디어라고 생각하게 되었다. "더는 미룰 수 없었어요." 그녀는 말한다. "약간 추상적일지도 모르지만, 모든 예술가들이 그들의 작품을 소중하게 대하는 것을 보고 나는 그 태도가 중요하다고 생각했어요. 나도 뭔가를 소중하게 대하고 싶었어요. 나는 꽃을 고르고 배치하고 심으면서 정말로 즐겁게 오후 시간을 보냈어요. 그리고 지금은 나도 샌타페이에 약간의 색을 더하고 있다는 기분이 들어요."

권태로움이라는 우리의 느낌을 돌보고 솔직하게 대하는 것이 중요하다. 권태로움을 느끼는 것이 편안하지는 않겠지만 불만을 기꺼이 인정하고 그에 대처하는 조치를 취할 때 우리의 느낌은 변할 수 있다.

우리는 모두 창조적이며 끝없이 샘솟는 창조적 에너지를 갖고 있다. 긍정적인 방식으로 창조적 에너지에 따라 행동하면(즉, 창조적 에너지를 사용하면) 우리는 주변 환경을 확장하고 개선할 수 있다. 그렇지만 확장하는 대신에 축소한다면 우리는 우리 자신의 부정적 성향에 빠질 위험에 처하게 된다.

사람들은 권태로울 때, 자신의 창조적 에너지를 생산적으로 활용하지 않을 때 문제를 일으키는 경향이 있다. 나는 임신하자마자 직장을 그만둔 한 여성(내 친구의 엄마)이 생각난다. 수십 년이 지나 자녀들이 오래전에 둥지를 떠났을 때, 그녀는 은퇴할 나이에 이르렀지만 은퇴를 할 직업을 가진 적이 전혀 없었다. 그녀의 딸인 내 친구는 자신의 엄마는 거의 40년 동안 일을 하거나 즐길 만한 취미를 찾는 대신에 자녀들의 인생을 참견하는 데 상당한 지적 능력과 창조성을 사용했다고 말한다.

"우리 엄마는 머리가 좋아." 신디는 말한다. "그리고 난 늘 엄마가 한

권태롭게 살기에는 인생이 너무 짧다.
— 프리드리히 니체

번도 직업을 가진 적이 없는 건 배운 걸 낭비한 거라고 생각했어. 엄마는 아이비리그 출신이거든. 엄마가 점점 우울해하고 까다로워지는 모습을 지켜보면서 나는 쉬지 말고 늘 일을 해야겠다고 다짐했어. 그것은 내가 엄마를 통해 관찰하고 엄마에게서 물려받은 부정적 성향에 맞서기 위해 생각해낼 수 있는 유일한 방어책이었어. 그리고 그것이 지금의 나를 만들었지. 솔직히 엄마가 지루해한다고 생각해. 엄마는 지적이지만 엄마 자신을 만족시키는 쪽으로 지적 능력을 사용하지 않았어. 대신에 엄마는 무서울 정도로 나와 형제들의 인생을 세세한 부분까지 관리했어. 우리 모두 엄마가 '단지' 지루해서 그런다는 걸 알지만, 그건 여전히 믿을 수 없을 정도로 파괴적이야."

우리의 창조성은 어떤 식으로든 발휘되기 때문에 우리가 그것을 어떻게 사용할지 의식적으로 결정하는 것이 중요하다. 신디의 엄마는 자신이 감탄할 정도로 이타적이었다고 생각했을지도 모르지만 다른 이들에게 해를 끼칠 정도로 많은 에너지를 씀으로써 결국 그녀와 그녀의 자녀들 모두 숨이 턱턱 막힐 지경이 되었다. 그녀는 자신이 추구하고 싶은 것에 대해 생각하려 하지 않기 때문에 가족의 삶에서 일어나는 극적 사건들이 그녀 일상의 중심이 되었다. 지루해서 재미 좀 보려고 문제를 일으키는 어린아이와 다르지 않다. 문제는 성인인 우리가 다른 이들의 일에 간섭하면 그들의 자연스러운 과정을 심각하게 방해할 수 있다는 점이다. 결국 분함과 좌절감이 처음의 선한 의도를 가리는 경우가 많다.

우리 자신의 창조성을 훈련하고 더 나은 쪽으로 우리 자신을 확장할 때 우리는 다른 사람들의 일에 참견하느라 노닥거릴 새가 없다. 우리는 만족스럽기 때문에 다른 이들을 불만스럽게 만들고자 하는 충동을 느끼지 않는다. 우리가 권태롭고 그 권태로움에 대해 어떻게 해야 할지 모른다는 것을 인정하기가 불편하겠지만 우리 자신에게 솔직해지는 것이 중요하다. 일단 솔직해지면 우리는 우리가 찾는 해답을 발견할 수 있다. 권태로움은 교활한 적이다. 그래서 다음과 같은 중요하고 무서운 질문을 우리 자신에게 던져보라고 간청한다. "나는 인생을 어떻게 살고 있는가?" 권태로움의 치료법은 실제로 별것 아니다. 올바른 질문은 다음과 같다. "바로 지금, 바로 여기에서 내가 할 수 있는 생산적인 일은 무엇인가?" 그에 대한 답은 이미 우리가 알고 있는 경우가 많다.

| 과제 |
권태로움

어린아이들은 본능적으로 지루함에 상상력과 창조성으로 대응한다. 어린 시절을 되돌아보라. 그때 지루함에 맞섰던 방법들을 기억해낼 수 있는가?

예를 들면 다음과 같다.

1. 인형 놀이 하기
2. 모래성 쌓기
3. 냄비와 프라이팬을 두드리며 연주하기
4. 상상 친구와 오래 대화하기
5. 변장 놀이 하기

어린 시절로 다시 돌아가 기억나는 것을 하나 골라 그것에 관해 적어보라.

일 과

이제 막 은퇴한 이들은 대부분 일상에 대한 복잡한 심경을 토로한다. 한편으로는 직장 생활을 하는 동안 외부에서 부과되었던 일정으로부터 자유로워진 상황을 즐긴다. 예를 들면 회의 시간과 업무 시간을 엄격하게 지키는 대신에, 늦잠을 자거나 주중에 여행을 하거나 먹고 싶을 때 먹을 수 있다. 다른 한편으로는 정해진 일과의 부족이 스트레스의 원인이 될 수도 있다. 수십 년 동안 자신만의 일상을 꾸리지 않았던 사람이라면 이 새로운 인생 단계에 이상적인 일과가 정확히 무엇인지 결정하는 것이 까다로운 문제일 수 있다.

나는 사람들에게 마음을 열라고 한다. 약간의 시행착오를 겪을지도 모르지만, 당신에게 조언과 에너지, 창조성을 제시하는 영적 훈련처럼 느껴지는 일과를 찾는 것은 가능하다. 당신에게 위안을 주는 자신만의 일과를 만들어내면 마음이 평온해질 것이며, 영감을 불러일으키는 것은 바로 이 평온한 마음이다.

내 하루 일과는 일어나면서부터 시작된다. 나는 직접 커피 한 잔을 내리고 공책과 펜을 가지고 커다란 가죽 태블릿 의자*에 앉아 모닝 페이

---

* 오른쪽 팔걸이에 필기용 받침이 있는 의자.

일터에서의 은퇴는 있지만 인생에서의 은퇴는 없다.
— M.K. 소니

지를 3쪽 쓴다. 모닝 페이지를 다 쓰고 나면 아침을 먹고, 아침을 먹고 난 후에는 '개와 산책하기, 침대보 바꾸기, 어니스트 홈스의 기도문 읽기, 언니에게 전화하기, 내털리의 책 서문 쓰기' 등등, 모닝 페이지가 제안한 일들을 실행에 옮긴다. 모닝 페이지에 다음에 할 적당한 일을 적지 않은 날은 거의 없다. "도메니카에게 전화해서 들어봐." 모닝 페이지가 제안할 것이다. 모닝 페이지는 대부분 '유익하고 정돈된 방향(good, orderly direction)'을 제안하는데 나는 이를 머리글자만 따서 GOD, 즉 '신(God)'이라고 표현한다. 나는 매일 코요테와 뱀이 나오는지 경계하면서 집 주변 비포장도로를 걷는다. 이 오후 운동은 정신적으로나 육체적으로 내 건강을 유지시켜준다. 늦은 오후는 현재 진행 중인 집필 작업을 하기에 이상적인 시간이다. 일주일에 한 번 나는 아티스트 데이트 일정을 세운다.

그 정도로 최소한의 체계가 자리 잡혀 있으면 우리는 스스로 평화롭고 안전하다고 느낀다. 우리는 우리 영에 도움이 되는 방향으로 인도된다. 우리는 한 번 더 일과가 생기지만 이번에는 외부 감독관에 의해 주어진 것이 아니라 우리 자신이 내면의 충동에 맞추어 선택한 것이다. 일과를 통해 우리는 우리 자신의 절제력을 경험한다. 우리는 규칙적인 모닝 페이지 훈련을 통해 영감을 얻는다. 우리는 글을 통해 소통할 수 있기를 매일 창조주에게 간구하면서 새로운 아이디어를 공급받는다.

일과의 영적 가치를 가장 잘 보여주는 곳은 수도원이다. 수도사들은 정해진 시간에 일어나 정해진 시간에 아침 기도를 한 뒤 하루를 시작한다. 그들은 일정한 간격으로 울리는 종소리를 신호 삼아 활동을 이어간다. 일하는 시간과 기도하는 시간, 쉬는 시간을 정하면 보람과 성취감을

미래의 비밀은 당신 일상에 숨겨져 있다.
— 마이크 머독

느끼며 생산적인 삶을 살게 된다. 모닝 페이지를 쓸 때 우리는 일과를 시작하지만, 우리는 또한 특정한 형태의 기도를 한다. "우리를 인도해주소서."라고 쓰면서 영감을 공급받는다. 우리는 정말로 인도를 받는다. 우리에게 현재 일어나는 감정(상실감과 혼란, 흥분, 경이로움, 후회 등)을 매일 아침 공책에 적는 동안 우리는 사실상 그 모닝 페이지에서 기도를 하고 있는 것이다. 우리가 그 힘에 이름을 붙이든지 붙이지 않든지 상관없이, 정말로 우리 자신을 뛰어넘는 자애로운 힘이 귀 기울이고 있는 것처럼 느껴진다. 모닝 페이지는 우리에게 하루 동안 지나갈 길과, 목표와 마감일을 정할 지점을 알려준다. 딸에게 전화할 때 내가 자문관 역할을 하고 있음을 알게 된다. 우리의 대화는 서로에게 치유가 된다. 모닝 페이지 또한 자문관 역할과 우리 남은 인생의 출발점 역할을 한다.

톰은 수많은 모험을 즐길 수 있기를 기대하면서 조기 퇴직을 했다. 그는 직장 생활이 무척 성공적이었기 때문에 은퇴 생활도 마찬가지일 것이라고 기대했다. 그런데 그는 우울증과 씨름하고 있는 자신의 모습에 충격을 받았다. 곧 그는 시간이 무척 많다는 사실이 버겁게 느껴졌다. 놀랍게도 그는 업무와 그 업무가 그의 인생에 주었던 목적의식을 그리워했다. 은퇴 6개월 차로 접어든 그는 자신의 우울증이 무척 심각하다는 사실을 깨닫고는 상담 치료사를 찾아가기로 마음먹었다. 상담 치료사는 곧바로 우울증의 핵심으로 들어갔다. "보통 하루를 어떻게 보내는지 말씀해주시겠어요?" 상담 치료사가 묻자 톰이 이렇게 대답했다. "특별히 일상이랄 게 없어요. 그냥 어떻게 하다 보면 하루가 지나가요."

"어떤 체계가 필요하다는 생각이 들어요. 선생님이 하루를 건강하게 보낼 수 있게 일과를 짜보세요." 상담 치료사가 제안했다.

톰은 안도의 한숨을 쉬었다. 상담 치료사와 그는 방향을 제대로 잡았다. 그는 일과를 놓치고 있었다. 일과는 그에게 매일매일 성취감을 주었었다. 이제 일과가 없기 때문에 그는 매일 실패하는 것처럼 느꼈음을 깨달았다.

"선생님이 하루를 잘 보낼 수 있도록 의미 있는 체계를 만들어야 해요. 하실 수 있겠어요?"

"잠만 자는 게으름뱅이 같은 느낌이 들어요." 톰이 시인했다.

"그럼 정신을 차리고 일어날 시간을 정해보세요." 상담 치료사가 말했다.

"세상과 단절된 기분이에요." 톰이 불만을 터뜨렸다. 상담 치료사는 매일 그날의 뉴스를 확인하는 규칙적인 시간을 정할 것을 제안했다. 톰은 자신이 약간 흥분했다는 것을 알아차렸다.

"매일 아침《뉴욕 타임스》를 가지고 동네 빵집에 커피를 마시러 갈 수 있어요." 그가 자진해서 말했다. "저는 언제나 여유롭게 커피를 마시는 사람들을 보면서 저런 게 인생이겠구나 하고 생각했어요. 그러니 한번 해보면 좋을 것 같아요." 톰은 간단한 아침 일정을 세우기 시작하더니 아이디어를 더 내서 빠른 속도로 일과를 채워나갔다. "운동하는 데도 인색했어요." 그가 덧붙였다. "헬스클럽에 등록하고 운동 목표를 정할 수 있어요. 빵집에서 헬스클럽으로 곧장 갈 수도 있어요. 그러면 아침 일과는 다 된 거예요! 규칙적인 리듬을 찾을 수 있어요."

톰은 간단한 체계만으로도 그 보상으로 목적의식과 낙관주의를 얻을 수 있었다. 우리의 진정한 가치를 중심으로 새로운 일과를 짜면 우리는 그 보상으로 명료성과 아이디어를 얻을 수 있다.

캐리는 그녀의 회고록 탐험을 통해 매우 명확한 일과가 있었을 때로

지적인 사람이 규칙적인 일과를 반복한다는 것은 야망이 있다는 의미이다.
— 위스턴 휴 오든

돌아갔다. "열 살 때쯤이었을 거예요." 그녀는 말한다. "나는 바이올린과 피아노를 배웠어요. 매주 연습을 하고, 과제를 완벽하게 해내야 했어요. 때로는 힘들었지만 우리 집에서는 타협할 수 없는 영역이었어요. 부모님은 악기 연습을 학교 숙제와 똑같이 중요하다고 여겼고 타협의 여지가 전혀 없었어요. 학교 숙제와 연습을 다 마쳐야만 자유롭게 놀 수 있었죠." 캐리는 이 규율이 그녀의 인생에 준 혜택을 이제야 깨달았다. "결국 수년간 음악을 했는데 그 덕분에 컴퓨터 프로그래머로 일하는 데 바탕이 되는 끈기를 얻게 되었어요." 그녀는 말한다. "조금씩 조금씩 기술을 연마해나간다는 사고방식을 통해 나는 인내심을 배웠어요. 나는 지금까지 그것을 인식하지 못했지만 어린 나이에 세심히 주의를 기울인 음악 훈련의 결과는 나의 가장 위대한 자산이라고 확신해요."

캐리는 그 시간이 편안했기 때문이 아니라 보상이 있었기 때문에 좋게 기억한다. "그리고 그 시절은 내게 아이디어를 줘요." 그녀는 말한다. "지금 나는 은퇴를 했어요. 새로운 것을 배울 시간이 있죠. 아코디언을 배우면 어떨까 싶어요. 늘 배워보고 싶었거든요. 나는 악기를 배우는 법을 알아요. 전에도 바이올린과 피아노를 배워봤으니까요. 그리고 언제나 연습은 내게 영적 훈련이었어요. 이 화음에서 저 화음으로 내 손을 움직이는 것을 천천히 배우는 것은 명상과도 같아요. 배움의 과정인 기술 연마는 인생의 모든 것에 영양분을 공급하는 일과예요. 악기 연습을 하면 통찰력을 얻고 만족감을 느끼게 돼요. 뭔가를 성취했을 때처럼요. 나는 더 차분하게 하루를 시작할 거예요. 아코디언 가방을 열고 아코디언을 내 일상의 일부로 만들 거예요."

어떤 일과가 만족감을 줄지 확신할 수 없다면 회고록을 돌이켜보는 것이 필요하다. 거의 언제나 회고록에서 실마리를 찾을 수 있다. 중요한 점은 당장 완벽한 대답을 찾는 것이 아니라, 만족감을 불러일으킬 것 같은 간단한 아이디어를 시도해보는 것이다. 10킬로미터 정도 산책을 하거나 명상을 하고, 이른 아침 한 시간 동안 집 안을 정돈하며 하루를 시작하기로 결심한 수강생들이 있다. 그들은 그런 활동을 하며 생각을 정리한다. 열린 마음으로 계속 새로운 일과를 시도하면 우리는 그 보상으로 일정한 체계 안에서 자유로움을 얻는다.

| 과제 |
일과가 주는 안도감

1부터 5까지 번호를 매긴 다음, 다음 문장을 완성하라.

1. _____ 할 시간이 있다면 안도감을 느낄 것이다.
2. _____ 할 시간이 있다면 안도감을 느낄 것이다.
3. _____ 할 시간이 있다면 안도감을 느낄 것이다.
4. _____ 할 시간이 있다면 안도감을 느낄 것이다.
5. _____ 할 시간이 있다면 안도감을 느낄 것이다.

이제 당신이 작성한 목록을 보라. 여기에 무슨 실마리가 있는가? 당신 일과에 무엇이 포함되기를 바라는가? 활동 한 가지를 고르라. 그것이 당신의 일과 중 하나가 될 수 있는가?

1. 며칠 동안 모닝 페이지를 썼는가? 모닝 페이지를 직접 써보니 어떤 느낌이 드는가?

2. 아티스트 데이트를 했는가? 무엇을 했는가? 회고록에서 아티스트 데이트를 통해 탐험해보고 싶은 것을 발견했는가?

3. 산책을 했는가? 산책을 하는 동안 당신의 관심을 끈 것은 무엇인가?

4. 이번 주에는 어떤 '아하'를 발견했는가?

5. 이번 주에 동시성을 경험했는가? 그것은 무엇이었는가? 동시성을 통해 유대감을 느꼈는가?

6. 회고록에서 좀 더 충실하게 탐험해보고 싶은 것을 발견했는가? 그 것을 어떻게 탐험할 것인가? 늘 그렇듯이 좀 더 주의를 기울여 살 펴봐야 할 필요가 있다고 느끼는 내재된 기억이 있지만 어떤 조치 를 더 취해야 할지 확실하지 않더라도 걱정하지 말라. 계속 앞으로 나아가면 된다.

유대감 되살리기

이번 주 회고록에는 어린 시절의 중요한 관계가 새로이 강렬하게 드러날 것이다. 어떤 사람에게는 부모님이나 좋아하는 선생님과의 강화된 관계이고, 어떤 사람에게는 친밀한 우정이나 사랑의 시작일 것이다. 당신은 다른 사람들과의 관계 속에서 자신을 보기 시작했다. 은퇴는 또한 과거의 관계와 현재의 관계에 대해 생각할 시간을 준다. 당신은 누구와 친밀해지고 싶은가? 당신은 누구와 거리를 두고 싶은가? 당신 인생에 새로운 관계를 맺을 기회가 있는가? 이번 주에 당신은 다른 사람들과의 관계 속에서 자신을 돌아보게 될 것이다. 당신의 공동체에 누가 속해 있는가? 당신의 공동체에 누가 속해 있으면 좋겠는가? 당신은 은퇴기의 흔한 문제인 외로움과 고립감을 살펴볼 뿐만 아니라 은퇴기에 자원봉사를 통해 다른 사람들과 관계를 맺을 기회도 살펴볼 것이다. 지원을 요청하는(그리고 제공하는) 연습도 할 것이다. 유년 시절처럼 당신은 선택의 여지가 없는 관계(직계 가족이나 이전 동료)와 스스로 선택한 관계 사이에서 균형을 유지해야 하는 어려움에 직면할 것이다.

동반자 선택

퇴직을 하면 업무상 맺은 관계는 약화되고, 그 관계가 지속되는 경우는 대부분 선택에 의한 것이다. 한편으로는 이런 상황에 약간 안도감을 느낄 것이고, 자잘한 짜증을 불러일으키는 사려 깊지 못한 동료나 의견이 맞지 않는 상사에게 작별을 고하기를 간절히 바랄 수도 있다. 다른 한편으로는 업무 환경을 무척 좋아했을 수도 있고, 개인적으로 상실감을 경험할 수도 있다. 그럴 경우 우리는 소중히 여기던 공동체에서 떨어져 나와 표류하는 기분을 느낀다. 많은 경우, 이 두 가지 면이 결합되어 있다.

이제 자유 시간이 더 많아지면서 선택권 또한 더 많아졌다. 우리가 선택했든지 그렇지 않은지 간에, 주변 사람들은 이제 우리가 그들과 함께 시간을 보낼 여유가 충분하다고 기대할 수도 있다. 또한 우리는 일을 하는 동안에는 충분한 시간이 없어서 더 발전시킬 수 없었던 관계를 더 진전시키고 싶을 수도 있다. 이때가 바로 은퇴기에 우리 자신이 속해 있고 싶은 공동체를 의식적으로 고려할 때이다.

> "뭐라고? 너도 그래? 나만 그렇게 생각하는 줄 알았는데……." 한 사람이 다른 사람에게 이런 말을 하는 순간 우정은 생겨난다.
> ─ C. S. 루이스

66세인 제시카는 3주차 회고록에서 11세부터 17세까지의 시절에 초점을 맞추었다. "그때는 친밀한 관계를 맺는 것이 아주 중요한 시기였어요." 제시카는 말한다. "늘 일이 많았던 아버지와는 복잡한 관계였어요. 나는 그다지 사람을 많이 만나는 편은 아니었지만 10대에 들어서면서 매우 끈끈한 유대감을 형성하고 있는 한 여자 친구들 무리와 정말로 매우 가까워졌죠. 얼마나 뜨거운 우정이었는지 지금도 기억이 나요. 물론 그 당시 내가 사춘기를 겪고 있었고 호르몬 분비가 왕성했기 때문이기도 했지만, 내가 아빠의 우선순위에서 밀린다는 느낌이 들어서 아빠에게 굉장히 많이 화가 나 있었기 때문이기도 했어요. 지금 와서 생각해보니 나는 학교 친구들과 상당히 종속적인 관계였어요. 아무도 우리를 막을 수 없고 절대로 서로 떨어질 수 없다고 생각했어요. 아빠한테 충분한 관심을 받지 못해서 느꼈던 스트레스는 내가 왠지 친구들 무리에 끼지 못한 것 같을 때 느꼈던 스트레스와 매우 비슷했어요. 내가 뭔가를 놓치고 있는 것 같았어요." 이제 막 은퇴한 제시카는 그때와 비슷하게 뭔가를 '놓치고 있는' 것과 같은 고통스러운 시기를 겪었다. 그녀는 실제로는 흥미가 없는 아주 많은 모임에 참여하면서 처음에는 당황해서 어쩔 줄 몰라 하다가 그다음에는 스스로 억지로 떠맡은 무의미한 일들에 중압감과 불만족스러움을 느끼게 되었다.

"회고록 작업을 하면서 이 공포감은 현재보다는 과거와 연관되어 있는 것이라는 사실을 깨달았어요." 그녀는 말한다. "나는 일하는 동안 내게 도움이 되는 관계를 맺으며 살아왔어요. 그렇지만 그 '관계가 끊어지게' 되자 예전에 느꼈던 공포감이 되살아난 것 같은 생각이 들어요." 제시카는 과거와 현재의 연관성을 찾아내어 스스로 결론을 도출했기에 좀 더 연민을 가지고 자신을 바라볼 수 있게 되었다. "모임 몇 개를 그만두었어요." 그녀는 말한다. "한 걸음 뒤로 물러서서 내가 뭘 하고 있었는지 바라보니 어떤 모임이 실제로 내게 즐거움을 주는지 아주 분명해졌어요. 그렇지만 내가 어떤 감정에 휩싸여 있을 때에는 그 모든 것을 깨닫지 못했죠."

"병적인 흥분 상태는 과거와 연관되어 있다."라는 말이 있다. 어떤 감정에 휩싸여 있을 때 그 감정이 온전히 현재 상황과만 연관되어 있지 않을 수도 있다는 뜻이다. 우리 자신의 이야기와 다른 사람들과 관계 맺는 행동 양식을 되돌아보는 작업을 하는 것은 현명하며 우리에게 힘을 준다. 이 작업을 통해 우리는 누가 우리와 함께 인생의 이 새로운 시기로 들어갈지, 어디에서 새롭게 시작할 수 있는지 알 수 있다.

특히 은퇴기에 새로운 창조적 시도를 시작할 때 당신을 지지해줄 공동체를 만드는 것은 중요하다. 나는 당신의 가장 긍정적이고 포용적인 모습을 비춰주는 사람을 '믿음 거울'이라고 일컫는데, 믿음 거울은 공동체에 계속 속해 있고 융화될 수 있게 해주는 중요한 사람이다. 창조적 시도는 비난받기 쉽기 때문에 그것을 시도하는 민감한 과정을 시작하려면 상당한 용기가 필요하다. 우리의 작은 첫발에 용기를 주는 사람들은 그 첫발을 공유하기에 안전한 사람들이다.

우리의 창조적 아이디어는 마땅히 우리의 보호를 받아야 한다. 버트는 회고록을 통해 자신의 창조적 아이디어(그리고 이와 관련된 힘)를 다른 사람들에게, 특히 도움을 필요로 하는 이들에게 양보하는 충격적인 행동 양식을 발견했다.

"초등학교 시절 과학 시간에 쩔쩔매며 당황한 짝에게 내 실험 점수를

당신이 다른 이들과 함께 꾸는 꿈은 현실이 된다.
— 존 레넌

쳤을 때 이것을 알 수 있었어요. 과학 시간에 우는 그 아이를 상대하느니 점수를 가져가도록 내버려두는 편이 더 쉬워 보였거든요." 그는 말한다. "그렇지만 되돌아보니 왜 그것이 논리적으로 최선이었는지 모르겠어요." 버트는 결국 성공적인 사업가가 되었지만 갈등이나 감정을 피하기 위해 (어느 정도 손해를 보면서) 다른 사람들에게 양보하는 행동 양식을 계속 되풀이하고 있었다. "솔직히 그 행동 양식을 알고는 당황했어요." 그는 말한다. "그렇지만 모르는 것보다는 아는 게 나아요. 이런 행동 양식을 계속 되풀이했거든요. 지난해에도 사업 파트너를 정하는 결정을 했는데 결국 잘못된 선택이었음이 드러났어요. 공을 들이고 있던 새 사업 구상에 어떤 부유한 여성이 투자를 하고 싶다고 했어요. 그녀는 자신이 기술은 부족하지만 단순한 투자자에 머물기보다는 더 많은 것을 배우고 싶다고 했어요. 안타깝게도 그녀는 배울 의지도, 배울 능력도 없었어요. 그 이유가 어느 쪽이든 별로 중요하지 않다고 생각해요. 어쨌든 나는 그녀와 얽히는 실수를 했어요. 그렇지만 우리 모두 실수를 하잖아요. 더 큰 실수는 그녀와 내 의견이 상충했을 때 내가 마지못해 그녀의 의견을 들어준 횟수예요. 그녀가 짜증을 낼 것이었고, 충돌한 의견을 다루는 것보다 대강 넘어가는 편이 더 쉬워 보였기 때문에 그렇게 했어요. 충돌한 의견을 다룬다는 것은 관계가 끊어진다는 뜻이었는데 실제로 그 편이 더 나았을 거예요. 나는 '그녀의 의견이 맞을 수도 있으니 의심스러워도 그녀를 믿어줘야 해.'라고 생각했지만 사실 이 경우에는 의구심을 떨칠 수 없었어요. 나는 그녀의 감정에 굴복하여 마지못해 그녀의 의견을 들어주었고 아주 큰 대가를 치렀어요."

은퇴 후에 버트는 자신의 실수를 교훈으로 삼기로 결심했다. "나는 여전히 건재해요." 그는 말한다. "나는 지금 이 자리에 있어요. 은퇴를 하고 즐길 여유가 있어요. 그렇지만 다른 사람들의 감정에 신경 쓰는 내 성향은 정말로 조심하고 싶어요. 특히 나 자신의 생각과 더 나은 판단을 희생하면서까지 말이에요. 이제는 내가 그렇게 하려고 할 때 어떻게 막아야 하는지 알아요." 버트의 통찰력은 흥미진진한 것이다. 그는 이제 새로운 인식 아래 새로운 일을 시작할 수 있으며 또한 그 일을 추진하면서 자기 자신을 보호할 수 있다. "좋은 생각이 있어요." 그는 눈을 반짝이며 말한다. "과학 시간에 다른 아이를 돕는 아이에 대한 동화를 쓸 거예요. 생각해보니 다른 아이를 '돕지 않는' 아이에 대한 이야기가 될 수도 있겠네요. 내가 그 이야기를 다시 써서 더 좋은 결과를 낼 수 있을지 우리 한번 지켜보죠."

공동체를 만들려면 작업이 필요하고 그 작업은 유동적이다. 시행착오를 겪는 것은 당연하다. 우리 행동 양식을 보며 우리는 통찰을 발견할 것이고, 그 통찰은 현재 우리의 선택을 도와줄 것이다. 우리 자신의 인생과 생각, 욕망을 자세히 들여다보면 우리는 앞으로 얼마나 많은 공동체와, 특히 누구와 관계를 맺고 싶어 하는지를 알게 될 것이다.

| 과제 |

회고록 - 3주차

나이: _____

1. 당신이 이 시기에 중요한 관계를 새롭게 형성한 사람은 누구인가? 그중 가장 중요한 사람들과의 역학 관계를 간단히 묘사하라.

2. 어디에서 살았는가?

3. 이 시기에 당신이 속한 공동체가 있었는가? 있었다면 무슨 공동체
   이었는가? 그 공동체는 만족감을 주었는가? 복잡했는가? 인상적이
   었는가? 공동체 구성원들이 서로 지지하고 도움을 주었는가?

4. 이 시기에 특별히 기억나는 소리 하나를 묘사하라. 당신이 듣고 또
   들었던 노래가 있는가? 지금 그 노래를 다시 들어보라. 어떤 경험이
   떠오르는가?

5. 이 시기에 기억나는 맛 하나를 묘사하라.

6. 이 시기에 기억나는 냄새 하나를 묘사하라.

7. 이 시기에 외로웠던 순간을 묘사하라.

8. 이 시기에 지지를 받았던 순간을 묘사하라.

9. 이 시기에 스트레스의 원인은 무엇이었는가?

10. 이 시기에 의미 있다고 느껴지는 다른 기억은 무엇인가?

외로움과 고립

외로움은 인간 삶의 보편적 양상이며, 실제로 혼자 있든지 그렇지 않든
지 간에 모든 사람들이 경험하는 것이다. 때때로 우리는 친하게 지내려
고 애쓰는 이들 사이에서 가장 가슴 아픈 외로움을 느낀다. 또 어떤 때
에는 변화의 시기에 알게 되는 '즐거운 외로움'을 경험한다. 아티스트 데
이트는 즐겁게 혼자가 되는 법을 가르쳐주면서도 결국 다른 사람들과
강한 유대 관계를 형성하도록 도움을 주는 경우가 많다.

미아는 사진을 편집하는 일을 하다가 퇴직했는데 일을 할 때보다 혼자 있는 시간이 훨씬 더 적어졌다는 것을 알게 되었다. 대부분의 편집자들이 독립 작업을 하는 작은 사무실에서 일했기 때문에 그녀는 직장에서 대체로 혼자 일했다. "나는 이렇게 혼자 일하는 방식이 좋았어요. 조용해서 좋았어요." 미아는 말한다. 미아가 은퇴할 때 그녀의 남편은 이미 은퇴하고 집에 있었다. 갑자기 그녀는 혼자 있는 시간이 없어졌다. "혼자 있는 시간이 사라지면서 정말로 갑자기 외로움을 느꼈어요." 미아는 말한다. 그녀의 남편은 이제 하루 24시간, 일주일 7일 내내 함께 있었다. "내가 밖에 나가서 사진 좀 찍고 싶다고 말했더니 남편이 따라가면 안 되냐고 묻더라고요. 혼자 나가고 싶은 상황을 설명했지만 남편은 상처를 받은 것 같았어요. 나는 사진 편집이 아니라 이제는 사진을 찍고 싶었어요. 그것은 내게 개인적인 도전이었어요. 그렇지만 남편은 이해하지 못했고 우리 사이는 점점 멀어지기 시작했어요."

미아는 혼자 있는 시간이 없어지기 전에는 외롭다고 느껴본 적이 한 번도 없었다고 했다. "내 생각과 감정, 직감을 무시하는 습관이 생기면서 나 자신이 어둡고 음침한 곳으로 가라앉는 느낌이 들었어요. 결국 나 자신을 잃어버렸죠." 그녀는 말한다. "매우 충격이 컸어요."

미아는 모닝 페이지와 아티스트 데이트를 시작하면서 그녀가 갈망하던 혼자 있는 시간을 위한 체계뿐 아니라 그녀의 감정을 쏟아낼 곳 또한 생겼다는 것을 알게 되었다. "남편에게 내가 모닝 페이지를 쓰고 있고, 모닝 페이지가 어떤 것인지를 설명했을 때 그는 약간 흥미로워하는 것 같았어요. 그리고 아티스트 데이트는 혼자 해야만 한다고 얘기했을 때도 이해하는 것처럼 보였어요. 이 도구들이 어떤 과정의 일부이고 다

한 것이라고는 명랑한 미소를 지어준 것뿐이지만, 그 미소는 아침 햇살처럼 밤을 산산이 흩어지게 하고 그날을 살아갈 가치가 있는 날로 만들어주었다. ─F. 스콧 피츠제럴드

른 사람이 정해놓은 것이라는 점이 남편을 이해시키는 데 도움이 되었다고 생각해요. 나는 그냥 과제를 하고 있는 것이기 때문에 남편은 내가 남편을 버려둔다고 느끼지 않았어요."

도구들을 사용하면서 미아는 자유로움과 안도감을 느꼈다. 그러나 그녀는 생각지 못한 유대감 또한 느끼기 시작했다. "아티스트 데이트를 하면서 사실 나는 남편과 더 많이 이어져 있다는 느낌을 받았어요." 그녀는 말한다. "집에 있는 남편에게 가져갈 뭔가가, 그에게 이야기해줄 내 경험이 생긴 거예요. 때때로 나는 퀼트 박물관처럼 그가 결코 가고 싶어 하지 않는 곳에 가고는 했어요. 어떤 때는 코코넛 아이스크림을 파는 아주 작은 태국 음식점처럼 그가 무척 좋아할 만한, 우리 마을의 보석 같은 곳을 발견하기도 했어요. 그러면 다음에 남편과 함께 그곳에 찾아갔어요. 아티스트 데이트는 일상이 되었고 그때부터 혼자 사진을 찍으러 나가는 것 또한 우리 부부 사이에서 당연한 일이 되었어요. 그리고 역설적으로 내 다음 사진 주제는 우리 부부가 될 거예요."

내 수강생들 가운데에는 "이미 혼자서 모든 걸 다 해봤어요."라고 말하며 아티스트 데이트를 거부하는 이들이 많다. 아마도 그들은 혼자 살고 있고 이미 혼자 상당히 많은 시간을 보냈을 것이다. 그렇지만 외로움이나 고립감은 종종 타인과의 유대 관계나 상호 교류가 부족하기 때문이 아니라 자기 자신과의 유대 관계가 부족하기 때문에 생긴다. 직접 경험하기 전에는 믿기 어렵겠지만 아티스트 데이트는 혼자 하는 것임에도 불구하고 우리를 고립에서 벗어나게 해준다. 아티스트 데이트를 통해 자기 자신과의 유대 관계를 다지게 되며, 이런 습성이 몸에 배면 우리가 실제로는 혼자 있을지라도 항상 좋은 친구와 함께 있는 것과 마찬가지가 된

외로움은 뭔가 연관 있는 사람을 찾으려는 선천적 본능이 우리에게 있다는 증거이다. — 마사 벡

다. 이러한 효과는 아티스트 데이트를 계획할 때마다 조금씩 쌓인다. 당신의 마음을 움직이고 평상시 생활 리듬에서 벗어나는 활동을 선택하라 (이것이 아티스트 데이트의 '아티스트' 영역이다). 그런 다음 아티스트 데이트를 계획하고(이것이 아티스트 데이트의 '데이트' 영역이다), 아티스트 데이트에 대한 기대감을 즐기라. 아마도 당신은 며칠 전에 미리 콘서트나 연극, 또는 박물관 전문 해설사 투어 표를 구매할 것이다. 아티스트 데이트를 한다는 것은 '그저' 혼자 시간을 보내는 것과는 매우 다른 활동이다. 당신은 당신 자신과 더 강한 친밀감을 경험할 것이며 집을 나설 때보다 당신 자신에 대해 더 잘 이해하고 집으로 돌아올 것이다. 아티스트 데이트는 그것 자체를 기반으로 한다. 즉, 아티스트 데이트는 점점 하기 더 쉬워지고 기대감에 점점 더 흥분하게 된다. 그렇지만 당신이 실제로 쌓고 있는 것은 당신 자신과의 유대 관계이다. 이 유대 관계는 당신이 맺게 될 다른 모든 관계의 핵심이다. 당신이 당신 자신과 유대 관계를 맺을 때 다른 이들과 관계를 맺는 당신의 능력은 상상할 수 없을 정도로 향상된다.

데이비드는 은퇴를 하고 나서 자신이 거의 모든 시간을 혼자 보낸다는 것을 깨닫고 몹시 당황했다. 우선 그는 책을 읽었고, 하려고 마음먹었던 일들을 했지만 곧 길고 공허한 시간에 싫증이 났다. 그는 회고록 작업을 하면서 의과 대학에 다닐 때 가장 친했던 친구와 함께 빵집에서 사 먹었던 초콜릿 머핀에 관한 아주 특별한 기억이 떠올랐다. 그는 그 친구와 연락이 끊긴 지 여러 해가 되었지만 회고록을 통해 자신의 인생에 작용한 그 우정의 힘을 되새겨보았다. "아주 사소한 일들이었어요." 그는 말한다. "내 친구는 굉장히 세부적인 것에 주의를 기울였어요. 연필은 늘 줄이 맞춰져 있었고 책상은 항상 깨끗했어요. 글씨는 아주 작은 정자체였어요. 그는 그런 면에서 예술가였죠. 그리고 그는 그 모든 자질 덕분에 훌륭한 외과 의사가 되었어요. 사람들이 나보고 참 깔끔하다고 말하면 나는 언제나 그 친구와 그 친구가 내게 끼친 영향을 떠올려요. 나는 그 모든 것들을 그 친구한테 배웠고 그것들이 정말로 내 삶에 영향을 줬어요. 그 친구는 내가 그렇게 하도록 북돋아주었어요."

데이비드는 그 친구와 함께 수업을 마치면 함께 들르던 빵집에 갔다. "혼자 거기에 갔는데 추억이 물밀듯 밀려들었어요. 초콜릿 머핀을 주문하고 나서 자리를 잡고 앉았어요. 처음에는 정말로 외로웠어요. 나는 내 친구가 어떻게 됐는지 정말로 몰랐어요. 그 친구가 성공했다는 것은 알았지만 더는 연락을 주고받지는 않았거든요. 너무 바쁘다는 핑계로 연락이 끊겨 무척 아쉬운 사람이 있다면 바로 그 친구였죠. 정말로 그 친구가 그리웠어요." 데이비드는 자리에 앉으면서 계산대 뒤에 있는 한 노인이 진열장을 다시 채우는 것을 지켜봤다. 그는 그 남자를 알아봤다. 그때 그 빵집 주인, 30년 전에 데이비드가 그 빵집에 갔을 때 그곳을 운영했던 바로 그 사람이었다.

"나는 카드를 사러 갔고 친구에게 짧막한 글을 썼어요." 데이비드는 말한다. "무척 간단한 내용이었어요. 그냥 그 빵집에 가서 초콜릿 머핀을 샀고 그 친구와 연락이 끊어진 것이 정말로 아쉽다고 썼죠. 나는 거의 즉시 그 친구에게서 연락을 받고는 깜짝 놀랐어요. 30년도 더 지났지만 우리는 다시 연락이 닿았고 중단되었던 관계를 다시 시작할 수 있었죠. 그 친구도 은퇴를 했어요. 한때 상당히 많은 공통점이 있었던 누군가를 찾고, 우리에게 여전히 이야기할 거리(과거와 현재의 이야기)가 있음을 안다는 것은 얼마나 큰 선물인지요! 우리는 여전히 서로 깊이 연결되어 있었어요. 말도 안 되는 소리처럼 들리겠지만, 내가 그 친구에 대해 생각했다고 하더라도 초콜릿 머핀이 나를 자극하지 않았다면 실제로 그에게 연락을 시도하지는 않았을 거라고 생각해요."

데이비드의 사례와 같은 이야기가 기이하게 들리기는 하지만 이 도구들을 사용하면 이런 종류의 동시성은 예외가 아닌 법칙이 된다. 나는 모닝 페이지를 통해 우리가 창조주에게 이야기하고, 아티스트 데이트를 통해 창조주가 화답한다고 믿는다. 우리가 받은 안내를 따르면 불가능하다고 치부했던 우리 자신과 우리 환경, 그리고 타인과의 관계 맺기를 이룰 수 있다.

메리 버니스 수녀는 50년 가까이 학교에서 아이들을 가르쳤다. 그녀의 세심한 교육 아래, 많은 학생들이 훌륭하게 성장해나갔다. 수녀원장이 그녀에게 은퇴할 때가 되었다고 말했을 때 그녀는 속으로 무척 당황했다. 가르치는 일은 그녀의 삶의 의미였다. '교사가 아니라면 난 뭘까?' 그녀는 궁금했다.

오랫동안 학생들에게 글쓰기를 권해왔던 그녀는 자신에게도 글쓰기가 도움이 될 수 있다고 생각했다. 새내기 교사 시절을 회상하며 말썽을 일으켰던 학생들과 그들이 배움의 길로 들어서게끔 고안했던 전략들이 기억났다. 그녀의 교수법이 점점 자리를 잡아감에 따라 학생들도 훌륭하게 성장해나가기 시작했다. 그녀는 학생들이 수상한 많은 상과 얻은 명예가 기억났다. 되돌아보니 자부심이 느껴졌다. 학생들의 명예가 어느 정도는 그녀 자신의 명예로 느껴졌다.

교수 전략을 적어 내려가면서 그녀는 고독감이 사라지기 시작했다. 다시 한번, 그녀는 무척 아꼈던 학생들과의 유대감과 목적의식을 느꼈다. 그녀는 자신이 얻은 깨달음을 교사로서 첫발을 내딛기 시작한 젊은 수녀들과 함께 나눌 수 있었다. 50년 이상 교사 생활을 한 후에 그녀는 그녀만의 회고록 형식의 글쓰기를 마무리했다. 그 책은 시행착오와 경험을 통해 알아낸 교수법에 관한 책이었다. 한 젊은 수녀가 그 글을 컴퓨터에 입력해주겠다고 자원했다. 그 책은 새내기 교사들의 필독서가 되었다.

글을 통해 그녀의 인생을 돌아보며 그녀는 고립감이 줄어들었다는 것을 깨달았다. 그녀는 과거 학생들에 대한 기억과 구체적으로 다시 연결되었고 그녀의 뒤를 따르는 새내기 교사들과 새롭고 실질적인 유대 관계를 형성했다.

우리 삶을 되돌아보며 우리는 우리의 독특한 선택과 그 선택이 이끈 곳에 영광을 돌릴 기회를 갖는다. 우리 자신과 친해지면 우리는 자기 자신의 가치를 명확하게 알게 된다. 시를 쓰거나 노래를 부르고, 우리 주변을 묘사하거나 엽서를 쓰는 등, 어떤 방식으로든 자기 자신을 표현함으로써 우리는 창조주와 관계를 맺는다. 창조의 순간에 우리는 결코 혼자가 아니다.

| 과제 |

외로움

20분의 시간을 들여 당신 인생에서 가장 외로웠던 한때에 관해 써보라. 환경은 어땠는가? 사람들에 둘러싸여 있었는가, 아니면 쓸쓸하게 지냈는가? 일을 하고 있었는가, 아니면 일을 하지 않고 있었는가? 이제 시간을 내서 다른 사람들과 친밀한 관계를 맺고 있다고 느꼈던 때에 관해 써보라. 당신은 누구와 친했는가? 친하게 지낸 이유는 무엇이었는가? 지금 그 사람과 연락이 닿는가? 비슷한 역할을 할 만한 다른 사람이 떠오르는가? 12단계 프로그램은 '1톤짜리 전화'에 관해 이야기한다. 이 말은 전화기를 들어 다른 사람에게 연락하기가 매우 어렵다는 뜻이다. 하지만, 일단 시도하기만 하면 그 짐은 엄청나게 가벼워진다. 당신이 전화를 걸고자 하는 사람은 당신만큼이나 당신과 연락이 필요할지도 모른다는 점을 기억하라.

자원봉사

더 많은 시간과 인생 경험을 소유한 은퇴자는 지역 사회에 그들의 시간과 재능을 제공하는 자원봉사 측면에서 유리한 위치에 있다. 꼭 필수적인 것은 아니지만 자원봉사를 고려할 때 이전에 직업적으로 사용했던 기술로 기여하는 것은 가능하다. 은퇴한 학자는 지역 도서관을 위해 기금 신청서 작성을 도울 수 있으며, 은퇴한 음악 교사는 지역 콘서트 시리즈 위원회에서 제작하고 봉사할 수도 있다. 다른 한편으로는 많은 사람들이 전혀 경험해본 적이 없는 분야에서 자원봉사를 함으로써 이웃과 유대 관계를 맺는 경험을 했다. 컴퓨터 프로그래머가 무료 급식소에서 설거지를 하고, 물리학 박사가 영어를 배우고 싶어 하는 이민자들과 함께 동화책을 읽을 수 있다. 자원봉사는 영적인(따라서 개인적인) 경험이며, 은퇴자들은 종종 시간 기부를 통해 맺은 유대 관계가 그들 삶의 모든 측면을 풍요롭게 한다는 것을 발견한다.

우리 자신은 창조주의 창조물이며, 다른 이들에게 봉사를 함으로써 창조주가 세상에 들어올 수 있는 통로가 된다. 이런 면에서, 자원봉사를 하는 것과 자신을 창조적으로 표현하는 것은 서로 다르기보다는 비슷하다. 선(善)을 위한 통로가 되기 위해 우리 마음을 열면 우리는 그 보상으로 낙관주의와 새로운 아이디어를 얻는다. 우리가 다른 이들에게 베풀 때 우리는 은혜의 물결을 경험한다.

투자 은행가로 은퇴한 다린은 지역 공원에서 자원봉사를 하면서 큰 영감을 받았다. "나는 나 자신이 창조적이라고 생각해본 적이 없어요." 그는 말한다. "나는 40년 동안 성공적으로 직장 생활을 했지만 퇴직했을 때 나 자신이 뭘 해야 할지 아무 생각도 떠오르지 않았어요." 다린은 회고록에서 어린 시절에 아빠와 마당에서 일했던 즐거운 추억을 떠올렸다. "우리는 갈퀴로 낙엽을 모아 치우고 잡초를 뽑았는데 일을 다 마치고 나서 마당을 보니 뿌듯했어요." 그는 말한다. "그때 느꼈던 만족감이 기억났어요." 지금은 자랐던 곳과 멀리 떨어진 도시에서 살고 있어서 그의 집에는 마당이 없다. 그렇지만 근처에 공원이 많다. "어느 날, 공원에 도울 일이 있는지 알아보면 어떨까 하는 생각이 들었어요. 나는 밖에 나가고 싶었고, 도움을 주고 싶었어요." 다린은 적극적인 자원봉사자를 찾고 있는 근처 공원을 발견했다. 그는 지금 일주일에 두 번씩 갈퀴로 낙엽을 모으고 청소를 하는 등 공원 관리에 힘을 보태고 있다. "거기서 몇 사람을 알게 되었는데 그들이 아주 흥미로운 이야기를 들려줘요. 나는 그 일을 하고 있으면 오래전에 돌아가신 아버지가 가까이에 있는 것 같은 느낌이 들어요. 그리고 활기를 되찾은 기분도 들어

당신은 다른 이들에게 기쁨을 주면서 더 많은 기쁨을 얻기 때문에, 당신이 줄 수 있는 행복에 대해 많이 생각해야 한다. ─ 엘리너 루스벨트

요. 이 일을 하다 보니 나는 다른 새로운 일을 시도할 수 있다는 생각이 들어요."

자원봉사는 오랫동안 갈고닦은 기술을 활용하는 것도 포함한다. 수십 년간의 업무 경험을 통해 우리는 도움을 필요로 하는 사람들을 돕고 다른 사람들에게 직업상의 요령을 가르쳐줄 수 있다. 우리는 이런 활동을 하면서 우리 자신이 이전 업무와 관련되어 있음과 지역 사회에 도움을 주고 있음을 느낀다. 자원봉사는 많은 이들에게 보상이 주어지는 선택이다. 예상보다 일찍 퇴직을 한 사람들이나 직업상 했던 일에 여전히 열정을 느끼고 기량을 유지하고 싶은 사람들에게 특히 그렇다. 또한 활동성과 생산성을 유지하면 잘못 이용될 수 있는 우리의 창조적 에너지를 긍정적으로 표출할 수 있는 대상을 얻을 수 있다.

리는 정규직 실내 장식가로 일했다. 그녀의 고객들은 누구나 그녀의 예술적 감각에 만족했다. 은퇴한 뒤 그녀는 자기 집에 온 신경을 집중했다. 이미 실내 장식을 세 번이나 다시 했던 그녀가 네 번째로 실내 장식을 바꾸려고 하자 남편이 강하게 반대했다.

"여러 번 집을 바꾸었지만 나는 예전이 더 좋았어." 그녀의 남편이 말했다.

"나는 지금이 좋아." 리가 반대 의견을 냈다.

리가 이 이야기를 했을 때 나는 그녀의 남편에게 공감했다. 나는 어떤 이의 '둥지'가 찢기고 또 찢기면 속상할 것이라고 생각했다. 그렇지만 나는 리에게도 연민을 느꼈다. 그녀는 창조적 에너지를 '소비'해야만 했다. 그녀의 남편이 또다시 집에서 낯선 곳에 있는 듯한 느낌을 갖지 않도록 하려면 그녀가 반드시 에너지를 표출할 다른 대상을 찾아야만 했다.

> 옳은 일을 하기에 적합하지 않은 때란 없다는 사실을 염두에 두고 시간을 창의적으로 사용해야 한다.
> ─ 마틴 루서 킹 주니어

"자원봉사로 실내 장식을 하면 어때요?" 나는 리에게 물었다. 그녀는 분명히 돈보다 일이 더 필요했다. 약간의 탐정 노릇을 하여 리는 심각하게 개조가 필요한 집을 찾아냈다. 어려움에 처한 10대들이 모여 사는 집이었다. 도움을 주겠다는 리의 제안에 집의 책임자는 감사의 눈물을 보였다.

리는 휴게실에서 시작해서 각 방 모든 구석구석에 이르기까지 그 집을 체계적으로 재단장하기 시작했다. "나는 이런 곳에서 지내본 적이 한 번도 없어요." 리가 나에게 말했다. "매우 초라했어요. 섭식장애가 있는 10대 소녀들이 있었는데, 자살을 시도한 적이 있다더군요. 그렇게 어린 청소년들이 이겨내고자 애쓰는 고통이 얼마나 크던지, 나는 슬픔을 느꼈고 충격을 받았어요. 게다가 그곳은 문자 그대로 그들에게 피난처이긴 했지만, 너무 낡고 구식이었어요. 안전한 장소이기는 했지만 아름다운 곳은 아니었죠."

"나는 아름다움을 창조하는 걸 아주 좋아해요." 리가 나에게 말했다. 그리고 바로 그것이 그녀가 한 일이다. 한 번에 방 하나씩, 그녀는 자신의 계획을 책임자와 함께 나눴고, 한 번에 방 하나씩, 그 계획을 실행에 옮겼다. 페인트와 미술품, 심지어 가구까지 그녀와 연이 닿는 많은 지역 인사들이 기꺼이 도와주었다. 리는 낡은 건물을 고요한 치유의 오아시스로 변신시켰다. "그 일은 좋아서 하는 일이 되었어요." 리가 말했다. "가장 자랑스러운 작업 중 하나였죠. 이 소녀들의 인생에 영향을 미치는 것을 보며 무척 흥분되고 감동을 받았어요. 거식증에 시달리던 한 소녀는 내게 말했어요. 내가 작업하는 모습을 지켜보면서 새로운 방식으로 아름다움을 보기 시작했고, 언젠가는 자기 안에 있는 아름다움도 찾을 수 있을 것이라고 생각하게 됐으며, 아름다움은 우리가 통제할 수 없는 것이 아니라 창조해낼 수 있는 것이라고 생각하게 되었다고 말이죠. 나는 정확히 맞는 말이라고 그 소녀에게 말했어요. 그리고 많은 사람들이 어떤 공간(또는 사람)이 아름다움을 드러내기 전에 그 공간(또는 사람)이 내면에 간직하고 있는 아름다움을 본다고 말해줬어요. 그리고 내가 그 집에서 가능성을 본 것처럼 그 소녀에게서도 가능성을 봤다고 말해줬어요. 그런 다음 나는 집으로 돌아와 울었어요. 그 소녀의 고통 때문에, 그리고 정말로 필요한 곳에 내 에너지를 쓴 것 같아서 울었어요. 공간을 개조하면서 보낸 오랜 세월 동안 이렇게 깊은 감사의 마음을 느낀 적은 한 번도 없었어요."

모닝 페이지는 우리가 그리워하거나 배우고 싶어 했던 관심 분야를 끄집어내줄 수 있다. 가끔 아주 작은 단서가 우리를 만족스러운 자원봉사로 이끌 수 있다. 수십 년간 출판업에서 종사해온 존은 은퇴 후에 자신이 일을 그리워하고 있다는 것을 깨달았다. 그는 모닝 페이지를 쓰고 회고록 작업을 하면서 직접 단편을 몇 편 썼다. 그렇지만 그는 여전히 다른 사람들의 글이 그리웠다. 그는 직장에 다닐 때 자기가 출간하는 책의 작가들에 몰두했었다. 그의 표현처럼, 그는 '작가들 내면으로 들어가는 것'을 무척 좋아했고, 현재 자기 자신의 글을 쓰는 것이 재미있긴 했지만 약간 고립된 느낌이 들었다. 지역 사회에서 봉사 활동을 찾던 그는 성인 문해 프로그램에 마음이 끌렸다. 거기에서 그는 자유롭게 글에 대한 애정을 나눌 수 있었을 뿐 아니라 글의 마력에 다시 연결될 수 있었다. 그리고 그 활동을 하면서 다른 사람들과도 유대 관계를 맺었다. "성인이 되어 생애 처음으로 읽기와 쓰기를 배우는 이들의 눈에 어린 흥분

당신이 세상의 추악한 것들에 관심을 갖지 않는다면 아무것도 달라지지 않는다.
— 닥터 수스

을 보면서 나는 그 어느 때보다 활기가 넘친다는 걸 느껴요." 그는 고백한다. "내가 당연하다고 여겼던 것이 많은 사람들에게는 신기한 것이에요. 그리고 나는 내가 아는 것을 사람들과 나눌 책임이 있다는 것 또한 느껴요." 존에게 글에 대한 사랑은 글을 통해 다른 사람들과 맺은 유대관계를 포함한 것이었다. 은퇴기에 이르러 그는 글에 대한 사랑을 혼자 간직하기보다 나눔을 통해 매우 큰 만족감을 얻었다.

남편과 사별한 도러시는 열정적인 독서가이면서도 책을 읽을 때 외로움을 느꼈다. 그래서 그녀는 지역 병원에서 자원봉사를 하기로 결심했다. 처음에 그녀는 병원 선물 가게를 운영했지만 자신이 사람들과 좀 더 개인적으로 접촉하기를 갈망한다는 것을 알게 되었다. "나는 나이 든 환자들을 위한 책 읽기 프로그램을 시작하자고 제안했어요." 그녀는 이와 관련된 이야기를 들려주었다. "저도 그렇고 환자들도 그렇고 이 책 읽기 프로그램에서 즐거움을 느꼈어요. 환자들의 책 취향은 고전에서부터 내가 '쓰레기'라고 부르는 책까지 아주 다양했어요. 놀랍게도 내가 상당히 무시무시한 책들도 좋아한다는 것을 알게 됐죠."

우리의 지식을 나누고 다른 사람들에게 도움을 주는 자원봉사라는 개념은 아주 오래된 개념이다. 놀라운 점은 우리가 받는 보상의 수준이다. 은퇴를 하면 우리는 꽤 자주 우리의 기술이 더는 쓸모가 없다고 느낀다. 그러나 그런 경우는 극히 드물다. 우리는 그 어느 때보다 우리의 기술이 더 쓸모가 있다는 것을 알 수 있다. 대체로 우리가 미처 생각하지 못했던 곳에서 말이다.

아주 조금이라도 자원봉사하기

아주 조금이라도 지금 당장 자원봉사를 한다면 당신은 어디에서 할 수 있겠는가? 지역 무료 급식소에서라면 아마도 시간을 선물할 수 있을 것이다. 당신의 전문 분야에서 경력을 쌓고 있는 사람에게는 조언을 선물할 수 있을 것이다. 들어주는 것도 선물이 될 수 있다. 우리 모두는 나눌 수 있는 것을 갖고 있다. 오늘 당신은 즐겁게, 무료로 무엇을 선물할 수 있는가?

지 지

창조적 존재로서 우리의 주요한 욕구 중 하나는 지지이다. 우리가 창조적 시도를 시작할 때는 더욱 그렇다. 특히 처음으로 창조성을 실행에 옮기는 것이라면 우리 프로젝트를 지지하는 역할과 우리 자신의 관용을 발산할 대상의 역할을 할 수 있는 관계를 의식적으로 구축해나가는 것이 무엇보다 중요하다. 이들 가운데 어떤 관계는 우리가 직장에서 형성해온 결속을 지속하는 것일 수도 있고, 어떤 관계는 이제 시간이 더 많아져서 더 친밀한 사이로 발전하기 바라는 것일 수도 있으며, 또 다른 관계는 공통 관심사를 기반으로 새로이 유대를 맺은 것일 수도 있다. 아마도 우리는 위 세 가지가 어우러진 관계를 쌓고 싶을 것이다. 그리고 인생의 이 시기에 우리 욕구를 만족시키는 새로운 관심사를 추구할 때, 우리는 또한 우리 욕구를 만족시키는 관계를 추구하는 것이 중요하다.

은퇴 전에 우리는 대부분 업무로 자연스럽게 알게 된 동료와 고객과의 만남을 즐겼었다. 그런데 지금은 동료 집단을 찾기 위해 특별한 노력을 기울여야 한다. 이는 지난 수십 년 동안 우리가 해보지 않았던 노력일 수도 있다. 우리가 친구를 사귀는 기술을 되살리는 데 얼마간의 시간이 필요할 수 있지만 되찾기만 하면 안도감은 엄청날 것이다.

"일을 할 때 나는 종종 내 직업이 아주 싫었어요." 트럭 회사 운행 관리원으로 일하다가 퇴직한 배빗이 말한다. "일을 그만두고 나자 동료애가 그리워졌어요. 헬스클럽에서 운동 초보자반에 등록할 때까지 이것은 다른 사람들에게 알리고 싶지 않은 나만의 비밀이었어요. 초보자반 수강생들 대부분은 내 또래 여자들이었는데 그 사실을 알고 내가 얼마나 흥분을 했던지, 깜짝 놀랄 지경이었어요. 강사도 우리와 동년배였어요. 그리고 우리가 신체뿐 아니라 정신도 함께 운동하는 것이라는 점이 금세 분명해졌어요. 나는 같은 반에서 함께 운동하는 동료들과 우정을 쌓기 시작했어요. 먼저 수업 시간에 겪는 어려움과 몸매를 만들고 유지하기 위한 운동에 대해 서로 이야기를 털어놓았어요. 우리는 다른 사람의 매트를 잡아주거나 역기를 치워주면서 서로서로 도와줬어요. 곧 수업 시간 전후에 간단하게 차 한잔 마시는 사이로 발전했어요.

수업은 일주일에 세 번이고 아주 간단했어요. 그렇지만 정말로 우리를 하나로 묶어줬죠. 우리는 배우자나 자녀, 건강 등 고민거리에 대해 서로 이야기를 나누면서 안도감을 느꼈어요. 서로 공통점이 많으면서도 각자 다른 사연을 갖고 있었죠. 우리는 서로에게 흥미를 느꼈어요. 요즘 우리

나는 귀 기울여 듣는 것을 좋아한다. 나는 주의 깊게 들으며 상당히 많은 것을 배웠다. 대부분의 사람들은 절대로 귀 기울여 듣지 않는다. ― 어니스트 헤밍웨이

는 적어도 한 달에 한 번씩 저녁을 같이 먹어요. 우리는 유대감이 강해요. 그런데 안타깝게도 한 사람이 지금 현재 건강상 어려움을 겪고 있어요. 그래서 우리는 그녀를 위해 힘을 합치고 있어요. 우리는 번갈아가며 집에 있는 그녀에게 건강식을 갖다주고 함께 신의를 지키고 있어요. 나는 헬스클럽이 그렇게 많은 우정을 가져다줄 거라고 생각하지 않았지만 지지받기를 기대하면서 그리고 기꺼이 지지하기 위해 거기에 갔고 한동안 내가 속했던 공동체보다 더 끈끈한 공동체 의식을 보상으로 받았어요. 우리 모두 서로에게 의지할 수 있음을 알아요. 비슷한 나이대의 여성들이 서로 돕는 데는 정말 그럴 만한 이유가 있어요."

우리가 다른 사람들을 지지하면 우리의 자존감이 향상된다. 우리의 지지가 다른 사람들에게 얼마나 중요한지 알게 되면 다른 사람들에게 우리 자신을 지지해달라고 요청하는 것이 당연한 일임을 알게 된다.

오랫동안 마케팅 일을 해온 러마는 생각지도 못한 퇴직을 권고받았다. "나는 겨우 64세예요. 10년은 더 일해야겠다고 생각했었죠. 그렇지만 회사는 젊은이들을 참여시켜 혁신을 하고 싶어 했고, 팀 내 원로들에게는 실제로 거부할 수 없는 조기 희망 퇴직을 제시했어요. 나는 계속 일을 하고 싶었지만 회사의 새로운 구조 안에서 선택의 폭은 그리 많지 않았어요. 그래서 나는 여기에서 이렇게 내 일을 그리워하고 있죠." 그가 말했다.

공식적으로 아무런 문제가 없음에도 불구하고, 러마는 은퇴자라는 갑작스런 새 역할에 심란했다. "나는 돈도 충분히 있고, 좋은 집과 사랑스러운 아내도 있어요. 에너지도 많고요. 그래서 불평을 하면 죄책감이 들어요. 그렇지만 정말로 직장의 내 부서원들이 그리워요. 특히 서로서

아무리 작은 것이라도, 친절은 모두 귀하다.   — 이솝

로 아이디어를 내던 때가 말이죠. 브레인스토밍 시간과 다른 사람들의 업무 진행 상황을 듣던 시간이 그리워요." 다시 말해서 러마는 그의 동료들의 창조적 지지가 그리운 것이다.

내가 시간과 에너지를 어떻게 쓰고 싶은지 물었을 때 러마는 재빨리 대답했다. "자문가가 되든, 프리랜서가 되든 상관없어요. 내가 정말로 바라는 것은 오랫동안 생각해왔던 블로그를 시작하는 거예요. 애니메이션과 함축적이고 효과적인 어구를 넣어 마케팅에 대해, 제품이 어떻게 소비자에게 팔리는지에 대해 알려주는 재미있는 블로그가 될 거예요. 나는 하고 싶은 이야기가 상당히 많아요." 도대체 뭐가 문제일까? "나는 블로그에 관해 옛 직장 동료에게 말하고 싶어요. 그들의 생각을 듣고 싶어요. 누가 더 나을까요?"

왜 그냥 그들에게 전화할 수는 없는지 말하라고 강하게 요구하자 러마는 불편해했다. "그 사람들이 이전 같지 않을 것 같아 두려워요. 이제 그쪽은 모든 것이 달라졌어요. 나는 더는 그 역학 관계의 일원이 아니에요."

러마는 자신에게 지지가 필요하다는 것을 정확히 알고 있었지만 그것을 요청해서는 안 될 것 같았다. 이런 상황에서는 그뿐만 아니라 많은 사람들이 옛 동료들을 '괴롭히지 않는 것이 좋겠다.'는 결정을 내린다. 그렇지만 사실 그의 옛 동료들은 기꺼이 그의 이야기를 들어줬을 것이다. 물론 회사가 젊은 직원들을 인정하고 그들을 중심으로 운영할 때 그 역학 관계는 이전과 같지 않다. 하지만 원로들을 퇴물로 만들지는 않는다. 결국 러마가 이전 동료들에게 연락했을 때 그들은 그의 이야기를 듣고 흥분했고 서둘러 몇몇 부서원들과 만날 약속을 정했다.

"내가 수화기를 드는 것을 왜 그렇게 힘들어했는지 모르겠어요." 러마가 말한다. "그리고 내가 그랬었다는 것을 인정하기가 부끄럽네요. 그렇지만 일단 연락을 하고 나니 얼마나 안도가 되던지요. 내 동료들은 이전과 똑같았어요. 우리는 함께 식사를 했고, 나는 내 아이디어에 대해 이야기했어요. 그들이 내게 많은 아이디어를 냈던 그 시절 같았어요. 그렇지만 이번에 그 아이디어를 낸 사람은 바로 나였어요. 나는 결국 내가 블로그를 시작할 것이라는 것을 깨닫고 식사 모임을 마쳤어요. 지지가 없을 것이라고 생각했었는데 그렇지 않았어요. 그들 또한 자신들이 하고 있는 일에 대해 내게 몇 가지 질문을 했어요. 그리고 나는 그들도 내 조언을 그리워하고 있음을 알아차렸죠."

지지를 구하는 것은 불가능할 정도로 어렵다고 느낄 수 있지만, 지지를 구하면 거의 항상 그 보상으로 솟구치는 에너지와 창조성을 얻는다. 우리가 다른 사람에게 도움과 지지를 요청할 때 우리는 우주의 도움과 지지를 경험한다. 우리가 인도받기를 구할 때 우리는 인도받는다. 우리가 친구와 옛 동료들에게 받는 조언은 종종 우리 자신의 직관과 영감에 문을 열어준다. 우리가 유일한 권위자가 되기를 포기할 때 다른 사람들과의 유대 관계는 좀 더 돈독해지고 좀 더 즐거워질 것이다. 다른 사람들도 우리 꿈에 멘토링을 해주면서 그들 자신을 최대한 확장할 수 있다.

추리 소설 읽기를 무척 좋아하는 어니스트는 은퇴를 하자 언제나 읽으려고 별러왔던 책과 이미 수차례 읽었던 책을 탐독했다. "처음 몇 달 동안은 더없이 행복했어요. 그렇지만 곧 내가 다른 사람들의 글 속에 나 자신을 파묻고 있는 것 같다고 느끼기 시작했어요. 나 자신을 잃어가

내가 받은 가장 큰 찬사는 내 생각을 묻고 귀담아들어준 것이었다.
— 헨리 데이비드 소로

고 있었어요." 그래서 어니스트는 친구들과 함께 추리 소설에 대해 토론하는 독서 모임을 시작했다. "나는 우리가 공유한 통찰력과 어렵게 얻은 지혜, 그리고 내 외로움을 억제해준 다른 독자들과의 만남을 즐겼어요." 그는 독서 모임을 하며 시간을 보낸 것에 대해 이야기한다. "그렇지만 그 모임이 내가 가렵다고 생각하는 곳을 실제로 긁어주지는 못했어요. 당신도 알다시피 나는 수년 동안 추리 소설을 직접 써보고 싶었어요."

사실 아무리 많은 책을 읽는다 해도 집필의 욕구를 채워주지는 못한다. 어니스트가 수십 권의 추리 소설을 읽으며 예술 형식과 만나기는 했지만 그 자신은 결코 봉인을 해제하지 못했다. 다시 말해서 직접 글을 쓰지도, 아이디어를 검토해볼 수 있는 곳에서 자신의 아이디어를 꺼내지도 못했다.

"나는 작가가 아니에요. 학창 시절에 창의적 글쓰기 과제를 아주 싫어했어요. 나는 빈 종이를 보면 그대로 얼어붙었어요." 나는 어니스트가 자신을 작가라고 생각하든 그렇지 않든 상관없이 글을 쓰라고 강하게 말했다. 그렇지만 그는 가족 중에 '진짜' 작가는 유망한 변호사인 자기 며느리라고 주장했다. "내가 며느리한테 아이디어를 말하면 며느리가 책을 쓸 수 있어요." 그가 말했다.

"오직 당신만이 당신 책을 쓸 수 있어요." 나는 어니스트에게 말했다. 그리고 그가 자신의 생각을 며느리에게 말했을 때 그녀도 내 의견에 동의했다.

"아버님이 직접 책을 쓰실 수 있어요. 저는 어쨌든 법적인 사실을 기술하는 글만 쓰는걸요. 어떻게 제가 아버님보다 추리 소설 쓰기에 대해 더 잘 알겠어요?"

물론, 어니스트는 직업상 글을 쓰고 돈을 받는 며느리가 그 자신보다 더 나은 작가임에 틀림없다고 대답했다. 아주 똑같은 활동임에도 불구하고 은퇴자들은 종종 즐거워서 하는 활동은 보수를 받는 활동만큼의 가치가 없는 것처럼 느낀다. 그렇지만 어니스트가 모닝 페이지에 오랫동안 간직해온 믿음에 대해 썼을 때, 모닝 페이지를 쓰고 있는 자신은 이미 글을 쓰고 있는 것이며 모닝 페이지를 쓰는 동안 자신을 표현하는 데 자신감을 갖게 되었음을 깨달았다. 오래잖아 그는 지난 20년 동안 머릿속에서 구상해왔던 추리 소설을 가지고 씨름할 사람은 자기 자신임을 느끼기 시작했다.

"내 책을 쓰는 데 며느리가 필요하지 않다는 사실을 깨달았어요." 참 기쁘게도 그는 이렇게 말했다. "나는 며느리의 지지를 받고 싶었던 것뿐이에요. 나는 며느리를 글 쓰는 사람으로 봤고 내게 조언을 해줄 수 있을 거라고 생각했어요."

그가 며느리에게 바로 이 문제에 대해 도움을 청하자, 그녀는 난색을 표했다. "제가 추리 소설 집필과 관련해 조언을 해드릴 게 있을지 모르겠어요. 하지만 아버님이 쓰신 글은 뭐든지 읽고 싶어요. 저는 여기에서 아버님을 응원할게요."

어니스트는 이 단순한 지지가 그가 열정적으로 시작하는 데 필요한 전부였다는 사실을 깨달았다. "며느리와 저는 날마다 문자를 주고받아요. 주변에 글 쓰는 사람이 또 있으니 기분이 아주 좋아요. 그리고 그렇게 특별한 방식으로 며느리와 유대 관계를 맺으니 더 기분이 좋고요. 며느리도 그것이 자신에게 도움이 된다고 말해요. 아, 그건 그렇고 이제 소설을 30쪽 썼어요."

지지를 구할 때 우리는 다른 사람과 새로운 관계가 맺기 위해 자신을 연다. 우리는 기꺼이 행동하려는 의지를 보여준다. 지지를 보내면 우리는 그 보답으로 지지를 받는 경향이 있다. 우리가 다른 사람에게 다가갈 때 우리는 우리 사이에 진정한 다리를 세운다. 유대 관계에 관한 약속으로 가득한 다리를 말이다.

| 과제 |

다수의 힘

펜을 쥐고, 당신 인생의 각각 다른 시기에 당신에게 지지를 보내주었던 다섯 사람을 적어보라.

1. _____

2. _____

3. _____

4. _____

5. _____

이제, 한 사람을 선택한 다음 그 사람에게 연락을 해보라. 그 사람은 여전히 잠재적 지지자인가? 당신은 그 사람에게 지지를 보낼 수 있는가? 당신이 그 사람에게 지지를 보낼 때, 그 보답으로 당신이 그에게서 지지를 받는다는 사실을 아는가?

1. 며칠 동안 모닝 페이지를 썼는가? 모닝 페이지를 직접 써보니 어떤 느낌이 드는가?

2. 아티스트 데이트를 했는가? 무엇을 했는가? 회고록에서 아티스트 데이트를 통해 탐험해보고 싶은 것을 발견했는가?

3. 산책을 했는가? 산책을 하는 동안 당신의 관심을 끈 것은 무엇인가?

4. 이번 주에는 어떤 '아하'를 발견했는가?

5. 이번 주에 동시성을 경험했는가? 그것은 무엇이었는가? 다른 사람이나 추억, 또는 창조주와 연결되어 있다는 느낌을 받았는가?

6. 회고록에서 좀 더 충실하게 탐험해보고 싶은 것을 발견했는가? 그것을 어떻게 탐험할 것인가? 늘 그렇듯이 좀 더 주의를 기울여 살펴봐야 할 필요가 있다고 느끼는 내재된 기억이 있지만 어떤 조치를 더 취해야 할지 확실하지 않더라도 걱정하지 말라. 계속 앞으로 나아가면 된다.

목적의식 되살리기

이번 주 회고록은 당신이 성인 정체성을 형성하기 시작했을 때 따랐던 (또는 무시했던) 초기 충동과 생각에 초점을 맞출 것이다. 초기의 단서와 관심은 "무엇이 나를 행복하게 해줄까?"라는 질문에 대한 답을 포함한다. 이러한 기억을 발굴해내고 나면 당신은 목적의식을 느끼는 활동을 선택하도록 당신을 이끄는 핵심 자극과 다시 연결될 것이다. 당신은 당신을 정의하고 당신에게 의미가 있는 역사적 터치스톤을 보게 될 것이다. 당신은 당신이 남길(그리고 남기고 싶은) 유산의 유형을 곰곰이 생각하도록 격려될지도 모른다. 당신이 초기에 꾸었던 꿈이 결국에는 다른 사람들을 지지하도록 당신을 격려할 것이다.

소 명

"당신에게는 소명이 있어요. 당신은 작가가 천직이에요." 나는 이런 말을 들어왔다. 내가 늘 글을 쓰라는 소명을 받아온 것은 사실이다. 그렇지만 자신의 소명을 즉각 알아차리지 못하는 많은 사람들이 자신에게는 소명이 전혀 없다고 가정하는 것 또한 사실이다. '창조주의 목소리'가 너무 작고 부드러워서 사람들이 세속적인 목표에 초점을 맞추고 있을 때에는 들리지 않을 수 있기 때문이다. 우리 모두 한 가지 또는 그 이상의 소명이 있지만 때때로 그것을 제대로 인식하지 못하는 이유는 '소명'이라는 단어를 너무 무겁게 생각하기 때문이다. '사제가 되는 소명'이라는 식으로 말이다. 그러나 소명은 특별한 헌신이나 자기희생을 요구하는 사명이 아니다. 대부분의 가치 있는 소명은 훨씬 덜 극적이며 '열정적인 관심사'로 간단히 정의될 수 있다. 당신은 이번 주 회고록에서 언젠가 당신 내면에서 감지됐던(그리고 따랐거나 무시했던) 아이디어와 육감, 관심, 그리고 암시를 찾아볼 것이다.

당신이 꿈꾸었던 존재가 되기에 너무 늦은 때란 결코 없다.
— 조지 엘리엇

많은 사람들은 내가 창조적 유턴이라고 일컫는 것을 경험했다. '창조적 유턴'이란 하고 있던 예술 활동을 그만두는 것을 말한다(종종 갑자기 그리고 완전히 그만두기도 한다). 예를 들어 그것은 초등학교 4학년 때 플루트 배우기를 그만둔 것일 수 있다. 첫 아이를 출산하고 난 후 요리에 등을 돌렸던 것일 수도 있다. 창조적 유턴에는 명확한 이유가 있을 수도 있고(예를 들어 "더는 요리를 할 시간이 없어요."), 그렇지 않을 수도 있다(예를 들어 "왜 플루트를 그만두었는지 잘 모르겠어요. 내가 그렇게 결정한 명확한 이유가 기억나지 않아요."). 때로는 낙담을 했기 때문에 창조적 유턴이 일어나기도 한다. 예를 들어 어떤 고약한 합창 지도 선생님이 당신에게 솔로를 시킨 다음 당신이 하면 안 되는 예를 정확히 보였다고 지적해서 당신은 두 번 다시 노래를 부르지 않게 되었다. 그런데 교사를 비난하는 대신에 당신은 자신이 노래를 '못 부른다'며 다른 관심사로 옮겨가기로 마음먹었다. 창조적 유턴은 또한 정반대의 이유 때문에 일어나기도 한다. 예를 들어 당신이 미술 시간에 재능을 보여서 선생님은 미술 여름 캠프에 지원하라고 당신을 독려했다. 그런데 가족을 떠나 오두막에서 낯선 사람들과 2주간 생활하는 것에 신경이 예민해진 당신은 신청 마감일을 놓쳤다. 그리고 그림 그리기를 그만두었다. 문제는 그림 그리기가 아니었다. 문제는 당신이 준비가 되기 전에 집을 떠나 기숙 캠프에 참가해야 한다는 생각에 느꼈던 두려움이었다. 진짜 문제를 밝히는 것이 겁나기 때문에 그렇게 하는 대신 당신은 예술 활동 그 자체에 등을 돌렸던 것이다.

안타깝게도 이러한 사례는 매우 흔하며, 이는 초기의 예술적 충동을 꺾어버릴 뿐 아니라 우리 개성의 다른 측면도 약화시킬 수 있다. 예를 들어 학교 연극 오디션이 염려가 된 나머지, 역사 시간에 '너무 크게' 책을 읽고 나서 당신은 수치스러움과 당혹감을 느낄 것이다. 어쩌면 우리는 '교실을 통째로 집어삼킬' 정도로 '목소리가 너무 큰' 특징이 있다는 말을 듣고 나서 주변 사람들에게 불쾌감을 주지 않으려고 과감한 선택을 하는 데 주저하게 될 것이다.

내가 말하고 싶은 것은 이것이다. 즉, 우리가 그 당시 어떻게 또는 왜 그런 결정을 했는지에 대한 별다른 인식 없이 관심사를 따랐던(또는 버렸던) 이야기 안에는, 그리고 우리 자신에 관한 관념을 형성했던 이야기 안에는 작은 선택 지점이 많이 있다는 것이다. 지금이 바로 과거를 되돌아보고, 우리가 선택했던 기회와 거절했던 기회를 다시 논의하고, 초기에 가졌던 아이디어와 열정을 고려하고, 우리가 한때 탐험하라는 소명을 받았던 관심사를 재탐색할 때이다.

켄드라는 회고록에서 다양한 음악적 시도를 시작했다가 그만두기를 반복하는 행동 양식을 발견했다. 어릴 때 그녀는 클라리넷을 배웠지만 초등학교 밴드 지휘자가 별로 맘에 들지 않자 클라리넷을 그만두었다. '체조에 집중하기' 위해서였다. 당시 그 선택은 타당해 보였지만 회고록 작업을 계속하면서 그러한 행동 양식이 반복되는 것이 보였다. "나는 고등학교 합창단에서 노래를 불렀는데 우리 합창단이 전국 대회에 나갔어요. 아주 신이 났었죠." 그녀는 말한다. "그렇지만 10학년 때 나는 일정 때문에 합창단과 웅변 사이에서 선택을 해야만 했어요. 웅변 선생님의 입김이 좀 더 세게 작용해서 결국 나는 웅변을 선택했어요." 역시 그 순간에는 충분히 명확한 선택이었지만 예술 활동 그 자체와 멀어지려는 그녀의 내적 선택이 아니라 선택과 관련된 한 사람 때문에 자신의 음악적 관심을 반복적으로 포기했다는 점을 켄드라는 깨달았다. "이런 선택은 계속해서 일어났어요." 그녀는 회상한다. "대학 시절, 나는 기타 연주자와 사귀었고 한동안 그의 밴드에서 노래까지 불렀어요. 그렇지만 그와 헤어질 때 나는 그뿐 아니라 함께 노래하는 것까지 모두 포기해버 렸죠."

이제 은퇴한 켄드라는 평생 그녀가 음악을 하려고 했던 분명한 일련 의 시도들을 보고 있다. "나는 음악을 사랑해요. 별말 아닌 것처럼 들리 겠지만 전에는 이런 말을 할 수 없었어요. 음악은 내가 아니라 다른 사 람들을 위한 것이라고 생각했으니까요." 켄드라는 이제 아주 소박하더 라도 음악적 시도를 추구하기만 한다면 자신이 깊이 만족할 수 있다는 것을 느낀다. "교회 성가대에 들어갔어요. 성가대원들은 아주 좋은 분들 이에요. 나는 종종 성가대원이 되면 어떤 기분일까 하고 생각했었어요." 켄드라는 곡 목록도 확장해나갔다. "음악 보관함에 다양한 형식의 음악 을 많이 추가했어요. 아주 흥분돼요. 대학 시절 남자 친구의 영역이었던 록 음악과 고등학교 합창 지도 선생님의 영역이었던 클래식 합창곡이 생각났어요. 얼마나 쉽게 나 자신을 제외시켰었는지, 생각해보면 놀라 워요. 그렇지만 이제 더는 아니에요." 그녀는 과거에 자기 자신을 배제시 켰던 음악 양식을 재발견하면서 얻는 커다란 만족감과 즐거움에 대해 이야기한다. "음악이 내게 얼마나 큰 만족감을 주는지 믿기지가 않아요. 음악은 내게 영감을 줘요. 다음에 내가 무엇을 할지 모르겠지만 동반자 인 음악만 있다면 분명히 더 잘할 거예요."

창조적 시도를 '그저' 반짝 취미로, 또는 다른 사람의 영역으로 일축 해버리기는 너무 쉽다. 그러나 진실은, 우리 모두 창조적인 존재이며 '잘

신이 당신에게 뭔가 할 수 있는 것을 준다면 왜 신의 이름
으로 그것을 하려 하지 않겠는가?   — 스티븐 킹

못된' 창조적 관심은 없다는 것이다. 하나의 창조적 관심이 다음의 창조적 관심으로 이어지고 또 이어지며, 우리가 소명을 받은 영역이 무엇이든지 그 영역에서 창조적 활동을 하면 우리는 기쁨과 목적의식을 얻는다. 또한 우리 자신보다 더 위대하다고 느껴지는 자애로운 존재와 유대감을 갖게 된다.

엘리는 어린 시절 대부분과 대학 시절을 요리에 대한 다양한 시도를 하면서 보냈다. 그는 요리사가 되는 것을 꿈꿨고 그의 가족과 룸메이트, 그리고 가까이에 있는 사람들 누구에게나 새로운 레시피를 시도한 음식을 맛보게 했다. "나는 내 인생 각 시기마다 맛과 냄새로 떠오른 추억에 압도되었어요. 어린 시절에 나는 간단한 음식을 만들었어요. 몇 가지는 크게 실패했죠. 뭔가를 더 넣었어야 했어요. 열 살에서 열다섯 살 사이의 내 이야기 대부분은 탄 베이컨 냄새가 차지해요. 거의 코미디였죠." 엘리는 더 어렵고 이국적인 맛이 나는 음식으로 범위를 넓혀갔는데 그 음식들은 밥 친구들에게 인기가 있기도 하고 인기가 없기도 했다. 엘리는 결국 스물세 살에 직장에 들어갔다. "요리에서 손을 완전히 놓게 되자 나는 무척 당황스러웠어요." 그는 아주 바쁜 영화 제작자로서, 여전히 음식을 즐겼지만 그때부터는 다른 사람, 그의 표현에 따르면 '진짜 식당의 진짜 요리사'가 해준 음식을 먹었다. "나는 사람들에게(나 자신을 포함해서) 와인과 음식을 대접했지만 나만의 창의적 요리는 결코 아니었어요. 음식을 만들 시간이 없다고 말하거나 내 일이 좀 더 중요하다고 말했었던 것 같아요."

엘리는 할리우드에서 살면서 세계 최고의 식당에서 40년 동안 대부분 잘 먹으며 지냈다. "나는 많고 많은 요리사들의 예술가적 기교를 높이 평가했어요. 그렇지만 나 자신의 요리는 잃어버렸어요." 여유 시간이 많아진 지금, 그는 자신이 다시 요리에 끌리고 있음을 알아차렸다. "나는 녹슬어가고 있지만 향상될 수 있다고 생각하고, 또 그러기를 바라요." 그는 모닝 페이지에 가능성에 관해 썼을 때 허브 정원을 만들고 신선한 허브로 음식을 만들 수 있겠다는 생각을 떠올렸다. "나는 로스앤젤레스에 살아요. 이곳에 살면서 허브 정원을 가꾸지 않는다는 것은 거의 범죄예요. 게다가 내가 수확할 수 있는 과일과 채소도 무척 많아요." 엘리는 자신의 예전 열정과 천천히 다시 연결되고 있고 그것에 깊은 만족감을 느낀다. "난 요리를 하는 것이 재미있을 뿐 아니라, 요즘 식당에 가면 요리사들과 더 가까워진 느낌이 들어요. 나는 그들이 무엇을 하고 있는지 생각하고, 거기에서 무언가를 배우려고 노력해요. 나는 아마추어일지 모르지만 우리 둘 다 뭔가 만들려고 노력하고 있어요."

회고록에서 포기했던 꿈을 발견했을 때 우리는 그 꿈을 좇을 수 없는 꿈이라고 성급하게 가정할 수 있다. 더 오랫동안 그 일을 해온 사람이 있다거나 우리가 숙달된 전문가가 아니라는 이유를 들면서 말이다. 그러나 다시 한번 창조적인 행동을 시도하면 만족감을 얻을 수 있을 뿐 아니라 (수준과는 상관없이) 같은 목표를 추구하고 있는 다른 사람들과 유대감도 느낄 수 있다. 굉장하지 않은가?

회고록 – 4주차

나이: _____

1. 이 시기에 당신의 주요 유대 관계를 묘사하라.

2. 어디에서 살았는가?

3. 어떤 창조적인 아이디어가 당신을 불렀는가? 당신은 그 부름을 따랐는가?

4. 이 시기에 떠오른 소리 하나를 묘사하라. 이 소리와 연관된 감정은 무엇인가?

5. 이 시기에 기억나는 맛 하나를 묘사하라. 그때 이후로 다시 느껴보지 못한 맛이 있는가? 그 맛을 다시 느껴볼 수 있겠는가?(레시피를 다시 만들어보기, 평소에 잘 애용하지 않던 식당에 가보기 등)

6. 이 시기에 기억나는 냄새 하나를 묘사하라.

7. 당신이 시도했다가 포기한 소명이 있는가?

8. 이 시기에 더 큰 목적에 대한 꿈이나 질문 또는 욕구가 있었는가?

9. 이 시기 동안 기쁨의 원천은 무엇이었는가?

10. 이 시기에 의미 있다고 느껴지는 다른 기억은 무엇인가?

유산

은퇴라는 새로운 장을 시작하면서 우리 대부분은 자기 자신의 유산에 대해 생각하기 시작한다. 무엇을, 누구에게 남기고 싶은가? 어떤 사람들에게 유산은 다음 세대와 나눌 추억 장부이다. 또 다른 사람들에게는 노래나 그림 혹은 시라는 형태의 예술 작품이다. 각자 약간 다른 것들을 남기라는 소명을 받지만 우리 모두 함께 나눌 가치가 있는, 흥미진진하고 다채로운 이야기를 가지고 있다.

우리 대부분은 부모님이 돌아가셨으며, 이제는 영원히 그 대답을 듣지 못할, 묻지 못한 물음이 많다. 회고록을 통해 기억이 자극되기 때문에 우리는 우리를 따르는 이들(자녀와 손주, 때로는 혈연이 아닌 사랑의 끈으로 맺어진 이들)이 갖고 있는 많은 물음에 대답한다. 우리 대부분은 우리 이야기를 회상하는 과정에서 더 풍성한 삶의 의미를 발견하며, 우리를 따르는 이들뿐 아니라 우리가 따랐던 이들과의 더 깊은 유대감을 발견한다. 우리의 성격과 가치관을 형성한 사건들을 회상하면서 우리는 우리를 따르는 이들에게 그들 자신의 성장을 위한 청사진을 제공한다. 우리의 개인적 영감의 원천과 연결하기 위해 우리 개인사를 돌이켜보면, 결과적으로 우리는 다른 사람들에게 영감을 주게 될 것이다. 우리를 형성한 사건들을 기억해내려고 할 때, 우리는 우리 자신의 혈통에 대해 더 많이, 그리고 더 깊이 이해하게 된다.

우리 할머니는 복서 종 개를 길렀는데 나는 복서 종 개를 볼 때마다 기뻐서 심장이 마구 뛴다. "예전에 복서를 키웠었어요!" 나는 개 주인에게 이 이야기를 하려고 가던 길까지 멈추곤 한다. 그 종에 대한 애정은 우리 집안 내력이다. 트릭시, 클루니, 숀 등, 할머니를 떠올릴 때마다 우리가 무척 사랑했던 개들 이름이 기억난다. 우리 모두의 기억과 개인사는 오늘 우리가 사는 인생이라는 다채로운 천을 직조한다.

특히 많은 가능성을 지닌 은퇴를 처음 접할 때 우리는 아이디어가 너무 많이 떠올라서 어디서부터 시작해야 할지 모를 수 있다. 그러한 경우에 "처음부터 시작하라."라는 말은 멋진 조언이다. 나는 회고록 『플로어 샘플(Floor Sample)』을 쓸 때 어린 시절 독서에 대한 기억으로 시작을 했는데 일단 시작하자 이야기는 끝없이 펼쳐졌다. 내 눈앞에서 총천연색으로 다시 펼쳐지는 기억이 얼마나 자세하던지 나는 충격을 받았다. 30년 동안 모닝 페이지를 써오면서 회고록을 쓸 것에 대비해 모닝 페이지들을 항상 잘 간직해왔다. 그렇지만 일단 쓰기 시작하자 하나의 기억이 다음 기억으로 이어졌다. 그래서 나는 과거의 단서를 찾기 위해 모닝 페이지를 한 번도 들추어보지 않았다. 처음부터 시작하는 것은 우리에게 완만한 구조를 준다. 우리의 기억과 아이디어가 떠오를 것이며, 이것들을 담을 공간은 충분할 것이다.

우리 인생의 중요한 부분을 나누는 것에 초점을 맞추면 우리는 자연스레 우리 자신의 경험을 존중하게 된다. 과거의 경험과 사랑, 아이디어에 의지하면 우리는 현재에 더 큰 목적의식을 갖게 된다. 우리는 정말로 나눌 것이 상당히 많다는 사실을 깨닫게 된다. 어린 시절 조랑말 치코에 대한 사랑을 기억해내자 그 당시에 걸음마를 하던 딸 도메니카를 조랑말에 태워주고 싶은 생각이 들었다. 내 딸도 나처럼 이 모험을 아주 좋아했다. 이제 도메니카도 그때의 나처럼 딸 세라피나를 조랑말에 태워주고 싶어 한다. 어린 시절 로저스와 해머스타인을 좋아했던 것을 기억해 낸 나는 내 손녀딸과 함께 그들의 멜로디를 함께 흥얼거렸다. 쿠키를 처음 구울 때 느꼈던 흥분과 설렘에 대해 쓰면서 나만의 쿠키 굽기 모험에 세라피나를 초대해야겠다는 영감을 얻었다. 우리의 과거를 소중하게 여기면 현재가 풍성해진다.

우리 유산을 담아낼 수 있는 것은 글쓰기만이 아니다. 엘리는 예술 활동으로 퀼트를 선택했고, 과거의 각기 다른 사람들과 장소들을 기리며 한 조각 한 조각 이어 작품을 만들었다. "첫 손주가 태어났을 때 할머니가 남긴 옷들을 이어서 이불을 만들어 주었어요. 나는 이런 식으로 과거와 미래를 존중한다고 느꼈고 과거와 미래, 두 시간대에 모두 속해 있는 것 같았어요."

은퇴 후에 사진을 계속 찍어온 리는 사진을 과거와 현재, 미래의 이야기를 포착하는 방법으로 생각한다. "처음에는 내가 본 것을 찍었어요. 나는 내가 다른 사람들과 나누는 경험을 기록하면서 만족스러웠어요. 그다음에는 사진을 찍고 나서 나와 경험을 나눈 사람들에게 선물로 주었어요. 우리 모두 각 사진 속에서 조금은 불멸의 존재가 되었어요. 이것은 작은 일이지만 우리의 경험을 구체적으로 만들어주는 일이에요. 내게 사진은 지키고 기억해야 할 구체적인 뭔가를 줘요. 그리고 사진에는 모든 사람들이 그 순간과 경험을 약간씩 다르게 기억한다는 마법이 들어 있어요."

몇 년간 정기적으로 사진을 찍으면서 리는 오래된 사진에도 마음이 끌리는 것을 깨달았다. "지금 나는 다음 세대와 함께 나누기 위해 현재 사진을 찍고 있지만 내 전 세대 사람들은 어땠을까?" 리는 아버지와 할

아버지가 찍은 사진들을 모으기 시작했다. 그리고 그 사진들을 디지털 화하는 작업을 시작했다. "나는 그 사진들을 잘 보관하고 싶었어요. 그런데 또 한편으로 나는 그 사진에 숨겨진 이야기를 알아내고 싶었어요." 그가 설명한다. "사진 속 많은 사람들은 내가 모르는 사람들이었어요. 그래서 가족들에게 연락해서 그들의 삶 속에 있는 친척들과 사람들에 대해 최대한 많이 질문을 하고 알아보았어요. 이 프로젝트를 통해 나는 현재 살아 있는 가족들과 앞서간 조상들 모두와 더 가까워졌어요. 나는 이 프로젝트에 완전히 빠져들었고, 개인적 만족감과 유대감이 매우 깊어졌어요. 이것이 바로 나의 사명이라는 생각이 들었어요." 이 프로젝트는 리가 작업할 때 지속적인 목적의식을 느낄 수 있게 해주었고, 현재와 미래 세대들이 함께 나눌 영구적인 유산을 선사했다.

| 과제 |

유 산

다음의 탐색적 질문에 답하라.

1. 나는 _____ (이)라고 기억되고 싶다.
2. 나는 _____ 을/를 남기고 싶다.
3. 내게 영감을 주는 유산을 남긴 사람은 _____ 이다.
4. 어린 시절 나는 _____ 을/를 꿈꾸었다.
5. 내가 유산을 남기고 있는 방법은 _____ 이다.

이 세상을 살면서 당신이 사명을 완수했는지 알아볼 방법이 있다. 당신이 아직 살아 있다면 그 사명은 끝나지 않은 것이다.
— 로런 바콜

이제 당신이 작성한 목록을 다시 살펴보라. 이 목록에 당신이 시작하고 싶을 만한 프로젝트에 관한 단서가 있는가?

터치스톤*

은퇴를 하고 나면, 우리는 그동안 친숙했던 일상의 터치스톤을 잃는다. 우리가 인사를 건네던 주차 관리인과 우리 이름을 아는 경비원, 구내식당의 계산원, 그리고 우리가 고대하던 아침 커피 타임 등을 말이다. 우리는 상냥한 얼굴과 친절한 인사에 익숙해져 있었다. 그러나 은퇴를 했으므로 새로운 터치스톤을 만들어야 한다. 나는 이제 막 은퇴한 사람들에게 정말로 좋아하는 것 25가지 목록을 만들라고 한다. 믿을 수 없을 정도로 간단한 이 목록은 종종 새로운 터치스톤(그리고 예전의 터치스톤)의 근거가 된다. 내가 매우 좋아하는 것은 무엇인가? 검은 콩과 쌀, 비틀스, 달마티안, 빈티지 벤츠 승용차, 파란색 벨벳, 그리고 막 내린 눈, ……

우리가 외롭고 의기소침해 있을 때, 터치스톤 목록을 살펴보면 더 큰 유대감을 느낄 수 있다. 좋아하는 음식, 무척 아끼는 재킷, 음악, 날아오르는 매 등 그것이 무엇이든지 각각의 터치스톤 안에는 우리의 정체성을 북돋우는 뭔가가 있다.

우리가 정말로 좋아하는 것의 목록을 작성할 때, 우리는 우리 자신이

---

* 터치스톤(touchstone): 뭔가를 알아볼 수 있는 기준이 되는 기회나 사물을 비유적으로 이르는 말.

지혜의 변치 않는 특징은 평범함 속에서 기적을 발견하는 것이다. ─ 랠프 월도 에머슨

누구인지를 기억한다. 진정한 자아가 앞으로 나선다. "'저것'을 좋아하는 사람은 '나'입니다." 우리는 이렇게 선언한다. 우리가 무척 좋아하는 것을 기억할 때, 우리는 우리 자신의 진정한 가치를 기억한다. 우리가 좋아하는 것으로부터 너무 멀어졌다면, 얼마나 멀리 왔는지 가늠하고 그 것을 바로잡을 수 있을 것이다.

우리가 좋아하는 것으로부터 상당히 멀어졌다면, 그것을 되찾기 위해 우리 인생을 변화시켜야 한다. 말을 상당히 좋아하지만 말을 살 여유가 없다면 지역 승마 클럽에 가서 승마 수업을 신청할 수 있다. 숲을 좋아하지만 콘크리트 건물들 속에 살고 있다면 실내 화초를 돌보는 행동을 통해 자연과 접촉할 수 있다. 좋아하는 것들을 향해 작은 발걸음을 내디디면 우리가 지닌 힘을 느끼게 된다. 우리는 환경의 희생자가 아니라, 우리에게 기쁨을 가져다주는 삶의 공동 창조자이다.

메리는 좋아하는 것 목록에서 할머니에 관한 추억이 매우 많다는 걸 알았다. 취미로 정원을 가꾸었던 그녀의 할머니는 팬지를 무척 좋아했다. 그래서 할머니의 사랑을 떠올리면 메리는 팬지라는 이름이 곧장 튀어나왔다. 목록을 채워나가면서 그녀는 말끔하게 수놓은 베개와 버터와 잼을 바른 토스트, 특정 섬유 유연제의 향 등, 할머니에 관한 다른 추억이 있음을 알게 됐다. 메리는 할머니가 자신에게 얼마나 큰 영향을 미쳤는지에 대해 자랑스러워하며 늘 감사했다. 최근에 메리는 자신의 삶이 자신이 기억하는 할머니의 삶과 점점 더 비슷해 보이기 시작하자 자신의 기억을 다른 관점에서 바라봤다. 메리가 기억하기에, 메리가 어렸을 때 남편을 여의고 혼자 된 할머니는 아름다운 색과 꽃, 향으로 가득한 즐거운 집에서 혼자 사셨다. 은퇴를 하고 남편을 여의고 혼자가 된 메리는 자신이 할머니 집과 똑같은 즐거움을 느끼게 하는 집을 만들고자 갈망한다는 것을 깨달았다.

"할머니는 확실히 예술가였어요. 할머니 자신은 그렇게 생각하지 않으셨겠지만 말이죠. 그렇지만 할머니 주변에 있는 모든 것들에는 할머니의 예술적 손길이 닿아 있었어요. 지금 나는 혼자 힘으로 할머니가 하셨던 일을 똑같이 해봐야겠다는 진정한 욕구를 느껴요." 좋아하는 것들로 집을 꾸밀 생각을 하자 메리는 인도받는다는 느낌과 편안한 기분이 든다. "나는 이 일이 옳은 일이라는 걸 알아요. 이 일을 하면 마음이 평온해지거든요." 그녀는 자신에게 아름다움과 기쁨, 그리고 추억을 가져다주는 것들로 집을 채우기 위해 조치를 취하면서 말한다. "그리고 나는 일단 더는 할 것이 없으면(현재로서는 다 끝났어요) 다음에 할 작업과 관련된 아이디어(나는 그걸 인도함이라고 부르고 싶어요)를 얻을 것 같다는 느낌이 들어요."

은퇴 후에 목적의식을 찾을 때, 우리는 마땅히 우리에게 중요한 작은 것들과 접촉해야 한다. 많은 경우, 찾기 어려울 것 같은 더 큰 답들은 실제로 우리가 생각하는 것보다 더 가까이에, 우리 앞에 있는 많은 작은 단서들 속에 존재한다.

미오이는 살면서 여러 차례 느낀 이중적인 감정에 대해 이야기한다. "마치 선택이 없는 순간은 없는 것 같았어요. 내 앞에 많은 선택이 놓여 있는데 어느 것이 맞는지 확실히 말할 수 없었어요. 무엇을 선택할지 저울질하는 데에는 매우 논리적이었지만, 궁극적으로 내 목적이 무엇인지는 결코 알지 못할 것 같았어요. 나는 충분히 성공했지만 나보다 더 열정적이고 자유롭게 인생에 접근하는 사람들이 항상 부러웠어요. 그들이

세상에서 가장 아름다운 것은 물론 세상 그 자체이다.
— 월리스 스티븐스

어떻게 그렇게 하는지 나는 잘 모르겠더라고요." 미오이는 회고록 작업을 하면서 선택 지점에서 매우 지적으로 대처했던 자신을 계속 돌아봤다. "나는 대학교에서 바이올린을 전공했는데 과학도 전공했어요. 바이올린에 더 마음이 끌렸음에도 불구하고 과학 분야에서 길을 찾는 것이 더 합리적이었기 때문에 과학을 선택했어요. 나는 그와 비슷한 선택을 반복적으로 하는 나 자신을 지켜봤어요. 나는 과학 분야의 연구를 하면서 다른 사람에게 도움을 주는 직업을 가졌지만 내가 그 일에 진짜 열정을 가진 적이 한 번이라도 있었는지는 모르겠어요. 이런 느낌 때문에 항상 괴로웠어요."

자신의 진로에 확신이 없는 것은 미오이만이 아니다. 매우 지적인 그녀는 충동을 따르거나 무의식적으로 행동할 때 올 수 있는 기쁨과 자유를 부정한 채, 어떻게 보면 자신의 선택에 대해 너무 깊이 생각했을지도 모른다. 그녀는 계속 가슴보다는 머리를 따랐고, 결국 자신의 진정한 바람과 욕구와의 접촉이 끊어졌다.

미오이는 터치스톤 목록을 완성하고 나서 알게 된 사실에 깜짝 놀랐다. "지금까지 살아오면서 나 자신에게 질문을 아주 많이 했어요. 그렇지만 제대로 된 질문을 하고 있었는지 잘 모르겠네요. 나는 스스로 성취 불가능한 목표를 세웠기 때문에 내가 아무리 모든 것을 다 쏟아부었어도 절대로 만족할 수 없었다고 생각해요." 그녀의 터치스톤 목록에는 그녀가 익히 알고 있는 것(바이올린, 클래식 현악 사중주, 교향곡 연주회에 가기, 양장본 책 등)에서부터, 그녀가 거의 까맣게 잊고 있었던 것(어린 시절 입고 신었던 노란 우비와 장화, 초콜릿 크루아상, 캠핑 등)까지 다양하게 적혀 있었다.

"이 목록이 얼마나 나 자신을 드러내던지 믿기 어려울 정도였어요. 처음에는 목록을 작성하는 일이 너무 단순한 일처럼 보여서 거의 하지 않으려고 했는데, 하고 나니 무척 좋네요." 미오이의 어린 시절 옷장에 관한 어떤 기억은 아티스트 데이트를 하도록 영감을 불어넣었다. "노란 우비는 내게 아주 많은 기쁨을 가져다주었어요. 나는 정말로 그 우비를 좋아했어요. 나는 초록색 안감을 댄 그 우비가 너무 입고 싶어서 종종 비가 왔으면 하고 바랐어요. 그 기억이 무척 강렬해서 실제로 더 깊이 탐색해보고 싶었어요. 그래서 노란 우비를 입은 어린 일본 소녀의 모습을 담백한 수채화로 그렸어요. 그림을 그리고 나서 매우 유쾌해졌어요." 우비에 대한 기억에 그녀는 옷장을 다시 들여다봤다. "수수한 출근복이 아주 많았어요. 옷장 속에 있는 옷은 거의 다 무채색이었어요. 그것을 바꾼다고 생각하니 흥분이 되었어요. 노란 우비에 대한 기억이 나를 움직이게 했어요. 나는 아티스트 데이트로 옷을 사러 가기 시작했어요. 결코 발을 들여놓지 않았을 법한 가게에 가고, 두 번 다시 쳐다보지 않았을 옷도 골랐어요. 약간 지나친 것 같은 느낌이 들었지만 이렇게 생각했어요. '이건 아티스트 데이트야. 그러니 안전지대에서 좀 벗어나면 어때?'"

미오이의 옷장에는 아직도 검정색과 회색 옷들이 주를 이루고 있지만 요즘에는 거의 늘 밝은 색 소품이나 액세서리를 한다. "내 빨간 돋보기 안경을 볼 때마다 미소를 짓게 돼요. 그리고 회사에 나가지 않을 텐데 진한 황록색 가방을 가지고 다니면 뭐 어때요?" 그리고 미오이는 정말로 비를 기다린다. 아티스트 데이트를 갔다가 발견한 고전적인 노란 우비를 입기 위해서 말이다.

인생의 아름다움을 깊이 생각하라. 별을 주의 깊게 바라
보고 별과 함께 움직이는 자신을 돌아보라.
― 마르쿠스 아우렐리우스

미오이 옷장의 기발한 확장은 표면적인 변화로 보일지도 모르지만 결코 그렇지 않다. 그녀는 모든 방면으로 기호를 확장하면서 자신의 창조성과 내면의 어린아이, 이전의 자기 자신, 그리고 더 활기찬 미래와 접촉하고 있는 중이다. 그녀가 작지만 의미심장하고 다양한 방식으로 그녀의 삶에 생기를 불러일으킬수록 점점 더 많이 음악을 추구하게 된 그녀를 보는 것은 그리 놀라운 일이 아니다. 지역 오케스트라에 합류하고 교향악단 보조금 요청 공문을 쓰는 자원봉사에 그녀의 놀라운 글솜씨를 발휘하는 것은 자연스럽게 뒤따라왔다. 자신이 좋아했던 것들의 목록을 작성하는 '단순한' 초기 단계는 미오이가 목적의식이 있는 삶을 준비하는 데에 있어서 중요했다. "얼핏 보기에 직관적으로 이해가 되지 않지만, 나 자신을 위해 기준을 낮추면 나는 훨씬 더 많이 대담해진다는 걸 알아요. 나는 이제 더는 불가능한 완전함을 추구하지 않아요. 되돌아보면서 나 자신은 아주 즐겁게 지낼 여유가 없었다는 것을 깨달았어요." 그녀는 이제 고백한다. "하지만 지금은 아주 즐거워요. 그리고 무척 신이나요. 정말로 나는 즐겁게 지내는 사람들이 좋은 아이디어를 낸다고 생각해요."

터치스톤은 개인적이며 사람들의 목록은 저마다 모두 다르다. 당신의 목록에 고상한 항목이 있어야 한다고 생각하지 말라. 당신 자신에게 말을 걸기만 하면 된다. 당신이 추구할 일은 그게 전부이다. 당신 기억에, 그리고 즐거움에 마음을 열라. 당신이 한때 즐겼었고, 다시 즐기게 될 것들과 관계를 맺는 실험을 해보라.

터치스톤

당신이 무척 좋아하는 것 25개의 목록을 작성하라. 그런 다음 당신이 오늘 해볼 수 있는 것 한 가지를 고르라. 당신이 불이라는 터치스톤에 다가가면 추운 겨울밤이 아늑해진다. 좋아하는 음악 CD가 재생될 준비가 되어 있으면 글쓰기로 보내는 오후가 한결 친근하게 느껴진다. 우리가 무척 좋아하는 것의 목록을 작성할 때 각 감각의 터치스톤을 열거하는 것이 도움이 될 수 있다.

맛: 풋고추, 루바브(대황) 파이, 라이스 푸딩, 살구 잼, 코코아

감각: 벨벳, 스웨이드, 깃털 베개, 부드러운 면 이불, 강아지의 매끄러운 털

냄새: 집에서 만든 야채수프, 갓 구운 빵, 나그참파 향(인도의 향), 세이지(허브의 일종), 소나무 가지

소리: 비틀스의 『러버 소울(Rubber Soul)』 앨범, 헨델의 「메시아」, 슈베르트의 「아베 마리아」, 돌리 파튼의 위대한 히트곡들, 해변에 부서지는 파도 소리, 멀리서 들리는 천둥소리, 매미 소리

장면: 날아오르는 매, 눈 덮인 산 정상, 장작이 타고 있는 모닥불, 자녀들 사진, 손주들 사진, 싱싱한 꽃으로 만든 부케

터치스톤은 개인적이다. 터치스톤은 우리 자신의 정체성을 상기시킨

다. 그리고 터치스톤은 우리에게 기쁨을 가져다주는 것과 접촉할 수 있게 해준다.

멘토링

배움과 가르침의 경험보다 더 큰 목적의식을 가져다주는 것은 없다. 나는 정기적으로 가르친다. 집에서 가까운 곳에서도 가르치고 먼 곳에서도 가르친다. 가깝게는 유니티 샌타페이나 앨버커키에 있는 솔 연기 학원에서 가르친다. 멀게는 매년 정기적으로 미국 동서를 횡단하기도 하고 다른 나라에 가기도 하며, 내 창조성 워크숍에 관한 강연을 해달라는 초청을 받고 새로운 나라를 방문하는 일도 잦다. 나는 활발한 활동을 펼치는 비영리 단체 '얼터너티브스(Alternatives)'를 통해 가끔 런던에서 강의를 하는데 그곳의 수강생들은 유머가 풍부해서 농담도 잘하고 잘 웃는다. 나는 최근에 이스라엘의 텔아비브에서 강의했는데 영어를 못하는 수강생들을 위해 통역사가 통역 부스에 서서 통역을 해주었고 수강생들은 헤드셋을 통해 그것을 들었다. 나는 몇십 명이 모인 소규모 강의에서부터 몇백 명이 모인 대규모 강의까지 다양한 강의를 한다. 강의를 거듭하면서 나는 수강생들을 유심히 지켜본다. 그들은 조심스럽게 시작했다가 완전히 강의에 녹아들었으며, 결국에는 생기를 되찾고 영감을 받아 강의에서 빠져나온다. 내가 들은 가장 보편적인 강의 평은 다음과 같았다. "당신의 책이 제 삶을 바꿔주었어요." 그러나 나는 서둘러 내 신념을 전했다. "아니에요, '당신'이 당신의 삶을 바꾼 거예요. 그런데 창조성 도구들이 도움이 되었다니 기뻐요." 수업 시간에 '아하'의 순간을 경험하는 수강생들을 보면 상당히 즐겁다. 평생에 걸쳐 창조성 도구들을 가지고 작업해오던 친구들이 내 가까이에서 그들의 창조성을 꽃피우는 것을 보는 것은 내게 기쁨과 경외감의 끝없는 원천이 된다. 가르침은 내 삶의 목적이며 내가 멘토링할 수 있는 이들과의 상호 작용은 내가 소중하게 생각하는 선물이다.

우리가 우리 자신을 선생으로 생각하든지 그렇지 않든지 간에, 우리는 나이가 들수록 현자가 될 기회를 갖고, 그 기회에 따라 행동하면 우리는 목적의식을 갖게 된다. 우리는 연장자이다. 젊은이들이 우리에게 도움을 받을 것이라고 기대할 때 우리는 이 요청을 선물로 받아들일 수 있다. 나이듦의 열매 중 하나는 지혜이다. 우리는 한때 우리를 당혹스럽게 했던 상황을 다스리는 법을 안다. 우리는 분별력을 지녔다. 어렵게 체득한 지식을 나누는 것은 나이듦의 기쁨 중 하나이다. 다른 사람을 멘토링하는 일은 굉장한 만족감을 가져다줄 수 있다. 우리가 자문관 역할을 능히 감당할 수 있게 된다면 우리는 감사라는 매우 귀중한 선물로 후한 보상을 받는다.

설리나는 시 전공 교수로 은퇴했다. 정년 보장 교수로 재직하는 동안 그녀는 시를 읽고 나누었으며 예술 양식에 대한 깊은 이해를 발전시켰다. 오직 시간만이 이룩할 수 있는 일이었다. 더는 교단에 서지 않지만 그녀는 여전히 어떤 시가 학생들의 상상력을 사로잡는지 알고 있다. 그녀는 현직 교수들로부터 작품과 작가, 참고 자료를 추천해달라는 요청을 자주 받는다. 심지어 초청 강의를 해달라는 요청도 받는다. 그녀의 지식 창고를 나누면 그녀는 자신이 아직 쓸모 있다고 느낀다. 그리고 젊

사랑은 당신의 새로운 면을 말해주는 사람을 만나는 순
간 찾아온다.　　　　—앙드레 브르통

은 교수들은 그녀의 관대함에 감사한다. 우리 경험의 열매인 지혜와 요령, '업무상의 비법'을 우리의 멘토링을 받는 멘티들과 나눌 때 우리는 그것들을 전수함으로써 우리의 목적을 완수하는 것이다.

토머스는 가전제품 수리 기사이다. 그는 그 업종에서 45년간 일했다. 그는 자기 자리를 물려받을 후배에게 멘토링할 때 고장 난 기계의 문제점을 진단하는 많은 비법을 알려준다.

"토머스는 나에게 관대해요. 그는 내가 성장하도록 도와주죠. 그는 나를 위협을 가하는 존재라기보다 자신이 통달한 기술을 표현하는 기회라고 봐요." 토머스의 멘티인 젊은이는 말한다.

애덤도 멘토링을 한다. 그는 인근 지역 건축물에 대한 해박한 지식을 가지고 여행 가이드로 일한다. 그런데 자발적으로 젊은 가이드에게 그의 지식을 나누어 준다.

"지식은 중요해요. 나는 지식을 혼자만 간직하려고 하지 않아요. 내가 아는 것을 전달한다고 해도 방대한 내 지식이 사라지지는 않을 것이라고 확신해요. 그것을 전달하는 것이 내가 배운 모든 것을 가치 있게 여기는 방식이라고 생각해요." 애덤은 말한다.

멘토링은 양방 통행이다. 우리는 다른 사람을 도울 뿐 아니라 우리 자신을 돕는다. 우리가 가치 있다고 여기는 것을 나눔으로써, 우리는 우리 자신의 가치를 확인한다. 멘토링을 하면 우리 마음을 젊게 유지할 수 있다. 우리의 멘티들에게 우리는 가치 있는 지식의 원천이다. 멘티들은 우리에게 영감의 원천이다. 어렵게 체득한 지혜는 역설적이게도 모든 지혜 가운데 가장 단순한 지혜일 때가 많으며, 그것을 나누는 데에는 영적인 요소가 있다.

소설가 세실리가 말한다. "젊은 시절, 나는 자아(ego)가 이끄는 대로 글을 쓰려고 했어요. 자아를 내려놓는 법을 배우기 위해 길고 고된 시행착오를 겪어야만 했죠. 내가 첫 소설을 쓰고 있는 젊은 작가 베스에게 알려주려고 하는 것이 바로 그것이에요."

베스는 세실리의 말에 확실히 안도감을 느꼈다. "똑똑해 보이려고 스스로 사건을 지나치게 복잡하게 꼬았던 것 같아요. 하지만 그런 식으로 생각하기를 멈추는 법을 배우는 중이에요. 머리가 아니라 가슴으로 작업하는 것이 훨씬 더 즐거워요. 글쓰기가 이렇게 쉬울 수도 있다는 것을 전혀 몰랐어요." 베스는 경탄한다.

"쉬움은 우리가 추구하는 것이죠." 세실리는 말한다. "우리가 쓰고 싶은 것이 우리를 통해 쓰이도록 내버려두면 쉽게 쓸 수 있어요. 그렇게 쓰는 데 익숙해지려면 약간의 집중력이 필요할 뿐이에요." 세실리는 베스와 함께 작업을 하면서 그녀 자신의 글쓰기가 좀 더 쉽게 흘러간다는 것 또한 알아차렸다. "이건 아마도 '설교한 대로 실천하는 것'과 관련이 있겠지만 그것보다는 좀 더 영적인 면과 관련이 있는 것 같아요. 나는 그녀에게 내 글쓰기 과정의 매우 내밀한 뭔가를 보여주고 있는데, 그러는 사이에 내 안에서 그 내밀한 뭔가가 생생하게 되살아나는 것 같아요."

나이가 들수록 더 현명해지는 데에는 그럴 만한 충분한 이유가 있다. 그렇지만 또한 젊은 사람들과 친구가 되고, 마음을 열고 그들에게 배우면 우리가 많은 것을 얻게 된다는 것도 사실이다. 우리보다 더 젊은 친구들은 전성기에 있다. 그들은 새로운 아이디어에 민감하다. 그들은 일을 수행할 에너지가 있다. 그들의 열정은 우리에게 영감을 주고, 우리 안

내가 더 멀리 바라봤다면 그것은 내가 거인의 어깨 위에 서 있었기 때문이다. ─ 아이작 뉴턴

에 실제로 여전히 성취해야 할 부분이 있음을 상기시킨다.

나는 나보다 스물다섯 살 아래인 에즈라와 활기 넘치는 우정을 나눈다. 나는 영화 제작자로서 그의 멘토이고, 그도 종종 나의 멘토 역할을 한다. 내가 그에게 새로운 기술을 사용하는 법을 배우기 때문이다. 이 신기술을 접하면서 성장해온 에즈라는 기술과 관련된 모든 것에 대한 전문가이자 자칭 각종 도구의 '애호가'이다. "선생님은 아이패드를 좋아하시게 될 거예요." 내 딸에게 문자를 보내는 법을 알려주면서 그가 내게 말한다. 기쁘게도 나는 문자를 보내자마자 곧 손녀의 실시간 사진을 받는다.

나는 나보다 젊은 친구들뿐 아니라 나보다 나이가 많은 친구들에게 멘토링을 받는다. 친한 친구들 중 세 명은 80세를 훌쩍 넘었다. 우리는 30년 동안이나 친구로 지내왔다. 그들은 나보다 스무 살이나 더 많다. 나이 차이는 세월이 지나면서 더 극명하게 드러났다. 내 친구 줄리아나는 최근에 무릎 인공 관절 수술을 받았다. 연로한 환자에게 전신 마취가 위험하기 때문에 나는 그 수술이 무척 걱정되었다. 엘버타는 세 번째 심장 박동기를 달고 있다. 그녀는 이 장치 덕분에 자신이 삶다운 삶을 살 수 있다고 장담한다. 제시카는 심장 박동기를 단 것도 아니고, 생명을 위협하는 수술을 받지도 않았다. 그녀는 에너지가 넘쳐 보이지만 체력이 달린다고 한탄한다.

세 친구 모두 죽음이 임박했음을 인지하며 하루하루를 살아간다. "나는 곧 죽을 거야." 줄리아나는 말한다. 그럼에도 그녀는 남은 시간을 최대한 활용하기 위해 무릎 수술을 받았다.

"나는 죽음이 아니라 삶에 대해 생각해야 해." 말 농장과 도로포장 회

154 •

사를 운영하는 엘버타는 말한다.

제시카 또한 연극과 콘서트, 개막 행사에 참석하면서 삶에 초점을 맞춘다.

"당신은 그저 햇병아리야." 엘버타는 내게 말한다. 85세 노인에게 나는 젊은이로 보이는 것 같다.

줄리아나와 제시카는 둘 다 배우로서, 여전히 오디션에 참가한다. 엘버타는 여전히 왕성하게 큰 회사를 경영하고 있다. 나와 아주 가까운 친구들 모두 나이에 상관없이 계속 그들의 창조성을 추구하고 있다. 나 자신의 창조성을 위해 하루하루 발걸음을 내디디면서 나는 친구들 한 사람, 한 사람에게서 배운 교훈에 감사한다.

| 과제 |

멘토링

자유롭게 글을 쓰면서 당신에게 영향을 미친 멘토에 관한 기억을 탐색하라. 당신의 멘토는 누구였는가? 멘토들에게서 무엇을 배웠는가? 그들의 가르침이 어떻게 당신을 변화시켰는가? 이제 현재 당신의 삶을 둘러보라. 당신은 누구에게 이 교훈을 전해줄 수 있는가?

다음으로, 몇 분만 시간을 내서 당신보다 나이가 많은 친구와 나이가 어린 친구에게 감사 인사를 전해보라. 손 편지나 이메일, 문자, 또는 전화를 이용할 수 있다. 우리보다 앞서간 이들 및 우리 뒤에 오는 이들과 각각 유대 관계를 맺으면 우리는 더 큰 완전체의 일부가 된다. 우리에게 영향을 미친 사람들에게 손을 내밀면 우리는 그들에게(그리고 우리 자신에게) 우리 인생 안에서 그들의 중요성을 상기시킨다.

| 주간 점검 사항 |

1. 며칠 동안 모닝 페이지를 썼는가? 모닝 페이지를 직접 써보니 어떤 느낌이 드는가?

2. 아티스트 데이트를 했는가? 무엇을 했는가? 회고록에서 아티스트 데이트를 통해 탐험해보고 싶은 것을 발견했는가?

3. 산책을 했는가? 산책을 하는 동안 당신의 관심을 끈 것은 무엇인가?

4. 이번 주에 어떤 '아하'를 발견했는가?

5. 이번 주에 동시성을 경험했는가? 그것은 무엇이었는가? 당신이 아주 친밀한 지인들(또는 더 넓은 범주의 지인들)에게 기여하고 싶은 것과 관련해 새로운 아이디어가 있는가?

6. 회고록에서 좀 더 충실히 탐험해보고 싶은 것을 발견했는가? 그것을 어떻게 탐험할 것인가? 목적의식을 가져다주리라 생각되는 무언가가 반복해서 떠오르는가? 이것을 어떻게 더 자세히 살펴볼 수 있는가?

정직성 되살리기

이 시점에서 당신은 이전 생활 체계(집에 있기, 학교에 가기)가 갑자기 사라지고 느닷없이 새로운 생활 체계를 만들어가야 하는 상황과 마주했던 때가 기억날 것이다. 이 같은 변화들은 은퇴의 순간에도 적용된다. 이번 주차의 내용과 도구들은 당신이 다른 사람들을 기쁘게 하거나 당신에게 기대되는 것을 하려는 충동에 저항함으로써 좀 더 솔직하게 사는 데 도움을 줄 것이다. 지금까지의 직장 생활이나 가정생활에서 당신은 직장에 적응하거나 좋은 부모가 되기 위해 요구되는 대로 해야만 했다. 그러나 이제는 아이들도 떠나고 직장도 없어졌으니 당신이 정말로 생각하는 것과 접촉할 수 있다. 만일 당신이 정직하다면 당신이 무엇을 슬퍼하고 무엇에 화가 난다고 말하겠는가? 모닝 페이지와 훈련에서, 그리고 궁극적으로 당신의 삶에서 분별력을 가지고 솔직하게 진실을 기술한다면 자유로움과 깨우침을 얻을 것이다. 당신이 당신 자신에 대해 알게 될 때, 당신 자신을 비추는 빛은 더 강해지고, 당신은 당신 자신에게(그리고 세상에) 더 완전하고 유일무이하며 진정한 모습을 내보이게 된다.

진실은 ......

우리가 가장 강력하게 우리 자신의 힘을 북돋아줄 수 있는 일 중 하나는 우리 자신의 의견을 알고 인정하는 것이다. 직장 생활과 일상생활에서, 우리는 (감지하기 어려울 수도 있지만) 어느 정도 자기 검열하는 습관을 들이기 쉽다. 우리는 착한 사람, 좋은 사람, 그리고 협조적인 사람이 되고 싶어 한다. 우리는 좋은 동료, 좋은 협업자, 좋은 친구이며 친척이 되고 싶어 한다. 이런 태도도 괜찮기는 하다. 단, 우리가 우리 자신의 진실을 희생시켜가며 이런 식으로 행동하지 않는 한은 말이다.

'그렇지만 물론 나는 정직한 사람이야.' 당신은 이렇게 생각할지도 모른다. 그리고 그 생각이 사실일지도 모른다. 우리는 도덕적 감성이라는 큰 범주에서의 부정직이 아니라, 우리 자신의 작은 목소리를 무시하는 것과 같은 작은 범주에서의 부정직을 말하는 것이다. 의견 충돌을 줄이고 덜 복잡한 합의를 이루기 위해 우리의 정직한 의견이 억제될 때가 있다.

예를 들어, 당신이 업무 회의에 참가하고 있고 '위원회에 의해' 막 결

당신의 삶은 우연히 더 나아지는 것이 아니라 변화에 의해 더 나아지는 것이다. —짐 론

정이 내려지려고 하는 순간이라고 하자. 회의가 계속 진행되면서 당신은 그 위원회가 더 큰 그림을 못 본다는 것을 감지할 수 있다. 당신이 성공할 수 있다고 생각했던 방법이 폐기되는 것을 알아차릴지도 모른다. 그렇지만 이런 의견을 낸다면 큰 문제가 될 것이라는 점 또한 느낄 것이다. 당신의 통찰은 환영받지 못할 것이며 '벌집을 건드리게' 될 것이다. 그래서 당신은 더 쉽고 온순한 방식을 택하기로 결정한다. 즉, 입을 다문다.

이러한 선택에는 다음과 같은 문제점이 있다. 즉, 서서히, 시간이 지남에 따라, 우리 자신의 가치를 옹호하지 않는 순간들이 우리의 자존감을 약화시키기 시작한다. 한 번에 작은 것 하나씩 양보함에 따라, "나는 의견을 주장하는 사람입니다."가 천천히, 자신도 모르는 사이에 "나는 타협적인 사람이에요."로 변한다.

우리가 정말로 무엇을 생각하는지와 정말로 어떻게 느끼는가에 대해 생각하기 시작할 때 종종 우리는 우리 자신에게 놀란다. 아마도 우리 자신과 친밀한 이들도 놀랄 것이다.

당신이 차에서 기다리고 있고 더 꾸물거리다가는 교회에 늦을 지경이 되었는데도 당신의 형제나 반려자가 당신에게 한 번 더 옷을 바꿔 입을 테니 기다리라고 할 때 당신이 단호하게 거절한다면 그들은 충격을 받은 채 소리칠 것이다. 그리고 당신이 차를 움직이기 시작하면 그들은 집 밖으로 달려 나오면서 눈을 크게 뜨고 숨을 헐떡이며 말할 것이다. "당신은 늘 나를 기다려줬잖아요."

"맞아." 당신은 동의한다. "나는 항상 그랬어. 그렇지만 그렇게 하고 싶지 않아. 나는 교회에 늦고 싶지 않아."

아주 정직하게 말하는 데 가장 큰 장애물 중 하나는 우리가 교류하는 사람들의 기분을 상하게 하고 그들에게 거부당할 것이라는 두려움이다. 우리의 진정한 감정과 가치, 그리고 의견을 인정하고 분명히 표현하고자 천천히 노력하면, 다른 사람들이 그 변화에 처음에는 깜짝 놀라겠지만 결국에는 이전보다 더 편안해하는 예기치 못한 결과가 나타난다. 우리가 우리 자신이 서 있는 자리를 알 때 다른 사람들도 우리를 제대로 이해한다. 역설적으로 그다음에 우리는 더 탄탄한(그리고 정직한) 관계로 발전한다.

델리아는 그녀의 회고록 작업을 통해 20대 초·중반에 자신이 매우 자기주장이 강했었다는 것을 알게 됐다. "법학 대학원을 졸업했을 때, 나는 어서 세상에 나가서 내가 누구인지 보여주고 싶었어요. 나 자신을 증명하고 싶어서 조바심을 냈죠." 델리아는 그 당시와 은퇴기 사이에 비슷한 점이 많다는 것을 발견했다. 두 시기 모두, 그녀는 무언가 새로운 것을 시작하는 데 굶주려 있었다. "내 생활 체계를 이루고 있던 모든 것이 사라지고 있었어요. 그때나 지금이나, 남은 인생 동안 내가 하고 싶은 것을 찾아낼 자유가 무서워요. 차이점이 있다면 그 당시에는 스스로 천하무적이라고 생각했었죠. 야망에 찬 고학력자에, 똑똑하고 순진했어요. 지금은 경험이 많아요. 슬프게도 조심성과 경계심이 더 많아졌죠." 지적재산권법 계통에서 수십 년간 몸담았던 델리아는 글쓰기 프로젝트를 시작하는 데에 관심을 갖게 되었는데, 한편으로는 걱정도 되었다. "희곡을 써보고 싶어요. 항상 써봤으면 했어요. 그런데 나는 무슨 일을 시작하기 전에 질문하는 일에 아주 능숙해요. 나는 나 자신이 아무것도 하지 못하게 설득할 수 있어요. 그래 보이지 않나요? 맞아요. 한창 잘나

무엇이든 아름답고, 참되고, 경건하고, 옳고, 순수하고, 사랑받을 만하고, 뛰어나고, 칭찬받을 만한 것들을 생각하라.
— 빌립보서 4장 8절

갈 때 작가와 작품과 관련해서 정말로 말도 안 되는 일들을 봤어요. 착잡한 사건을 많이 맡았었죠. 그렇지만 이제 더는 스스로에게 변호사처럼 굴지 않으려고요. 스스로 아무 행동도 하지 못하게 한다고 해서 무슨 이득이 있겠어요?"

델리아의 말이 맞다. 그녀가 자신에게 던진 질문은 실행을 피하기 위해 시간을 끄는 장치일 뿐이다. 그리고 그 점을 깨달은 것은 델리아뿐만이 아니다.

"그래서 당신은 자기주장이 강하고 위험을 감수하고 자신을 내던지면서 수고를 아끼지 않는 사람이었지만, 이제 더는 그런 사람이 아닌가요?" 나는 그녀의 믿음을 그녀에게 거울처럼 비추어주면서 물었다. 그녀가 여전히 매우 자기주장이 강한 사람임이 선명하게 드러나는 데도 말이다.

"음, 물론 나는 자기주장이 강한 사람이에요. 하지만 이제는 너무 많이 알아요. 내가 아주 과감하게 내 업무를 시작했던 그 당시, 나는 초보자의 행운이 있었어요."

초보자의 행운이었을까? 아니면 타고난 재능이었을까? 내가 무엇에 관해 쓰고 싶은지 물으면서 델리아를 더 압박했을 때 그녀에게 다양한 아이디어가 있다는 생각이 들었다.

"내 머릿속에는 수백 가지 아이디어가 떠다니고 있어요. 단지 내가 시작하기 전에 가장 실행 가능성 있는 것이 어떤 것인지 알기만 하면 돼요."

가장 실행 가능성 있는 것은 그녀에게 가장 정직한 것(그리고 솔직히 가장 흥분되는 것)이라고 말해주었다. 나는 회고록에서 단서를 찾아보라고 조언했다. 되풀이되는 주제가 있는가? 무슨 책을 즐겨 읽는가? 무슨 책을 즐겨 읽었는가? 좋아하는 연극들은 무엇무엇인가? 무엇에 대해 생각하는가? 돌아보니 그녀가 좋아하는 책이나 영화, 이야기 속에서는 배신과 정의라는 공통 주제를 볼 수 있었다. 그녀가 정의를 수호하고 배신을 바로잡는 일에 종사했음은 말할 것도 없고 말이다. 자신의 삶을 되돌아보고 나서 그녀는 자신이 끊임없이 옳은 것을 위해 싸우면서 평생을 보냈음을 깨닫고 감명을 받았다.

"나는 전사예요. 정말로 정의에 관심이 있어요. 나는 대학을 갓 졸업한 위풍당당한 사회 초년병이었을 때 세상에 걸맞는 사람이라고 생각했어요. 성공적인 결과를 이끌어내기 위해 싸웠고 결국에는 정말로 성공했어요. 나는 의뢰인들을 위해 싸웠어요. 그들의 작품을 위해 싸웠죠. 그리고 지금도 여전히 그런 에너지가 남아 있어요. 나는 자신이 믿는 것을 옹호하는 사람들에 대한 희곡을 쓰고 싶어요. 그래요. 자기주장이 강한 사람들에 대한 희곡이죠. 나는 나 자신이 바로 그런 사람이었음을 (그리고 그런 사람이 될 수 있음을) 알아요."

델리아는 자신의 인생에서 정직한 주제와 마주하고 나서, 자신에게는 표현하는 것이 중요하다는 심오한 진실을 발견했다. 그녀를 마지막으로 만났을 때, 그녀는 전직 변호사에 대한 희곡을 쓰기 시작했다고 말했다. 나는 그 말을 듣고 무척 기뻤다.

우리의 예술과 삶에서 우리의 진실을 표현하는 것은 둘 다 똑같이 중요하다. 그런데 둘 다 위협적으로 느껴질 수 있다. 모닝 페이지는 감정을 터뜨리고 탐색하기에 안전한 장소이다. 모닝 페이지를 비밀로 간직하고 자기 자신만 보는 것, 그리고 우리가 무엇을 선택하든지 간에 그것을 자유롭게 쓰는 것이 꼭 필요하다. 모닝 페이지는 검열을 받지 않는다. 그래서 모닝 페이지가 효과를 발휘하고, 어떤 사람들은 쓰고 나서 바로 찢어 버리거나 태우기도 하고, 재활용 박스에 넣는 것이다. 모닝 페이지는 우리를 향해 팔을 벌리고 있다. "솔직히 당신이 생각하는 것은 무엇인가?" 모닝 페이지는 묻는다. "당신이 바라는 것은 무엇인가? 무엇에 그리 화가 났는가? 왜 두려워하는가?" 자유롭게 쓰다 보면 우리는 그 대상과 이유를 알게 된다. 자유롭게 쓰다 보면 우리가 밤늦게 소음을 내는 이웃에게 매우 화가 나 있다는 것을 알게 될 것이다. 그런 다음 좀 더 쓰다 보면, 우리는 얼마나 이 문제를 적절한 방법으로 해결하고 싶어 하는지 알게 될 것이다.

"나는 내 남동생에게 확실하게 말해야 한다는 걸 알게 되었어요." 빌은 말한다. "우리는 공동으로 부동산을 소유하고 있는데 그 집 유지 관리를 언제나 거의 다 내가 했어요. 내가 주로 그 집을 관리하고 있다는 것 자체에 대해서는 별로 신경을 쓰지 않아요. 그렇지만 동생이 앞으로도 내가 그 모든 수리를 도맡아 관리하고, 비용도 다 지불할 거라고 쉽게 가정해버리는 데 질려버렸어요. 일을 누가 하고, 비용이 얼마나 드느냐가 문제가 아니라 그런 상황이 고질적이라는 것이 문제예요. 나는 항상 그 일에 대해 꽤 흔쾌히 동의했어요. 여기에 내 잘못이 있는 거죠. 그렇지만 이제는 바꾸고 싶어요. 실제로는 괜찮지 않은데 괜찮은 척하는 것이 괴로워요."

빌에게는 회고록이 그와 동생 사이의 오래된 역학 관계에 대한 관점을 드러내주었다. 그보다 세 살 어린 동생은 일생 동안 그를 존경했다. 그들 둘 다 어렸을 때 아버지가 돌아가셔서 빌은 부모 역할까지는 아니라 하더라도 보호자로서의 책임을 맡았다. "나도 이미 알고 있는 내용이지만 내 손으로 그것에 대해 글을 쓰고 나니 동생을 진정 돕는 길은 동생을 더는 돌보지 않는 것임을 알게 됐어요." 빌이 새롭게 발견한 명백한 사실은 앞으로 꼭 정직해야 한다는 것이다. "이것에 대해 동생에게 말할 거예요. 중요한 점은 이제는 우리 삶의 맥락 안에서 우리 관계를 볼 수 있으니, 예전보다 더 온화하게 동생을 대할 거라는 거예요. 나는 단지 집에 대해서 짜증이 난 게 아니에요. 집 문제보다 더 심층적인 문제들이 있어요. 나는 동생이 잘 지내기를 바라고 동생을 보호해주고 싶어요. 그리고 동생이 자립하기를 바랍니다."

정직한 진실이 검증되지 않은 감정보다 더 복합적이고, 따라서 더 온화하다는 빌의 깨달음은 강력한 것이다. 우리가 우리 자신의 진실을 이해할 때 우리는 또한 다른 사람들과 그 진실을 함께 나누는 것이 최선의 방법임을 이해한다. 내 친구 제인이 종종 말했듯이, "우리 자신을 위해 옳은 일을 하는 것은 모든 사람을 위해 옳은 일을 하는 것이다." '옳은 일'을 찾기 위해 면밀히, 그리고 정직하게 살피는 것은 우리에게 달려 있다.

모닝 페이지는 정직하도록 우리를 종용한다. 우리가 실제로 느끼는 것을 받아들이도록 격려한다. 모닝 페이지를 쓰기 전에는 "나는 괜찮아요."라고 말할 것이다. '괜찮다'라는 말이 실제로 뜻하는 바가 무엇인지 살펴보지도 않고 말이다. "나는 괜찮아요."가 "나는 체념했어요."라는 뜻일 수도 있고, "나는 절망적이에요."라는 뜻일 수도 있다. 또는 이와는 대조적으로 똑같은 단어가 "나는 낙관적이고 만족스럽고, 확고해요."라는 뜻일 수도 있다. 모닝 페이지를 쓰면서 우리는 구체적이 되라는 독려를 받는다. '괜찮다'고 말하는 우리 자신을 발견했을 때 우리는 좀 더 깊이 파고들어야 한다. 우리가 모닝 페이지를 정직하게 쓴다면 우리는 아주 다양한 감정을 가지며, 그중 일부는 다른 것으로 가장하기도 한다는 것을 알아낼 수 있다. 불안과 흥분은 쌍둥이이다. 걱정과 두려움은 또 다른 쌍둥이이다. 우리 감정을 정확히 명명하려고 노력할 때 우리는 종종 안도감을 느끼게 된다. 뭔가를 정확하게 명명하는 행동은 우리가 추구하는 바른 행동으로 우리를 안내하는 데 도움이 된다.

나는 종종 모닝 페이지를 정직으로 향하는 '기름칠한 미끄럼틀'이라고 일컫는다. 우리는 모닝 페이지에 우리의 대담한 진실을 기록한다. 우리는 때때로 "그것에 대해 내가 어떻게 느끼는가?"와 같은 어려운 질문에 답한다. 사람들은 "진실은 우리를 자유롭게 한다."라고 말한다. 모닝 페이지에, 그다음에는 (어렵겠지만) 다른 사람에게 직접 진실을 털어놓으면 자유를 향해 한 걸음 내딛는 것이다.

미미는 연극반 수강생들과 매주 금요일 밤에 함께 저녁을 먹으러 갔다. 머리로는 저녁 식사 모임이 연극반 수강생들과의 관계를 돈독하게 해주는 좋은 일이라고 생각했다. 그렇지만 모임 후에는 자주 우울해져서 집으로 돌아왔다. 나는 모닝 페이지에서 그녀의 경험을 탐색해보라고 권했다. 그리고 모닝 페이지를 쓴 후에 그녀는 많은 연극반 수강생들이 상당히 허세를 부린다는 것을 자신이 깨달았음을 알아차렸다. 그녀는 그들과 어울리는 것을 즐기지 않았고, 그들이 그녀와 어울리는 것을 즐기는지도 의심스러웠다. 그런데 미미가 굉장히 매력적이라고 생각하는 한 여자가 있었다. 미미는 수업 시작 전에 그녀에게 다가가서 둘이 따로 저녁을 먹는 것은 어떤지 물어보았다. "좋아요!" 그녀가 소리쳤다. "우리가 많은 사람들 속에 있을 때에는 이렇게 의미 있는 대화를 나눌 수 있을 거라고 결코 생각하지 못했어요." 그녀는 이렇게 속마음을 털어놓기에 이르렀다. 미미도 똑같이 느꼈다. 수강생들의 저녁 식사 모임에서 떨어져 나온 것은 약간 눈치가 없는 행동 같았지만 그녀의 진실한 감정에 따른 행동이었다. 그렇지만 궁극적으로 그녀의 정직성 덕분에 새롭고 깊은 우정을 맺게 되었다.

종종 진실은 우리를 매우 놀라게 한다. 우리는 우리가 한 가지 방식(우리가 '공식적으로' 느끼는 방식)으로 느낀다고 생각한다. 그렇지만 비공식적으로는 뭔가 굉장히 다르게 느낀다. 공식적으로는 우리가 늘 설거지를 한다는 사실이 괜찮을지도 모른다. 뭐가 문제인가? 우리는 깨끗한 싱크대를 좋아한다. 설거지를 하는 것을 개의치 않는다. 시간이 많이 드는 것도 아니다. 그렇기는 하지만 마법처럼 그릇이 저절로 닦일 것이라고 가정하면서(실은, 그렇게 알면서) 남편이 습관처럼 지저분한 그릇을 그냥 두고 일어난다면 실제로 어떤 기분이 들까? 공식적으로는 '대수롭지 않은 일'이다. 비공식적으로는 우리는 짜증이 나고 심지어 분개할 것이다. 우리는 이용당하는 기분이 들지도 모르고 그런 느낌은 우리 관계에 은연중에 나쁜 영향을 미칠지도 모른다. 공식적 입장과 비공식적 입장 간의 차이는 굉장히 클 것이다. 정직하게 그 차이를 대면할 때 우리는 힘을 얻게 된다.

| 과제 |
정 직

진짜 감정과 대면하는 것은 모닝 페이지의 가장 큰 혜택 중 하나이다. 우리는 우리 인생에서 무언가에 대해 공식적인 느낌과 실제 느낌이 매우 다른 영역이 있음을 종종 발견한다.

그것에 대해 정직하게 써보라.

1. _____하게 될 때, 공식적으로는 _____라고 느끼지
   만, 나는 실제로 _____라고 느낀다.
2. _____하게 될 때, 공식적으로는 _____라고 느끼지
   만, 나는 실제로 _____라고 느낀다.
3. _____하게 될 때, 공식적으로는 _____라고 느끼지
   만, 나는 실제로 _____라고 느낀다.
4. _____하게 될 때, 공식적으로는 _____라고 느끼지
   만, 나는 실제로 _____라고 느낀다.
5. _____하게 될 때, 공식적으로는 _____라고 느끼지
   만, 나는 실제로 _____라고 느낀다.

| 과제 |

회고록 - 5주차

나이: _____

1. 이 시기에 당신의 주요 유대 관계를 묘사하라.
2. 어디에서 살았는가? 여러 곳에서 살았는가?
3. 이 기간 동안 당신의 원동력은 무엇이었는가?
4. 이 시기에 당신의 마음에 감동을 준 소리 하나를 하나 묘사하라.
   그 소리는 지금도 여전히 당신의 마음에 감동을 주는가?

5. 이 시기에 기억나는 맛 하나를 묘사하라. 그때 이후로 다시 느껴보지 못한 맛이 있는가? 그 맛을 다시 느껴볼 수 있겠는가? (레시피를 다시 만들어보기, 잘 가지 않던 식당에 가보기 등)

6. 이 기간 동안 당신이 고수했던 강한 의견 하나를 묘사하라.

7. 이 기간 동안 당신의 성격 가운데 더 두드러진 성격이 있었는가?

8. 이 기간 동안 어떤 면에서 당신 자신을 쉽게 드러낼 수 있었는가? 어떤 면에서 당신 자신의 진실을 표현하기가 어려웠는가?

9. 이 기간 동안 좌절의 원천은 무엇이었는가?

10. 이 시기에 의미 있다고 느껴지는 다른 기억은 무엇인가?

의심이라는 가뭄

우리 자신의 가장 끔찍한 상태 중 하나는 자기 의심 상태이다. 자기 의심은 종종 과거의 상처 또는 불확실함에서 비롯되지만, 현재에 영향을 미쳐 확신과 불안을 둘 다 일으킨다. 자기 의심은 갑자기 공포의 파도를 일으켜 우리를 덮칠 수 있다. "나는 그것을 할 수 없어!", "창조적이 되려는 생각은 잊어버려야 해."와 같은 생각을 하게 한다. 또는 자기 의심이 교묘하게, 겉으로 보기에는 타당한 이유를 대면서 우리에게 몰래 다가올 수 있다. "너는 아마도 그림을 그릴 생각은 하지 말아야 할 거야. 우리 집안에서 진짜 화가는 조앤 고모였잖아." 또는 "정말로 빨간 옷을 입을 거야? 빨간 옷을 입으면 네가 기운 없어 보인다고 누가 말하지 않았어?"

자기 의심은 무시무시한 적이다. 우리 자신을 의심할 때, 우리는 자신과 맞서 싸워야 하기 때문이다. 자기 의심은 흔히 상당히 노련한 적이다. 우리보다 우리의 치명적인 약점을 더 잘 안다. 이 목소리를 소멸시키는 법을 배우고, 자기 의심이 우리를 의심하더라도 그것이 옳은 것은 아니라는 점을 이해하는 것은 무척 중요하다.

"의심이 들 때는 하지 말라."라는 격언이 있다. 이 격언은 창조적 시도에는 위험한 말이다. 사실 그 반대가 더 맞을 것이다. 좀 더 정확히 말하면 이렇다. "의심이 들더라도 문제없다. 어쨌든 시도해보라." 의심은 우리 안에서 나올 수 있다. 그리고 오래전부터, 또는 현재 우리와 가장 가깝고 소중한 사람들이 우리 자신의 최대 이익을 위해 의심을 표명할 수도 있다. 물론 어느 쪽이든 의심에 사로잡히면 우리는 멈춰 서게 되고 좌절하며 혼란스러워진다.

"누구에게나 의심을 촉발시키는 계기가 있어. 그리고 그 계기는 사람마다 다 다르지." 내 친구 콘래드가 말한다. 어떤 사람에게는 대중 연설을 한다는 생각이 의심의 격류를, 심지어 비통함까지도 촉발시킬 수 있으며, 어떤 대가를 치르더라도 그 상황을 피해야만 할 정도로 사활이 걸렸다는 느낌을 불러일으킬 수도 있다. 또 다른 사람에게는 대중 연설은 식은 죽 먹기이지만, 비판적인 친척에게 초안을 보여줄 생각을 하면 방어적이 되고 불안해지며, 이론상으로 가능한 모든 비판적 질문을 예상하고 그에 대답해보려는 경향이 있다. 계기가 무엇이든 자기 의심은 우리에게 절망감을 안겨주고 필사적으로 행동하게 한다. 우리를 매혹하는 것을 시도할 때보다 자신의 한계에 대한 두려움에 빠질 때 우리는 깊고 어두운 구덩이 속에 갇힐 위험이 더 커진다.

인생에서 할 수 있는 가장 큰 실수는 실수할까 봐 끊임없이 두려워하는 것이다. ─엘버트 허버드 이제 막 은퇴한 사람들이 새로운 창조적 시도를 고려하거나 시작할 때 피해야 할 아주 실질적인 함정은 바로 자기 의심이다. 일을 할 때에는 의심하는 시간이 별로 없었을 것이다. 일 자체는 우리가 경험이 있고 힘들게 노력해서 능력에 대한 자신감이 얻은 영역이다. 그런데 갑자기 소설 쓰기를 시도하고 우리 앞에 체계가 잡히지 않은 시간이 길게 펼쳐져 있으면 자기 의심이 스멀스멀 올라올 수 있다. 자기 의심은 아이디어의 전면적 거부로 나타나거나, 우리 자신의 능력을 의심하는 가장 작은 목소리로 나타나기도 한다.

모닝 페이지의 유익한 점 중 하나는 우리를 반드시 행동하게 만든다는 것이다. 행동하지 않으면 자기 의심은 점점 더 부풀어 오른다. 행동하면 우리의 계획이 수포로 돌아갈 가능성은 상당히 줄어든다.

피터는 항상 만화를 그리는 데 관심이 많았는데 그의 아버지는 그가 끄적거린 낙서를 '시간 낭비'라고 생각했다. 피터는 목장에서 자랐다. 강인하고 온갖 역경을 견뎌낸 그의 카우보이 아버지는 '돌봐야 할 말이 있고 가꾸어야 할 들판이 있는데 연필을 들고 빈둥거리고 있는 것'보다 쓸모없는 일은 없다고 생각했다. 그러나 피터는 그리는 일을 좋아했다. 그럼에도 불구하고 시간이 흐르자 어느새 아버지의 목소리가 그의 마음에 들어왔고 그는 그림을 감추기 시작했다.

어느 날, 피터의 학교에서 아버지에게 학교에 전화를 해달라는 연락이 왔다. 그의 아버지는 그를 몹시 나무랐다. "도대체 무슨 짓을 한 거야?"

"아무 짓도 안 했어요." 피터는 속으로 생각했다.

"더 잘 생각해봐! 오늘 학교에서 무슨 짓을 했기에 집으로 전화가 와? 네가 무슨 일을 저지른 게 틀림없어!" 피터는 머리를 쥐어짜보았지만, 자

할 수 있다고 믿으면 이미 절반은 이룬 것이다.
― 시어도어 루스벨트

신이 왜 곤경에 처하게 됐는지 도무지 알 수가 없었다. 그는 마음 한구석에 자리한 두려움 속으로 깊이 파고들어갔다. 누군가 나를 좋아하지 않아서 거짓말로 나를 해치려고 하는 것일까? 누가? 왜? 그들이 뭐라고 말했을까? 숙제는 다 해서 냈나? 그렇다. 그의 생각에 숙제도 다 했다. 아버지가 학교에 전화를 걸었을 때 피터는 부들부들 몸이 떨리고 거의 울 지경이 되었다. 피터가 통화를 하는 아버지를 지켜보니, 아버지가 약간은 혼란스러워하는 듯했다. 아버지는 전화를 끊고 미술 선생님 전화였다고 말했다. 선생님이 곧 열릴 주 박람회의 로고를 만화로 그릴 학생으로 피터를 선정했다는 내용이었다. 피터는 아무런 잘못도 하지 않았다. 그는 뭔가를 잘하고 있었던 것이었다.

그는 자기 의심 속에서 허우적거리느라 무척 불안했고 아버지가 그의 만화를 폄하한 탓에 매우 낙담했기에 흥분은 마음속 깊은 곳에 쑤셔 박아놓고 로고 작업에 별 흥미가 없는 체했다. 그의 아버지는 다른 일을 하러 갔고 그 순간은 지나갔다. 몹시 조마조마한 오후를 보낸 후 피터는 혼자 남아 자신이 처한 상황을 정리했다. 다음 날 학교에서 피터는 만화를 그리고 또 그렸고, 종이가 찢어질 때까지 지웠다. 그의 만화는 많은 사람들이 좋아했고, 널리 칭찬을 받았다. 그렇지만 피터는 결코 불만족스러운 기분을 떨쳐버리지 못했다.

피터는 말했다. "지금은 아버지가 돌아가셨는데도 나는 여전히 아버지의 비난이 너무 무서워요. 그래서 무슨 일이든지 그 일을 하기 전에 걱정하고 또 걱정해요. 그 한 가지 사건 때문인지, 수백만 가지의 작은 사건들 때문인지는 잘 모르겠어요. 그렇지만 그 원인이 무엇이든지 간에 자기 의심은 내 성격 중에서 가장 타격이 큰 부분입니다."

너무 외로워서 신뢰가 자기와 쌍둥이 형제인 것을 알지
못하는 고통이 바로 의심이다.　　　 — 칼릴 지브란

"가장 처음 드는 의심에 주목하지 마. 처음 드는 의심은 더 많은 의심의 연쇄 반응을 일으키거든." 내 친구 줄리아나는 말한다. 이것은 창조적이며 영적인 조언이다. 모든 새로운 프로젝트에는 약간의 의심이 수반된다. 위대한 일(또는 작은 일)을 하는 사람은 의심이 들어도 과제를 수행하는 사람이다.

나는 40권의 책을 썼지만 새 책을 시작할 때면 여전히 의심을 한다. 유용하고 편안하게 즐길 수 있는 책을 쓸 수 있게 해달라고 기도한다. 도움이 되는 책을 쓸 수 있게 해달라고 기도한다. 나를 인도해달라고 기도한다. 그 일이 크든지 작든지(만화책이든지 봉투 구석에 끄적거리는 낙서든지) 창조적인 노력을 시작함으로써 우리는 매우 실질적인 부분을, 때로는 상당히 취약한 부분을 훈련할 수 있다. 예술 분야가 무엇이든지 이렇게 말한다. "나는 그것을 이렇게 봐요.", "나는 이렇게 생각해요." 요컨대, 무엇이든지 창조하는 행위는 자기 의심의 반대말이다.

피터는 모닝 페이지를 쓰기 시작했다. 천성이 꼼꼼한 그는 충실히 써 나갔다. "처음에는 할 말이 있을까 하고 의심했어요. 자기 의심이 또 나타났죠. 그때 나는 모닝 페이지에 걱정을 털어놨어요. 걱정하고, 걱정하고, 또 걱정했어요. 나는 아이들과 반려동물, 집, 아내, 그리고 동생에 대해 걱정했어요. 이웃들에게 한 말과 배관공에게 하지 못한 말까지 걱정했어요. 그런데 모닝 페이지에 걱정거리를 더 많이 쓸수록, 내 마음속에서 걱정거리가 점점 더 적어지는 것 같았어요. 내 머릿속을 뒤덮었던 걱정거리와 자기 의심이 훨씬 적어지자 나는 뭘 해야 할지 거의 모르게 되었죠." 외부 관찰자가 보기에 피터는 매우 확신에 차 있는 것처럼 보였다. 그는 수년간 광고업계에서 선두 주자였다. "그렇지만 업무는 어쨌든 완전 별개였어요. 나는 스스로 매우 확신하는 것처럼 행동하는 '업무용 가면'을 쓰고 있었어요. 그렇지만 남몰래 매처럼, 또는 지금은 돌아가시고 안 계신 아버지처럼 내 모든 움직임을 주시하면서 의심을 하고 있었죠." 그가 고백한다.

피터는 모닝 페이지 쓰기로 하루를 시작하면서 은퇴기의 삶이 서서히 눈에 띄게 향상되었다. "《뉴요커》*를 정기 구독했어요." 그는 활짝 미소를 지으며 말한다. "아주 하찮은 일처럼 들릴지 모르겠지만 내게 만화는 아주 커다란 선물이죠. 마침내 나도 만화를 즐길 수 있게 된 거예요." 피터는 들고 다닐 수 있는 무선 노트를 사러 서점에 갈 계획이라고 말한다. "내가 보는 것을 스케치하기 시작할 생각이에요. 별일 아닌 것처럼 들리겠지만 모닝 페이지를 쓰면 그냥 하루가 내게 주어지는 대신에 내가 하루를 만드는 느낌이 들어요."

때때로 자기 의심은 우리가 겪는 최근 상황 또는 현재 상황에 의해 촉발되기도 한다. 내 친구는 이전 사업 파트너에게 위협을 받고 있다. 법적 분쟁에 대한 생각이 논의되었고, 내 친구는 당연히 그 생각에 몹시 괴로워한다. 제삼자인 내가 보기에, 그는 괴롭힘을 당하고 있기는 하지만 궁극적으로는 법적 분쟁이 일어날 것 같은 느낌이 들지는 않는다. 하지만 그는 미래에 어떤 일이 일어날지 상상하며 괴로워한다. "만약 그 사람이 경제적으로 나를 망가뜨리면 어떻게 하지? 지금 은퇴를 하려고, 여기서 끝내려고 평생을 일해왔나?" 나는 내 친구의 걱정에 대해 많은 연민을 느낀다. 하지만 '사실만' 들여다보면, 그는 잘못한 것이

---

* 1925년 창간된 미국의 주간 잡지. 유머·수필·전기물·르포르타주·단편 소설·미술평·만화 부문 등에서 높은 평가를 받고 있다.

전혀 없음을 우리 둘 다 안다. 경제적으로, 또는 다른 면에서 파멸의 가능성은 없어 보인다. 그의 변호사는 똑같은 말로 그를 안심시킨다. 그러나 여전히 그는 의심의 늪에 빠져 있다. 그의 의심의 방아쇠는 이미 당겨져 있었다.

우리가 고통받을 때 혼자가 아님을 기억하는 것이 중요하다. 모든 사람들은 한 번쯤은 자기 의심을 경험한다. 극심한 고통을 겪을 때 앞날은 음울해 보인다. 우리는 지평선에 희망의 조짐이 전혀 보이지 않는데도 물이 있기를 바라면서 앞으로 기어나가는 가뭄을 겪는 것처럼 느낀다. 회의론을 따르면 우리는 지평선에 아무것도 없을 것이라고 확신하기 시작할 것이다. 그러나 회의론을 따르는 것은 실제로는 우리 가슴을 따르는 것이 아니라 지성을 따르는 것이다. 지성은 사실과 논리에 초점을 맞추는 경향이 있기 때문에 한계가 있으며, 일의 진행을 차단할 수 있다. 지성을 따르면 우리는 아이디어와 관련된 모닝 페이지의 암시, 아티스트 데이트에서 떠오르는 영감, 회고록에서 떠오르는 기억과 연결된 흥분, 그리고 꾸준히 산책할 때 서서히 다가오는 낙관론 등, 영적 도구들이 은밀하게 제공하는 작은 정보를 거부한다.

회의론을 따르면서 우리는 "나는 그것을 할 수 없어."라고 말하며 부정적이 되고 두려움에 사로잡힌다. 두려움과 부정성은 공모하여 자기 의심을 일으키고 자기 의심은 가뭄으로 이어져 우리 내면에 있는 창조성에 필요한 자양분을 말려버린다. 가뭄이 결코 끝나지 않을 것 같아 고통스럽다. 이 지점에서 끈기가 중요해진다. 회의론에도 불구하고 영적 도구를 활용하기 위해 우리는 충분히 용감해지고 완고해져야 한다. 창조적 가뭄기에 아티스트 데이트는 특히 헛되고 어리석게 느껴진다. "나는 할 말이 없어요. 그럼 나는 나가서 놀까요?" 우리는 투덜거린다.

그렇지만 여기에서 중요한 단어는 '느껴진다'이다. 아티스트 데이트는 헛되지 않다. 어리석은 활동도 아니다. 아티스트 데이트는 용감하고 은총으로 가득한 활동이다. 우리가 계속 앞으로 나아갈 때 아티스트 데이트는 그 본질을 드러낼 것이다. 가뭄기에 필요한 것은 용기이다. 우리의 의구심에도 불구하고 조금씩 앞으로 나아가는 겸손함. 모닝 페이지를 쓰는 용기.

자기 의심이라는 가뭄 속에 있을 때, 언젠가 가뭄이 끝날 것임을 믿는 것은 굉장히 어렵다. 그러나 가뭄은 결국 끝난다. 그리고 우리는 종종 의심과 관련된 우리 사건의 해결책을 갖고 있다. 들여다보고자 하는 약간의 의지가 있다면 거기에 분명히 있다고 짐작하는 밝은 희망을 찾는 것은 생각보다 더 쉽다.

| 과제 |

의심의 무력화

당신이 자신의 상처(그 상처가 창조성과 관련된 것이든, 그렇지 않든)에 마음 아파하는 것을 스스로 존중하는 것은 중요하다. 사람들은 대부분 자신의 상처를 인정하지만 어떻게든 그 상처를 극복해야만 한다고 느낀다. 그런데 당신이 그 상처를 온전히 인정하기 전에는 그 상처를 극복할 수 없다.

우리가 경험하는 자기 의심은 종종 현재 사건에 의해 촉발되지만 과거에 뿌리를 두고 있다. 우리가 지금 느끼고 있는 감정의 핵심은 종종 익숙하며 예전 고통을 상기시킨다. 이러한 과거의 상처를 인정하는 것은 이 상처가 만들어내는 자기 의심의 함정을 피하는 데 도움이 된다.

다음 문장을 완성하라.

1. 어린 시절 _____ 일 때 나는 좌절감을 느꼈다.
2. _____ 에 대해 나는 어찌할 바를 몰라 난감했다.
3. 내가 _____ 하지 않았다면 좋았을 텐데.
4. 나의 창조성에 손상을 주었다고 짐작되는 사람은 _____ 이다.
5. 만일 _____ 라면 어땠을지 궁금하다.

그림자 예술가

'그림자 예술가(shadow artist)'라는 단어는 예술 주위에서 그들의 시간과 에너지를 쓰지만 왜 그런지 예술계의 주변인으로 있는 사람을 지칭하려고 내가 만든 용어이다. 그림자 예술가는 예술에 관심이 많지만, 좀 더 정확히 표현하자면 자신이 예술에 재능이 있다는 것을 알지만, 예술에 직접 참여하지 않는 것이 더 안전하다고 느낀다. 그들은 꿈에 직접 뛰어드는 대신 꿈 언저리에서 서성이고 있는 자신을 발견한다. 그림자 예술가는 흔히 볼 수 있다. 그들은 자신들이 푹 빠져 있는 예술을 가능하게 하고 촉진하면서 성공적인 '그림자 경력'을 쌓을 수 있다. 은퇴한 이 숨은 예술가들은 그들이 그림자처럼 따라다녔던 예술에 대한 열정이 실제로는 그들 자신이 오랫동안 묻어두었던 욕구라는 것을 발견하게 될 것이다.

그림자 경력이란 정확히 무엇인가? 그것은 꿈의 근처에 있지만 꿈에는 미치지 못하는 것이다. 소설가 지망생이 문학 저작권 대리인이나 광고 카피라이터와 같은 일자리에 만족한다. 순수 미술가가 꿈인 사람이 갤러리 대표나 상업 미술가 경력에 만족한다. 그들은 꿈 주변을 맴돌지만 꿈을 실현하지 못한 채 머물러 있다. 그림자 예술가들은 전형적으로 자신에게 탓을 돌린다. "내게 좀 더 많은 용기가 있었더라면……." 그들은 혼잣말로 한탄한다. '좀 더 많은' 용기라는 개념은 영원히 도달할 수 없는 신기루일 수 있다. 정말로 필요한 것은 작은 첫걸음을 내딛는 용기이다. 그 첫걸음이 또 다른 걸음으로, 그다음 걸음으로 이끌어준다. 오래잖아 그림자 예술가는 종종 캐치업볼 게임에서 그들이 성공하고 있음을 알게 된다. 그들이 주변인으로 보낸 세월 동안 꿈을 이루기 위해 무엇이 필요한지 정확하게 알게 된 것이다. 이 지식을 활용하여 그들은 지름길을 택하고, 그 지름길은 그들을 진짜 성공으로 이끌어준다. 한때는 열정이 부족하다고 확신했지만 사실은 그들이 이미 열정을 갖고 있음을 발견할 것이다.

진은 순수 미술로 석사 학위를 취득했다. "나는 굉장한 사람들과 회화를 공부했어요. 나는 내 예술과 훈련을 매우 진진하게 받아들였어요. 그렇지만 사진작가 대리인이 얼마나 돈을 많이 벌 수 있는지 알고 난 후에 나는 그쪽으로 진로를 바꾸었어요. 예술에 대한 지식으로 나는 사진작가들이 성공하는 데 도움을 주었고 물질적인 면에서 성공했어요. 그렇지만 나는 행복하지 않았어요. 뭔가를 사들이기만 했지 만들어낸 것은 하나도 없었어요. 거래를 제외하면 말이죠." 은퇴한 후, 진은 자신의

'눈부신 경력'을 돌아보다가 좌절감과 그림을 향한 갈망을 느꼈다.

"오랜 시간이 흐른 뒤에 다시 붓을 들고 이젤 앞에 앉아보니, 내 마음은 항상 여기에 있었던 것 같은 생각이 들어요. 나 자신의 많은 부분을 투자했던 그림에서 등을 돌렸던 결정을 후회하게 될지 모른다고 나는 늘 생각했죠." 앞으로 무슨 일이 벌어질지 모르지만 한번 시도해보라는 권유를 받은 그는 자신이 모닝 페이지에 다음 구절을 계속 쓰고 있었다는 것을 발견했다. "바로 지금이다. 그렇지 않으면 결코 하지 못한다."

진은 바로 당장 그 제안을 받아들이기로 했다. 그는 자신의 실력이 녹슬었다는 것을 깨달았다. 석사 학위를 마친 뒤 35년이나 지났으니 당연한 일이었다. "일단 계속 노력해보자." 그는 붓 가는 대로 그림을 그리고 또 그리면서 자기 자신에게 말했다. "나는 훈련받은 사람이야. 나는 작업을 하는 거야. 나는 계속 움직이는 것을 좋아해. 이것이 나의 가장 큰 장점이지. 내게는 행운이야."

진은 자신이 훈련받은 사람이라고 생각하지만, 창조성을 이끌어내는 데 더 큰 역할을 하는 것은 훈련보다는 열정이다. 마치 숨어서 기다리고 있었던 것처럼 아주 작은 격려에도 창조성은 우리에게 반응한다. 나는 샘솟을 날을 기다리면서 표면 아래 흐르고 있는 창조성의 원천을 누구나 갖고 있다고 주장한다.

진은 정통 훈련을 받았기 때문에 아주 높은 기준을 가지고 있었다. 그는 계속 그림을 그렸고 점차 작품다워졌다. "스물두 번째 그림에서, 나는 이전 실력을 되찾은 것 같았어요." 그가 말했다. 얼마나 훌륭한 교훈인가! 하룻밤의 성공 같은 마법은 없지만 매일매일 노력하면 뚜렷한 향상이 나타난다. 예술은 연습이 필요하다. 연습을 할 때 우리는 진보한다.

"내 그림 중에 '그곳'에 걸릴 만한 그림이 있다고 느꼈을 때 나는 아주 행복했어요." 진은 말한다. 그는 갤러리를 운영하는 친구에게 연락을 했고 그 친구는 방문할 갤러리 목록을 주었다.

진은 갤러리들을 방문하기 시작했다. 처음에 갤러리 열두 곳을 방문하면서 그는 좌절했다. 그의 작품이 너무 구식이라는 얘기를 들었다. 그림을 걸 자리가 더는 없다는 얘기도 들었다. 또한 의뢰하지 않은 작품은 받을 수 없다는 말도 들었다. 그는 계속해서 "유감입니다."라는 말을 들었다.

하지만 그는 터벅터벅 걷다가 열세 번째 갤러리에서 금광을 발견했다. "당신은 우리가 찾던 바로 그분이에요! '정통 유화'를 그리시는군요!" 그들은 감탄했다. 작품을 전시할 갤러리가 생기자 진은 거의 광적으로 그림을 그렸다. 그는 32점의 작품을 더 그렸다. 갤러리 대표는 그의 열정에 개인전 개최로 보상했다. 전시 첫날 밤, 그의 작품 두 점이 판매되었을 때 진이 얼마나 기뻐했을지 상상해보라. "당신은 화가다운 화가예요. 그동안 어디 계셨던 거예요?" 구매자 중 한 명이 열광하며 물었다.

그림자 경력에서 은퇴한 많은 사람들이 꿈과 "바로 지금이다. 그렇지 않으면 결코 하지 못한다."라는 충고를 품는다. 진처럼 그들은 의혹을 갖고 있을지라도 당차게 앞으로 나가기로 결심한다. 진은 말한다. "한 번에 하루씩. 그것이 우리가 가진 전부이자 우리에게 필요한 모든 것이죠. 그날 할 일을 그날 하고, 다음 날 또 다시 그날 할 일을 하면 됩니다." 그림자 예술가가 빛을 향해 한 발 앞으로 내디딜 때, 지식과 만족 두 가지 모두에 대한 가능성은 밝아진다.

그림자 예술가가 자신이 속하고 싶어 하는 예술 분야에서 다른 사람

무엇보다도 우선, 당신 자신에게 진실하라.
— 윌리엄 셰익스피어

들의 작품에 비판적이 되는 것은 흔한 일이다. 시나리오 작가의 길이 막힌 사람은 자신이 본 모든 영화의 시나리오를 다시 쓸 수도 있다. 한때 가수를 꿈꾸었던 사람이라면 현재의 모든 팝 스타에 대해 평균 이상의 강도 높은 비평을 할 수도 있다. 그런데 이런 사람들이 과감히 무언가를 시도하게 되면, 갑자기 더는 비평을 하지 않게 된다. 우리는 이제 동료 예술가들과 같은 일, 즉 예술을 창조해내는 일을 하고 있는 예술가이다.

나는 예술 작품이 유명해져야 한다거나 팔려야 하고, 또는 '진짜' 작품으로 간주되거나 '진짜' 예술가로 불려야 한다고 생각지는 않는다. 생전에 한 작품도 판매하지 못하다가 사후에 작품이 알려진 작가의 이야기는 허다하다. 고흐는 죽을 때까지도 알려지지 않았다. 에드거 앨런 포는 평생 단 두 권의 책을 출간했을 뿐이고, 그마저도 자비 출판이었다. 이러한 예술가들은 셀 수 없이 많다. 이들이 자신만의 예술을 창조하는 것을 포기하고, 유명해지고 인기가 많은, 소위 '진짜' 예술가가 되기로 결심했다면, 우리는 훨씬 덜 훌륭한 예술품을 만났을 것이다. 자신이 '진짜' 예술가라고 부르는 사람들 곁에서 경력을 쌓거나 종종 그들에게 도움을 주었던 그림자 예술가들은 특히 다음과 같은 사실을 기억할 필요가 있다. "예술을 창조하는 행위를 한다는 점에서, 우리는 예술가이다."

때때로 예술적 야망을 품은 초기에 느낀 실망감 때문에 그림자 경력으로 내몰릴 때도 있다. 댄은 늘 단편 소설 작가가 되고 싶었다. 그는 호수 위 오두막에 거주하면서 작가를 업으로 하는 삶을 꿈꿨다. 그러나 대학 1학년 때, 작가로 성공할 '특별함'에 대해 말하기 좋아해서 학생들의 기를 죽이는 창의적 글쓰기 선생님을 만났다. 이 선생님의 평가로 댄은 속속들이 난도질당했고, 1학년을 마친 후 전공을 의과 대학 예비 학

신이 창조한 바에 합당한 사람이 되라. 그러면 이 세상을 변화시킬 것이다.
— 시에나의 성녀 가타리나

부로 바꾸고 정신과 연구 교수가 되기 위한 과정을 밟았다.

"나는 계속 쓰기는 썼어요. 정신 의학 연구 논문만 써서 그렇죠. 그것이 글을 쓰는 직업으로는 더 안정적인 직업이었다고 생각해요. 그러나 한때 꿈꾸었던 것과는 전혀 달랐죠. 아주 건조하고 객관적인 글이었어요." 그는 말한다. 모닝 페이지를 쓰기 시작하면서 그는 금세 자신의 생각을 자유롭게 쓸 수 있는 모닝 페이지가 참 편안하다고 느꼈다. 그는 모닝 페이지를 쓰는 것 이상의 일을 하고 싶다는 자신의 욕구를 알아차렸다. 그리고 자신은 쓰지 않을 때보다 무언가를 쓸 때 더 편안함을 느낀다는 사실도 깨달았다. 한 친구가 단편 소설을 모아 자비 출판을 했다. 이 일은 댄의 야망에 불을 붙였다. '그 친구가 할 수 있다면 나도 할 수 있어.' 그는 생각에 잠겼다. 그리고 아내의 설득에 시도해보기로 결심했다.

처음에 글을 쓰려고 자리에 앉았을 때, 그는 등장인물을 창조해내는 대신에 변명거리를 만들어내고 있었다. "너무 늦었어.", "난 너무 늙었어.", "너무 오래 걸릴 거야.", "결과가 좋지 않으면 어쩌지?" 등등 그렇지만 그는 모닝 페이지를 계속 쓰면서 자신이 무엇을 해야 하는지, 무엇을 하고 싶은지를 알았고, 자신이 미적거리고 있음을 간파했다. 얼마 지나지 않아 햇살 가득한 어느 날 오후, 그의 첫 번째 단편 소설을 쓰기 시작했다. 곧 그는 규칙적인 일상을 만들었다. 즉, 모닝 페이지와 집안일은 오전에 하고, 전화와 이메일은 점심시간에, 그리고 단편 소설 쓰기는 오후에 했다. 소설이 한 장 한 장 쌓여갔다. 등장인물들이 계속 이야기를 했다. 이야기는 끝없이 펼쳐졌다.

첫 번째 단편 소설 집필을 끝냈을 때 그는 뛸 듯이 기뻤다. 두 번째 단편 소설을 끝냈을 때 그는 강철 같은 결의를 느꼈다. 세 번째, 네 번째, 다섯 번째 이야깃거리가 펜에서 흘러나오자 그는 생각했다. '단편 소설집을 만들 수 있어.' 6개월 만에 그는 20편의 단편 소설을 완성했다. 더는 주변부에 머물 수 없다는 데 생각이 미치자 그는 친구가 한 것처럼 자비 출판을 하기로 결심했다. 그는 친구에게 조언을 구하고자 연락했고, 그 친구로부터 조언과 지지를 얻었다.

예술가들은 종종 다른 예술가들을 사랑한다. 성공한 예술가들은 초보자를 위해 멘토 역할하기를 좋아한다. 실제로 창조성을 연습하기 시작하면 그림자 예술가는 종종 그들의 꿈이 생각보다 더 가까이에 있음을 깨닫게 된다.

| 과제 |

가상 인생

다섯 개의 가상 인생을 골라보라. 어떤 인생이 재미있겠는가? 다 골랐다면, 그중 하나를 선택하고 현재 당신의 인생에 이 가상 인생을 향해 한 걸음 내디딜 수 있는 발판이 있는지 알아보라. 예를 들어, 당신의 가상 인생이 패션디자이너라면, 직물 가게를 방문하는 것이 재미있을 것이다. 내딛는 걸음은 작게 하고, 당신의 목록에 의무가 아닌 기쁨을 포함하도록 하라.

우리 인생의 내적갈등유발자

『아티스트 웨이』에서 나는 '내적갈등유발자(crazymaker)'라는 개념을 소개했다. '내적갈등유발자'는 그들이 사랑하는 사람이라고 알려진 이들의 창조성을 좌절시키는 사람을 일컫는다. 당신 주변에 내적갈등유발자가 있다면 아마도 이 말이 무슨 말인지 알 것이다. 모든 내적갈등유발자들에게는 공통적인 특성이 있다.

내적갈등유발자는 거래를 중단시키고 일정을 무시한다.

내적갈등유발자는 세상이 자신의 기분을 맞춰줄 것이라고 기대한다.

내적갈등유발자는 당신의 통찰력을 무시한다.

내적갈등유발자는 당신의 시간과 돈을 낭비한다.

내적갈등유발자는 사람들을 이간질한다.

내적갈등유발자는 트집 잡는 데 전문가이다.

내적갈등유발자는 극적 사건을 일으키고는 슬쩍 발을 빼고 나 몰라라 한다.

내적갈등유발자는 자신의 일정 외에는 일정을 무척 싫어한다.

내적갈등유발자는 혼란을 좋아한다.

내적갈등유발자는 자신이 내적갈등유발자임을 부인한다.

내적갈등유발자는 어디에서나 나타날 수 있다. 그들은 당신의 이전 상사나 형제자매, 형제자매의 배우자, 이웃, 또는 골프 친구일 수도 있다.

타인과의 관계에서 우리를 괴롭게 하는 모든 것은 우리
자신을 이해하는 길로 이끌 수 있다.　　－카를 융

당신이 태어나면서 또는 결혼이나 선택을 통해 그들과 관계를 맺을 수 있다. 당신은 그들과 함께 일을 했을 수도 있고 한 공간에서 함께 살았을 수도 있다. 당신은 다시는 그들을 보지 않을 수도 있지만 그럼에도 그들은 인터넷이나 전화로 당신을 미치도록 화가 나게 만들지도 모른다. 그들이 이미 죽었을지도 모르지만 당신 마음속에는 여전히 생생하게 살아서 당신의 모든 생각을 예상하고 비판할 수도 있다. 또는 놀랍게도 당신 자신이 내적갈등유발자임을 깨달을지도 모른다.

내적갈등유발자는 꿈과 계획을 좌절시킨다. 그들은 극적 사건이나 혼돈을 야기한다. 그리고 종종 거만한 태도를 보인다. 그들은 불운한 희생자들로 하여금 스스로를 의심하도록 만든다. 그들은 최선을 다해 신중하게 세운 계획을 뒤집어놓기로 유명하다. 내적갈등유발자는 특히 돈 문제에 있어서 혼돈을 야기한다. 언제나 현금을 필요로 하는 새로운 구실을 찾아낸다. 내적갈등유발자는 다른 사람들이 자신의 계획에 잘 따라주기를 요구한다. 그들은 상식을 거부한다. 내적갈등유발자는 속내를 드러내지 않는 사람들에게 그들의 광대 짓을 지지해달라고 요청한다. 사면초가에 몰린 희생자는 고립감과 버려진 기분을 느낀다. 내적갈등유발자는 자신에게 동의하라고 요구한다. 그리고 자신의 선한 본능을 거스르라는 내적갈등유발자의 설득에 무너지는 사람이 허다하다. 내적갈등유발자와 함께 살면 쇠약해진다. 그 삶은 수많은 소규모 접전이 벌어지는 전쟁터가 된다. 내적갈등유발자가 누군가를 포기시킬 때 이용하는 무기는 빈정거림과 경멸이다. 합리적인 계획과 마주한 내적갈등유발자는 "그 계획은 너무 어리석어."라며 조롱할지도 모른다. 내적갈등유발자는 작고 꾸준한 성장을 약화시키고 종종 '대단한 일'이라는 환상(내적갈

우리를 돕고 가르치기 위해, 그리고 우리의 길로 안내하기 위해 다른 사람들이 거기에 있을지도 모른다. 그렇지만 거기서 배운 교훈은 언제나 우리 것이다. ─멜로디 비티

등유발자가 옳다는 것을 증명할 망상)을 좇기를 선호한다.

내적갈등유발자는 체계가 부실한 틈을 타 번성한다. 내적갈등유발자와 사적인 관계를 맺고 있는, 이제 막 은퇴한 사람들은 그 관계가 미치는 폐해의 정도를 보고 충격을 받는다. 지금까지 그들의 직장과 일상은 방어물 역할을 했지만, 이제는 방어물이 없어졌으니 내적갈등유발자가 활개를 친다. 그는 종종 불운한 상대의 급소를 찌르고 상대의 성격을 비방하기도 한다.

친밀한 관계 속에서 지속적으로 일어나는 극적인 사건들보다 더 괴로운 것은 거의 없다. 그러나 우리가 한 걸음 물러서서 우리의 힘과 책임을 인식할 수 있을 때 우리는 용기와 분별력을 가지고 행동할 수 있고 (내적갈등유발자가 있든 없든 상관없이) 우리를 지원하는 방식으로 우리의 삶을 재건할 수 있다.

수년간 많은 사람들이 편지로 또는 강의 시간에 직접 내게 내적갈등유발자들을 어떻게 이기거나 물리치거나 피할 수 있는지 물었다. 나는 창조성 도구들을 사용할 때(그들 스스로 그 도구를 사용하거나 다른 친밀한 사람이 그 도구를 사용함으로써 그들 사이의 역학 관계가 달라질 때) 무수한 내적갈등유발자들이 떠나고 부드러워지고 심지어는 치유되는 것을 보았다.

당신이 자신의 내적갈등유발자를 변화시킬 수 있을 것 같지는 않다. 그러나 이 사람과의 관계가 왜 당신에게 그렇게 강력하게 작용하는지를 이해할 수 있고, 그러고 나면 당신은 천천히 당신 자신을 확장하고 위로하고 개선할 수 있다. 당신은 물리적으로, 감정적으로, 또는 정신적으로 당신 자신과 거리를 둘 수 있다. 당신은 벗어날 수 있다. 당신 자신을 위한 선택을 할 수 있는 당신의 힘과 권리의 우산 안으로 후퇴할 수 있다. 당신이 바뀌면 상황도 변한다. 강렬한 관계는 모두 모빌처럼 움직인다. 나머지 부속품에 어떤 영향도 끼치지 않고 부속품 하나만 움직일 수는 없다. 그러므로 그 상황이 끔찍하게 느껴지고 무력한 기분이 들더라도, 당신은 그 상황을 바꿀 수 있는 잠재력을 가지고 있다.

내적갈등유발자와의 관계를 이해하는 데 중요한 요소 중 하나는 우리가 그 관계를 통해 무엇을 얻고 있는지를 이해하는 것이다. 내적갈등유발자는 거대한 혼란을 야기한다. 그렇지만 있는 그대로의 진실은 이렇다. 보통 우리는 우리 자신의 창조적인 또는 긍정적인 다음 활동을 막기 위해 내적갈등유발자와의 관계를 이용한다.

디자이너인 사이먼은 금융 분야에 종사하는, 매우 통제적인 성격의 아내와 결혼했다. 그의 아내는 오직 돈을 버는 일만 가치 있는 것으로 인정했기 때문에 사이먼의 예술을 '하찮은' 경력으로 일축했다. 사이먼의 수입은 매우 불규칙했고 아내의 수입은 매우 안정적이었기 때문에 사이먼은 '아내보다 부족하다'는 느낌이 계속 들었고, 그의 아내는 그 사실을 언급할 수 있어서 기분이 좋았다. 사이먼은 오랫동안 무대 의상 디자인을 해보고 싶어 했다. 안전한 대량 판매용 남성복 시장에서 최첨단의 기발한 연극계 의상으로 옮기고 싶어 했다. 그렇지만 그가 이 계획에 대해 말을 꺼내기만 하면, 그의 아내는 논리적이고 독한 질문을 줄줄 늘어놓았다. "어떻게 그걸 할 건데? 당신은 그런 류의 디자이너가 아니야. 그쪽 일을 하려면 굉장히 많이 배워야 해. 그걸로 어떻게 돈을 벌 거야?" 사이먼이 그 생각에 대해 이야기하는 것보다 그 생각을 무시하는 것이 더 쉽다고 느낄 때까지 질문이 계속됐다. 나는 상당히 창의적이

세상은 변하지 않는다. 우리가 변할 뿐이다.
— 헨리 데이비드 소로

고 대단히 재능이 많은 사이먼이 점점 더 수동적으로 변하는 모습을 지켜보면서 큰 충격을 받았다. 겉보기에 사이먼이 내적 갈등을 유발하는 아내를 선택한 것은 이해하기 힘든 일이었다. 그들의 공통점은 무엇이었을까? 그렇지만 사이먼의 내면을 들여다보니, 사이먼은 위험을 감수하는 데 깊은 두려움을 갖고 있었다. 그의 꿈과 욕망은 컸지만, 그것을 향해 한 걸음 내딛는 것은 두려워했다. 그래서 그는 아내가 내적갈등유발자이고 아내와의 관계에서 자신이 '움츠리고' 있다는 것을 느꼈지만 그의 꿈을 확실히 내려놓게 만들어줄 사람은 아내뿐이었던 것이다. 그가 꿈을 향한 길이 막힌 채 살고 싶다면 그가 할 수 있는 것보다 더 빨리 그의 아이디어를 뭉개버리는 누군가와 계속 사는 것보다 더 확실한 방법은 없을 것이다.

사이먼은 자신이 처한 상황을 파악하기 위해, 그런 다음에는 그 상황에서 빠져나오기 위해 많은 작업을 해야 했다. 사이먼은 고집스럽게 결혼 생활을 유지했다. 그리고 마침내 60세가 되어 은퇴를 하고 프리랜서 디자이너를 그만두었을 때, 그는 자신이 살아보지 못한 삶에 대한 생각으로 큰 충격에 휩싸였다. 그는 아내가 결코 달라지지 않았으며 자신도 마찬가지라는 것을 깨달았다. 그는 그 관계의 균형을 유지하는 법을 터득했다. 비록 그 관계가 서로에게 독이 된다고 해도 자신이 조용히 있으면 '모든 것'이 조용히 유지되는 것이다. 그는 달걀 위를 걷는 데는 도사가 되었지만 자신을 존중하는 데에는 풋내기였다.

회고록 작업을 하면서 사이먼은 이전에 만들어본 적이 없는 복잡한 의상을 그리는 자신의 젊은 모습을 떠올리는 것이 고통스러웠다. 이제 그는 자신의 이야기를 분명히 밝히고 매일 모닝 페이지를 쓴 덕분에 이혼을 요청할 힘이 생겼다고 생각한다. 이제 70세가 된 그는 지역 극장에 올리는 연극 두 편을 위해 의상을 디자인했다. 마침내 오래전에 뒤로하고 떠났던 젊은 시절의 그가 돌아와 눈을 반짝이고 있다. "너무 오래, 30년 동안이나 결혼 생활을 유지했어요. 듣기에 정말로 우울한 얘기죠. 하지만 오늘은 많은 희망도 느껴요. 마침내 내 생각을 거리낌없이 말하고 내 입장을 견지하기 위해 많은 용기가 필요했어요. 아내는 씩씩거렸죠. 법적 분쟁은 참혹했고 나를 의기소침하게 만들었어요, 비용은 말할 것도 없고요. 하지만 나는 밀고 나갔어요. 진실은, 아무리 이혼하는 것이 힘들었다고 해도 이혼하지 않은 채 지내는 것이 더 힘들었다는 거예요." 그는 말한다.

모든 내적갈등유발자가 이렇게 극적인 방식으로, 법적 분쟁으로 떼어낼 수밖에 없는 것은 아니다. 나는 창조성 도구들을 사용하면서 좀 더 자율적이 되고, 자연스럽게 내적갈등유발자의 손아귀에서 점점 벗어나게 된 수강생들을 보았다. "내 인생을 내가 책임지기 시작하니까 시어머니가 덜 위협적으로 보이더라고요." 이와 비슷하게, 내적갈등유발자들도 때때로 스스로 창조성 도구들을 사용하며, 그것을 통해 자신을 돌아보면서 주변에 문제를 일으키고 싶은 욕구를 덜 느끼게 된다. 나는 수강생들에게 내적 갈등을 유발하는 관계를 끝내도록 했는데 그러고 나서 그 관계가 회복되는 것을 보았다. 수년간 떨어져 지내다가 다시 연락하게 된 가족도 있다. 떠나보낼 필요가 생기자 떠나보내는 것을 선택한 우정을 보았다. 나는 관계에 고착되어 있는 사람들을 구해준 최종적인, 법적인 결별을 보았다. 내적갈등유발자는 어떤 면에서 모두 같다고 할 수 있지만, 한 사람도 같은 사람은 없다. 그리고 자기 존중을 향해 느리지만 용감하고 정직한 발걸음을 내디뎌야 내적갈등유발자들에게서 벗어날 수 있다는 공통점이 있지만, 그들에게서 벗어나는 방법은 저마다 독특하다.

내적갈등유발자와 사는 것이 고통스럽고 무시무시하겠지만, 우리가 피하고 싶어 하는 것과 마주하는 것도 매우 고통스럽다. 내적갈등유발자는 의심을 이용해 세력을 키운다. 처음에 우리가 그들과 동조하게 된 것은 바로 자기 의심 때문이다. 경멸 섞인 말을 들을 때마다 더 많은 자기 의심을 불러일으킨다. '아마도 저 사람들이 맞을 거야. 나는 어리석을지도 몰라.' 우리는 생각한다. 유독한 가시 돋친 말은 목적을 달성한다. 내적갈등유발자와 함께하는 삶은 위험하다고 느껴질지도 모른다. 벼랑 끝에 사는 삶이다. 그리고 우리가 진정으로 위험을 감수하고 참된 용기를 내지 못하게 한다. 그럼에도 불구하고 우리가 희망을 가지고 있음을 우리 자신에게 다시 확인시켜주는 것은 중요하다. 모닝 페이지는 내적갈등유발자의 계략에 대응하는 강력한 방어책이다. 또한 일관성이라는 방어물을 창조해낸다. 혼돈을 방지하고 모순을 언급한다. 감정을 표출하고 계획하기에 안전한 곳이다. 모닝 페이지의 명료함은 내적갈등유발자의 복잡한 계략을 무효화시킨다.

우리의 친밀한 관계 대부분이(혹은 모두가) 불안정하다면 우리 자신이 내적갈등유발자일 가능성이 있다. 린은 회고록을 통해 평생 가장 가까운 사람들과 끊임없이 싸워왔다는 사실을 깨달았다. "엄마와 시작한 싸움은 다른 사람들과도 계속됐어요. 내가 강하다는 것을 보여주는 방법은 싸움이라고 믿었던 것 같아요. 하지만 진실은, 내가 평생 두려워했다는 거예요." 린은 말한다. 린은 끊임없이 그녀 주변 사람들과 문제를 일으켰다. 사서로 일하다가 이제 막 퇴직한 그녀는 어린 시절에 친구들 및 가족들과 겪었던 극적인 사건들을 회상했다. 그러고 보니 관계를 맺는 방식이 오늘날까지도 매우 비슷했다. "내가 퇴직한다고 했을 때 회사 동료들이 행복해했던 것 같아요. 몇 명만 내 퇴직 기념 파티에 왔죠. 연중 가장 바쁜 때여서 못 온다고들 했지만, 난 나와 싸웠던 사람들은 대부분 오기 싫어 한다는 걸 알아차렸어요. 그저 우연의 일치는 아니었을 거라는 생각이 들어요." 린은 은퇴하고 모닝 페이지를 쓰기 시작했고, 그녀의 분노 아래에 많은 슬픔이 있는 걸 발견하고는 깜짝 놀랐다.

"나는 모닝 페이지를 쓰면서 불평하고 또 불평했어요. 나를 잘 대해주지 않았던 끔찍한 사람들 모두에 대해서 썼죠. 내 동료와 가족, 남편을 목록 위쪽에 적어 넣었어요. 그렇지만 내적갈등유발자에 대해 읽다가 멈췄어요. 내 모든 불평을 보니 내적갈등유발자의 특성이 내게 해당되었어요." 린은 자신이 항상 마지막 순간이 닥쳐야 일을 하고, 동료들에게 하던 일을 모두 그만두고 자신을 도우라고 요구하는 습관이 있었다는 것을 깨달았다. "그들과 극적인 사건을 많이 겪었어요. 내가 하고 있는 일은 무엇이든지 더 중요하다고 생각했어요. 대개 내가 꾸물거려서 빚어진 일인데도 비상사태가 생길 때마다 나는 나 자신이 희생자라고 느꼈어요. 나는 당연히 그들이 나를 도와야 한다고 생각했어요." 그녀는 말한다. 유독한 역학 관계 안에서 자신이 한 역할을 알아챈 것이 린에게는 커다란 진전이다. 이는 모닝 페이지를 쓰고 또 씀으로써 이룬 것이다. 분노 뒤에는 대개 두려움이 있다. 우리가 충분하지 않다는 두려움, 우리가 필요로 하는 것을 얻지 못할 거라는 두려움, 우리가 바라거나 받을 만하다고 느끼는 것을 다른 누군가가 갖고 있다는 두려움 등이 있다. 그리고 두려움과 대면하는 것은 어렵다.

"모닝 페이지를 쓰면서 애도하는 중이에요. 남편한테도 똑같이 행동했어요. 집 안 여기저기에 제안서를 아무렇게나 던져놓고 나서 아무것도 찾을 수 없다고 불평했죠. 남편은 내가 잃어버린 것은 무엇이나 찾아주었지만 그의 눈에는 항상 고통과 상처가 어려 있었어요. 그리고 그도 좌절했어요. 나는 항상 싸우려고 내 주변 사람들을 몰아붙였던 것 같아요. 진실은, 사람들이 나를 좋아하지 않을까 봐 두려웠다는 거예요. 그래서 그들이 나에게 상처를 줄 수 없도록 내가 먼저 사람들을 밀어내는 것이 더 낫다고 생각했죠. 그런데 무슨 일이 일어났을까요? 그들은 나를 좋아하지 않았어요. 나 또한 나 자신을 그다지 좋아하지 않았고요."

그녀 자신이 내적갈등유발자였다는 사실을 깨닫는 것이 린에게는 첫 단계이다. 계속해서 그녀의 행동 양식을 분명히 설명해주는 것은 그녀에게 변화할 수 있는 힘을 준다. 나는 개선의 여지가 있다고 그녀에게 말했다. 가장 최근에 린으로부터 들은 소식은 집에 있는 그녀의 물건들을 정리하는 것에서부터 출발하여 그녀가 아주 작은 조치들을 시도해보고 있다는 것이었다. "그냥 한 가지이지만 남편에게 도움이 될 거예요." 그녀가 말했다. 그것은 그녀에게도 도움이 될 것이다.

이제 막 은퇴한 사람들이 갑자기 집에서 관계 문제에 직면하고 놀라는 일은 흔히 발생한다. 집에서 많은 시간을 보내게 된 지금, 그동안 그들이 당연하다고 여겼던 행동 양식은 더는 용인되지 않는다. 은퇴하기 전에 그들은 까다로운 성격 때문에 직장에서 오랫동안 괴로움을 겪었을 것이다. 은퇴 후에는 집에서 괴로움과 마주하게 될지도 모른다.

우리 주변에 내적갈등유발자가 있거나 우리 자신이 그 역할을 할 때,

이것은 거의 언제나 지연 장치로서 이용되고 있다. 우리의 인생길 아주 가까이에 있는 누군가가 의심의 목소리를 내고 훼방을 놓는 것만큼 강력한 방해 요소는 거의 없다. 그렇지만 일단 우리가 최고 관심사에 대해 뭔가 시도하기 시작하면, 내적갈등유발자의 통제(또는 다른 사람들을 화나게 만들려는 충동)는 줄어든다. 이 악순환의 고리를 끊기 위해서는 강한 정직성과 커다란 용기가 필요하다. 한 번에 한 쪽씩, 한 번에 하나의 대화를 통해 내적갈등유발자의 통제가 느슨해지는 것을 느끼게 된다. 우리 자신의 인식을 기록할 때, 우리는 더는 내적갈등유발자가 야기한 이상한 현실의 희생양이 되지 않을 것이다.

| 과제 |
우리 인생의 내적갈등유발자

1. 아는 내적갈등유발자가 있는가?

2. 지금 내적갈등유발자와 관련되어 있는가?

3. 이 사람 때문에 행하지 못하고 있다고 의심하는 창조적 행동은 무엇인가?

4. 당신 자신이 내적갈등유발자일지도 모른다고 의심하는가?

5. 내적갈등유발자는 에너지를 잘못 사용하는 데 전문가이다. 최고의 방어책 중 하나는 긍정적인 행동이다. 아무리 작은 것이라도 당신을 위해 당신이 지금 당장 취할 수 있는 긍정적인 행동은 무엇인가?

6. 그 행동을 취하라.

분 노

다음 문장을 완성하라.

1. 만일 내가 그것을 인정한다면, _____ 때문에 화가 난다.
2. 만일 내가 그것을 인정한다면, _____ 때문에 화가 난다.
3. 만일 내가 그것을 인정한다면, _____ 때문에 화가 난다.
4. 만일 내가 그것을 인정한다면, _____ 때문에 화가 난다.
5. 만일 내가 그것을 인정한다면, _____ 때문에 화가 난다.

이제 당신이 작성한 목록을 보고 그 가운데 가장 화가 나는 것을 고르라. 그런 다음 20분 동안 그것에 관해 솔직하게, 그리고 자세히 쓰라. 다 쓰고 나서 당신 자신을 더 명확하게 파악하게 되었는지 알아보라.

| 주간 점검 사항 |

1. 며칠 동안 모닝 페이지를 썼는가? 모닝 페이지를 직접 써보니 어떤 느낌이 드는가?
2. 아티스트 데이트를 했는가? 무엇을 했는가? 아티스트 데이트를 통해 탐험해보고 싶은 것을 회고록에서 발견했는가?

3. 산책을 했는가? 산책을 하는 동안 당신의 관심을 끈 것은 무엇인가?

4. 이번 주에 어떤 '아하'를 발견했는가?

5. 이번 주에 동시성을 경험했는가? 그것은 무엇이었는가? 동시성을 통해 유대감을 느꼈는가?

6. 이번 주에 모닝 페이지에서, 또는 유대 관계에서 당신은 스스로 좀 더 정직한 태도를 보였는가?

7. 회고록에서 좀 더 충실히 탐험해보고 싶은 것을 발견했는가? 그것을 어떻게 탐험할 것인가? 늘 그렇듯이 좀 더 주의를 기울여 살펴봐야 할 필요가 있다고 느끼는 내재된 기억이 있지만 어떤 조치를 더 취해야 할지 확실하지 않더라도 걱정하지 말라. 계속 앞으로 나아가면 된다.

겸손함 되살리기

이제 당신은 진정한 겸손을 더 배워야 했던 시절의 기억을 들춰낼지도 모른다. 일반적으로 사람들은 이 시기의 회고록에서 '모든 면에서 자리를 잡은' 것 같다고 느낀다. 아마도 사람들은 직장 생활이 안정되고, 한두 단계 승진을 하고, 집을 장만하고, 친구 모임을 형성하고, 어쩌면 가정을 꾸렸을 것이다. 이 시기를 돌아보면서 당신은 어떤 결정이 당신의 자아(ego)에 의한 것이었는지, 그리고 어떤 결정이 좀 더 진정한 것이었는지 자세히 살펴볼 기회를 가질 것이다. 현재 당신의 자아가 당신의 발전을 방해하는 면이 있는가? 자아를 내려놓는 법을 배우면 당신의 꿈은 더 커지고 그 꿈을 성취하기 위해 작은 것부터 소박하게 시작하면 된다는 것을 알게 될 것이다. 역설적이게도 우리가 겸손하게 행동할 때 우리의 경계는 더 넓어진다. 완벽해지려고 하지 않을 때 우리는 성큼성큼 앞으로 나아가기 시작한다. 우리가 기꺼이 도움을 청할 때 우리는 발전하고, 역설적이게도 다른 사람들에게 우리 힘을 불어넣어줄 수 있다. 모닝 페이지를 통해 좀 더 진정한 자아가 드러나면, 있는 그대로의 자기 자신에게 더욱 편안함을 느낄 것이다. 우리는 더는 가식적으로 행동하지 않고 기꺼이 초보자가 되려 할 것이다. 우리는 허세 대신 겸손을 선택한다. 우리는 성공에 대한 아무런 보장 없이 기꺼이 시도할 것이다. 확장은 우리의 영혼에 유익한 것이기 때문에 우리는 기꺼이 위험을 감수할 것이다. 우리는 새로운 길을 개척한다. 우리는 크고 작은 면에서 번영하는 우리 모습을 발견한다.

겸 손

창조성을 막는 가장 큰 장애가 무엇이냐는 질문을 받으면 나는 '겸손의 결핍'이라고 대답한다. 우리가 창조성이 즉시, 그리고 완벽하게 성취되어야 한다고 주장한다면 꿈은 그저 꿈으로 남아 있을 뿐 아무것도 이룰 수 없다. 우리는 자신을 대가(大家)와 비교하고 자신은 절대로 꿈을 이룰 수 없을 거라고 생각한다. 그러나 대가들도 시작할 때는 초보자였다. 바보 같아 보이는 위험을 기꺼이 감수하려는 마음은 종종 눈에 보이지 않는 용기의 한 형태이다. 우리가 영화 제작자를 꿈꾼다고 하자. 초보자 과정에 등록하기보다는 세련된 걸작을 바라보고 혼잣말을 할 것이다. "나는 결코 저렇게는 못해." 맞는 말이다. 우리는 절대로 '저렇게' 할 수는 없다. 하지만 겸손한 마음으로 시작하면 우리는 정말로 매우 훌륭한 독창적인 작품을 완성할 수 있다.

영화 제작 초보자 과정에 등록하는 자신을 상상해보라. 선생님이 현명하다면 우리가 본받고 싶어 하는 감독들의 초기 작품에 초점을 맞추도록 이끌어줄 것이다. 영화 「스타워즈」의 감독 조지 루커스는 이 걸작을 만들기 훨씬 전에는 '수준이 들쑥날쑥한'이라는 표현이 딱 어울리는 초기작을 만들었다. 아마 「스타워즈」를 똑같이 만들 수는 없겠지만 우리 자신만의 초기작을 만들 수 있으며 아기 걸음마처럼 작은 그 걸음들은 종종 더 발전할 수 있도록 우리를 이끌 것이다.

30대 후반, 할리우드 베테랑이었던 나는 시나리오만 쓰는 것이 아니라 영화를 만들고 싶다는 생각이 들었다. 나는 '영상과 음향'이라는 수업에 등록했다. 나는 다른 수강생들보다 열 살 이상 나이가 많았다. 그들은 내 눈에 정말 젊어 보였고 열정과 에너지가 가득해 보였다. 확실히 그들은 훌륭한 작품을 만들 것 같았다. 나는 인생 경험들을 토대로 단편 영화 몇 편을 만들었다. 그런데 선생님이 내 단편들을 지목하며 이야기를 전달하는 훌륭한 예라고 했을 때 내가 얼마나 놀랐는지 상상해보라. 나는 인생 경험들로 고통을 겪었지만 지금은 그것들을 통해 예술 작품을 만들어냈다.

회고록을 계속 써나가면서 당신은 이미 흥미와 행동양식, 기쁨을 알게 되었을 것이다. 당신이 쓰고, 운전하고, 요리하고, 걷고, 샤워할 때 통찰력이 표면으로 올라온다. 당신은 강력한 과정에 있다. 당신은 질문을 하고, 대답을 얻고 있다. 때때로 그 대답은 당신이 기대했던 대답이다. 그러나 많은 경우, 우리의 대답은 우리를 놀라게 한다. 이 시기의 회고록에서 당신은 당신의 인생에 더 많은 체계를 세우고 있는 시기를 돌아보고 있을 것이다. 이 시기에 당신은 독립성을 확고히 하고 있었으며 현재 지니고 있는 정체성과 매우 유사점이 많은 정체성을 형성하기 시작했을 것이다. 당신은 당신 자신을 위한 꿈이 있었고, 그 꿈을 실행에 옮기기 시작

당신이 할 수 있는 최선의 일은 옳은 일을 하는 것이다. 그리고 당신이 그다음으로 할 수 있는 최선의 일은 그릇된 일을 하는 것이다. 당신이 할 수 있는 최악의 일은 아무것도 하지 않는 것이다. ─ 시어도어 루스벨트

하고 있었다. 당신은 어느 정도 당신 자신을 확립했으며 불만족스러운 부분을 메우기 위해 노력을 하고 있었다. 당신은 어떤 분야에서는 자신감을 느끼고, 심지어는 전문가라고 느꼈을 것이다. 다른 분야에서는 여전히 미숙하다는 기분이 들었을 것이다. 오늘날과 비슷하게 이 시기에 당신은 상당한 진보를 이뤘다. 당신은 크고 작은 면에서 당신 자신과 다시 연결되고 있고 당신이 추구하려고 고려했었던 영역에 대해 생각하고 있다. 아마도 당신은 생각이 너무 많거나, 성취할 수 있는 것보다 아이디어가 더 많아서 두려울 것이다. 그렇지만 한 번에 작은 한 걸음씩, 당신은 앞으로 나아갈 것이다. 만족감을 얻을 가능성이 있으며 당신에게는 충분히 시간이 있다.

창조적인 노력을 시작하기에 '너무 늦은' 때는 없다. 창조성은 일종의 정신적 유전자로서, 전혀 줄어들거나 쇠퇴하거나 사라지지 않는다. 그것은 우리가 지펴야만 하는 불이고, 기쁨을 찾을 영역이며, 우리 목적과 우리를 연결하는 원천이다. 두려움에 대한 해독제가 행동이라면, 행동을 취하는 방법(그리고 두려움에 한 수 앞서고 두려움을 넘어서고 두려움을 회피하는 방법)은 우리가 감당할 수 있을 만큼 작고 겸손하게 행동하는 것이다.

직업 생활을 마감한 많은 은퇴자들은 세상에 개인적 명성을 남기기를 간절히 바란다. 많은 이들이 예술 창작에 대한 꿈을 품는다. 두고 온 록 밴드 드러머의 꿈, 대기하고 있는 소설가의 꿈, 그대로 남아 있는 화가나 배우의 욕망이 있을 것이다. 우리 꿈을 분명히 말할 용기를 모으는 동안 우리 자신에게 관대해야 한다. 그 과정 초기에 시도를 하지 못하도록 겁을 주기 위한 장애물 투하는 흔히 일어난다. "이 예술 분야에서 탁월한 성과를 내지 못한다면 어떻게 하지?" 두려움이 우리에게 묻는다. 그러나 종종 탁월한 성과는 허세가 아니라 겸손에서 나온다. "당신 예술이 무의미하다면 어떻게 하지?", "모든 노력을 기울였는데 당신 예술이 주목을 받지 못하면 어떻게 하지?" 그렇지만 이 질문은 논리로 가장한 허세이며, 허세는 잘못된 질문을 한다. 예술을 창조하면 자부심을 갖게 되고 무엇이 됐든 뭔가를 창조하는 행위를 하면 우리는 성공한 것이다. 그리고 이 세상에 무의미한 예술은 없다.

나의 아버지는 생의 마지막에 가까워지자 집을 짓기로 결심했다. 아버지는 집을 설계하고 계획을 세운 뒤 실행에 옮기기 시작했다. 호숫가의 붉은 그 집은 나무를 향해 손을 내밀듯 높고 좁게 뻗어가는 구조로, 새들을 눈높이에서 볼 수 있는 나무 집과 거의 비슷했다. '둥지 높이'라고 말할 수 있었다. 아버지는 설계도를 그리고 생각하고 집을 지었다. 아버지는 집이 형체를 갖추기 시작하는 모습을 지켜보며 흥분을 감추지 못했다. 아버지는 자신의 창조물이 실체를 갖추자 자부심과 목적의식을 느꼈다. 아버지는 매일매일의 일과를 기대했다. 아버지는 그 과정의 작은 걸음 하나하나에서 활기를 얻었다.

아버지는 그 집이 완성되는 모습은 보지 못했다. 아버지는 새들과 함께 나무에서 살기 위해 높은 계단을 올라가지는 못했다. 그러나 이 집 덕분에 아버지는 기쁨을 느꼈고, 이제 이 집은 완성되어 일리노이주 리버티빌 호숫가에 서 있다. 누군가 창문 너머 나무를 내다본다는 생각을 하면 절로 미소가 지어진다. 나는 아버지도 이런 생각을 하면 절로 미소가 지어질 것이라 믿는다.

아버지는 당신이 창문 너머 나무를 내다보고 아늑한 방에서 살 수 없을지도 모른다는 생각을 했을지도 모른다. 아버지가 그런 생각을 했을지라도 그런 말을 하지는 않았다. 나는 아버지가 미래에 대한 불안감보다 당신의 비전을 적극적으로 추구하고자 하는 마음이 더 컸을 거라고 생각한다. 우리의 창조성은 나이가 든다고 사그라지지 않는다. 적어도 우리가 살아 있는 한 우리의 창조성은 살아 있다. 나는 우리의 생보다 우리의 창조성이 훨씬 더 오래 남아 있을 것이라고 생각한다.

프로젝트가 어떻게 또는 어디에서 끝날지 모르면서 프로젝트를 시작할 때에는 겸손이 필요하다. 그럼에도 그런 프로젝트를 시작하는 것은 가치가 있다. 창조하는 행위는 만족감을 준다. 우리 자신에게 그 과정을 허락하는 것은 만족감을 준다.

우리의 자아(ego)는 인정하기 싫어하지만 실패를 두려워한다. 우리의 예술가는 실패를 두려워하지 않는다. 우리의 예술가는 천성적으로 겸손하게 행동한다. 우리에게 들려줄 이야기와 나눌 기쁨, '성공' 또는 '실패'에 초점을 맞추지 않고 시도할 아이디어가 있을 때 작은 걸음들은 좀 더 많은 걸음들로 이어진다. 실패가 성공으로 가는 길에 놓인 필수적인 징검다리라는 점을 우리의 자아는 깨닫지 못한다. 결국 실패는 다시 시작하라는 초대장이 아닌가? 그 초대장에는 다음과 같이 써 있다. "성공은 다음 두 가지 간단한 규칙으로 요약될 수 있다. 1. 무언가를 시작하는 것. 2. 계속하는 것."

나는 성장의 욕구는 인간의 본성이라고 믿는다. 나는 모든 성장은 가슴 떨리는 일이라고 믿는다. 사실 우리의 걸음이 더 겸손해질수록, 우리의 행동은 더 자유로워지고 용감해진다. 진정한 관심사를 발견하기 위해 시간과 노력, 주의를 기울이면서, 우리는 진정한 꿈을 향해 앞으로

우리는 어둠을 두려워하는 어린이를 쉽게 용서한다. 인생의 진짜 비극은 사람들이 빛을 두려워할 때이다.
— 플라톤

나아간다.

"나는 위대하고 고귀한 임무를 달성하기를 갈망하지만, 나의 주된 의무는 작은 임무를 위대하고 고귀한 임무인 것처럼 달성하는 거예요." 헬렌 켈러가 말했다. 우리가 기꺼이 앞을 향해 작은 걸음을 내딛을 때 우리는 뭔가 더 위대한 것을 향한 문을 열게 된다. 우리는 종종 마음속에 품은 꿈을 이룰 수 없을 것 같은 느낌 때문에 좌절한다. 겸손은 항상 앞으로 나아갈 길이 있으며, 모든 위대한 성취는 많은 작고 평범한 걸음들이 모여 이루어진다는 점을 상기시킨다.

| 과제 |
겸손의 실행

이룰 수 없을 것처럼 느껴지는 꿈을 말해보라. 지금 그것을 향한 가장 가벼운 걸음을 말해보고 그 걸음을 내디뎌라. 이 걸음은 아주 작아야 한다. 작으면 작을수록 좋다. 하나의 작은 걸음을 내딛는 것은 언제나 또 다른 걸음에 영감을 줄 것이다.

| 과제 |
회고록 - 6주차

나이: _____

1. 이 시기에 당신의 주요 유대 관계를 묘사하라.
2. 어디에서 살았는가? 여러 곳에서 살았는가?

3. 이 시기에 당신 인생에서 자아의 역할은 무엇이었는가?

4. 당신을 그 시기로 돌아가게 하는 소리 하나를 묘사하라.

5. 이 시기에 기억나는 맛 하나를 묘사하라.

6. 이 시기 동안 당신을 사로잡았던 두려움 하나를 묘사하라.

7. 이 시기 동안 당신이 품었던 꿈은 무엇인가?

8. 이 시기 동안 당신에게 가장 큰 도전은 무엇이었는가? 현재 당신은 이 도전과 관련이 있는가?

9. 무엇을 배워야 했는가? 이미 안다고 느꼈던 것은 무엇인가?

10. 이 시기에 의미 있다고 느껴지는 다른 기억은 무엇인가?

자아의 방어(그리고 방어적인 자아)

자아는 우리가 겸손한 초보자가 되기를 바라지 않는다. 자아는 우리가 전문가가 되기를 바란다. 이런 요구는 종종 우리를 경직되게 만들고 새로운 관심사를 계속 추구하지 못하게 한다. 새로운 영역으로 들어가기 위해 우리는 완벽함에 대한 자아의 요구를 무력화해야 한다. 우리는 기꺼이 겸손해야 한다. 겸손은 우리에게 초보자가 되는 은혜를 베푼다. 겸손은 우리에게 작은 첫걸음을 내디딜 용기를 주고 그 걸음은 우리를 그다음 발걸음으로 이끌 것이다.

또한, 우리의 실행 시도가 어떤 가치가 있다고 제안하면 우리의 자아는 우리를 꾸짖으며 완벽하기를 요구한다. 자아는 아주 좁은 길이다. 우리의 자아는 목표와 꿈이 실제로 어떻게 성취되는지에 대해서는 생각하지 않고 우리가 완전무결하기를, 냉담한 완벽을 성취하기를 고집한다.

퇴직을 하면 우리 가운데 많은 사람들은 우리가 자신의 직업에 기반을 둔 정체성을 갖고 있었음을 알게 된다. 그렇지만 그것을 똑바로 살펴보면 종종 우리의 자아 역시 이 정체성에 묶여 있었다. 물론 우리 직업에 자부심을 갖고 있었으므로 우리의 성공을 즐기고 기념한 일은 당연한 것이었다. 그렇지만 우리의 자아가 우리의 성공에만 얽매여 있었다면 우리는 충격에 빠질 수도 있다. 퇴직을 하면 우리는 어찌할 줄 몰라 하게 될 수도 있다. 우리 정체성이 흔들리는 것을 느낀다. 우리 자아는 그야말로 산산이 부서진다. "직업이 없는 나는 누구인가?" 우리는 의아해한다.

에드워드는 정형외과 의사로서 화려한 경력을 쌓았다. 퇴직했을 때 그는 직업 정체성을 잃어버린 자신을 발견했다. 내가 그에게 인생의 어느 시기에든 관심을 가졌던 것 10개를 써보라고 하자, 그는 손에 펜을 쥐고 적었다(비록 그 훈련이 얼마나 어리석게 느껴지는지 내게 말하긴 했지만). 목록 상위에는 '물고기'라는 간단한 단어가 있었다.

"물고기라는 단어를 탐색해보세요." 나는 그에게 권유했다. 그는 그 일이 바보 같은 일이라고 느끼면서 동네의 관상용 물고기 가게로 탐험을 떠났다. 그는 한 수조에 꽉 차 있는 수줍은 소드테일과 다른 수조에 있는 공격적인 에인절피시를 감탄하며 바라보았다. 그는 한 수조에 꽉 찬 아주 작은 네온테트라를 관찰하느라 거의 한 시간을 보냈다는 것을 알게 되었다.

"도와드릴까요?" 점원이 물었다. "어항에 물고기를 키우시려고요?" 이 질문에 에드워드는 흥분하여 심장이 요동치는 것을 느꼈다. 그는 물고기

나는 실패를 받아들일 수 있다. 누구나 뭔가에 실패한다.
그렇지만 시도를 하지 않는 것은 받아들일 수 없다.
— 마이클 조던

를 키울 수 있음을 깨달았다.

"네, 그러고 싶어요." 그는 대답했다. "그렇지만 한 번도 물고기를 키워 본 적이 없어요. 어떤 물고기와 어떤 물고기가 잘 어울려 지내는지 몰라요."

"제가 도와드릴게요." 점원이 나섰다. "초보자용 소책자를 사시면 어떨 까요?"

"좋아요." 에드워드가 동의했다. "책부터 시작하는 것이 좋을 것 같군 요." 그래서 그는 적당한 책을 샀다. 그는 신이 나서는 그 책을 가지고 집에 갔다. 그 책에는 처음으로 어항을 관리할 때 유용한 정보가 가득 했다. 에드워드는 그 책을 탐독했다. "그다음엔 뭘 할까?" 그는 궁금했다. 그는 생각이 떠올랐다. '시 월드(Sea World)*로 탐험을 떠나라.' 그는 책 을 옆에 내려놓고 구글에서 '시 월드'를 검색했다. 남쪽으로 한 시간 정 도 차를 몰고 가면 되는 거리였다. '손주들을 데리고 가면 좋겠군' 하는 생각이 문득 들었지만 곧이어 이런 생각이 들었다. '아니야. 이 여행은 나 혼자 가야 해.' 시 월드에 도착했을 때 선택할 것이 많았다. 무엇을 골라야 할까? 돌고래? 가오리? 아니면 범고래? 에드워드는 돌고래를 선 택했다. 돌고래 조련사가 설명했다. "우리는 돌고래가 매우 똑똑하다는 것은 알고 있어요. 하지만 얼마나 똑똑한지는 잘 몰라요." 에드워드가 수조에 몸을 기대자 돌고래 한 마리가 가장자리로 다가와서 적극적인 호기심을 보이며 에드워드를 관찰하는 것처럼 보였다. 그는 돌고래가 자 신에 대해 어떤 생각을 하고 있는지 알 듯했다. '우리는 사람들이 똑똑

---

* 미국 올랜도와 샌디에이고, 샌안토니오에 있는 해양 테마 놀이 공원.

하다는 것은 알고 있어요. 하지만 얼마나 똑똑한지는 잘 몰라요.'

집으로 돌아오는 차 안에서 에드워드는 물고기를 키울 계획을 세웠다. 별일은 아니지만 그는 자신이 어항을 갖게 되면 정말로 신날 것임을 알았다. 그는 자신의 관심사인 물고기를 탐험한 두 번의 간단한(심지어 유치하기까지 한) 여행이 무척 즐거웠다는 것을 인정해야만 했다. 이미 그는 자신의 개성이 확장됨을 느낄 수 있었다.

이제는 발랄한 장난기가 눈에 어려 있는 에드워드는 내게 그간의 일을 설명했다. "결국 훈련은 그렇게 바보 같은 일이 아닐지도 몰라요."

그 말이 맞을 것이다. '그저' 즐길 만한 뭔가에 대한 아이디어가 떠올랐지만 너무 단순해 보인다는 이유로 '바보 같은 일'이라고 일축했는데, 실제로는 그 아이디어가 우리 자신의 성장과 행복에 이르는 열쇠를 쥐고 있을 수도 있다. 우리는 우리 자신에게 즐길 만한 것이 무엇인지 묻고 그 답에 귀를 기울이는 겸손함을 가져야만 한다.

트레이시는 광고 회사 미술 감독이었다. 한때는 도예에 열정이 있었지만 오래전에 그만두었다. "지하실에 돌림판과 가마가 있었어요. 그렇지만 몇 년 전에 팔았죠. 때때로 그 물건들을 생각해요. 내가 얼마나 많이 그 물건들을 사용했었는지 생각해요." 트레이시는 퇴직했을 때 다시 도예를 하고 싶었다. 어쩌면 초보자 과정이 있을 것이라고 생각했다. 그렇지만 지역 문화 센터에 문의했을 때, 그런 과정이 없다는 것을 알게 되었다. 선생님을 구할 수 없어서였다. '하지만 정말 간단하지.' 그녀는 생각했다. 그리고 초보자 과정을 가르치는 것은 그녀 자신과 다른 사람들에게 도움이 될 것 같았다.

"며칠 전에 가서 흙을 만지작거렸어요. 실력이 약간 녹슬긴 했지만 사

당신의 동료보다 뛰어나다고 해서 고귀한 것이 아니다. 진정으로 고귀한 것은 이전의 자기 자신보다 우수해지는 것이다.
— 어니스트 헤밍웨이

람들이 도예를 시작하게 할 수는 있었어요. 그리고 저 자신도 돌아갈 수 있었죠." 그녀는 말한다. 그녀는 전에는 한 번도 해본 적이 없는 일인 가르치는 일을 즐긴다는 것을 깨달았다. "나는 내 분야에서 책임자였지만 강의는 매우 다른 종류의 리더십이에요. 나는 오랫동안 다른 사람들에 대해서, 또는 내가 그들에게 제공할 수 있는 것에 대해서 생각해본 적이 없었어요. 가르치는 일이 내가 즐길 만한 일인지 아닌지, 내가 그일에 소질이 있는지 없는지 몰랐었죠." 그러나 트레이시는 다른 사람들의 작업에 대해 생각하는 것이 정말 멋진 일이라는 것을 알게 되었다. 자신의 자아를 내려놓았을 때, 그녀는 사람들에게 봉사하는 일을 즐기고 있는 자신을 발견했다. 그리고 도예를 가르치다 보니 본래 그녀의 마음을 도예로 이끌었던 것이 무엇이었는지 떠올랐다. "수강생들을 지켜보면 처음 도예를 시작했을 때의 내 모습이 떠올라요. 그리고 도예에 대한 사랑이 되살아나죠."

자아를 내려놓으면 즐거움이 커진다는 점을 발견하는 것은 트레이시만이 아니다. 가르치는 일은 자연스럽게, 적어도 어느 정도는 자아를 한쪽으로 밀어놓는다. 직장 생활을 하는 동안 트레이시는 다른 사람들에게 그녀의 비전을 어떻게 수행할지 지시하고 명령을 내리는 데 익숙했다. 지금은 수강생들의 비전에 반응하고 있고 그녀의 역할은 그들이 자신의 아이디어를 성공적으로 수행하도록 돕는 것이다. "나는 내가 얼마나 많은 아이디어를 제공하는지 깜짝 놀라곤 해요. 또한 나는 내가 시작하고 싶은 프로젝트에 대한 아이디어도 더 많아졌어요. 수강생들이 내게 영감을 줘요." 트레이시는 말한다. 우리 가운데 많은 이들은 우리의 자아를 내려놓을 때 창조성이 꽃피는 것을 경험한다. 우리 자신을

비교하면 기쁨은 없어진다. ― 시오도어 루스벨트

좀 더 가볍게 대하면 우리는 좀 더 자유롭게 창조할 수 있다.

| 과제 |

자아 내려놓기

좀 더 진정한 정체성과 균형 잡힌 정체성을 확립하는 가장 빠른 방법은 펜과 종이를 사용하는 것이다. 당신을 기쁘게 하는 관심사 10가지의 목록을 작성하라. 몇 가지는 당신을 놀라게 할지도 모른다. 그리고 몇 가지는 생각하기만 해도 만족감이 느껴질 것이다. 당신이 적은 관심사 10가지는 자신의 진정한 모습으로 가는 방향을 일러줄 것이다. 그러면 당신은 묻어두었던 꿈을 향해 발걸음을 내디딜 수 있다. 종종 우리의 관심사는 우리 안에 있는 어린아이 같은 부분에 호소한다. 그 관심사는 의기양양한 지적 추구일 수도 있고 아닐 수도 있다. 그리고 그 관심사는 우리의 자아가 인상적이라고 여길 만한 아이디어일 수도 있고 아닐 수도 있다. 이 과제를 수행할 때 자아를 내려놓으라.

완벽주의

완벽주의는 창조성의 친구가 아니라 적이다. 우리가 무언가를 '제대로(완벽하게)' 하고자 할 때 우리의 창조성을 쇠약하게 하는 올가미를 창조한다. 우리는 제대로 된 것은 보지 못한 채 부족하다고 생각하는 것을 고치는 데에만 초점을 맞춘다. 완벽주의자는 종이에 구멍이 날 때까지

턱선을 다시 그린다. 완벽주의자는 뜻이 통하지 않을 때까지 한 문장을 계속 고쳐 쓴다. 완벽주의자는 곡 전체의 흐름을 놓쳐버릴 때까지 한 악절을 계속 고친다. 완벽주의자에게 아주 좋은 것은 없다. 무언가를 완벽하게 해내야만 한다는 생각에 사로잡히면 우리는 창조의 기쁨을 느끼지 못한다.

완벽주의는 자아의 사악한 요구이다. 자아는 과정의 즐거움을 부인한다. 즉각적으로 성공해야만 한다고 자아가 우리에게 말하면 우리의 완벽주의는 그 말을 믿는다. 완벽주의는 앞으로 나아가기 위해서는 먼저 완벽해야 한다고 말한다. 하지만 종종 우리를 잡고 시간을 끌어 앞으로 전혀 나아가지 못하게 하는 것은 바로 완벽주의이다. 완벽주의는 겸손의 반대말이다. 겸손은 우리로 하여금 실수를 하고 실수를 통해 배우면서 천천히 그리고 꾸준히 앞으로 나아가게 한다. 반면에 완벽주의는 '제대로' 하든지 그렇지 않으면 아무것도 하지 말라고 한다.

직장 생활을 하는 동안 우리는 종종 완벽주의에 대한 보상을 받았다. 우리는 '세부 사항에 주의를 기울이기'와, '높은 기준을 설정하기'로 완벽주의를 옹호했다. 그러나 완벽주의는 전자도 후자도 아니다. 우리는 은퇴를 했기 때문에 완벽주의는 건축용 벽돌이 아니라, 창조성의 방해물이다. 완벽주의는 자주 우리 길을 가로막는다. 우리는 자유롭게 창조하는 대신 방해를 받는다. 새로운 방향으로 가볍게 이동하는 대신에 그 자리에서 꼼짝 못 한다.

아서는 오랫동안 성공적인 편집자 생활을 하다가 퇴직했다. 그는 완벽주의자였다. 완벽주의는 편집자로서 여러 가지 면에서 도움이 되는 특성이었다. 그는 꼼꼼하게 편집을 했기 때문에 많은 작가들이 그를 믿고

당신이 가진 재능을 활용하라. 가장 노래를 잘하는 새만 노래한다면 숲은 매우 조용할 것이다. ― 헨리 반 다이크

의지했다. 퇴직 후에 아서는 직접 글을 써보기로 했다. 그렇지만 글을 시작하려고 했을 때 그 자신이 가로막혀 있음을 깨달았다. 시작할 수 있는 방법이 많았고 그는 '최상의' 방법을 선택하고 싶었다. 그렇지만 어떤 것이 최상인가? 생각하면 할수록 더 집착하게 되어 생각이 끝도 없이 이어지고 한 글자도 쓸 수 없었다. 그는 자신이 무엇을 쓰고 싶어 하는지 알았지만 어떻게 해야 가장 잘 쓸 수 있는지는 알지 못했다.

"모닝 페이지를 통해 실험을 해보면 좋겠어요." 나는 아서에게 제안했다. "당신의 내면 편집자가 저항하면 (아마 그럴 테지만) 그냥 이렇게 말하세요. '의견을 내줘서 고마워.' 그러고 나서 계속 써보세요." 회의적이었지만 절박한 심정으로 아서는 모닝 페이지를 쓰기 시작했다. 처음에 그는 모닝 페이지를 쓰기가 어려웠다. 그는 모닝 페이지를 아주 멋지게 쓰고 싶었다. 그는 완벽한 글을 쓰고 싶었다. "멋지고 완벽한 글을 쓰는 것이 목표가 아니에요." 나는 그에게 조언했다. "그냥 3쪽을 채우는 것이 목표예요." 모닝 페이지를 쓴 지 3주차쯤 되었을 때 아서는 자유를 경험하기 시작했다. 그는 자신이 모닝 페이지조차 편집하려 한다는 것을 깨달았고, 그 안에서 거의 만화 같은 유머를 보기 시작했다.

"이제 당신의 책을 쓰기 시작해보세요." 나는 그에게 강하게 권유했다. 그는 책을 쓰기 시작했고, 글이 술술 써지자 놀랐다. "당신의 내면 편집자에게 말하세요. 두 번째 초안이 나오면 보여줄 테니 그때 맛보라고요. 당신이 다른 사람의 작품을 편집했듯이 말이죠." 아서는 들은 대로 했다.

"충분히 형태를 갖추지도 않은 아이디어를 내가 편집하려고 했다는 것을 깨달았어요." 그가 이제 말한다. "작가들이 첫 번째 초안을 쓸 때 어깨 너머로 기웃거리면서 그들을 심문하고 아이디어를 편집하려고 했

당신은 완벽할 필요가 없기 때문에 잘할 수 있다.
— 존 스타인벡

던 내 모습과 비슷했어요. 얼마나 끔찍했을지! 그런데 이제는 그것을 나 자신에게 하고 있었어요. 내가 아무것도 쓰지 못하고 있었다는 것은 놀라운 일이 아니에요. 이런 생각은 나 자신의 완벽주의를 길들이는 데 도움이 되었어요. 적어도 자유롭게 글을 쓸 수 있을 정도로요."

창조성을 회복하기 위해서 우리는 우리 자신의 완벽주의를 내려놓아야 한다. 우리는 창조성을 '완벽하게' 회복하지는 못하겠지만 우리 자신에게 실수할 자유를 허용한다면 회복할 수 있다. 모닝 페이지를 쓰는 데 잘못된 방식이란 없다. 모닝 페이지는 오직 나 혼자만 보기 위한 것이다. 아티스트 데이트를 하다 보면, 어떤 것은 별로 성공적이지 못하지만, 어떤 것은 우리에게 성취감을 느끼게 해준다는 사실을 알게 될 것이다. 아티스트 데이트가 미흡하더라도 자책하지 않는 것이 중요하다. 기꺼이 시도해보는 태도가 중요하다. 우리가 기꺼이 시도한다는 것을 아는 것이 우리가 받는 보상의 전부이며 우리가 다시 시도하는 데 필요한 격려일지도 모른다. 시도하는 것의 기쁨을 과소평가하지 말라.

나의 경우, 원고를 쓸 때 누군가에게 읽힐 목적으로 쓴다는 것을 의식하면 내 안의 완벽주의가 고개를 들 때도 있다. 그렇지만 편집 없이 어쨌든 계속 쓰면서 나는 흥미로운 현상을 발견했다. 나중에 내가 쓴 것을 다시 살펴보면서 나의 내면 완벽주의자가 생각한 '좋은 글'과 '나쁜 글' 사이에는 중요한 차이가 거의 없다는 것을 종종 깨달았다. 실제로 나의 내면 완벽주의자는 내가 하고 있는 일에 대한 권위자가 아니다.

우리의 내면 완벽주의자들을 피하는 요령을 꼭 배워야 한다. 나는 최근에 책을 한 권 썼는데, 첫 번째 초안을 쓰는 내내 나 자신의 완벽주의자에게 심하게 들볶여서 거의 책을 포기할 뻔했다. 책이 출간되었을 때 열린 마음으로 책을 읽어보았다. 막힘없이, 깊이 생각하면서 읽을 수 있었다. 나는 나의 내면 완벽주의자가 나로 하여금 얼마나 많은 책들을 출간하지 못하게 설득했을지 궁금했다. 완벽주의자는 불량배이다. 완벽주의자는 우리로 하여금 우리 자신을 의심하게 만들고 싶어 한다. 그렇지만 이 불량배들에게 그만하라고 단호하게 말하면 그들은 종종 자취를 감춘다.

완벽주의자는 어떤 비평이든지 과장할 거라는 것을 나는 수년에 걸쳐 알게 됐다. 긍정적 평가는 한쪽 귀로 듣고 한쪽 귀로 흘려버린다. 부정적 평가는 증폭되고 반복된다. 우리 모두는 내면 완벽주의자를 보유하고 있으며, 그의 가장 큰 바람은 우리로 하여금 지쳐 나가떨어지도록 만드는 것이다. 우리 모두는 그런 내면 완벽주의자를 무시하고 어쨌든 일하는 법을 배울 능력이 있다.

"어떤 실수도 하지 말라." 이렇게 말하는 완벽주의자는 거대한 적이다. 그렇지만 우리는 마땅히 완벽주의자를 이기기 위해 노력해야 한다. 완벽주의자를 파괴하는 가장 효과적인 방법 중 하나는 믿음 거울에게 도움을 요청하는 것이다. 내 친구 소니아 쇼켓은 첫 번째 책을 쓸 때, 완벽주의 때문에 혼란스러워했다. 나는 그녀의 믿음 거울이 되어 그녀가 쓴 글을 읽어주고 계속 써나가도록 격려해주었다. 17년간 내 책을 출판해온 조엘 포티노스는 예나 지금이나 내가 쓰는 모든 책에 대해 믿음 거울 역할을 한다.

완벽주의는 많은 은퇴자들에게 흔하고 비극적인 장애물이다. "나는 늙었으니 내가 하는 것은 잘돼야 해. 연습이나 하고 있을 때가 아니야." 그들은 그렇게 다짐할지도 모른다. 창조성은 어색하고 힘든 과정이다. 2보 전진하면 1보 후퇴한다. 창조성 도구들을 가지고 작업하면서 우리는 우리 자신이 성장하는 것을 깨닫는다. 그러나 그 성장은 산발적으로 일어난다. 이제 필요한 것은 인내와 끈기이다. 완벽주의자 때문에 우리가 지쳐 나가떨어지지 않도록 우리는 우리 자신에게 너그러워야 하고 합리적인 기대를 갖고 있어야만 한다. 겸손하게 앞으로 나아가는 우리는 강하다. 완벽주의자보다 더 강하다.

| 과제 |
믿음 거울 확인하기

우리가 창조적이며 능력 있고 개방적인 사람임을 거울처럼 비춰주는 사람은 완벽주의자와 싸울 때 최고의 협력자 중 하나이다. 당신의 삶에서 믿음 거울은 누구인가? 완벽한 것보다 시도하는 게 더 중요하다고 말해줄 사람은 누구인가? 믿음 거울은 한 명 이상인가? 믿음 거울에게 당신의 노력에 대한 지지를 요청하라.

도움 요청하기

우리 대부분은 자신의 분야에서 훌륭한 경력을 갖고 있는 사람들이다. 법률 회사의 공동 대표나, 회사의 CEO, 대학의 정년 보장 교수였다. 이러한 경력은 은퇴기에 실제로 덫이 될 수 있다. 우리는 설사 도움이 필요하다 하더라도 '이런 훌륭한 경력을 가진 내가 어떻게 도움을 요청하

당신은 할 수 없다고 생각하는 것을 해야만 한다.
— 엘리너 루스벨트

겠어.'라는 생각에 새로운 영역으로 향하지 못한다. 이런 식으로 우리 분야에서 성취한 명예는 때때로 더 많은 성취를 하는 데 걸림돌이 될 수 있다. 내가 처방한 영적 도구들(모닝 페이지 등)이 과감할 정도로 단순한 것은 바로 이런 이유 때문이다. 믿을 수 없을 정도로 단순한 이 도구들은 새로운 방향으로 나아가도록 우리를 자극하고 우리가 필요로 하는 도움이 무엇인지, 그 도움을 받기 위해 우리가 취할 수 있는 조치가 무엇인지 조언을 해준다.

장애물을 만난 대부분의 창조적 예술가들은 심한 불안감에 시달린다. 그들은 "○○(하)면 어떻게 하지?" 놀이를 한다. "창조성에 전력을 다했는데 나쁜 평가를 받으면 어떻게 하지?" 이 놀이는 이런 부정적 환상에만 빠지게 한다는 점에 주목하라. "창조성에 전력을 다했는데 좋은 평가를 받으면 어떻게 하지?" 이런 긍정적인 환상에 빠지게 하지는 않는다.

"바보처럼 보일 거야." 초보 예술가는 두려워한다. 앞이 가로막힌 창조적 예술가들은 시작하기도 전에 부끄러워하며 지금 그들이 외면하려는 꿈이 앞으로 계속해서 머릿속을 맴돌 것임을 깨닫지 못한다.

우리 대부분은 한쪽에 묻어두고 흥미가 없어졌다고 말하는 젊은 시절의 꿈을 품고 있다. 그렇지만 우리는 실제로 그 꿈에 흥미가 없어진 것이 아니다. 모닝 페이지를 쓸 때 우리는 종종 우리의 꿈이 다시 물밀 듯 떠오르는 것을 발견한다. 좋은 소식은 종종 그 꿈을 성취할 힘도 함께 온다는 것이다.

때때로 우리는 우리의 꿈이 도달하기엔 너무 멀어 보여서 시작도 하기 전에 실현 가능성을 무시한다. 그렇지만 우리가 기꺼이 우리를 지지하는 멘토들을 찾고 그들을 만났을 때 알아볼 수 있다면 우리는 앞으로 나아갈 것이다. 우리는 도움이 필요하다고 말하고 도움을 요청할 용기를 가져야 한다.

"우리가 어떻게 말하는가는 중요하지 않아. 우리가 실제로 말하는 게 중요하지." 내 친구 진은 말한다. "우리는 도움을 요청하는 것을 무서워할지도 몰라. 그렇지만 우리는 어떻게든 그 말을 입 밖으로 꺼내야만 해. 어떻게는 중요하지 않아. 완벽할 필요도 없어."

우리의 꿈에 대해 더 열정적일수록 우리는 그 꿈에 부담을 느낄지도 모른다. 은퇴한 건축가인 내 친구 데이미언은 오랫동안 영화 제작자를 꿈꿔왔지만 무척 소중한 꿈임에도 불구하고 그 꿈은 너무 멀어 보였다. 그가 너무 높은 곳에 그 꿈을 놓아두었기 때문에 아무리 몸부림을 쳐도 그 꿈은 손을 타지 않은 채 깨끗하게 이론으로 남아 있었다. 데이미언은 그가 정말로 필요한 것, 즉 도움을 요청하는 것이 불편했다. 자신의 꿈에 대해 '생각'할 때만 편안했다. 그렇지만 예술은 이론으로 실현되지 않는다. 예술은 행동으로만 실현된다. 데이미언처럼 많은 사람들이 과도한 걱정에 사로잡혀 그들 자신이 실제로는 그 자리에 가만히 서 있다는 사실을 거의 알아차리지 못한다.

"내가 어떻게 실제로 영화를 만들 수 있을지 모르겠어요." 내가 데이미언을 처음 만났을 때 그가 내게 말했다. "나는 영화 학교를 다니지 않았어요. 그쪽 분야에 종사하는 사람들도 전혀 몰라요. 일류 배우가 필요하지 않을까요? 할리우드로 이사해야 할까요?" 데이미언은 스스로 선언한 무지를 바탕으로 직접 개발한 길고 도달 불가능한 '필요' 목록을 가지고 몹시 두려워했다. 나는 그의 이야기를 주의 깊게 듣고 나서 데이미언에게 모닝 페이지 쓰기와 산책, 아티스트 데이트와 천천히 회고록 탐

운명은 기회의 문제가 아니라 선택의 문제이다.
— 윌리엄 제닝스 브라이언

험하기 등의 기본 도구들을 시작하라고 강하게 권유했다. 처음에 그는 이 도구들이 그의 목표와 무슨 관련이 있는지 회의적이었다. 그렇지만 결국 그는 기꺼이 모닝 페이지를 쓰기 시작했다. 그리고 겨우 두 달 만에 한 디너파티에서 영화 제작자 옆에 앉아 있는 자신을 발견했다.

"예전의 나라면 이런 기회를 무시했을 거예요." 데이미언이 고백했다. "그렇지만 난 그때 동시성을 찾는 훈련을 시작한 상태였죠. 두려웠지만 그 사람과 얘기해야 한다는 것을 알았어요. 나는 그냥 입을 열어 그의 일에 대해 얘기해달라고 부탁했어요. 그는 겸손하고 친절한 사람이었어요. 그 일이 무척 단순하게 보이게 해주었어요. 나도 모르게 영화 제작을 꿈꾸는 건축가라고 그에게 얘기했어요. 저절로 그 말이 나왔어요. 그냥 말했죠. 그렇게 하고 나서 나는 내가 한 행동을 믿을 수 없었어요. 그런데 더더욱 놀라운 것은 그의 반응이었어요."

"전문 대학에서 초보 영화 제작자들을 위한 강의를 할 예정이에요." 그 영화 제작자는 데이미언과 디저트를 먹으며 말했다.

"그 강의를 정말 듣고 싶어요." 데이미언이 말했다. "하지만 분명히 그 강좌는 젊은이들로 꽉 찰 거예요."

"아마 그렇겠죠." 영화 제작자가 말했다. "그렇지만 저로서는 동년배가 한 사람 있으면 좋을 것 같아요."

다음 날 아침, 데이미언은 모닝 페이지를 쓰며 그 강좌를 신청해야겠다는 생각이 강하게 들었다. 그는 등록처에 전화를 했다가 그 영화 제작자가 이미 그를 등록시켰다는 사실을 알게 되었다. 데이미언이 그 영화 제작자에게 전화해서 감사 인사를 했지만 그는 감사 인사를 받을 일이 아니라고 했다.

모든 것에는 틈이 있다. 그래서 빛이 그 안으로 들어간다.
— 레너드 코언

"내가 말했잖아요. 동년배를 가르치면 즐거울 거라고요."

수업 첫날 데이미언은 자신이 다른 학생들보다 몇십 살은 더 많다는 것을 알게 됐다. 그는 다음 날 모닝 페이지에 불평을 늘어놓다가 그의 인생 경험이 자산임이 증명될 거라고 썼다. 결국에는 강의가 진행되면서 이는 사실로 증명되었다. 그가 자기 자신에 대해 부정적인 견해를 품을 때마다 모닝 페이지가 긍정적인 관점으로 맞섰다. 강의가 끝날 무렵 그는 15분짜리 단편 영화를 완성했다. 또한 그는 그 영화 제작자로부터 A⁻ 학점을 받았다.

"A⁻를 준 것은 당신이 앞으로 성장할 여지가 있음을 나타낸 거예요." 그 영화 제작자가 설명했다. "한마디로 말해서 당신은 타고났어요."

"그래서 지금 나는 그렇게 회의적이지는 않아요." 데이미언이 말했다. "나는 그날 밤에 그에게 도움을 요청하길 정말 잘했다고 생각해요. 그렇게 했기 때문에 오늘 내 인생이 얼마나 많이 달라졌는지 믿기지가 않아요. 이제 나는 비관론자가 아니라 낙관론자예요."

우리 모두는 뭔가 좀 더 배우고 싶은 것이 있다. 우리 모두는 조금만 노력하면 우리가 배우는 것을 도와줄 수 있는 사람을 찾을 수 있다. 우리가 스스로 알아서 할 수 있다고 주장하고 싶어 할지라도 감춰진 진실은 이렇다. 도움을 요청할 때 우리는 창조주와 좀 더 연결되어 있다고 느낀다. 우리는 도움을 요청하기보다 창조적인 외톨이인 체하는 것이 더 낫다는 생각을 떨쳐버려야만 한다. 그런 다음 도움을 요청해야만 한다.

도움 요청하기

우리는 으레 도움을 구해서는 안 된다고 생각한다. "나 스스로 알아내야만 해." 우리는 저항한다. "더 어려운 일도 해냈잖아." 물론 우리가 스스로 알아낼 수 있는 것들이 많다는 것은 사실이다. 그런데 우리가 다른 사람들의 전문 지식에 의지하면 훨씬 더 쉽고 효율적으로 더 많은 것들을 이룰 수 있다는 것 또한 사실이다.

도움이나 조언을 활용할 수 있는 분야를 하나 말해보라. 당신이 알고 싶어 하는 정보를 갖고 있으며 그 정보를 기꺼이 공유할 만한 사람이 있는가? 하나의 작은 걸음(하나의 질문, 당신이 얻고자 하는 하나의 정보)을 선택하고 그 사람에게 연락해보라. 종종 우리의 동년배들은 우리가 연락하면 기뻐하며 기꺼이 그들의 지식을 나누려 할 것이다. 또한 그들은 한두 가지 질문을 하여 우리가 그들을 도울 기회도 줄 것이다.

| 주간 점검 사항 |

1. 며칠 동안 모닝 페이지를 썼는가? 모닝 페이지를 직접 써보니 어떤 느낌이 드는가?

2. 아티스트 데이트를 했는가? 무엇을 했는가? 회고록에서 아티스트 데이트를 통해 탐험해보고 싶은 것을 발견했는가?

3. 산책을 했는가? 산책을 하는 동안 당신의 관심을 끈 것은 무엇인가?

4. 이번 주에는 어떤 '아하'를 발견했는가?

5. 이번 주에 동시성을 경험했는가? 그것은 무엇이었는가? 동시성을 통해 겸손함을 느꼈는가? 왠지 창조주가 당신을 인도한다는 느낌을 받았는가?

6. 회고록에서 좀 더 충실하게 탐험해보고 싶은 것을 발견했는가? 그것을 어떻게 탐험할 것인가? 늘 그렇듯이 좀 더 주의를 기울여 살펴봐야 할 필요가 있다고 느끼는 내재된 기억이 있지만 어떤 조치를 더 취해야 할지 확실하지 않더라도 걱정하지 말라. 계속 앞으로 나아가면 된다.

적응 유연성 되살리기

이번 주에 우리는 창조주에 관해 자신이 지녀온 믿음을 더 자세히 알아보고 영적 정비에 이르는 간단한 길을 탐구할 것이다. 걱정하지 말라. 당신은 자신보다 더 위대한, 자애로운 존재로부터 나오는 동료애를 발견하기 위해 전통적인 신을 믿을 필요는 없다. 자애로운 존재는 당신에게 인도자로, 영감으로, 또는 동시성으로 다가올지도 모른다. 행운이나 '우연한' 만남으로 나타날지도 모른다. 당신은 회고록 작업을 하면서 세상 속에서의 당신의 위치에 대한 영적 질문들을 해결하려고 씨름했던 시기를 탐험할지도 모른다. 오늘날 이 중 얼마나 많은 질문들이 남아 있는가? 그 당시와 지금, 당신의 답은 무엇인가? 스스로를 돌보는 연습을 하라. 너무 빠르지 않게 앞으로 나아가라. 지나친 부담을 지우지 않는 선에서 자신을 믿으라. 우리는 적응 유연성이 있는 존재이다.

과학적 방법: 실험과 결과 기록

이 시점의 회고록에서 사람들은 종종 자신이 상황에 정착하고 오랫동안 유지될 행동 양식을 발견했다는 걸 기억해낸다. 아마 당신은 결혼을 했거나 자녀가 생겼을 것이다. 부모나 다른 가족이 사는 곳을 기준으로 더 가까이 혹은 더 멀리 이사하는 것을 결정했을 것이다. 이 시기의 계획들과 행동 양식들 가운데 어떤 것은 정말로 평생 지속되어왔을 것이다. 다른 어떤 것은 지금쯤 미묘하게, 또는 대폭 변했을지도 모른다. 우리는 이 시점의 회고록에서 우리가 믿는 것이 우리에게 영향을 미친다는 것을 감지하고, 그러한 발견을 반영한 삶을 꾸리기 시작할 만한 충분한 인생 경험을 갖고 있었다는 것을 알 수 있다. 우리는 실험을 했고, 그 결과에 근거해서 결정을 내렸다. 반평생이 지나 그때를 되돌아보는 지금, 우리는 그때 내린 결정에 대한 견해를 가지고 있다. 어떤 결정은 아주 적절해서 우리 인생을 성공과 행복이라는 최고의 순간으로 이끌어주기까지 했을 것이다. 또 다른 결정은 경험을 쌓는 계기가 되어 결국 진

중요한 것은 질문하기를 멈추지 않는 것이다. 호기심은 그 자체로 존재의 이유가 있다. ─ 알베르트 아인슈타인

로를 바꿔야만 했을 것이다.

60세인 매기는 회고록에서 30~35세 시기를 되돌아봤다. "이 시기까지 많은 다른 지역에서 살았어요. 학교를 졸업하고 평생직장에 이르는 길을 찾으면서 이사를 다녔어요. 대기업에서 일하는 동안에도 한 도시에서 또 다른 도시로 전근을 가면서 계속 이사를 다녔어요. 나는 텍사스 작은 마을에서 자랐어요. 첫 직장 생활을 하는 동안 샌프란시스코에서 살았고, 몇 군데 이사를 다니다가, 결국 뉴욕에 정착했어요." 매기는 여기저기 이사를 다니면서 도시와 시골, 서부 해안과 동부 해안 등 다양한 생활 방식을 실험할 기회를 얻었다. "나는 결국 뉴욕에서 살고 싶었어요. 그래서 거의 30년 전에 거기에 아파트를 한 채 샀어요. 나는 지금도 여전히 그 아파트에서 살고 있어요. 내가 상당히 의식적으로 했던 일의 한 예예요. 내가 그 집에 이사 들어가던 때가 기억나요. 그 아파트가 얼마나 비쌌는지, 그런데 내가 가진 것은 얼마나 적었는지요. 그렇지만 나는 뭔가를 소유했고, 내가 소유한 것은 나를 정의했죠. 나는 이 아파트를 산 것을 결코 후회한 적이 없어요. 내가 이곳으로 이사하기 전에 상당히 많은 방식으로, 상당히 많은 곳에서 살아봤기 때문이죠."

매기는 자신이 한 선택을 자랑스러워한다. 훌륭한 투자 수익에 대해서는 말할 것도 없고, 이 아파트가 오늘날까지 여전히 그녀에게 얼마나 만족감과 기쁨을 주는지 모른다. "내가 이 아파트를 살 때, 이 아파트를 사기에는 가진 돈이 아주 빠듯했어요. 동네는 안전했지만 고급 주택가는 아니었죠. 지금은 최고의 부동산을 소유하고 있고, 내 투자가 상당한 수익을 내고 있어요." 매기는 그런 결정을 내린 젊은 시절의 그녀 자신에게 감사하고 그 시절을 흥미로운 시각으로 돌아본다. "때때로 내가 그

꿈은 내일의 질문에 대한 오늘의 답이다.

— 에드거 케이시

아파트를 구매한 걸 횡재라고 스스로 평가 절하하지만, 실제로는 어쩌다 얻은 행운이 아니란 걸 알아요. 나는 20대에 거의 모든 곳에서 살아보면서 아주 적극적으로 실험을 했어요. 이런 느긋한 태도 덕분에 나는 내가 좋아하는 것을 알게 됐어요. 내가 뉴욕 아파트에서 행복할 것이라는 것을 알았죠. 그렇지만 그것은 시행착오를 통해 알아낸 거예요. 그래요. 나는 여기에 왔을 때 진짜 내 집에 왔다는 것을 알았어요. 그걸 알수 있었던 건 그전에 내 집처럼 느껴지지 않는 곳에서 상당히 많이 살아봤기 때문이죠."

기꺼이 실험하고 결과를 저울질한 다음 결정을 내리는 매기의 태도는 오늘날 그녀에게 큰 통찰력을 제공한다.

"이제 은퇴해서, 수십 년 만에 처음으로 아무 일정이 없는 생활을 하고 있어요." 그녀는 사려 깊게 말한다. "나 자신의 한 부분은 생활이 '엉망이 되지 않게 하려고' 집중하고 있어요. 하지만 예전의 내 행동들을 회고하면서 나 자신에게서 약간 영감을 받고 있어요. 예전에 난 처음 시작할 때 단번에 '올바르게' 하려고 하지 않았어요. 뭐든지 기꺼이 시도해보았어요. 나는 결코 종교적인 사람은 아니지만, 되돌아보니 내게 나 자신의 본능을 믿고 그것에 귀를 기울이며 따르는 능력이 있었더군요. 나는 나 자신의 그러한 믿음과 능력에 감명을 받아요. 나는 회사 때문에 무척 많이 이사를 다녔지만 적응력이 좋았어요. 새로운 곳에 맞춰 새 삶을 시작했고, 그렇게 하는 걸 좋아한다는 걸 알았죠. 어떤 곳은 내게 말을 걸었고 어떤 곳은 그렇지 않았어요. 그렇지만 나는 언제나 내 삶이 제대로 돌아가게 만들기 위해 다시 시도했고 결국에는 그렇게 만들었어요." 매기는 지금 그녀에게 만족감을 줄 만한 다양한 방식을 시도하면서 젊은 시절의 그녀 자신에게서 실마리를 얻을 수 있다. "갓 은퇴했을 때에는 다음에 무엇을 해야 하는지에 대해 스트레스를 상당히 받았어요. 한 번에 하나씩 하면 그 스트레스를 약간 가라앉힐 수 있다는 것을 깨달았어요. 젊은 시절 나 자신을 돌아보는 것은 실제로 현재의 나 자신에게 인내하는 힘을 줘요."

오늘날, 매기는 온갖 곳에서 그녀의 흥미를 끌 만한 아이디어를 발견하고 있다. "신체 활동을 좀 더 많이 하면 좋겠다고 계속 생각하고 있어요." 그녀는 내게 말한다. "그것이 지금까지 내가 알아낸 전부예요. 그렇지만 근처에 공원이 있으니 거기에서 출발해야죠. 나는 스피닝 수업을 들어볼까도 생각 중이에요. 가라테도 어떤 운동인지 궁금하고요. 최근에 산책하다가 집에서 몇 블록만 가면 새로 생긴 체육관이 있다는 것을 알게 되었어요. 흠……, 얼마나 배우면 검은 띠를 딸 수 있을까요? 젊었을 때 했던 것처럼 최선을 다할 거예요. 무엇이 내게 말을 거는지 알아볼 거예요." 매기는 자신의 길을 찾을 수 있다고 믿기 시작하면서 희망에 차 있다. 아주 많은 수강생들이 이와 똑같은 것을 발견한다. 즉, 자신의 삶을 변화시키고, 자신의 열정을 발견하고, 스트레스와 역경에 적절히 적응하고, 궁극적으로 자신이 만든 삶 속에서 번영하는 능력을 발견한다.

회의적인 사람들에게는 '실험과 결과 기록'이라는 과학적 방법이 종종 믿음과 낙관주의를 갖게 한다.

캐서린은 시각 예술에 푹 빠졌다. 스케치를 하고 싶어서 견딜 수가 없었지만 그녀 자신에게 이렇게 말했다. "내게 재능이 있다면 지금쯤이면 알고 있을 거야." 그렇지만 그녀의 모닝 페이지는 집요하게 주장했다. "스케치를 해봐." 약간 바보 같은 기분이 들었지만 캐서린은 시도해보기로 했다. 결국 그녀에게 즐거움을 줄 수도 있고 그렇지 않을 수도 있지만, 그것을 알아낼 방법은 하나뿐이었다. 그녀는 레터 용지 크기(216mm×279mm)의 스케치북을 샀다. 안과에서 진료를 기다리면서 그녀는 자신이 주변을 스케치하고 있다는 것을 깨달았다. 스케치는 즐거웠고 시간을 때우는 데에도 도움이 되었다. 안과 의사가 그녀를 30분이나 기다리게 했기 때문이다. 평소 같으면 화가 났겠지만 스케치북을 친구 삼으니 시간이 정말 빨리 지나갔다. '재미있었어. 지금까지는 괜찮았어.' 그녀는 생각했다. 그녀는 안과에서 나와 장난감 가게로 향했다. 그녀는 손주 생일 선물을 사려고 했다. 장난감 가게는 너무 붐볐고, 안내를 받으려면 한 번 더 기다려야 했다. 그녀는 스케치북을 꺼내 곰돌이를 그렸다. 그녀의 차례가 되었을 때 선물로 똑같은 곰돌이를 골랐다. 만족할 만한 그림을 두 장 그리고 나자 그녀는 자신이 그림을 더 많이 그리기를 간절히 바라고 있다는 것을 깨달았다. 그날 밤, 그녀는 거실 소파에 잠들어 있는 고양이를 그렸다. 다음 날 아침 모닝 페이지는 이렇게 단언했다. "알겠지? 너도 해보니까 기쁘지?" 스케치 덕분에 낙관적이 되고 고무된 그녀는 아침 산책길에 미술용품 가게로 갔다. 거기에서 그녀는 48색 색연필 세트를 샀다. "스케치를 하면 행복해진다. 내가 그 사실을 알아낼 용기가 있었다는 게 무척 기쁘다." 그녀는 다음 날 모닝 페이지에 이렇게 기록했다.

앨런은 마지못해 도구들을 시작했다. 과학자로 훈련된 그는 객관성을 숭배했다. 그렇지만 그 도구들은 미덥지 않다고 생각했다.

"그냥 일단 해보고 나서 그 결과를 기록하면 돼요." 나는 강하게 권했다. "다른 말로 하면, 당신이 과학자로서 해왔던 것과 똑같이, 실험을 하고 나서 열린 마음을 가지면 돼요."

이 조언은 그에게 말을 걸었다. 그래서 그는 자신의 더 나은 판단에 맞서 모닝 페이지를 쓰기 시작했다. 6주차에 그는 이 도구들이 효과가 있다는 것을 인정해야만 했다.

"내가 닫힌 마음을 가진 사람이었다는 사실을 깨달았어요. 자신의 자신만만한 이론이 틀렸다는 것을 증명하지 못하도록 특정 실험을 실행하기를 거부하는 과학자 같았죠. 아직은 그것을 신이라고 불러야 할지는 잘 모르겠지만, 모닝 페이지를 통해 내게 말을 거는 것 같은 뭔가 더 절대적인 존재가 확실히 있어요."

앨런이 이 도구들을 사용하기 시작한 지 이제 10년이 되었다.

"여전히 도구들을 사용하고 있나요?" 최근에 내가 물었다.

"그럼요. 어려움에 처할 때마다 활용해요." 앨런이 대답했다. 나는 웃을 수밖에 없었다. 그가 '어려움'을 피하고 싶었다면 이 도구들을 지속적으로 사용해야 했을 것이다.

"그 말이 사실이라고 생각해요." 앨런은 빙그레 웃었다. "그 도구들을 사용할 때마다 내 인생은 좀 더 나은 방향으로 선회하죠." 앨런은 그 결과물들이 보여주는 것을 인정해야 한다. 보는 것이 믿는 것이다.

| 과제 |

과학적 방법

지금까지 당신은 많은 도구를 가지고 실험을 했다. 지금까지 알게 된 결과는 무엇인가? 당신이 회피했거나 가장 많은 저항을 느낀 도구나 과제는 무엇인가? 우리는 종종 가장 큰 이익을 줄 수 있는 것에 저항한다. 그것을 해보고, 그 결과를 기록하라.

| 과제 |

회고록 - 7주차

나이: _____

1. 이 시기에 당신의 주요 유대 관계를 묘사하라.

2. 어디에 살았는가? 여러 곳에서 살았는가?

3. 이 시기 동안 당신의 삶에서 유머의 근원은 무엇이었는가?

4. 당신을 이 시기로 이끄는 소리 하나를 묘사하라.

5. 이 시기에 기억나는 맛 하나를 묘사하라.

6. 이 시기 동안 당신이 적응했던 방법 하나를 설명하라.

7. 이 시기 동안 당신의 신에 관한 개념은 무엇이었는가? 신을 믿었는가?

8. 이 시기 동안 했던 경험이나 결정 중 오늘날까지 당신의 인생에 여전히 영향을 미치고 있는 것이 있는가?

9. 이 시기 동안 운동을 얼마나 했는가? 오늘날과 비교하면 어떠한가?

10. 이 시기에 의미 있다고 느껴지는 다른 기억은 무엇인가?

신에 대한 우리의 독특한 개념

"신이라고? 이 책이 종교 서적이야?" 이렇게 말하기 전에 내가 설명하는 신의 의미가 무엇인지 들어보라. 그렇다. 당신이 관계를 맺고 있는 종교적인 신이 함께 있으면 행복한 신이라면, 내가 말하는 신은 아마도 종교적인 신일 수도 있다. 하지만 영적인 안내자 또는 '직감'이 더 보편적인 개념일 수도 있다. 나는 신(God)을 '유익하고 정돈된 방향(good, orderly direction)'이라고 생각하는 것을 좋아한다. 나는 신을 자애로운 힘이며, 공동 창조자, 인도자, 보호자라고 생각한다. 나는 매일 모닝 페이지에 '인도받고 보호받게 해달라고' 기도한다. 나는 날마다 되돌아보면서 정말로 내가 인도받고 보호받는다고 느낀다.

나는 천주교인으로 양육되었다. 나는 자비의 성모 동정회와 애덕회, 가르멜회, 그리고 마지막으로 조지타운에 갔을 때 예수회와 관련된 학교를 다녔다. 나는 수녀님에게 배우고, 조언을 듣고, 야단을 맞았다. 나는 때때로 이런 양육을 '불가지론(不可知論)'으로 가는 기름칠한 미끄럼틀'이라 부른다. 그렇지만 1978년 그런 양육에서 깨어났을 때, 깨어 있기 위해서는 내가 믿을 수 있는 더 큰 힘을 찾을 필요가 있다는 말을 들었다.

그 당시 나는 그러한 생각에 매우 저항적이었다. 신을 훨씬 덜 믿게 되었고, 신에 대해서, 더구나 신을 믿는 것에 대해서 이야기하는 것은 상상도 할 수 없었다. 그때까지 내 인생에 절대자의 힘이 작용한다는 증거는 내게 충분했지만 나는 그것을 그리 많이 보지 못했다. 나는 영적인 문제에 있어 나 혼자가 아니라는 것을 이해하기 시작할 때까지 깨어 있

나는 내 삶에 관한 어떠한 확신도 갖고 있지 않다. 하지만
별들의 풍경은 나를 꿈꾸게 한다. ─ 빈센트 반 고흐

는 친구들의 충고를 거부했다. 나는 자문자답을 해보았다. '내가 전능한, 종교적인 신을 믿는가? 한때는 믿었었지만 이제는 믿을 수 있을지 확신이 없다. 그렇지만 선(善)의 힘과 자애롭고 어디에나 존재하는 무언가가 있다고 믿는가? 아마도 그럴 것이다.' 나는 그 생각을 더 깊이 탐험하기 위해 내 인생에서 영감이나 인도함, 또는 행운을 느끼는 순간을 충분히 가졌었다. 한 친구가 자신이 믿을 수 있는 신은 창틀 위 흑점이라고 말했을 때 나 또한 편안한 존재를 '신'이라고 이름 붙일 수도 있겠다고 이해하기 시작했다. 나를 위해 요약해놓은 듯한 딜런 토머스의 시 한 줄을 발견했다. "초록 도화선을 통해 흐르는 꽃을 몰아가는 힘." 그렇다, 나는 이것을 믿을 수 있었다. 더 위대한 생명력이 있으며, 나는 그 생명력과 관계를 맺고 싶었다.

내 여정의 이 지점에서, 나는 반대로 행했던 시기 후에 깨어 있는 상태로 글을 쓰는 법을 배워야만 했다. 나는 '절대자가 나를 통해 쓰도록' 해야 한다는 이야기를 멘토에게 들었다. 처음에는 정신 나간 소리처럼 들렸지만, 초록 도화선을 통해 흐르는 힘을 상상해보니 이 힘이 어쩌면 나를 통해 흐를 수 있을 뿐 아니라 내 글이라는 '꽃을 몰아갈' 수 있다고 상상하는 것이 좀 더 쉬워졌다. 이 초기 실험을 통해 나는 가르침의 도구뿐 아니라 삶의 도구가 되는 도구들을 개발하기 시작했다. 나는 자아를 내려놓고 뭔가를 억지로 생각해내기보다 마치 뭔가를 자연스럽게 기록하듯이 쓸 때 창조성이 꽃을 피운다는 것을 실행을 통해 배웠다. 글이 더 막힘없이 술술 써졌다. 아이디어가 부드럽게 그리고 꾸준히 솟아났다. 나는 처음으로 상위 자아와, 최상위 자아와 협력하여 글을 쓰는 듯한 느낌이 들었다. 나는 어떤 종류의 신과 협력할 것인지 나 자신에게 물어야 한다는 걸 배웠다. 나는 즉시 '재미있고 유쾌하며 아이디어가 풍부한 신'을 생각했다. 결국 한 송이 꽃만이 아닌, 똑같은 것이 하나도 없는 수천 송이 꽃과 눈송이, 지문을 창조하는 힘이라면 그 힘이 무엇이든지간에 내게는 무척 좋은 창조적 협력자가 될 것 같았다.

나는 무신론자와도 창조성 작업을 해보았고 종교 생활을 열심히 하는 사람들과도 작업을 해보았다. '영적이지만 종교적이지는 않은' 사람들과도 작업을 해보았고, 이전에는 종교 또는 영성에 대해 별로 생각해본 적이 없는 사람들과도 작업을 해보았다. 내 수강생들은 모두 모닝 페이지를 쓰면서 뭔가와 연결되었다. 뭔가란 어쩌면 인도받는 느낌, 어쩌면 그들 자신에 대한 더 큰 이해일 것이다. 많은 경우 둘 다 해당한다. 어떤 사람들은 시간이 없다고, 모닝 페이지의 핵심이 뭔지 모르겠다고 말하면서 시도하는 것에 저항한다. 나는 그들에게 모닝 페이지의 핵심은 연결이라고 말한다. 모닝 페이지를 쓰면서, 우리는 초월적 능력자와, 우리의 최상위 자아와, 말하자면 신과 연결된다. 모닝 페이지를 쓰는 시간은 우주와 교감하는 신성한 시간임을 깨닫는 것이 중요하다.

"오, 줄리아, 그렇게 비현실적이 되지는 말아요." 몇몇 수강생들이 불평한다. 이렇게 저항하는 사람들은 실제로 가장 큰 이익을 볼 가능성이 있는 사람들이다. 나는 그들에게 뭐든지 믿으라고 말하지 않는다. 대신에 시도해보라고 말한다. 거의 예외 없이 그들은 고양된 인식과 더 높아진 직관력, 그리고 증가된 동시성에 대해 이야기한다. 그들은 신에 대해 이야기하기를 주저할지라도 그들이 사는 방식을 변화시키는 데 도움을 주고 있는 더 절대적인 뭔가에 대해 말하고 있는 자신을 발견한다.

영적 통로를 정의할, 또는 재정의할 기회를 갖게 된 많은 은퇴자들은

음악을 듣지 못하는 사람들은 춤추는 사람들을 미친 사람이라고 여겼다. — 프리드리히 니체

자신들이 어린아이 같은 방식으로 신을 생각한다는 것을 깨닫는다. 그들은 대개 어린 시절 이래로 신에 대한 개념을 바꾸지 않은 채 살아왔다. 나는 이런 사람들에게 이제는 영적 정비를 할 때라고 말한다. 어떤 종류의 신을 믿기를 원하는가? 많은 경우, 그들은 적대적인 신을 믿는다. 나는 그들에게 적대적인 신 대신에 우호적인 신을 믿어보라고 말한다. 그들과 그들의 목표에 우호적인 개념의 신을 그들이 믿었다면 어떻게 됐을까? 이 신이 그들에게 힘을 주었다면 어떻게 됐을까?

"하지만 줄리아, 그런 신은 희망 사항처럼 들려요."

"일단 한번 해보세요." 나는 강하게 권한다. "신이 당신 편이라고 믿어보세요."

에단은 종교적인 가정에서 자랐다. 그런데 그가 회고록에서 성장 과정을 회상했을 때, 가정의 종교적 환경이 그에게 극도의 두려움을 느끼게 했다고 언급했다. "신이 항상 지켜보고 있다고 믿었어요. 난 내가 뭘 잘못할까 봐 항상 신경이 곤두서 있었어요." 그는 말한다. 은퇴한 그는 작곡을 시도해보고 싶었지만 그의 아이디어가 진부하고 실행 불가능할까봐 두려웠다. "내 창조적 활동에 대한 두려움이 신에 대한 개념과 연결되어 있으리라고는 결코 생각하지 못했어요. 내가 정말 좋아했던 음악은 찬송가가 아니라 대중가요였어요. 난 찬송가를 작곡하기를 갈망하고 있지 않았어요. 그래서 나는 신이 못마땅해할 거라고 생각했죠. 지금도 그런 생각이 나를 가로막고 있을 가능성이 있어요."

그렇다. 그럴 가능성이 있으며 흔히 있는 일이기도 하다. 예술을 창조하는 것은 내밀하고 사적인 행위이다. 누군가가, 또는 무엇인가가 우리를 '항상 지켜보고 있다'고 정말로 느낀다면, 우리는 시작도 하기 전에

작은 일에 충실하라. 그 안에 당신의 능력이 있기 때문이다.
— 테레사 수녀

자신을 검열할 것이다. 에단은 자신의 신에 대한 개념을 정비했다. 한때 경외했던 부정적이고 두려운 존재보다 좀 더 일반적이고 긍정적인 원천이라고 신을 생각하게 되자, 처음으로 작곡을 시도하는 것이 신나기 시작했다. 그는 날마다 피아노 앞에 앉아서 멜로디를 귀 기울여 들어보고 그가 들은 것을 적어 내려갔다.

"아마도 내 아이디어들은 좋은 것 같다." 그는 어느 날 모닝 페이지에 이렇게 적었다. "아마도 더 높은 곳에서 왔을 것이다. 내 아이디어들이 내 안에서 왔는지 내 밖에서 왔는지는 모르겠지만, 어디에서 왔는지는 중요하지 않을지도 모른다." 그것이 무엇이든지 간에 에단은 신성한 원천을 신뢰하면서 더 자유롭게 작곡했다.

모닝 페이지 쓰기는 일종의 기도이다. 우리는 우주(신이나 초월적 능력자, 포스, 도(道) 등, 당신이 부르기 편한 대로 이름 붙인 존재)에 정확히 우리가 원하는 것, 싫어하는 것, 더 갖고 싶은 것, 덜 갖고 싶은 것을 이야기하고 있다. 우리는 우리를 신중하게 그리고 잘 인도하는 내면의 능력과 접촉하고 있다. 우리 대부분은 기도하기를 꺼린다. 그렇지만 모닝 페이지를 쓰면서 우리는 기도와 닮은 뭔가를 하고 있는 자신을 발견할 것이다. 우리는 예상하지 못한 내면의 능력과 접촉한다. 우리가 이 힘에 어떤 이름을 붙이는지는 중요하지 않다. 중요한 것은 우리가 그 힘에 귀를 기울이는 것이다. 이것에 날마다 귀를 기울이면 깜짝 놀랄 만한 결과가 나타난다. "우리를 인도해주세요." 우리가 기도하면 곧 인도함을 받는다. 이것은 육감이나 직관으로 올 수도 있고, 낯선 사람과의 대화로 올 수도 있다. 핵심은 정말로 우리는 인도함을 받는다는 것이며, 우리가 마음을 열고 귀를 기울이면 그 목소리가 들린다는 것이다.

언뜻 보기에, 이 인도함에 대한 생각은 희망 사항이나 우연의 일치처럼 보일지도 모른다. 그렇지만 우리가 인도함을 기꺼이 받아들이는 연습을 실행하면 그것은 우리 인생에서 의지할 만한 역할을 한다. "내 동반자의 부정적 특성에 대해 어떻게 해야 할까요?" 우리는 의문을 제기할 수 있다. 대답은 다음과 같을 것이다. "그냥 그를 사랑해. 그를 고치려고 하지 마." 모든 기도는 전달되며, 때때로 감지하기 힘들지라도 모든 기도는 응답을 받는다. 우리는 예상치 못한 방향으로 인도될 수도 있다. "X에게 전화해." 우리는 이런 말을 들으면 응답 같지 않다고 생각하고 다시 기도할 것이다. "X에게 전화해." 우리의 직관이 계속 고집한다. 그래서 우리는 다시 한번 기도한다. "X에게 전화해." 이 말은 계속된다. 우리가 마침내 이 말에 순종하여 X에게 전화할 때까지 말이다. 그런데 X에게 전화하면, X는 예상과 달리 우리에게 문을 열어준다. 모닝 페이지를 통해 우리는 외부의 자극 정보를 받아들이는 수용기를 조율하는 연습을 한다. 그것은 우리가 '원천'이라고 부르는 것으로부터 메시지를 받을 수 있는 영적 라디오 송수신기를 만드는 것과 같다. 다시 말하지만 당신을 도와주는 에너지를 당신이 뭐라 부르는지는 중요하지 않다. 중요한 것은 당신이 그 에너지에게 당신을 도와줄 기회를 주는 것이다.

베로니카는 우울증과 수많은 생활 스트레스 요인과 싸우고 있었다. 나는 그녀에게 그녀를 당혹스럽게 만드는 영역에 인도함을 요청해보라고 제안했다. 그렇지만 그녀는 그런 생각이 매우 불편했다. "나는 무신론자예요." 그녀는 말했다. 나는 괜찮다며 그녀를 안심시켰다. 그녀는 그녀의 믿음을 바꾸거나, '인도함'이라는 단어가 불편하다면 그녀가 들은 것을 '인도함'이라고 부를 필요가 없었다. 그녀는 모닝 페이지에 질문을 하고 답에 귀를 기울이기만 하면 됐다.

"아, 나는 지금 고통스러워요, 그래서 한번 해보려고요." 그녀가 내게 말했다.

모닝 페이지에 질문을 한 후에 귀를 기울이면 그녀는 종종 그녀 자신 너머 어디에선가 오는 지혜의 소리를 들었다. "사위는 어떻게 해야 할까?" 그녀는 골칫거리인 관계에 대해서 물었다. "사위를 너그럽게 대해." 응답이 왔다. "내 만성적 과소비는 어떻게 해야 할까?" 그녀가 질문했다. "들어오고 나가는 돈을 가계부에 기록해." 그녀는 충고를 들었다. 질문이 무엇이든 간에 그녀의 모닝 페이지는 답을 갖고 있었다. 또는 답을 향한 길을 제시했다. "계속 걸어봐." 그녀가 과체중에 대해 불평했을 때 모닝 페이지가 그녀에게 조언을 했다. "계속 걸어봐." 그녀가 아이디어가 평범한 것 같다고 불평했을 때 모닝 페이지는 다시 조언했다. 모닝 페이지는 계속해서 말했다. "네가 좀 더 신체 활동을 많이 하면 아이디어가 뚜렷해질 거야. 넌 수많은 아이디어를 갖고 있어. 아이디어에 접속하기만 하면 돼."

그래서 베로니카는 모닝 페이지에 순종하여 걷는 습관을 들이기 시작했다. 과연 그녀 스스로 좀 더 정신이 맑아지고 생기가 넘치며 활기가 생겼음을 느꼈다. 그녀의 표현대로 '예상치 못한 내면의 능력'을 이용하고 있는 그녀 자신을 발견했을 때 그녀의 우울증은 사라졌다. "그것이 무엇이든지 그것에 감사해요." 이제 그녀는 이렇게 말한다.

이러한 관점의 거대한 변화는 베로니카에게도 효과가 있었다. 그녀는 이런 방식으로 표현하려 하지는 않았지만 진정으로 영적 각성을 경험하고 있다. 즉, 부정적인 사람에서 긍정적인 사람으로 큰 심리적 변화를 경험하고 있다.

종종, 우리는 회의주의적 관점에 서서 신의 개념을 탐색한다. 그래도 괜찮다. 중요한 건 우리가 그것을 탐색한다는 것이다. 세속적인 평범한 삶 속에서 통제권을 쥔 사람은 상사였거나 우리 자신이었다. 모닝 페이지는 우리가 통제권을 넘겨주기를 요구한다. 우리가 질문을 하면 답은 아무 데서도 오지 않는 것처럼 보인다. 또는 우리 자신이 아닌 다른 어딘가에서 오는 것처럼 보인다. 우리는 새로 발견한 우리의 통찰력에 의존하게 된다. 우리는 무언가를 적을 때, 우리를 인도하는 것은 우리 자신보다 더 전능한 힘이라는 것을 감지한다. 인도함을 구하면, 우리는 그것이 온갖 방면에서 우리에게 오는 것을 발견한다. 어떤 때는 조용한 내면의 깨달음으로 오기도 한다. 또 어떤 때는 우연의 일치, 예를 들어 낯선 사람에게서 우연히 들은 말로 오기도 한다. 점점 우리는 항상 이끌리고 있으며 항상 인도받고 있음을 인식하게 된다. 우리는 오직 도움을 구한 다음 응답이 도착하기를 기대하며 귀를 기울이기만 하면 된다.

| 과제 |

신의 개념

우리가 어린 시절에 믿었던 신은 지금 우리가 믿는(또는 믿기를 바라는) 신과는 매우 다를지도 모른다. 어린 시절 당신이 믿었던 신의 특징 10가지를 빠른 속도로 열거해보라.

내 어린 시절의 신은 다음과 같다.

1. 남성

2. 심판자

3. 천주교

4. 만물을 꿰뚫어 본다.

5. 기타 등등

그런 다음 당신이 생각하는 창조성의 신의 특징 10가지를 열거해보라. 나는 다음의 특징이 있는 나의 신을 사랑한다.

1. 창조적

2. 마음을 가볍게 해준다.

3. 인도자

4. 다가가기 쉽다.

5. 기타 등등

| 과제 |

구하라. 그러면 받게 될 것이다

이제 당신의 창조성의 신을 만들었으니 도움을 요청해보라. 어떤 사람은 밤에 질문을 쓰고 응답에 귀 기울이는 것을 좋아한다. 어떤 사람은 마음에 질문을 품고 산책을 한다. 아마 당신은 모닝 페이지에 질문을 쓰고 답을 듣는 것을 즐길 것이다. 어쩌면 당신은 위 세 가지 방법을 다 시도해볼 것이다. 핵심은 열린 마음으로 실험하는 것이다. 당신이 '듣는' 응답은 당신을 놀라게 하고 깨닫게 할 것이다.

운동에 투자하기

상당히 자주 우리는 우리 자신에게 운동하기에는 '너무 늦었다'고 말한다. 우리는 나이가 들었으니 건강하지 않은 건 당연하다고 체념해버린다. 하지만 의사들은 운동하기에 너무 늦은 때란 결코 없다고 말한다. 많은 지역 사회에서 모든 연령대를 위한 필라테스와 요가 수업을 제공한다. 우리들 거의 대부분은 걸을 수 있고, 걸으면 건강해진다. 나는 걷기를 좋아하는 강아지를 키우고 있다. 내가 운동화를 신으면 흥분해서 발끝으로 서서 빙빙 돈다. 내가 강아지 목줄을 잡으면 거의 무아지경 상태가 된다. 강아지는 어리고 운동을 하면 기쁨을 느낀다. 나는 걷기와 조깅을 번갈아 한다. 어느 날 조깅을 하는데 까마귀 한 마리가 길 앞쪽으로 급강하했다. "힘내요! 당신은 더 빨리 갈 수 있어요!"라고 말하는 듯했다. 그렇지만 나는 더 빨리 가고 싶지 않았다. 나는 낙담하지 않을 정도의 속도, 완만하고 편안한 속도를 유지하고 싶었다. 그래서 우리는 10보 걷고, 20보 조깅했다. 그러고 나서 또 10보 걷고, 20보 조깅했다. 내가 가는 길은 잣나무 사이로 길게 이어져 있는 흙길이다. 강아지는 이미 그 길에 익숙하다. 길이 왼쪽으로 굽으면 강아지도 그렇게 한다. 그리고 나도 그렇게 한다. 완만하고 편안한 속도만 유지하면 된다. 운동 초보자가 되니 참 좋다고 스스로에게 말한다.

요전 날 밤에 나는 건강식품 상점에서 신선한 딸기와 달리기에 관한 잡지를 샀다. 그 잡지는 영감을 주었다. 서서히 속도를 높이고 건강을 증진하는 법에 대한 정보를 담고 있었다. 나는 잡지를 열심히 읽었다.

> 신체 단련은 건강한 신체의 가장 중요한 요소일 뿐 아니라 역동적이며 창조적인 지적 활동의 기초이다.
> — 존 F. 케네디

초보자임에도 불구하고, 이미 나는 나 자신을 달리기를 하는 사람이라고 여겼다. 내 친구 딕에게 전화를 걸어 무리가 되지 않는 운동을 시작했다고 말하고 싶은 생각이 들었다. 현재 72세인 딕은 50세 이후에 마라톤을 6번 완주했다. 그는 '그냥 몸을 풀기 위해' 종종 약 10~11킬로미터를 천천히 달린다. 예전에 나는 좀 더 진지하게 달리는 사람이었다. 그러다가 별다른 이유 없이 달리기를 그만두었다. 아마도 내가 맨해튼에 살았기 때문이었을 것이다. 상황이야 어쨌든, 나는 이제 달리기를 다시 시작할 준비가 되어 있었다. 샌타페이는 달리기를 하는 사람들을 위한 도시이다. 달리기를 하는 사람들은 많은 흙길을 지나고 언덕을 오르며 어떤 이들은 스키장으로 이어지는 긴 언덕과 씨름하기도 한다. 그들을 보고 있노라면 감동스럽고 영감을 얻는다.

내 친구 소니아 쇼켓이 종종 언급하듯이 운동은 '맥박 수를 끌어 올린다.' 운동은 머리를 맑게 하고 영적 후원의 원천과 우리를 연결한다. 밖으로 나가 신선한 공기를 마시며 심장 박동 수를 높이면 하루 종일 낙관주의와 성취감을 느낄 수 있다. 어떤 사람들은 딕처럼 평생 꾸준히 운동을 해왔을 것이다. 또 어떤 사람들은 나처럼 운동을 하다 말다를 반복했을 것이다.

얼린은 대학에서 음악 교수로 오랫동안 재직하다 퇴직했다. "몇 년 동안 운동을 전혀 하지 않았어요." 그녀는 말한다. "아주 잠깐 헬스클럽 회원권을 끊었었죠. 20대에 한 번, 40대에 한 번요. 그렇지만 60대인 지금은 기본적으로 완전 초보예요." 최근에 얼린이 주치의를 만났을 때 콜레스테롤 수치가 약간 높다는 말을 들었다. '약이 필요하기 직전' 수준이었다.

"이 말에 겁이 났어요." 얼린은 설명했다. "지금껏 내내 상대적으로 건강이 좋은 편이었지만 콜레스테롤 약을 복용해야 하는 지점에 거의 다다랐다는 말에 나는 정말로 정신이 번쩍 들었어요. 갑자기 허영심에 들떠서 10킬로그램을 감량하고 싶어 하는 것과는 달랐어요. 내 건강에 관한 것이었죠. 내 몸은 딱 하나뿐이고 난 내 몸을 돌봐야 한다는 걸 깨달았어요. 나는 음식에서 몇 가지 변화를 줄 수 있다는 것을 알아요. 그렇지만 내게 더 큰 문제는 운동이라는 생각이 들어요." 기초부터 시작할 필요가 있다는 것을 알았기 때문에 얼린은 동네 헬스클럽을 돌아다니면서 어떤 프로그램을 제공하는지 살펴보기로 결정했다. 헬스클럽에 갔을 때 사람들이 반갑게 맞아주었고, 많은 정보를 주었다.

"나는 그들에게 헬스클럽에서 오래 있어본 적이 없다는 사실을 솔직하게 말했어요." 그녀는 말한다. "그들은 모두 내게 용기를 북돋아주었어요. 나는 운동을 많이 하는 사람들이 낙관주의자가 되는 경향이 있다는 것을 알아차릴 정도로 헬스클럽에서 오랜 시간 있어본 적이 없어요. 정말 재미있어요. 모두들 매우 친절하고요."

얼린은 각 헬스클럽의 장단점을 비교해본 후, 마을에서 가장 마음에 드는 헬스클럽에 등록하기로 결심했다. "월 이용료는 약간 비쌌지만 그곳에 들어갔을 때 여기에 다시 오고 싶어 할 것임을 알았어요. 유칼립투스 비슷한 향이 나고, 수영장과 많은 수업이 있고, 탈의실이 아름다웠어요. 그리고 한증막과 사우나가 내 주의를 끌었다는 점은 인정할게요." 얼린은 여기에서 대단한 지혜를 발휘했다. 즉, 그녀는 '가고 싶은' 헬스클럽을 선택했다. 우리의 마음을 끌어당기는 활동(그것이 수업이든, 자연 속 산책이든, 완벽히 갖추어진 헬스클럽 환경이든지 상관없이)을 선택할 때 우

> 우리가 모든 개개인에게 너무 적지도 않고 너무 많지도 않게, 적절한 양의 영양분과 운동을 공급할 수 있다면 우리는 건강에 이르는 가장 안전한 길을 찾은 것일 것이다.
> — 히포크라테스

리는 그곳에 다시 가서 그 활동을 습관으로 만드는 경향이 있다.

"한 달째 다니고 있어요." 얼린이 내게 얘기한다. "일주일에 수업을 두 번 듣고, 두세 번 정도 걸어요. 실내 트랙에서도 걷고, 날씨가 좋으면 헬스클럽 밖에서도 걸어요. 시간이 지나면 나는 운동량을 늘리려고 할 테지만, 현재로서는 그 어느 때보다 더 많이 운동하고 있고 정말로 아주 다르다고 느껴요. 아쿠아로빅은 힘들지만 정말 즐겁게 하고 있어요. 이 시간이 끝나면 나는 한증막에 가서 앉을 수 있다고 나 자신에게 말해요. 때때로 한증막에 대한 약속 때문에 수업에 들어가요. 그렇지만 나는 괜찮다고 생각해요."

그렇다. 확실히 괜찮다. 운동 습관을 들이기 위해 기쁨과 편안함, 그리고 약간의 사치스러움까지 동원하면 우리는 헬스클럽에 다시 가게 되고 건강을 위해 생산적이며 예방적인 조치를 취하게 된다. 의학 박사 미셸 메이는 『먹고 싶다면 먹어라』에서 운동의 이점은 막대하며, 운동 일과를 당신의 삶에 결합시키는 것은 "당신이 당신 자신을 위해 쓸 수 있는 가장 강력한 처방전 가운데 하나"라고 썼다. 기록을 통해 충분히 입증된 많은 건강의 이점은 그 범위가 신체적인 측면에서부터 정서적인 측면까지, 스트레스와 콜레스테롤 수치와 혈압의 감소에서부터 낙관주의와 에너지와 수명의 증가에까지 이른다. 미셸 메이가 표현한 대로 "이 모든 것이 들어 있는 알약을 하나 살 수 있다면 누구나 다 그 처방전을 원할 것이다." 운동을 할 때 우리는 몸과 마음, 그리고 정신이 회복된다.

각설하고, 나의 일상으로 돌아가면 나는 향상의 기쁨을 즐긴다. 내 인내심이 증가할수록 체중계의 눈금은 내려간다. 내 강아지 릴리는 계속 훌륭한 동반자이자 열렬한 운동 친구로, 항상 걷기와 조깅을 하러 나가

이른 아침 산책은 그날 하루를 위한 축복이다.
― 헨리 데이비드 소로

기를 바라면서 만반의 준비를 갖추고 있다. 하이킹을 하거나 테니스를 치기 위해 친구와 약속을 잡는 것도 운동을 꾸준히 하는 데 도움이 될 수 있다. 자신에게 맞는 운동을 선택한 다음에는 목표를 향해 아기 걸음마처럼 작은 걸음을 걷도록 신경을 써야 한다. 0에서부터 시작해서 하루 5분은 무한한 향상이며 5분에서부터 10분으로의 증가는 100퍼센트 증가이다. 한 번도 운동을 해보지 않은 사람들은 '아주 조금'이 아무것도 하지 않는 것보다 훨씬 더 많다는 것을 금세 배울 것이다.

| 과제 |

오늘 하루만을 위한 운동

어떤 프로그램이든 그것을 지속하기 위한 비법은 한 번에 하루씩 하는 것이다. 우리가 도달할 수 없는 거창한 목표를 세우기보다는 별개의 실현 가능한 활동에 전념할 필요가 있다. 바로 오늘 하루 동안 당신이 할 수 있는 적은 양의 운동은 무엇인가? 그것을 하라.

자연의 선물

자연과의 관계 형성은 당신의 창조주와 의식적 접촉을 증가시키는 지름길이 될 수 있다. 나는 산 위로 달이 떠오르고 별이 빛나는 밤에는 "오, 사랑해요!"라는 탄성이 절로 터져 나온다. 그러면 자연도 바로 "나도 사랑해요!"라고 화답하는 듯하다. 시골길 길섶에 핀 들장미, 나무 울타리

찬란한 햇빛 아래에서 살라. 바다에서 헤엄치라. 건강한
자연의 공기를 마시라.
— 랠프 월도 에머슨

옆에 핀 해바라기와 접시꽃, 나무 몸통을 화환처럼 장식한 제비꽃 등 창조물의 세밀한 부분 하나하나가 나 자신의 창조 활동에 영감을 준다. 햇볕을 쬐고 있는 강아지, 들판에서 풀을 뜯고 있는 말, 실 뭉치를 가지고 놀고 있는 고양이 등을 보면 경이감에 사로잡힌다. 도시 거리에서 주인이 잡고 있는 목줄을 잡아당기는 브리타니 스패니얼 강아지, 얼굴을 찡그린 광대 같은 표정의 샤페이 강아지, 이웃 곁을 따라가는 핏불 테리어 강아지 등을 보면 이 땅의 아름다움에 넋을 잃는다. 부풀어 오른 연분홍 벚꽃, 반짝이는 연초록 버들잎, 불붙은 듯 찬란한 금빛 사시나무 등을 보면 이것들이 내가 날마다 세상과 연결되려고 노력하기에 그 대가로 받는 커다란 은혜의 선물 같다는 느낌이 든다.

이 세상은 아름답다. 그리고 우리는 이 세상이 주는 숱한 기쁨을 사랑하도록 창조되었다.

목사인 내 친구 브렌달린은 최근에 8일간의 영성 훈련을 떠났다. 그중 4일은 황야에서 물만 마시는 금식을 하며 혼자 지냈다. "나는 전혀 두렵지 않았어. 대신 성령이 충만함을 느꼈어." 그녀는 매우 기뻐하며 말한다.

비록 과감한 시도 후에 브렌달린의 통찰력이 빛을 발하고 있긴 하지만, 우리는 자연의 경이로움에 연결되기 위해 8일간 자연 속에서 혼자 지낼 필요는 없다. "나의 영적 인식은 자연 속에서 보낸 시간 덕분에 더 깊어졌어." 그녀는 말한다. 우리가 자연과 접촉하고자 노력할 때 우리는 자연을 창조하는 데 도움을 줬던 힘과 필연적으로 접촉을 하게 된다. 그러나 그 힘이 무엇인지 우리 스스로 정의해야 한다.

헬렌은 회계사로서 오랫동안 성공적인 경력을 쌓아왔다. 그녀는 수많은 유력한 사업가들의 자문을 맡았다. 그녀는 은퇴했을 때 자신이 문제

해결사로 살아왔던 스트레스 가득한 나날을 그리워한다는 것을 알았다. 그녀는 시간을 메우기 위해 매일매일 산책을 하기 시작했다. "어머나, 세상에!" 그녀는 왜가리의 일종인 그레이트 블루 헤론을 발견하고는 소리쳤다. "정말 아름답구나." 그녀는 붉은깃찌르레기를 보고 나직이 말했다. 그녀는 1.6킬로미터를 걸어 마을로 들어갔다. 그녀는 종종 그 길을 휙 지나가곤 했었다. 그렇지만 이제 그녀는 산책을 하며 거기에서 보는 아름다움을 소중하게 여기게 되었다. 매일매일 산책을 한 지 한 달째 접어들었을 때 그녀는 성능이 좋은 쌍안경을 샀다. 그녀는 걸으면서 주변을 주의 깊게 살펴보기 시작했다. 왜가리 둥지가 눈에 들어왔다. 골풀 사이에서 분주히 움직이는 청둥오리들이 눈에 띄었다. 그녀는 모닝 페이지에 자연에서 발견한 아름다움의 목록을 만들었다. 그녀가 은퇴 후에 어떻게 지내고 있는지 궁금해서 전화를 걸었을 때 그녀는 이렇게 말했다. "이 모든 아름다운 것들은 항상 내 곁에 있었어요. 이제는 그 아름다움에 관심을 기울일 시간이 있어요."

헬렌은 더 많이 걸을수록 더 많은 시간을 자연 속에서 보내고 싶은 갈망이 커졌다. 그녀는 작은 모험을 시도해보기 시작했다. 사시나무가 불타는 듯 단풍에 물드는 때 눈이 오기 전의 스키장으로 여행을 가고, 산쑥부쟁이를 즐기기 위해 근처 협곡까지 차를 몰아 올라가고, 리오그란데 강을 따라 차를 몰았다. 그녀는 이런 탐험을 하며 가슴이 벅차올랐다.

"어제 매를 봤어요." 헬렌은 경이로워하며 말했다. "상승 기류를 타고 있었죠. 그냥 그 매를 지켜보는 것만으로도 내 영혼이 솟아오르는 것을 느꼈어요. 지난주에는 차를 몰고 두 강이 교차하는 지점까지 갔어요. 차 안에서 보는데도 그 물줄기의 힘을 느낄 수 있었어요. 그 광경을 보

자연을 주의 깊게 살펴보라. 그러면 모든 것을 더 잘 이해할 수 있을 것이다.
— 알베르트 아인슈타인

며 나는 블로그에 글을 쓰기로 결심을 했어요. 자연으로 떠난 짧은 여행을 통해 나는 뭔가 나눌 것을 얻었어요."

자연과 연결될 때 우리는 뭔가 나눌 것을 얻는다. 자연과 연결될 때 우리는 우리를 둘러싸고 있는 것들과, 상위 자아와, 우리의 과거 및 미래와 더 깊이 연결된다. 우리의 세계는 확장된다.

시간을 잘 보낸 보상을 받는 자연 속 활동(그것도 자신의 집 뒷마당에서의 활동)은 정원 가꾸기이다. 갑자기 주체하기 어려울 정도로 많은 시간이 생긴 은퇴자들은 종종 정원 가꾸기를 시작하는데, 그 활동은 아름다움과 만족감을 안겨준다. 교사였던 이저벨은 은퇴 후 뒷마당에 꽃을 가득 심고, 작물을 돌보고 소중히 가꾸며 행복한 시간을 많이 보냈다. 손주들이 아는 것처럼 할머니의 정원은 팬지꽃와 장미꽃으로 가득한 신비로운 곳이었다. 그녀는 손주들에게 압화를 만드는 방법과 꽃을 심는 법을 가르쳤다. 이제는 장성한 그녀의 손주들에게 팬지꽃을 보여주면 그들은 지금도 인디애나의 작은 거리에 있는 그 황홀한 뒷마당에 있는 듯한 기분을 느낄 것이다.

토머스 베리는 "정원 가꾸기는 우주의 가장 심오한 미스터리에 적극적으로 참여하는 것이다."라고 썼다. 많은 정원사들이 정말로 맞는 말이라고 동의할 것이다. 문자 그대로 그리고 직접적으로 땅과 연결되면, 그렇지 않았다면 찾기 힘들지도 모르는 평화와 균형감을 얻을 수 있다.

프랭크는 자신이 정원 가꾸기를 하고 싶어 한다는 것을 알았다. 하지만 꽃을 심을지 채소를 심을지 결정할 수가 없었다.

"둘 다 심지 그래요?" 그의 부인이 제안하자 프랭크는 그렇게 했다. 그는 백일홍과 토마토, 접시꽃와 호박, 해바라기와 단호박을 심었다. 오후

꽃을 보고 싶어 하는 사람들에게는 항상 꽃이 있다.
— 앙리 마티스

에 정원 가꾸기를 하면서 그는 깊은 만족감을 느꼈다. 그는 자신의 취미를 자랑했고 그의 아내도 정원에서 나오는 많은 싱싱한 꽃다발을 좋아했다. 그가 키운 채소들은 신선하고 맛있었다. 집에서 키운 채소와 가게에서 사 먹는 채소는 비교할 수가 없었다. 정원 가꾸기를 한 첫해에, 프랭크는 땅을 조금 일구었지만, 그에게는 수확량이 엄청나 보였다. 둘째 해에는 꽃과 채소를 더 많이 늘려, 당근과 콜리플라워, 양상추와 무를 더 심었다. 집에서 키운 모든 채소는 그의 자랑거리가 되었다. 셋째 해에 프랭크는 윤기가 흐르는 가지와 오이를 길렀다. 그는 특별한 채소 요리를 만들기 시작했고, 정원 가꾸기만큼이나 요리를 즐긴다는 것을 알게 되었다.

호박빵은 그의 주메뉴가 되었다. 그는 가족과 친구들에게 갓 구운 신선한 빵을 주었다. 수제 채소 수프는 그의 두 번째 주메뉴가 되었다, 채소수프에는 정원에서 갓 뽑은 모든 채소가 들어갔다.

"은퇴하기 전에는 취미 생활을 하고 싶었지만 그럴 시간이 없었어요. 은퇴와 함께 시간과 소망이 조화를 이루었죠. 내년에는 토마토 재배 면적을 두 배로 늘리려고 해요."

숲 탐사, 정원 가꾸기, 해변 산책, 또는 지역 공원이나 온실 방문 등 당신의 생활 환경이 허락하는 것이 무엇이든지 간에, 자연으로의 여행은 가치가 있으며 이러한 여행이 당신에게서 무엇을 끌어내는지 아는 것은 가치가 있다. 그 답은 당신을 깜짝 놀라게 할 것이다.

자연의 발견

지금 현재의 생활 환경에서 자연을 감상하거나 탐험하기 위해 당신이 할 수 있는 일은 무엇인가? 나는 도시에 살 때 공원에서 솔방울을 모으거나, 아파트에 신선한 꽃을 들여놓으면 자연과 연결된 기분이 들었다. 로스앤젤레스에 살 때, 해안을 따라 걸으면 깨끗한 바람으로 '씻는' 기분이 들었다. 뉴멕시코에서 나는 강아지 릴리와 함께 탐험하는 긴 흙길을 좋아한다. 어떤 사람들은 나뭇잎이나 돌을 모으는 것을 좋아한다. 또 어떤 사람들은 바깥에 앉아서 바람 소리와 새 소리에 잠기는 것을 좋아한다. 당신이 취할 수 있는 한 가지 활동을 선택한 다음, 자연과 활발하게 접촉하면 상위의 원천과 더 많이 접촉하는 느낌이 드는지 주의 깊게 살펴보라.

동시성

고인이 된 위대한 신화학자이자 교수였던 조지프 캠벨은 그의 학생들에게 "당신 자신의 행복*을 따르라."라고 조언했다. 그는 학생들에게 동시

• 조지프 캠벨의 『블리스, 내 인생의 신화를 찾아서』에 따르면, '행복(bliss)'는 '온전하게 현재에 존재하는 느낌, 진정한 나 자신이 되기 위해 해야 하는 어떤 것을 하고 있을 때 느끼는 희열감'을 뜻한다.

성을 기대하라고 말하면서 그것을 '도움의 손길'이라고 정의했다. 그는 이렇게 가르쳤다. "당신 자신의 행복을 따르라. 그러면 우주가 당신에게 문을 열 것이다." 그가 교수로서 명성을 얻었을 때는 80대였다. 그는 자신의 이론을 뒷받침할 만한 수십 년의 교수 경력을 가지고 있었다. 그런데 그는 계속해서 문이 활짝 열리는 것을 보았다. 그는 살아오면서 요한 볼프강 폰 괴테가 우리에게 한 조언의 확고한 신봉자가 되라는 깨우침을 얻었다. "무엇이든지 당신이 할 수 있다고 생각하는 것 또는 할 수 있다고 믿는 것을 시작하라. 행동에는 마법과 은총, 힘이 있기 때문이다."

다른 인용구가 떠오른다. 이것은 스코틀랜드 탐험가 조지프 머리가 한 말이다. "한 가지 기본적인 사실이 있다. 그 사실에 대한 무지 때문에 많은 원대한 구상이 무산되었다. 그 사실은 바로 당신이 전념하면 우주도 함께 움직인다는 것이다."

모닝 페이지를 쓸 때 우리는 우주와 접촉하고 있다. 우리는 우리의 정확한 필요, 목표, 욕구를 자애로운 누군가에게 얘기하고 있다. 그것은 우리가 바다 위에 떠 있는 구명보트에 있는 것과 같다. 모닝 페이지에 쓸 때 우리는 우리가 구조될 수 있도록 우리의 정확한 위치를 알리는 신호를 보낸다. 우주와 접촉한 지 얼마 지나지 않아 우주는 우리에게 응답한다. 우리는 동시성을 경험하기 시작한다. 우리는 우리의 소망이 성취되기에 적합한 바로 그 시간, 그 장소에 있는 우리 자신을 점점 더 자주 발견하게 된다. 수강생들에게 동시성의 개념을 가르치고 설명할 때, 그들은 처음에는 그런 개념은 믿기에는 너무 좋아 보인다며 저항한다. 잘 속아 넘어가는 사람이 되고 싶지 않은 마음에 그들은 이렇게 외친다. "줄리아, 당신은 정말 우주가 우리에게 문을 열어준다고 믿는 거예

246 ·

동시성은 동시성을 볼 눈을 지닌 사람들에게는 늘 현존하는 현실이다.　　　　　　　　　　　—카를 융

요?" 나는 그들에게 그렇다고 말한다. 그리고 나를 믿지 말고 그들이 지금 만나는 동시성의 사례들을 스스로 찾아보라고 요청한다.

에바에게 동시성을 찾아보는 일은 게임이 되었다. 그녀는 모닝 페이지에 도움이 필요한 것들의 목록을 적었다. 그것들 중 어떤 것은 중요해 보였다. 다른 것들은 거의 하찮아 보였다. 그녀는 최근에 낯선 도시로 이사해서 믿을 만한 미용사를 찾고 있었다. 미니멀리스트 예술에 대한 야간 강좌에 출석했을 때, 그녀는 이 도시에 새로 이사 온 그녀의 심정에 깊이 공감하는 매력적인 한 남자 옆에 앉게 되었다. 바보 같다고 느끼면서도 에바는 가장 큰 걱정거리가 미용사를 찾는 일이라고 털어놓았다. 그 남자는 빙그레 웃었다. "제가 미용사예요." 그는 그녀에게 말했다. 에바는 그의 전화번호를 받았고, 다음 날 예약 전화를 했다. 그녀는 곱슬머리라 특별한 도움이 필요했다.

"그게 제 전공이에요." 잘생긴 미용사가 그녀에게 말했다. 그는 바로 다음 날로 예약 날짜를 잡아주었다. 모든 일이 너무 술술 풀리는 것 같아서 의심스러웠지만 에바는 아름답고 부드럽게 컬이 생긴 머리를 하고 그의 미용실에서 나왔다.

"그 사람을 만나게 되어서 너무 기뻐요. 내가 머리에 대해 걱정하는 모습이 무척 바보 같아 보인다는 걸 알지만 그래도 걱정이 돼요. 그건 내가 영적이지 않은 요청이라고 생각하는 유형이에요. 그렇지만 어떤 요청을 하든 다 괜찮을 거예요. 어떤 형식으로든 모닝 페이지를 쓸 수 있고, 무슨 일이든 도움을 요청할 수 있다는 것을 배우고 있어요. 나는 좀 더 겸손해지고 좀 더 믿음이 강해졌어요. 다음에는 뭘 도와달라고 할지 생각하고 있어요. 그리고 무슨 일이 벌어지는지 볼 생각에 흥분이 돼요."

세상은 우리의 감각이 더 예민해지기를 참을성 있게 기다려주는 신비한 것들로 가득 차 있다. ─이든 필포츠

1. 며칠 동안 모닝 페이지를 썼는가? 모닝 페이지를 직접 써보니 어떤 느낌이 드는가?

2. 아티스트 데이트를 했는가? 무엇을 했는가? 회고록에서 아티스트 데이트를 통해 탐험해보고 싶은 것을 발견했는가?

3. 산책을 했는가? 산책을 하는 동안 당신의 관심을 끈 것은 무엇인가?

4. 이번 주에는 어떤 '아하'를 발견했는가?

5. 이번 주에 동시성을 경험했는가? 그것은 무엇이었는가? 동시성을 통해 겸손함을 느꼈는가? 왠지 창조주가 당신을 인도한다는 느낌을 받았는가?

6. 회고록에서 좀 더 충실하게 탐험해보고 싶은 것을 발견했는가? 그 것을 어떻게 탐험할 것인가? 늘 그렇듯이 좀 더 주의를 기울여 살펴봐야 할 필요가 있다고 느끼는 내재된 기억이 있지만 어떤 조치를 더 취해야 할지 확실하지 않더라도 걱정하지 말라. 계속 앞으로 나아가면 된다.

세상은 온통 문이고, 온통 기회이며, 울려주기를 기다리는 팽팽한 줄이다.
— 랠프 월도 에머슨

기쁨 되살리기

이번 주에 당신은 간단하지만 종종 심오한 질문을 탐색하고 실행할 것이다. 그 질문은 "무엇이 당신에게 참된 기쁨을 주는가?"이다. 이 시기의 회고록에서 이 시기가 처음으로 가정을 꾸렸던 시기임을 발견할지도 모른다. 손주들 또는 종손(형제자매의 손주)들의 출생으로 '두 번째 주기'를 맞이하게 된 사람들에게는 현재가 그 시기와 비슷할 것이다. 다른 이들은 이 시기를 직장 생활에서 가장 중요한 직책을 맡아 꽃을 피우기 시작할 때로 회고할 것이다. 현재는 제2의 경력을, 또는 단순히 새로운 열정을 시작하고 있을지도 모른다. 앞으로 나갈 방법을 결정하고 내일을 위한 토대를 마련할 때 무엇이 우리를 기쁘게 하는지 고려하는 것은 중요하다. 자연과는 어떤 관계를 맺고 있는가? 반려동물을 키우면서 또는 키웠을 때 무엇을 느꼈는가? 이번 주에는 호사스럽다고 할 만한 상징적 장식품과 경험뿐 아니라 엉뚱하고 유치한 것을 탐험함으로써 당신에게 기쁨을 주는 것들을 밝힐 것이다. 밝은 마음으로 당신은 당신의 진정한 가치를 발견할 것이며, 자신의 진정한 가치 안에서 행동할 때 우리는 지속적인 기쁨을 누릴 수 있다.

진정한 기쁨

당신에게 진정한 기쁨을 가져다주는 것은 무엇인가? 당신은 회고록에서 기쁨의 근원을 발견했는가? 무엇을 하고 있을 때 기뻤는가? 열정과 관심사를 탐색하고 있었는가? 어떤 것들이었는가? 또는 이 시기에 일어나 가족, 또는 다른 어떤 것 때문에 포기했던 열정과 관심사에 대한 아이디어가 있었는가? 많은 사람들이 논리나 합리라는 미명 아래 관심사를 포기한다. 우리는 이런 생각을 할 수 있다. '나는 작곡을 하고 싶어. 그렇지만 그 생각은 그리 합리적이지 않아. 작곡을 하면서 어떻게 나 자신/아내/아이들/취미 생활을 뒷받침할 수 있겠어?' 사실, 작곡은 당신에게 어마어마한 기쁨을 가져다줄 것이다. 나에게는 그랬다. 우리 모두는 우리 자신에게 말을 걸고 있는 아이디어를 갖고 있다. 과거에 그 아이디어를 포기했든 안 했든, 지금은 우리가 기꺼이 살짝 건드리기만 하면 우리에게 참된 기쁨을 안겨줄 수 있는 이 열정을 재검토하기에 좋은 시기이다.

> 나는 용기 내어 내가 하는 것을 하고, 있는 그대로의 내 모습을 유지하며, 내가 춤추고 싶은 때는 언제든지 춤을 출 것이다.
> ― 베벌리 윌리엄스

많은 경우, 부정적 감정은 한때 기쁨으로 탄생했던 꿈에 악영향을 미칠 것이다. 그것을 생각하는 것만으로도 격렬한 감정(후회, 꿈을 좇는 사람들에 대한 질투, 그 순간이 지나가버렸다는 느낌, 슬픔, 분노 등)에 휩싸일 수 있다. 자동적으로 나오는 반사 행동에 겁먹지 말기 바란다. 부정적 감정의 덮개 바로 밑에 훨씬 더 부드럽고 온화한 어떤 것(소박함, 순수함, 호기심)이 존재할지도 모른다. 우리 자신의 어린아이 같은 부분이 이 꿈의 들판에서 뛰어놀 수 있다면 우리는 어린아이처럼 자유와 흥분을 발견할 것이다. 그러므로, 잃어버린 꿈을 재검토하면 고통스럽기만 할까봐 두려울지도 모르지만, 사실은 그 반대일 수도 있다. 이러한 꿈에는 치유가 포함되어 있을지도 모른다.

우리 자신을 위해 아주 작은 목표를 설정하는 일은 중요하다. 우리는 새로운 상처를 만들지 않도록 천천히, 조심스럽게 창조성과 관련된 상처를 치유해야 한다. 사람들이 꿈을 뒤에 남겨두고 떠나는 것이 흔하다는 점을 마음에 새기는 일 또한 유익하다. 꿈을 뒤로한 것은 커다란 실수나 돌이킬 수 없는 손실과 동일하지 않다. 오히려 그 반대다. 즉, 우리가 이 꿈을 조심스럽게 탐험하면 기쁨이 기다리고 있다. 이따금 우리의 삶에서 우리는 선택을 해야만 하고, 그 선택들은 때때로 창조적 꿈을 포기하는 것을 포함한다. 로버트 프로스트가 말한 대로 길이 두 갈래로 나누어져 있을지도 모르지만 우리는 다시 한번 선택권을 갖는다. 은퇴의 묘미는 시간을 거슬러 가서 가지 않은 길을 탐험할 수 있는 기회를 우리에게 제공한다는 것이다. 가족 부양이라는 미명 아래 꿈을 뒤로한 화가는 지금도 붓을 깨끗이 하고 빈 캔버스에 다가가면 흥분을 감추지 못할 것이다. 운동장에서 이야기를 지어내던 작가는 이야기를 더

궁금해하는 것은 행복이다. 꿈을 꾸는 것은 행복이다.
— 에드거 앨런 포

만들어보려고 시도하다가 생활비를 많이 벌기 위해, 또는 헌신적인 배우자가 되겠다는 이유로 그 꿈을 접었을 것이다. 하지만 그 작가는 여전히 살아 있고 건재하며 살짝 건드려주기만 해도 다시 이야기를 지어내고 싶어 할 것이다. 회고록은 우리의 잃어버린 꿈을 보여준다. 회고록은 그 꿈이 언제 우리의 의식을 두드렸는지, 그리고 우리가 응답을 했는지 안 했는지를 보여준다. 그렇지만 꿈은 결코 영원히 사라지지 않는다.

제이크는 음악가이다. 그의 음악가 생활 초기는 무척 성공적이었다. 그렇지만 이제 60세가 된 그는 정체되어 있었다. "나는 창조성을 잃어버렸을까 봐 두려워요." 그가 말했다. "30대를 돌아보니 그 당시에는 훨씬 더 자신감이 충만했어요. 나는 작곡을 하고 싶었고 재미있었기 때문에 작곡을 했어요. 그중에는 내 인생 최고의 곡들도 있어요. 지금도 그 곡들의 저작권료를 생활비로 쓰고 있어요." 제이크는 큰 사랑을 받은 곡들을 재현해보라고 그 자신을 압박했다. 사실, 그는 단 몇 분만이라도 피아노 앞에 앉아 있기만 하면 된다.

"그냥 도구들을 한번 해보세요." 나는 그를 달랬다. 의심스러워하면서도 제이크는 내가 요청한 대로 했다. 그는 모닝 페이지를 쓰고, 아티스트 데이트를 하고 산책을 했다. 그는 너무 고통스러워서 과거를 대면할 수 없을까 봐 두려운데도 불구하고 회고록 작업을 했다. 몇 주 만에 그가 잃어버렸던 창조성이 다시 나타나기 시작했다. 새 곡들이 그를 통해 흘러나오기 시작했다. "내가 '전성기'라고 생각하는 그때를 돌아보기가 너무 두려웠어요. 그 시절은 영원히 사라져버렸다고 생각했기 때문이죠. 난 내가 그저 예전 같지 않은 걸 아쉬워하고만 있다고 생각했어요. 사실은 무엇이 내게 기쁨을 가져다주는지 나는 언제나 정확히 알고 있었어요. 그건 바로 작곡이었어요. 그렇지만 내가 중단해버렸죠. 내게는 출입 금지 구역 같았어요." 그가 고백한다.

제이크는 그의 열정이 무엇인지, 그리고 그 열정이 그와 다시 연결되기를 기다리면서 그곳에 있다는 것을 알고 있음을 스스로 인정해야만 했다. "내 인생이 거의 끝나 버렸다는 생각에 나는 회고록 작업을 하기가 무서웠어요. 그렇지만 회고록 작업을 해보니 두려움 대신에 영감을 받는 느낌이 들었어요. 젊은 시절의 나를 되돌아보니 중요한 건 그저 작곡을 하는 거였어요. 모든 것은 그것으로부터 시작돼요. 그리고 이제 나는 여기에 있어요. 다시 곡을 쓰면서 나는 행복해하고 있어요."

1년 뒤, 제이크는 자신처럼 창조성이 막혔다고 스스로 믿는 동료 음악가들을 모아 스튜디오로 돌아가 15년 만에 첫 앨범을 녹음했다.

"나는 이제 이 도구들을 믿어요." 제이크는 최근에 약간 멋쩍어하며 말했다. "나는 도구들을 믿기 위해 보아야만 했어요. 그렇지만 이제 내 새 앨범이 증거예요. 백문(百聞)이 불여일견(不如一見)이죠. 사람들에게 말해 주고 싶어요. 창조하지 않는 것보다 창조하는 것이 더 쉽다. 이렇게 말이죠." 요즘 음악에 둘러싸여 지내는 제이크를 보면 그는 즐겁기만 한 것이 아니다. 그는 진정 자기 자신을 되찾았다.

클래런스의 모닝 페이지는 결국에는 계속 이 질문으로 돌아갔다. "무엇이 나를 행복하게 해줄까?" 처음에 그 답은 간단해 보였다. "마침내 책 읽을 시간이 생겼다!" 그런데 그는 모닝 페이지를 계속 쓰면서 좀 더 깊이 있는 답을 찾았다. "나는 읽지 못하는 사람들에게 책을 읽어줄 수 있다." 그는 문해 프로그램 담당자에게 연락해서 봉사 신청을 했다. 일주일 내내 그는 다양한 사람들에게 책을 읽어주었고 이 사람들이 다양한

내면에서 기쁨이 있는 곳을 찾으라. 그러면 그 기쁨이 고통을 태워버릴 것이다. — 조지프 캠벨

분야에 관심을 갖고 있다는 것을 알게 되었다. 한 남성은 딕 프랜시스의 소설을 좋아했다. 또 다른 남성은 역사 소설을 좋아했다. 한 여성은 문 밖출입을 못하는 맹인이었는데, 여행 관련 책에서 큰 즐거움을 느꼈다. 클래런스는 그가 읽는 모든 책에서 큰 기쁨을 발견했다. 은퇴한 어떤 목사는 그에게 성경을 읽어달라고 부탁했다. 성경을 읽으며 그는 마음 깊이 자리한 불안이 점점 잠잠해지는 것을 느꼈다.

"다른 사람들에게 책을 읽어주는 일이 내 인생에서 가장 중요한 일이 되었어요. 그 일은 나를 정말 행복하게 해줘요." 클래런스는 이제 내게 말한다.

| 과제 |

확장된 아티스트 데이트 계획하기

평소보다 더 긴 시간 동안 아티스트 데이트를 하라. 반나절 또는 하루 온종일 당신을 매혹하고 기쁘게 하는 일을 하라. 아마도 당신은 여러 가지 활동을 계획하거나, 몇 주차의 회고록을 작성하며 떠올렸던 추억과 관련된 곳을 다시 가보거나, 평소 당신이 계획했던 것보다 더 길고 더 화려한 짧은 여행을 갈 것이다. 동시성에 주의를 기울이라. 확장된 아티스트 데이트에서 동시성을 경험할 수 있을 것이라고 장담한다.

손주들

손주들 또는 종손(형제자매의 손주)들은 은퇴자들에게 중요한 기쁨의 원천이 될 수 있다. 그들은 놀고 싶어 하고, 우리는 그들이 우리 내면의 장난기를 해방시켜준다는 것을 알고 기뻐할 수 있다. 조부모는 훌륭한 놀이 친구이며, 함께 공원이나 동물원에 갈 시간적 여유가 있다. 우리는 아이들이 좋아하는 책을 읽어주고 또 읽어줄 수 있는 인내심을 가지고 있다. 우리는 종종 손주들의 익살스러운 장난에 웃고 있는 우리 자신을 발견한다. 우리는 앙증맞고 사랑스러운 아기 옷을 사 주기도 한다. 봉제 인형을 보고 문득 그것이 손주들에게 꼭 필요한 친구라는 생각이 들지도 모른다.

스티븐은 자신이 손자들과 함께 있으면 편안한데, 그것에 대해서 죄책감을 느낀다는 것을 발견했다. "내 아들은 자기 아들과 있을 때처럼 자기와 있었을 때도 인내심을 가지고 있었는지, 그러려고 노력했는지 내게 물어봐요. 그렇지만 그 당시에 나는 인생의 다른 지점에 있었어요. 나는 돈을 버는 데 무척 관심이 많았고 모든 것이 새로웠죠. 지금은 그때보다 더 느긋해요. 그래서 내 아들과의 관계보다 손자와의 관계가 더 즐거워요."

우리 대부분은 스티븐처럼 은퇴하고 나서 후회에 사로잡히게 된다. 갑자기 자기 성찰의 시간이 생긴 우리는 자신이 했던 선택에 대해서 비판하고 있는 자신을 보게 된다. 은퇴를 한 우리는 새로운 맥락에서 그 선택들을 다시 돌아본다. 우리 대부분은 이제 할아버지, 할머니가 되었고, 우리 자녀들에게 기울였던 관심보다 손주들에게 더 세심한 관심을 기울인다. 우리가 꿈꿨던 부모가 될 수 있는 두 번째 기회가 주어진 것처럼 말이다.

60대 중반인 프리다는 회고록에서 자신의 30대 후반과 40대 초반을 탐색했다. "나는 그 시기에 내 일에 굉장히 집중했어요. 패션 디자인을 했어요." 그녀는 기억을 더듬었다. "또한 고통스러운 시간이었어요. 아이를 갖지 못할지도 모른다는 사실을 받아들이기 위해 몸부림치고 있었죠. 내게 마지막 기회가 왔다고 느꼈지만 이상적인 배우자를 만나지 못했어요. 혼자서 아이를 갖는 건 내키지 않았어요. 결국 나는 아이를 갖지 않았죠. 회고록 작업을 통해 그 시절을 되돌아보면서, 나는 여전히 멋진 삶을 살아왔다는 것을 알게 됐어요. 나는 내 열정을 따랐는데 그 열정이 내게는 일과 관련되어 있었어요. 나는 단지 다른 사람들만이 아니라 나 자신에게 보여주기 위해 많은 창작품을 만들었어요." 프리다는 이제 그녀의 동년배들이 손주들을 보았다는 것을 안다. "내 인생에서 이번이 처음인 기분이 들지 몰랐지만, 나는 지금 내가 한 선택들을 돌아보고 그 안에 담긴 지혜를 인식할 수 있어요. 나는 결정하느라 많은 고심을 했던 젊은 시절의 나 자신에게 연민을 느낄 수 있어요. 그때로 돌아가 젊은 시절의 나에게 이렇게 말해주고 싶어요. '모든 일이 잘될 거야.' 나는 내 일을 사랑했어요. 나는 사람들을 도와줄 수 있었어요. 언젠가 종손이 생길지도 모르고 많은 어린아이들과 내 인생을 나눌 수 있을 거예요. 나는 여러 번 내 작업실로 조카를 데려왔어요. 나는 그 일이 조카가 스스로 디자이너가 되기로 결심하는 데 영향을 줬다고 믿고 싶어요. 그 아이의 여정을 지켜보고 기회가 생길 때마다 그 아이를 도우면서 만족감을 느껴요. 실제로 가슴이 떨릴 정도로 흥분돼요."

보살피는 행동을 통해 다른 사람들을 향한 우리의 사랑을 표현할 때 우리는 또한 우리 자신을 사랑해야 한다. 우리는 우리의 부족함을 용서하는 것을 배워야 한다. 결국 우리 가운데 많은 이들이 한 부모였고, 자녀를 사랑하는 만큼 재정적인 부분에 초점을 맞추었음을 알게 될 것이다. 빚을 지지 않기 위해 애쓰면서 말이다. 지금 우리는 좀 더 구체적인 방법으로 자녀들에게 사랑을 보여주지 않았던 것에 대한 후회에 사로잡혀 있을지도 모른다. 그렇지만 저녁 식사를 함께 하는 것보다 더 구체적인 방법이 있었을까? 우리는 우리 자신을 용서하는 것을 배워야 하고 인정할 부분은 인정해야 한다. 우리는 때때로 자녀의 활동에 함께 하는 것보다 시간 외 근무를 할 수밖에 없었다. 은퇴한 지금, 우리는 준비된 관객이 될 수 있다. 손주들의 합창 연습, 웅변대회, 연극 공연 등에 참석하면서 그들의 재능을 높이 평가할 때, 우리는 우리 자신에게 두 번째 기회를 주는 것이다. 자녀의 자녀, 즉 손주들을 지지하고 지원함으로써 우리 자녀를 지지하고 지원하는 것은 우리가 관대함과 치유의 다리를 놓는 것과 같다. 그리고 우리는 그것이 상당히 즐겁다는 것을 발견할 것이다.

나이듦에도 좋은 점이 있는데, 그것은 역설적이게도 젊음이다. 나이듦은 잠재해 있는 내면의 어린아이를 깨우는 것처럼 보인다. 조부모의 인내심은 종종 손주들의 에너지와 아주 잘 어울리는 것처럼 보인다. 우리 손주들이 말을 배우면서 자기 식으로 엉뚱하게 표현하면 우리는 굉장히 즐거워한다. 여러 가지 면에서 그런 표현은 우리가 우리 자신을 재창조할 때 자기 식으로 엉뚱하게 표현하는 것과 비슷하다.

로저는 조각을 하고 싶은 유혹을 느꼈다. "그건 유치해." 그의 내면 검열관이 이의를 제기했다. 그렇지만 그의 모닝 페이지는 강하게 권유했고 로저는 점토를 샀다. 그의 첫 번째 모델은 그가 기르는 강아지 코커 스패니얼이었다. "재미있었다." 그는 모닝 페이지에 썼다. 그다음에 그는 손녀의 사진을 바탕으로 3차원 입체로 표현해 손녀의 곱슬머리까지 살려서 조각을 했다. '그 작품이 어떻게 보이는지는 정말 중요하지 않아. 이 작업을 하는 것 자체가 즐거워서 하는 거니까.' 그는 자신이 이렇게 생각한다는 것에 놀랐다. 그리고 손녀가 놀러 왔을 때, 그는 자랑스럽게 그녀의 흉상을 보여주었다.

"나잖아요!" 손녀는 기뻐서 소리를 질렀다.

"그래. 내가 가장 좋아하는 것들을 조각하고 있단다." 그는 손녀에게 코커 스패니얼 조각도 보여주었다.

"스크루피네요!" 손녀는 소리 질렀다, "할아버지, 스크루피랑 똑같이 생겼어요."

로저는 손녀의 반응에 기뻤다. 그는 손녀의 손을 잡고 점토 한 덩이가 기다리고 있는 부엌으로 갔다.

"자, 보렴. 이렇게 시작하는 거란다. 둥글게 공 모양으로 만든 다음에 제대로 모양이 잡힐 때까지 주무르고 누르고 잡아당기는 거야." 그가 말했다.

"와, 모양이 나와요, 할아버지!" 손녀가 외쳤다.

"몇 개 더 만들어줄게. 그리고 다음에 오면 점토를 좀 주마." 로저는 약속했다.

"좋아요, 할아버지." 손녀는 목소리를 높여 대답했다. 로저는 생각에 잠겼다. '취미가 생기니 즐겁군. 그리고 즐거우니 더 해보고 싶군.'

내 딸은 아기 공주님 세라피나의 엄마다. 세라피나는 밝으면서도 고

집이 세다. 16개월 때 세라피나가 구사할 수 있는 단어는 '엄마', '아빠', '싫어' 등 몇 개 안 되었다. 내가 한 첫 문장은 "나 하 거야. 나(내가 할 거야, 내가)."였다고 한다. 엄마가 편찮으셔서 보모가 와 있었다. 그녀가 나에게 스웨터를 입히려고 했는데 나는 집안 역사에 기록될 그 문장으로 반항적인 저항을 선언했다. 딸네 집에 가면 나는 딸의 인내심에 놀라곤 한다. 딸은 재우거나 기저귀를 갈아주는 수고에 단호한 비명 소리로 "싫어."라고 반응하는 세라피나에게 동화책을 읽어주고 노래를 불러준다.

세라피나의 생김새는 내 아기 때 사진과 닮았다. 밝고, 똘망똘망하고, 고집이 세 보인다. 나는 내가 이 아이와 '정말로' 대화를 나눌 날을 간절히 기다린다는 것을 알게 됐다. 세라피나는 확실히 "나 하 거야. 나."의 기질을 가졌다. 세라피나는 누군가가 읽어주는 것을 좋아하고, 내 딸 도메니카는 많은 동화책을 큰 소리로 읽어주면서 세라피나를 기쁘게 한다. 세라피나는 조랑말 타는 것을 좋아하는데 손녀의 말 사랑이 유전이 아닐까 궁금하다.

"할머니가 되니 좋지 않으세요? 그 기분이 최고 아닌가요?"라는 질문을 받는다. 세라피나의 성장을 지켜보는 것은 큰 기쁨이다. 우리가 정말로 의사소통을 할 수 있기 전에 내가 중요한 관계를 맺고 있는 사람과 다양한 방법으로 함께 시간을 보내는 것은 멋진 일이다. 그런데 솔직히 말하면 나는 할머니가 되고 나서 딸과 더 가까워진 느낌이 든다. 도메니카는 날마다 장거리 전화를 해서 새로운 성공담들을 전해준다. 세라피나는 이제 춤도 추고 노래도 한다. 손녀는 비틀스를 좋아한다. 나는 도메니카에게 "너는 롤링 스톤스를 좋아했어."라고 말해준다. 도메니카는 내가 기억하는 것은 무엇이든지 알고 싶어 한다. "내가 ○○을 했어요?" 도메니카가 물을 것이다. "엄마는요?"

나는 나의 엄마가 더 오래 사셔서 우리에게 많은 이야기를 들려주셨으면 얼마나 좋았을까 하고 아쉬워한다는 것을 알게 됐다. 엄마는 59세에 돌아가셨는데, 지금 내 나이보다 여섯 살이나 더 젊은 나이였다. 나는 세라피나가 자기 엄마에 관한 이야기를 가능한 한 많이 알았으면 한다. 나는 일종의 사명감을 가지고 글을 쓴다. 글을 쓰면서 나는 옳은 일을 하고 있다는 기쁨을 느낀다.

| 과제 |

용서

자녀나 손주, 또는 당신의 인생에서 중요한 관계를 맺고 있는 어린 사람들이 있는가? 이 사람들과 관련된 일 중 당신 자신을 용서할 필요가 있다고 느끼는 일은 무엇인가? 빠른 속도로 과거의 세 가지 상황을 적어보라. 이 중 어떤 것이 당신에게 가장 고통스러운가? 펜을 들고 이 문제를 탐험해보라. 당신은 이전의 자신에게까지 연민을 확장할 수 있는가?

| 과제 |

회고록 - 8주차

나이: _____

1. 이 시기에 맺었던 주요 유대 관계에 대해 묘사하라.

2. 어디에서 살았는가? 여러 곳에서 살았는가?

3. 이 시기 동안에 행복을 가져다주었던 것은 무엇이었는가?

4. 당신을 그 시절로 돌아가게 하는 소리 하나를 묘사하라.

5. 이 시기에 기억나는 냄새 하나를 묘사하라.

6. 반려동물을 길렀는가?

7. 이 시기 동안에 탐색했던 열정이나 관심사는 무엇이었는가? 무시했던 열정과 관심사는 무엇이었는가?

8. 이 시기 동안 가장 큰 도전은 무엇이었는가? 오늘날 당신은 이 도전과 연관이 있는가?

9. 이 시기에 주로 어떤 기분이었는가? 이 기분은 오늘날과 어떤 연관이 있는가?

10. 이 시기에 의미 있게 느껴지는 다른 기억은 무엇인가?

엉뚱한 행동의 힘

창조성 도구들을 가르치는 수십 년 동안, 나는 종종 저항하는 사람들을 보아왔는데, 그중 아티스트 데이트를 하는 것에 대한 저항이 가장 크다. 우리가 일 중심의 문화에서 양육되었기 때문이라고 생각한다. 모닝 페이지는 '일'처럼 보이고 느껴진다. 산책을 하고 질문에 답하고 과제를 수행하는 것 또한 일처럼 느껴진다. 그렇지만 아티스트 데이트는 놀이로 할당된 것이다. 이것은 명확히 '일'이 아니다. 나 자신을 포함해 우리 대부분은 재미라고 인식하는 것을 시작하기를 주저한다. 그렇지만 엉뚱한 행동의 힘은 정말 대단하다. 빛을 받으면 다양한 분홍빛을 띠는 내 책상 위의 기발한 서진을 보면 내가 유리 세공 작업실로 가서 직접 그 서진을 만들었던 아티스트 데이트가 떠오른다. 유리를 부는 직공이 세심하게 지켜보는 가운데, 유리는 불 속에 들어가 현재의 디자인으로 녹으면서 모양이 만들어졌다. '단지' 엉뚱한 행동이고 '단지' 놀이였지만 그 짧은 여행으로 나는 낙천적이 되고 황홀함을 느꼈으며, 신비감, 가벼움, 즐거움을 상기시키는 아름다운 상징적 장식품을 얻었다. 내가 글을 쓸 때 이 서진은 나의 호기심을 자극하고 영감을 준다. 문장이나 플롯 포인트를 궁리하며 그것을 찬찬히 들여다보고 있노라면 다양한 관점이 떠올라 놀라곤 한다.

우리는 '아이디어 놀이'라는 표현을 사용한다. 하지만 우리는 이것이 문자 그대로의 의미를 지닌 어구임을 거의 깨닫지 못한다. 이것은 문자 그대로이며 강력하다. 놀이는 우리의 상상력을 자극한다. 우리는 진지하고 논리적인 두뇌가 보기에는 전혀 관련이 없을 법한 것들을 자유롭게 연결한다. 이러한 기발한 생각은 창조적 발명의 싹이 될 수 있다.

교직에서 퇴직한 루시는 자신의 직업을 그리워했다. "나는 우울해요." 그녀가 말했다. "삶의 목표를 잃은 것 같은 기분이에요. 나는 외로워요. 나는 몸무게가 늘고 있어요. 나는……."

"좀 놀아보세요." 나는 그녀에게 제안했다. 그녀는 깜짝 놀랐다.

"놀라고요? 내가 그리워하는 것은 일이에요."

"한번 생각해보세요." 나는 그녀를 달랬다. "틀림없이 당신이 즐겁게 할 수 있는 뭔가가 있을 거예요."

루시는 잠시 생각했다. "글쎄요." 그녀는 마침내 말했다. "나는 춤추는

내 안에는 여전히 어린아이가 있다. 그런데 때때로 그렇게 얌전하지는 않다.
— 프레드 로저스

것을 정말 좋아해요."

"그러면 춤을 추세요." 내가 그녀에게 말했다.

"글쎄요." 그녀는 미심쩍어하며 말했다. 몇 주 후 나는 다시 루시의 연락을 받았다. 그녀가 내면의 무용수를 불러내기 위해 한 번이 아니라 두 번이나 아티스트 데이트를 했다는 이야기를 듣고 나는 매우 기뻤다.

"나는 즐겁게 지내고 있어요." 그녀가 말했다. "춤 강좌 두 개를 수강 중인데 세 번째 강좌도 등록했어요. 이 강좌들 덕분에 얼마나 기분이 좋아졌는지 믿을 수가 없어요. 그리고 우연의 일치일까요? 나와 똑같은 춤 강좌 두 개를 듣는 아주 멋진 남자를 만났어요. 이번 주 토요일에 데이트로 같이 춤을 추러 갈 거예요. 나는 언제나 춤을 배우고 싶다고 말했어요."

6개월 전의 일이었다. 루시의 춤추는 남자는 이제 그녀의 한결같은 동반자이다. 그녀는 일주일에 세 번 춤을 추고 있으며, 퇴직 후 늘었던 체중 7킬로그램을 뺐다. 그녀는 재미있고 엉뚱해 보이는 것을 즐기는 데 스스럼없이 몰두한다. 그리고 심지어 춤을 추는 유람선 여행도 신청했다.

우리는 우리를 어디로 안내할지 보여줄 기회도 주지 않고 아이디어를 '너무 엉뚱하다'며 일축해버리기 쉽다. 나는 당신의 가장 엉뚱한 성향을 따라가보라고 격려할 것이다. 처음에 언뜻 보기에는 무의미해 보이더라도 말이다.

엉뚱한 행동을 하는 것은 그야말로 우리를 행복하게 해줄 수 있는 것을 위해 지성주의를 내려놓는 것을 연습하는 것이다. 이론상으로는 굉장히 어려울 수 있지만 실질적으로는 상당히 즐겁다.

마이클은 하버드 대학교에서 교육학 석사 학위를 받았다. 그는 내게 전화해서 이렇게 말했다. "나는 내가 받은 교육을 다른 사람들을 돕는데 사용하지만, 나 자신을 도울 수 있을 것 같지는 않아요."

"아티스트 데이트를 하고 있나요?" 나는 그에게 물었다.

"나는 모닝 페이지를 쓰고 있어요." 그가 방어적으로 대답했다. "그렇지만 아티스트 데이트에 관한 한, 나는 학생들과 고객들에게는 아티스트 데이트를 과제로 내주어도 나 자신에게는 내주지 않아요."

"마이클, 그 말은 당신이 의무에는 충실하고, 기쁨에는 불충실한 것처럼 들려요. 몇 주만 아티스트 데이트를 해보세요. 그러고 나서 나한테 다시 전화하세요." 내가 말했다.

마이클은 회의적이고 주저하는 모습을 보였다. 그는 내가 아주 복잡한 문제를 너무 단순화시키고 있다고 생각하며 아티스트 데이트가 효과가 있다고 믿지 않는 것처럼 보였다. 그렇지만 언제나 성실한 수강생이었던 그는 과제를 수행했다. 몇 주 후 그가 다시 전화했을 때 그의 목소리가 다른 사람처럼 들렸는데도 나는 놀라지 않았다.

"당신에게 사과해야겠어요." 그가 말을 꺼냈다. "나는 굉장히 적대적이었어요." 나는 사과하지 않아도 된다고 그를 안심시켰다. 나는 '단지' 즐거움을 위해 무언가를 시도하는 것이 위협적이라는 것을 이해한다. 특히 마이클처럼 의기양양한 지적 추구로 똘똘 뭉쳐 있을 때 '논다'는 생각은 무모해 보일 수 있다.

"수년간 가지 않았던 역사 도서관에 갔어요." 그가 나에게 말했다. "그곳은 시간을 잘 쓸 수 있을 거라고 추론할 수 있는 곳이었어요. 그렇지만 내가 그곳에서 한 경험에 매우 놀랐어요. 내 초기 연구와 학문적 아버지, 초기에 내게 영감을 주었던 많은 교수님들에 대한 기억들이 되살

때때로 마음은 눈에 보이지 않는 것을 본다.
— H. 잭슨 브라운 주니어

아났어요. 나는 실제로 그중 한 분에게 연락을 했고 그분이 내게 심어 준 교육적 가치에 대해 감사 인사를 했어요. 우리는 굉장한 대화를 나누었어요. 나는 심지어 내가 애초에 왜 도서관을 갔는지에 대해서도 그분에게 말했어요. 내 인생에 '놀이'로 더하려고 도서관에 갔다고요. 그분은 믿을 수 없을 정도로 개방적이셨어요. 우리는 학계에 존재할 수 있는 우월 의식에 대해서 오랫동안 이야기했어요. 나는 아티스트 데이트를 또 해야겠다는 영감을 받으며 그 전화를 끊었어요. 내가 그동안 갖고 있던 가정이 무엇인지 정확히 모르겠지만, 나는 놀이가 어리석은 게 아니라는 것을 깨달았어요. 이것은 거의 기적이에요! 나는 좀 더 행복한 사람이 되도록 가르치는 좀 더 괜찮은 선생이 될 거예요. 그 이후에는 영화를 보고, 새로운 식당에도 가보고, 전시회에도 다녔어요. 다음 아티스트 데이트로 우리 동네에 있는 아이스크림 가게에 가보려고 해요. 그보다 더 기분 좋은 일이 뭐가 있겠어요?"

아티스트 데이트는 기쁨을 훈련하는 것이다. 아티스트 데이트의 첫 열매 중 하나는 기쁨이다. 그런데 마이클은 그동안 그 기쁨을 놓치고 있던 것이다. 나는 그에게 내가 알게 된 진실을 말해주었다. "우리 삶의 질은 언제나 기쁨의 양에 비례한다."

우리가 놀 때, 우리는 우리 안의 어린아이와 연결된다. 종종 이 어리고 엉뚱한 부분은 우리 안의 어른인 부분에게 매우 좋은 아이디어를 준다. "한번 해보지 그래요?" 우리 안의 어린아이가 묻는다. "좀 재미있다고 해서 문제 될 것이 있나요?"

좀 재미있다고 해서 정말로 문제 될 것이 있겠는가?

땅을 내려다보고 있으면 무지개는 결코 찾지 못할 것이다.
— 찰리 채플린

엉뚱한 행동의 힘

우리 대부분은 재미있게 노는 것을 어려워한다. 우리는 우리 자신과 인생을 너무 심각하게 받아들인다. 때때로 우리는 우리 자신을 속여서 인생을 즐기게 할 필요가 있다. 펜을 들고 요즘 당신 자신에게 허용하지 않는 재미있는 것 10가지를 적으라. 그 범위는 규모가 작은 것에서부터 큰 것까지 모두 괜찮다.

1. 매니큐어 바르기
2. 페디큐어 바르기
3. 흥미 위주의 타블로이드 잡지 보기
4. 자전거 타기
5. 거품 목욕하기
6. 화려한 무늬의 양말 사기
7. 인조 모피 코트 입기
8. 바나나 스플릿 먹기
9. 춤추러 가기
10. 빨간 가죽 장갑 사기

위안을 주는 유머

엄마는 부엌 조리대 벽에 다음과 같은 시를 붙여놓았다.

> 당신의 코가 늘어져 거친 숫돌까지 내려가고
> 당신이 그 코를 오래오래 잡고 있다면
> 당신은 곧 말할 거예요. "이건 말도 안 돼."
> 시냇물이 재잘거리고 새들이 노래하는 것처럼
> 당신의 세상에는 세 가지만 남아 있을 거예요.
> 당신, 숫돌, 그리고 당신의 망할 늙은 코.

이 시는 볼 때마다 기운을 내려고 엄마가 붙여놓은 시이다. 자녀 일곱을 기르다 보니 항상 해야 할 중요한 일이 있었다. 아무리 중요한 의무가 곧 닥칠 것 같아도 가벼운 유머는 항상 환대를 받았다. 아빠와 엄마는 대가족을 부양하면서 감당하기 벅찬 일이 닥칠 때면 웃음에 기댔다. 아빠와 엄마는 만화를 취미로 공유했다. 그들은 제임스 서버와 촌 데이의 유머를 좋아했다. 엄마는 우리에게 요리를 가르칠 때, 각각의 레시피를 '유머 한 꼬집'이라고 불렀다. 부엌 창문 밖, 우리가 '큰 참나무'라고 부르게 된 나무에 아빠는 새 모이통을 매달았다. 엄마가 새들의 별난 몸짓을 보며 기뻐하도록 말이다. 어느 겨울에는 아빠가 빙상 요트를 만들어서 겁도 없이 리버티 호수 얼음 위를 가로지르려고 했었다. 빙상 요트는 큰 웃음을 선사했다. 우리는 요트를 밀며 얼음 위를 달리다가 속도가

웃음은 인간의 얼굴에서 겨울을 몰아내는 태양이다.
— 빅토르 위고

붙으면 얼음에서 몇 센티미터 떨어진 요트 발판에 발을 올리고 매달렸다. "지미, 저러다 애들 얼굴 다 긁히겠어요." 엄마가 걱정하는 소리를 했다. 엄마의 걱정에 좀 누그러지기는 했지만 자신이 유도해낸 장난을 여전히 자랑스러워하던 아빠는 다음 눈 오는 토요일에 우리를 데리고 빙상 요트 대신 눈썰매를 타러 갔다.

가장 오래되고 친한 친구들 중에 제라드 해킷이라는 친구가 있다. 우리는 조지타운에서 대학 1학년 때 만났다. 나는 10대의 반짝이는 그의 눈에 끌렸다. 지금까지도 그 반짝임은 여전하다. 그의 말대로 우리는 이제 노인네들이다. 그는 종종 자기가 한 농담에 낄낄거리며 웃는다. "나는 노인네야. 그리고 너도 노인네고." 그는 내게 말한다. 그는 다른 것들 중에서 나이 든 것에 대해 놀리기를 즐긴다. 몇 년 전 내가 병원에서 회복 중에 있을 때, 그가 꽃다발을 들고 병문안을 와서 한바탕 웃음을 주고 갔다. "헤이, 아가씨." 그가 나에게 인사했다. "이곳은 그리 나쁘지 않군. 이 꽃들을 보고 기분 전환을 하고 있어. 그사이에 누구한테 좀 물어보고 올게. 우리가 얼마나 빨리 널 여기서 데려갈 수 있을지." 제라드는 예나 지금이나 나에게 보호막 같은 친구이다. 정신적인 면은 말할 것도 없고 내 건강과 재정적인 면도 살펴준다. 그의 보호 본능과 그에 못지않은 유머는 슬프고 두려운 순간에 희망과 가벼움을 가져다준다. 제라드 같은 친구가 있다는 것은 정말 커다란 행운이다. 그는 나를 웃길 때만큼이나 빠르게 내게 도움의 손길을 내민다. 그는 나에게 힘과 웃음을 주고, 그 힘과 웃음 덕분에 나는 적응 유연성이 있다.

많은 은퇴자들이 유머의 힘을 인지하지만 유머를 어디에서 찾아야 할

웃음의 절정에서 우주는 새로운 가능성의 만화경 속으로 빠져든다.
— 진 휴스턴

지는 잘 모른다. 한 친구는 스탠드 업 코미디°를 보는 것을 아주 좋아하는데 현장에서 직접 보는 쇼와 심야 토크 쇼 모두 좋아한다. 또 다른 친구는 주간 잡지인《뉴요커》를 구독한다. "기사를 보려는 게 아니고 만화를 보려고 구독하는 거야." 그는 말한다. 사비를 들여 가끔씩 웃는 웃음은 건강하다. 『'뉴요커' 만화 전편 모음집』은 성인의 삶의 약점에 대한 정통한 관점을 제공한다. 세 번째 친구는 코미디 영화는 고전이든 신작이든 모두 빌려서 본다. "나는 유머가 가치 있다고 생각해. 나이 들수록 웃을 거리를 더 찾게 돼." 그는 말한다. 코미디언, 만화가, 그리고 영화 제작자를 따라 낄낄거리며 웃는 것은 우리에게 너무 흔한 고립감을 치유하는 데 큰 도움이 된다. 대부분의 은퇴자들은 유머라는 예방 주사를 맞을 수 있다. 우리가 유머와 관련하여 뭔가를 읽거나 보면, 유머는 그날에 생기를 불어넣어준다.

6년 전에 은퇴한 캔디스는 로맨스 소설을 꾸준히 읽는다. "그 소설들은 순전한 판타지예요. 나는 이 소설들을 좋아해요." 그녀는 내게 말한다. 71세인 낸시는 그녀보다 열 살 어린 남자와 최근에 결혼했다. "우리는 같은 것을 보고 웃는다는 것을 발견했어요." 그녀는 말한다. "우리가 유머를 공유한다는 걸 알고 유대감을 느꼈죠. 그 유대감은 또 다른 유대감으로 이어지고, 그리고……" 그녀는 소녀처럼 키득키득 웃는다. "우리는 세상이 재미있다는 것을 발견하고 사람들이 우리의 나이 차에 대해 듣고 한바탕 웃는 걸 즐겨요."

우리 삶에 유머를 가져오고 우리 안에서 유머가 나오게 하는 사람들

● 코미디언이 무대 위에서 재치 있는 입담으로 관중에게 즐거움을 주는 1인 코미디극.

을 찾는 것은 가치 있는 일이다. 종종 변화와 고난의 시기에 우리로 하여금 적응 유연성이 있게 만들어주는 것은 유머 감각이다. 유머는 자연스럽게 우리에게 균형감과 희망을 가져다준다. 인생의 모든 것을 그렇게 심각하게 여길 필요는 없다. 우리의 삶에서, 그리고 매일 쓰는 모닝 페이지에서 우리는 마음이 가벼워짐을 느끼게 된다. 상황은 우리가 처음에 생각하는 것만큼 그렇게 나쁘지는 않다. 사실 전혀 나쁘지 않을지도 모른다.

| 과제 |

유머

무엇이 당신을 웃게 만드는가? 당신이 재미있다고 생각하는 코미디나 만화책을 보거나, 그런 사람과 차를 마시며 즐기라. 재미있다고 생각하는 것이나 사람은 매우 개인적이다. 가장 중요한 것은 당신이 그것이나 그 사람을 재미있다고 생각하는 것이다. 하고 싶은 것을 마음껏 하라. 그리고 당신에게 기쁨을 안겨주는 것을 즐기라.

반려동물

맨해튼에 있는 어떤 동물 병원 표지판에 다음과 같이 적혀 있다. "당신의 개가 생각하는 그런 사람이 되라." 반려동물은 우리의 삶에 무조건적인 사랑을 선사한다. 반려동물은 우리가 가끔씩 화를 냄에도 불구하고

신들조차도 농담을 좋아한다. ─ 플라톤

온 마음으로 우리를 사랑하며 심오한 기쁨을 가져다줄 수 있다. 내 삶은 다양하고 많은 동물 친구들 덕분에 헤아릴 수 없을 정도로 향상되었다.

어린 시절 나의 주된 반려동물은 해크니 포니 종 조랑말인 치코였다. 우리는 함께 최고상을 많이 받았다. 치코는 내가 타면 과제를 수행했지만 다른 사람이 타면 꼼짝도 하지 않았다. 치코는 한 사람을 위한 조랑말이었다. 나는 치코의 충성심과 재주를 높이 평가했다. 치코는 웬만한 말들은 뛰어넘기 힘든 높은 울타리를 뛰어넘는 재주가 있었다. 치코가 죽었을 때 내 일부도 그와 함께 죽었다. 요즘 나의 웨스트 하이랜드 화이트 테리어, 릴리는 갈색 눈에 사랑을 가득 담고 이 방에서 저 방으로 나를 쫓아다닌다. 매일 아침 나는 릴리와 타이거 릴리를 위해 기도한다. 타이거 릴리는 최근에 죽은 나의 코커 스패니얼 개이다. 나는 두 개에게 기쁨을 주십사 하고 기도한다. 릴리가 하루 종일 밝은 기분으로 지내면 나는 내 기도가 응답을 받고 있음을 확신한다.

모든 사람이 조랑말, 심지어 강아지를 키울 만큼 운이 좋지는 않다. 하지만 대부분의 집에서는 고양이나 새, 물고기를 키울 공간을 만들 수 있다. 집 밖에서 동물을 보고 싶은 사람들에게는 동물원에 가거나, 심지어 친구네 반려동물을 보러 가는 것이 즐거운 나들이가 될 수 있다.

내 친구 스코티는 은퇴한 뒤 반려동물을 처음 기르게 되었다. 3.4킬로그램밖에 안 되는 티컵 슈나우저, 목시는 자기보다 훨씬 큰 개를 보고 짖어댄다.

"이렇게 조그만 개가 내 마음속에서 이렇게 큰 자리를 차지할 줄 누가 알았겠어?" 스코티는 말한다. 그녀는 강아지와 하루 세 번 산책을 하고, 친구들을 만나면 "목시 때문에 집에 가야 해."라며 자리에서 일찍 일어

고양이만큼 불가사의한 글을 쓸 수 있다면 얼마나 좋을까.
— 에드거 앨런 포

나곤 한다.

　내가 65세가 되었을 때 나의 애견 타이거 릴리도 15세가 되었다. 우리는 같이 나이를 먹어갔다. 낮잠이 필요했고 살이 찌지 않도록 세심한 식이 요법도 필요했다. 나는 예정되어 있던 강의 여행을 떠났고, 릴리는 평소처럼 내가 '스파'라고 부르는 곳에 맡겼다. 놀이도 할 수 있고, 개껌도 있는 최첨단 강아지 호텔이다. 타이거 릴리는 스파를 좋아했다. 그곳에 있다가 돌아올 때면 깨끗하고, 털이 복슬복슬했다. 그렇지만 이번에 타이거 릴리는 집으로 돌아오지 못했다. 대신에 나는 강의 여행 동안 전화를 한 통 받았다.

　"당신의 개가 죽어가고 있어요." 전화를 한 사람이 말했다.

　나는 타이어 릴리를 수의사에게 데려가라고 말했다. 그들은 타이거 릴리를 수의사에게 데려갔고 수의사는 일련의 검사를 한 뒤에 슬픈 결론에 다다랐다. 타이거 릴리의 모든 장기가 제 기능을 하지 못했다.

　"내가 이 개 주인이라면 오늘 죽게 할 거예요." 그 수의사가 말했다. 그래서 나는 수의사에게 내가 집에 갈 때까지 고통스럽게 기다리게 하느니 생을 마감하게 해달라고 말했다. 그곳에서 타이거 릴리는 평화롭고 온화한 모습으로 잠들었다. 나는 강의를 마치고 집으로 돌아왔다. 나는 타이거 릴리의 비용을 계산하기 위해 스파에 들렀다. 스파에서 타이거 릴리의 사진을 찍었었고 나는 그래 주어서 기뻤다. 사진 속에서 타이거 릴리는 늙고 지치고 아파 보였다. 내가 옳은 결정을 내렸다는 생각이 들었다. 그렇지만 목줄과 가죽끈을 돌려받았을 때에는 눈물이 터져 나왔다. 나는 잘 가라는 인사말을 건넬 기회도 없었다는 슬픔에 잠긴 채 빈 집으로 돌아왔다. 그렇지만 그것이 최선이었음을 인정했다. 그 자리에 있었다면 완전히 무너져 내렸을 것이다. 분명히 너무 슬퍼서 타이거 릴리를 떠나보내는 것이 더 어려웠을 것이다.

몇 주가 지나도 나는 타이거 릴리의 부재에 적응할 수가 없었다. 수의사로부터 타이거 릴리의 유해를 받았다는 전화를 받기까지 꼬박 한 달이 걸렸다. 나는 유해를 받기 위해 병원에 들렀다. 다시 한번 나는 슬픔을 주체할 수 없었다. 그 병원에 있던 사람들 모두 이해해주었지만 나는 슬픔을 가눌 수가 없었다. 아주 작은 통에 타이거 릴리의 유해가 모두 담겨 있었다.

돌볼 타이거 릴리가 없으니 내 삶은 텅 빈 듯했다.

"다른 개를 키워볼래?" 친구들이 물었다.

"지금 바로는 말고." 내가 대답했다.

그러던 어느 날 문득 나는 내가 알고 지내던 개들을, 나를 행복하게 하는 개들을 생각하고 있다는 것을 깨달았다. 엠마가 키우는 웨스트 하이랜드 화이트 테리어, 샬럿이 계속 떠올랐다. 샬럿은 엠마와 그녀의 친구 타일러와 함께 아파트에 살고 있다. 내가 엠마에게 전화를 하면 샬럿은 엠마의 무릎 주변을 맴돈다. 샬럿은 산책하러 나가고 싶어지면 엠마를 불쌍한 표정으로 쳐다본다. 그러면 엠마는 이렇게 해석한다. "나랑 산책하러 갈래요? 아니면 다른 거라도 하러 갈까요?"

그렇다. 나는 결심했다. 내가 다른 개를 기른다면 웨스티*가 될 것이다.

내가 슬퍼하는 것을 본 내 친구 로버트는 웨스티를 구해주려고 인터넷 검색을 시작했다. 그는 애리조나에 있는 웨스티 구조대를 찾아냈다.

• '웨스트 하이랜드 화이트 테리어'의 악칭.

동물을 사랑해보기 전까지는 영혼의 한 구석은 여전히
잠에서 깨어나지 않은 것이다.　　―아나톨 프랑스

나는 재빨리 연락해서 긴 질문지를 적어나갔다.

왜 웨스티를 입양하기를 원하는가에 대해 공들여 에세이를 쓴 후에 신청서를 보냈다. 일주일이 지나도 아무런 소식이 없었다. 그때 입양 센터에서 입양 보낼 수 있는 웨스티의 사진을 내게 보냈다. 3세인 그 개는 아름다웠고 의사가 지시한 대로 대소변 훈련이 잘되어 있었다. 그렇지만 인연이 아니었다. "당신은 애리조나에 살지 않는군요. 우리는 애리조나가 아닌 곳에 개를 보낼 수 없습니다." 나는 큰 충격을 받았다. 왜 그들은 처음부터 그 얘기를 하지 않은 걸까? 나는 몇 주간 상실감에 빠져 있었다. 그러던 어느 날, 나는 로버트로부터 웨스티 종 브리더*들의 명단을 받았다. 그리고 기쁘게도 강아지를 뉴멕시코로 기꺼이 입양 보내겠다는 브리더를 콜로라도에서 찾았다. 계약금은 100달러였다. 나는 급히 계약금을 수표로 보내면서 전화 통화를 하고 싶다는 내용도 덧붙였다.

"영리하고 붙임성이 좋은 강아지를 찾고 있어요." 내가 말했다.

"글쎄요." 그녀는 말했다. "그런 강아지가 있는지 잘 살펴볼게요."

강아지들은 7월 17일에 태어났다. 이들은 2개월 후인 9월 중순쯤부터 입양이 가능하다고 했다. 나는 저녁 기도에 기도 항목을 추가했다. "하나님, 저와 잘 맞는 강아지를 보내주세요." 나는 매일 밤 기도했다. 예정한 시간이 가까워오자 나는 더 열심히 기도했다. 화가인 내 친구 패멀라는 샌타페이에서부터 나와 함께 가주기로 자원했다. 일주일 전에 콜로라도에 홍수가 나서 우리는 방문을 연기했다. 마침내 시간이 되었다.

• ① 전문 자격을 가지고 우수한 환경에서 혈통견을 길러내는 사람. ② 애완동물이 낳은 새끼를 팔 목적으로 애완동물을 기르는 사람.

우리의 완벽한 동반자는 네 발 동물이다. — 콜레트

콜로라도를 덮친 물이 빠지자 우리는 산을 넘고, 말과 소, 심지어 엘크까지 지나쳤다. 브리더가 사는 곳으로부터 30분 거리인 콜로라도 오로라에 도착했다. 우리는 예비지식 없이 홀리데이 인 익스프레스 호텔을 골랐다. 호텔 안으로 들어간 우리는 믿기지 않아 눈을 깜박거렸다. 파란색과 금색, 초록색의 선명한 줄무늬 카펫이 깔려 있었다. 우리는 서로 쳐다봤다. 그리고 말했다. "이게 무슨 예고편이 아니면 좋겠어." 오렌지색 금속성 벽지와, 초록색과 황금색 나뭇잎 무늬 카펫으로 꾸며진 우리 방 또한 화려했다.

"사랑하는 하나님, 부디 입양할 강아지가 브리더가 말한 것보다 더 멋진 강아지이길 바랍니다." 나는 기도했다. 우리는 나가서 샐러드와 수프가 일품이라는 '스위트 토마토'라는 식당에서 밥을 먹었다. 그러고 나서 호텔로 돌아왔다. 다행히 잠자리는 편안했고 베개는 훌륭했다.

다음 날 아침 일찍, 우리는 브리더를 만나러 출발했다. 그녀는 우리가 머무는 곳과 자신이 있는 곳 중간쯤에서 만나는 데 동의했다. "저는 금색 블레이저를 타고 갈 거예요." 그녀가 말했다. 우리는 트럭 정류소의 주차장에서 그녀를 만나기로 했다. 우리가 그곳에 도착했을 때 금색 블레이저는 없었다. 나는 우리가 설명을 제대로 알아들은 것이기를 바랐다. 나는 초조했다. 우리 차 옆 주차 칸에 블레이저가 섰을 때 그 안에 강아지를 품에 안은 브리더가 있었다.

"오, 봐, 정말 아름다워!" 나는 패멀라에게 소리쳤다.

"장난기가 많아요." 브리더가 주의를 줬다. "처음에 한동안은 강아지를 무릎에 앉고 있는 게 좋을 거예요." 나는 잔금을 수표로 끊어주었고 패멀라는 운전석으로 가서 앉았다. '세상에, 이 강아지는 완벽해 보여.' 곧장 내 얼굴에 뽀뽀하는 강아지를 어루만지면서 나는 이런 생각을 했다. 나는 금세 사랑에 빠졌다.

나는 '릴리'라는 이름표가 달린 새로운 목줄을 강아지 목에 걸어주었다. 그렇다. 릴리는 강아지 이름이 될 것이다. 이름이 강아지와 잘 어울렸다. 로키 산맥을 넘어 돌아올 때, 릴리는 복슬복슬한 하얀 공처럼 내 무릎 위에 웅크리고 있었다. 릴리는 아름다울 뿐 아니라 영리해 보였다. 하나님께서 내 기도에 응답하셨다. 참으로 완벽한 강아지였다.

우리 집에는 다시 명랑한 반려견이 들어왔다. 내가 고용한 반려견 훈련사가 이런 말을 했다. "온갖 기질을 다 가지고 있어요. 이 녀석 때문에 정말로 바빠질 거예요." 그 훈련사 말대로 릴리는 제멋대로 굴고 붙임성이 좋았다. 내가 '강아지를 선보이는' 파티를 열었을 때 릴리는 손님들을 열심히 맞이했다.

우리의 반려동물은 우리에게 기쁨을 가져다준다. 그들의 조건 없는 사랑은 은퇴의 충격을 완화하는 데 도움이 된다. 그들을 훈련시키는 일은 우리에게 즐거운 프로젝트이다. 아침 기도에서 타이거 릴리의 영혼이 릴리를 인도해달라고 기도한다. 타이거 릴리를 입양했을 때가 생각난다. 타이거 릴리가 너무 제멋대로 굴어서 나는 거의 포기할 지경이었다. 그런데 나이가 들면서 기질이 누그러졌다. 나는 집 안에서 미친 듯이 뛰어다니는 릴리를 바라보면서 머지않아 타이거 릴리와 같은 변화를 기대할 수 있으리라 믿는다.

반려동물

당신을 매혹하는 동물과 교감할 시간을 내라. 당신이 이미 반려동물을 기르고 있다면 더 오랫동안 산책을 하고 특별한 대접을 해줄 수 있다. 당신은 이웃집 개를 보러 가겠다는 제안을 해볼 수도 있다. 어항을 사는 꿈을 꾸어왔다면 그와 관련된 조사를 시작할 수도 있다. 반려동물들이 천진난만하게 즐거워하는 모습은 마음을 환하게 밝혀준다. 오늘 당신은 어떤 반려동물과 교감을 나눌 수 있는가?

호사 누리기

많은 경우, 사람들은 은퇴할 때가 이르면 피로를 느낀다. 그들은 오랜 세월 일해왔고 미래를 학수고대해왔는데 지금은 그 미래가 갑자기 텅 빈 것처럼 느껴진다. 아주 종종, 엔진에 시동을 걸기 위해 약간의 호사를 누릴 필요가 있다. 그런데 호사란 무엇일까? 진정한 호사는 우리가 상상하는 것과 다를지도 모른다. 우리가 가정하는 것과는 달리 실제로 호사라는 것은 그렇게 돈이 많이 들지 않을 수도 있다. 나에게는 산딸기가 진정한 호사이다. '스프라우츠'라는 유기농 식료품점에서 산딸기는 1리터에 약 5달러이다. 나는 산딸기 철 내내 실컷 먹는다. "당신한테서는 언제나 좋은 향기가 나요." 나는 이런 말을 종종 듣는다. 내가 또 다른 호

중요한 것은 당신이 보는 것이 아니라 당신에게 어떻게 보이는가이다. — 헨리 데이비드 소로

사로 선택한 향수 덕분이다. 또 다른 호사인 벽난로에 태우는 향나무 장작처럼 향수는 나를 부드럽게 매혹한다.

내 친구 론다는 산딸기나 향수, 향나무 장작을 사지 않는다. 그 대신 그녀는 '요일 초'를 산다. 그 빛과 향기에 그녀는 호사를 누리는 기분을 느낀다. 내 친구 브렌달린은 라타투이˚를 만들 재료들을 구입한다. 그녀는 일주일 치 라타투이를 한꺼번에 만들어놓고 접시에 담을 때마다 호사를 누리는 기분을 느낀다.

내 친구 스카티는 백단향을 피워 날마다 호사를 즐긴다.

"사람들 말이 향을 피우면 기도가 하늘까지 올라간대." 그녀가 설명한다. 그녀는 향을 피우고 앉아서 명상을 한다. 그녀의 명상은 또 다른 형태의 호사, 시간을 현명하게 사용하는 호사이다. 아침에 나는 기도를 쓰면서 나만의 명상을 하는 호사를 실천한다. 거의 한 시간 동안 친구들의 이름과 그들의 행복을 바라는 내 마음을 적는다. 절대자와 연결되는 느낌은 강력한 호사이다.

우리 대부분은 창조성을 실천하고자 하는 욕구를 실현하지 못하게 하는 낡은 사고, 강력한 의구심을 갖고 있다. 우리의 저항을 무너뜨리는 가장 효과적인 방법 가운데 하나는 우리 자신으로 하여금 작은 호사를 누리도록 하는 것이다. 아주 간단하게 들릴 수도 있겠지만 그런 만큼 매우 생산적인 동시에 때로는 약간 도전적이기도 하다. 어떤 호사가 우리의 경계심을 완화할지를 정확히 짚어내기 위해 우리는 우선 "무엇이 당신에게 진정한 기쁨을 주는가?"라는 질문에 정직하게 대답해야 한다.

• 프랑스의 프로방스 지방에서 즐겨 먹는 전통적인 야채 스튜. 가지, 토마토, 피망, 양파, 호박, 마늘 등 여러 가지 채소와 허브를 넣어 만든다.

우리는 종종 호사란 경제적 문제라고 생각하지만 진실에 더 깊이 들어가면 호사는 진정성의 문제이다. 호사는 유용한 기능을 수행하는 것이 아니라, 그 자체로 순전한 즐거움을 주는 것이다. 때때로 비용이 아주 적게 드는 호사도 있다. 호사는 지극히 개인적인 것이라는 점에 주목하는 것이 중요하다. 우리 자신으로 하여금 진정한 호사를 누리도록 대하는 것은 우리 자신을 위한 긍정적인 행동을 취하는 것이다. 우리는 이렇게 말한다. "이것은 내게 중요해. 그저 이것이 내가 좋아하는 것이고 이것을 하면 기분이 좋아지기 때문에 난 내가 힘들게 번 돈을 기꺼이 쓸 거야." 이런 작은 모험은 커다란 모험으로 이어진다. 우리는 곧바로 우리의 창조적 꿈과 아이디어에 따라 행동하면서 우리 예술가를 위해 단지 돈뿐만이 아니라 우리의 시간과 에너지, 믿음을 투자하게 된다.

캐런은 은퇴할 나이가 되었고 지쳤다. 나는 그녀에게 약간의 호사를 누리라고 제안했다.

"호사를 누리라고요?" 그녀가 말했다. "나는 어디서부터 시작해야 할지 모르겠어요. 게다가 지금 쓸 돈은 한정되어 있어요. 이제 더는 일해서 버는 돈이 없거든요."

나는 그녀가 좋아하는 것 25가지 목록을 만드는 일에서부터 시작하라고 권했다. 캐런은 회의적이었지만 그 목록을 작성했다. 목록 상위에 있는 것은 모네의 「수련」이라는 그림이었다. 캐런은 시카고에 살았는데, 시카고 미술관에는 인상파 화가들의 작품들이 많이 소장되어 있었으며 특히 「수련」을 비롯한 모네의 작품이 30여 점 소장되어 있었다.

"그러면 가세요." 나는 그녀에게 말했다. 캐런은 수년 동안 시카고 미술관에 가지 않았다. 그녀는 반나절 탐험을 시작했고 충전되어 외출에

아름다운 것은 그것이 무엇이든 기쁨을 준다.
—에드나 세인트 빈센트 밀레이

서 돌아왔다. 그녀에게 진정한 호사는 아름다움에 초점이 맞춰져 있었다. 그녀는 미술관 나들이가 너무 흥미로워서 두 번째 미술관 나들이를 계획했다. 이번에는 반 고흐의 작품에 집중할 계획이었다. 다시 한번 캐런은 나들이로 활기를 되찾았다.

"이번에 그곳에 갔을 때 나는 믿을 수 없는 기억이 떠올랐어요." 그녀는 내게 말한다. "엄마는 집에 미술사 책을 많이 갖고 계셨어요. 나는 갑자기 이 거장들처럼 그림 그리는 것을 꿈꾸던 어린 시절로 돌아갔어요. 작품의 아주 세세한 것까지 주의 깊게 보면서 나는 아주 많은 영감을 얻었어요. 나는 결코 나 자신만의 예술을 창작해보지는 않았지만 지금은 내가 시도해보고 싶은지 궁금해요. 나는 엽서를 사러 그 미술관에 갈 생각이에요. 옛날 그 책에 있던 그림 중 가장 선명하게 기억하는 그림이 있는 엽서, 내게 말을 거는 그림이 있는 엽서를요. 나는 그 엽서들을 이용해 콜라주를 만들어서 내가 무엇을 아는지 또는 느끼는지 볼 거예요. 누가 알겠어요. 그러고 나서 어린이용 물감을 가지고 놀고 있을지 말이에요."

우리 각각을 위한 호사는 다양하다. 애니메이션 작가인 새드는 요리하는 것을 좋아한다. 잘 익은 아보카도 몇 개를 고르고, 재료 다듬기에서부터 시작해서 과카몰레* 한 접시를 만들어내면 그는 풍요로운 기분이 들고, 종종 창조적인 아이디어가 한두 개 떠오르기도 한다. "나에게는 집에서 만드는 요리가 호사예요." 그는 말한다. "이 프로젝트는 몇 년간 계속되고 있죠. 시작하고 끝나는 데 한 시간도 안 걸리는 이 창조적

---

* 아보카도를 으깬 것에 양파, 토마토, 고추 등을 섞어 만든 멕시코 요리.

> 당신 안에, 그리고 당신 주위에 아직 남아 있는 모든 아름다움에 대해 생각하라. 그리고 행복을 느끼라!
> —안네 프랑크

인 프로젝트는 매우 만족스러워요." 최근에 들은 바로는 새드가 과카몰레에서 완벽한 수제 마카로니 치즈*로 요리 품목을 바꿨다고 한다. 재료의 가격은 그의 예산 내에서 적절하고, 그가 느낀 기쁨은 값을 매길 수 없다.

앤절라의 좋아하는 것 25가지 목록에도 음식은 상위에 있었다. 그녀는 집에서 요리를 해 먹는 데 익숙했지만 새로운 태국 음식점에 즐겨 가게 되었다. 음식이 맛있고 분위기도 조용해서 마음에 들었다.

"나는 비건**이에요." 앤절라는 내게 말한다. "그래서 직접 음식을 해 먹는 편이에요. 하지만 난 그들에게 동물성 재료를 빼고 음식을 만들어 줄 수 있는지 물었어요. 그들은 기꺼이 배려해주었죠, 음식은 아주 훌륭했어요. 비건 식단을 유지하면서 외식을 한 건 나에게 진정한 호사였죠."

앨리스는 뉴욕에 살았다. 그녀의 좋아하는 것 25가지 목록은 식물과 동물을 중심으로 작성되었다. 그녀에게 호사는 시골로 여행하는 것이었다. 한 달에 한 번씩, 심지어 당일 여행이었는데도, 그 짧은 여행은 그녀에게 건강하고 행복하다는 느낌을 주었다.

사진사 스탠리는 암실에서 몇 시간을 서서 보내느라 허리가 아파 고생을 했다. 그에게 일주일에 한 번 받는 심부조직 마사지는 진정한 호사였다. 한 시간 동안 치료를 받고 나면 통증이 사라지고 스탠리는 기운을 차리고 영감을 받아 다시 암실로 복귀할 수 있었다.

어떤 형태이든지 상관없이 우리의 진정한 호사는 우리에게 새로워진 창조성이라는 선물을 준다. 생생한 아이디어가 떠오른다. 새롭고 혁신적

• 치즈 소스에 마카로니를 넣은 요리.
•• 고기는 물론 우유, 달걀도 먹지 않는 가장 적극적인 채식주의자.

인 사고방식이 우리의 것이 된다. 우리 내면의 예술가는 호사를 위한 작은 행동에 응답한다. 우리의 예술가가 전진하도록 채찍질하기보다는 원하는 방향으로 우리를 회유하는 작은 선물을 생각하는 것이 더 효과적이다. 당신 자신을 매우 귀중한 존재로 여기고 대접할 때 당신은 강해진다는 점을 꼭 기억하라.

| 과제 |
호 사

우리 대부분은 갑자기 퇴직이라는 상황에 맞닥뜨려 우울을 경험한다. 우리는 직장과 정체성을 잃었다. 자신이 누구인지 모르겠고 행복이 멀게만 느껴진다. 그렇지만 우리 모두 기쁨과 믿음, 그리고 낙관주의를 가질 수 있다. 지속적인 기쁨에 도달하기 위해 적절한 질문을 하기만 하면 된다. 무슨 질문을 해야 하는가? 우선 우리는 이렇게 질문해야 한다. "무엇이 나에게 기쁨을 가져다주는가?"

　지금까지 써온 회고록을 돌아보면서 당신 인생의 각각 다른 시기에 행복을 가져다주었던 몇 가지를 적어보라. 어떤 것이 가장 생생한 기억으로 남아 있는가? 어떻게 당신의 현재 인생에 그 행복을 가져올 수 있는가?

1. 며칠 동안 모닝 페이지를 썼는가? 모닝 페이지를 직접 써보니 어떤 느낌이 드는가?

2. 아티스트 데이트를 했는가? 무엇을 했는가? 회고록에서 아티스트 데이트를 통해 탐험해보고 싶은 것을 발견했는가?

3. 산책을 했는가? 산책을 하는 동안 당신의 관심을 끈 것은 무엇인가?

4. 이번 주에는 어떤 '아하'를 발견했는가?

5. 이번 주에 동시성을 경험했는가? 그것은 무엇이었는가? 동시성을 통해 겸손함을 느꼈는가? 왠지 창조주가 당신을 인도한다는 느낌을 받았는가?

6. 회고록에서 좀 더 충실하게 탐험해보고 싶은 것을 발견했는가? 그 것을 어떻게 탐험할 것인가? 늘 그렇듯이 좀 더 주의를 기울여 살 펴봐야 할 필요가 있다고 느끼는 내재된 기억이 있지만 어떤 조치 를 더 취해야 할지 확실하지 않더라도 걱정하지 말라. 계속 앞으로 나아가면 된다.

9주차

움직임 되살리기

종종 우리는 다음에 무엇을 해야 할지 모르기 때문이 아니라 다음에 무엇을 해야 할지 알기는 하지만 그것을 하고 싶지 않기 때문에 막막함을 느낀다. 이번 주에 당신은 당신의 가벼운 '바로 다음 걸음'과, 그 걸음을 내딛는 방법을 자세히 살펴볼 것이다. 회고록을 통해 돌아보면서 당신은 매우 적극적이고 생산적으로 보냈던 당신의 인생 시기를 확인할 수 있을 것이다. 그 시기는 개인적으로, 창조적으로, 경제적으로 당신을 어디로 이끌었는가? 그 시기가 현재에 어떻게 영향을 미쳤는가? 그때 에너지를 사용한 방법을 회상하는 것이 지금 에너지를 사용하고 싶은 방법에 영향을 미치는가? 오늘날 당신의 삶은 역동적이며, 정체되어 있지 않을 수도 있다. 무엇을, 어떻게, 그리고 언제 할지에 대해 당신이 더 많은 생각을 가지고 있다는 것을 알아냈는가? 엉켜있거나 복잡한 상황이 개선되고 있는가? 생산성을 향해 앞으로 나아가는 길은 항상 있다.

생산성의 재정의

많은 은퇴자들은 다음 두 가지 문제에 직면한다. "생산적이라고 느끼기 위해서 나는 무엇을 할 수 있을까?", "일하지 않으면서도 생산적이라고 느끼는 방법을 어떻게 배울 수 있을까?" 대개 직업이 있고 경력을 쌓고 있을 때에는 다른 사람(회사나 상사, 고객 등)의 기대라는 측면에서 생산성이 정의된다. 우리는 누군가 다른 사람이 설정한 외부 목표를 달성하기 위해 노력하고 그 대가로 월급을 받았다. 그런데 은퇴를 하면 생산성이란 말을 재정의해야 하고, 때로는 자신의 목표를 설정해야 한다. 우리는 "나는 어떻게 해야 할까?"라고 자문하고, 스스로 그 질문에 답해야 한다.

버니스는 65세에 40년 교사 생활을 마감했다. 40년간 그녀는 자신이 '생산적'이라고 여겼다. 왜냐하면 매년 학과 학습 계획을 아주 충실히 따랐기 때문이다. 은퇴 후, 그녀는 하루가 길고, 공허하다고 느꼈다. 그녀가 자신을 위해 생산성을 재정의하는 법을 배우기 전까지는 말이다.

휴식은 게으름이 아니다. 때때로 여름날 나무 아래 풀밭에 누워 물이 졸졸 흘러가는 소리에 귀를 기울이거나 푸른 하늘에 떠가는 구름을 바라보는 것은 시간 낭비가 아니다. – 존 러벅 그녀는 노래하는 것을 좋아했다. 교직과 관련이 없는 방면에서 생산성을 찾아보았을 때 제일 먼저 떠오른 것이 바로 노래였다. 겨울과 함께 크리스마스 캐럴이 울려 퍼질 시기가 왔을 때 그녀는 교회 성가대에 들어갔다. 젊은 시절에 피아노를 쳤던 그녀는 이제 다시 악기를 시작했다. 일주일에 한 번씩 피아노 강습을 받고, 긴 오후 시간 내내 피아노를 연습했다.

"크리스마스는 끝났지만, 겨울은 끝나지 않았어." 그녀는 캐럴을 부르면서 가위로 종이를 잘라 아름다운 눈꽃을 만들었다. 그리고 해마다 교실에서 했던 것처럼 그것을 집 창문에 붙였다. 그녀는 그것을 친구들에게도 나눠 주었다.

"버니스, 아름다워." 그녀의 친구들은 감탄했다. 버니스는 곧 친구들과 난롯가에서 따뜻한 코코아를 마시며 눈꽃을 만드는 단순한 미술을 즐기며 긴 겨울밤을 보낼 약속을 잡았다.

"사람들 대부분 몇 년 동안 이런 걸 안 했었지. 얼마나 재미있었는지!" 그녀는 미소 지었다. 밸런타인데이에 버니스는 붉은색 도화지와 레이스 도일리*로 밸런타인 카드를 만들었다. 그녀의 수제 밸런타인 카드를 받은 사람들은 그것을 무척 소중하게 생각했다. 부활절에는 달걀을 물들인 후, 눈꽃을 같이 만들던 친구들을 불러서 부활절 바구니를 만들었다. 그리고 얼마 지나지 않아 버니스는 책 읽기 모임에 가입했다. 그녀는 책을 읽으며 보내는 시간이 무언가를 만들며 보내는 많은 시간만큼 생산적이라고 느꼈다.

---

* 케이크나 샌드위치를 놓기 전에 접시 바닥에 까는 작은 깔개.

버니스는 나의 이모이다. 나는 그녀로부터 생산성에 대해 많이 배웠다. 뭔가를 만드는 것은 대부분 사람들이 수년간 직장 생활을 하면서 뒤로 미뤄두었던 취미이다. 이것은 다음 프로젝트가 뭔지 포착하기 어려울 때 아주 좋은 출발점이 된다. 무언가를 시작할 때(그리고 끝낼 때)의 만족감은 그것이 작다고 하더라도 필연적으로 솟구치는 에너지와 진보를 가져다준다.

제리는 은퇴 초기 모든 초대에 대해 '응한다'는 규칙을 세웠다. 다른 사람들의 계획에 기꺼이 동조할 때 자신이 열린 마음이 되고 생산적이라고 느낀다는 것을 그는 알아차렸다. 점심 식사와 저녁 식사, 그리고 연극과 콘서트 등 그는 기꺼이 다 참석했다. "직장에 다닐 때보다 더 바쁘다고 느껴졌어요." 그는 말한다. 문제는 어떻게 초대에 어떻게 보답해야 하는가였다.

"나는 회고록에서 실마리를 찾고 그것을 실행해보았어요." 그는 이어서 말한다. "엄마는 특별한 일이 있을 때마다 브라우니를 구우셨어요. 되돌아보면 그것은 엄마가 사람들과 연결하는 방식이었어요. 나에게는 매우 강력한 기억이었고, 그래서 좀 더 깊이 파고들어보고 싶어졌어요. '나한테도 엄마의 레시피가 있잖아? 나라고 왜 못 만들겠어?' 이런 생각이 들더라고요. 반죽을 시작하자마자 냄새와 함께 많은 추억이 물밀듯이 떠올랐어요. 선명한 기억들이 쏟아지기 시작했어요. 엄마는 점심 도시락 가방에 브라우니를 기름종이로 싸서 넣어주셨죠. 나무에 걸린 우리 고양이를 구해준 소방관에게도 브라우니 한 판을 가져다주셨어요. 명절 선물로도 주셨고 학교 파티 때도 만들어주셨어요." 제리는 브라우니를 구우며 감성이 풍부해지는 오후를 보냈다. 그리고 그것을 싸서 최

우리는 위대한 일을 할 수 없다. 위대한 사랑을 가지고 작은 일을 할 수 있을 뿐이다.　　　　　　　　— 테레사 수녀

근에 자기를 초대했던 친구들뿐 아니라 한동안 만나지 못했던 친구들에게도 주었다. "이렇게 해서 많은 사람들과 연결되었어요. 굉장히 간단한 방법이지만 정말 강력해요. 브라우니가 마치 '안녕.' 또는 '고마워.', '보고 싶었어.' 또는 '감사합니다.'라고 말하는 것 같거든요. 이렇게 하면서 기분이 참 좋았어요. 목적의식도 느끼고, 엄마와 가까워진 느낌이에요. 브라우니를 직접 만들고 사람들에게 나누어 주면서 엄마가 하셨던 일들이 이해됐어요. 엄마의 수고에 다시 한번 감사를 드려요." 기억을 따라가 '실행하기'라는 이 사소한 행동으로 제리는 과거와 현재의 사람들과 연결되었다.

은퇴하기 전 대릴은 30년 넘게 레크리에이션 감독으로 일했다. 그는 매일 출근할 때 자신이 생산적인 일, 즉 지역 사회를 돕는 일을 한다는 것을 알았다. 은퇴 초기에 그는 어떻게 지내느냐는 질문을 받으면 항상 비참하게 대답했다. "나는 생산적인 일을 전혀 하지 못하고 있어." 시간이 지나면서 대릴은 의문이 들기 시작했다. "직업이 없는 나는 누구인가?"

그는 우선 관계에서 답을 찾았다. 나는 누군가의 친구이며 아버지, 할아버지이다. "일할 때는 너무 바빠서 많은 내 역할을 다 즐기지 못했어요. 은퇴를 하고 나니, 내가 정말 나의 관계들을 소중히 여긴다는 것을 알게 됐어요." 대릴은 언제나 활동적인 사람이었다. 어떤 날은 친구들을 방문하고 손자들을 돌보느라 그는 매우 바빴다. 그런데 또 다른 날은 '아무런 성과 없이' 시간을 흘려보냈다는 것을 깨달았다. 약간 공포심마저 느껴졌다. 시간이 갈수록 대릴은 그의 하루하루의 생산성에 대해 더 많이 생각하게 되었다. "나는 아무것도 '하지' 않은 시간 또는 날에 대해 죄책감을 느끼곤 했어요. 그러다가 마침내 내가 실제로 '자기 돌봄'을

행복은 단지 돈을 소유하는 데 있지 않다. 행복은 성취의
기쁨과 창조적 시도의 흥분 속에 있다.
— 프랭클린 D. 루스벨트

하고 있다는 것을 깨닫게 되었죠. 이제는 그런 날들을 좀 더 간단하게 '무장 해제의 날'이라고 생각해요. 그런 시간들이 정말 많은 도움을 주는 것 같아요!"

대릴은 '무장 해제의 날'이라는 개념을 다른 은퇴한 친구들과 공유했다. 그들은 대릴에게 그런 시간을 가지라고 격려하면서 이렇게 주의를 줬다. "일 년 동안은 자기 자신에게 너무 많은 것을 기대하지 마." 대릴은 그들의 충고를 귀담아들으며 이 무장 해제의 날을 즐겼다. "이 시간이 영원히 지속되지 않을 거라는 걸 알아요. 나는 나 자신을 믿어요. 그리고 이 휴식 기간이 어떻게든 나를 다음 활동으로 이끌 것이라고 믿어요. 나는 지금이 적응기라고 생각해요. 그리고 나는 그 기간 동안 참을성 있게 기다릴 수 있어요."

자신을 짓누르던 압박감을 걷어내고 회고록에서 끌어낸 기억들을 살펴보다가 얼마 안 있어 대릴은 목공 수업을 받고 싶다는 생각이 들었다. 그는 항상 시각 예술을 즐겼다. 어렸을 때 그는 가족과 친구들의 캐리커처를 잘 그린다고 알려져 있었다. 그는 미술 시간에 뛰어난 재능을 보였고, 심지어 수학책과 과학책에 선생님들의 모습을 만화로 그려 넣었다가 꾸중을 듣기도 했다. 그것은 그에게 즐거움과 기쁨의 원천이었다. 하지만 몇 년 동안 그는 예술과 관련된 활동을 하지 않았다. '책임감 있는 어른'이 된 이래로 말이다. 예술적 재능을 지닌 아이들의 자랑스러운 아빠로서 그는 자신의 창조성을 미뤘다. 그렇지만 이제 그는 더는 미룰 시간이 없다는 것을 깨달았다. 그는 목공 작업이 항상 그의 흥미를 끌었다는 것을 알았다. 그는 그의 자녀들이 자라는 동안 그들의 창조성을 격려하는 데 자신의 창조성을 쏟아부었다.

"아빠가 수업을 받으려고 하시는 것은 참 멋진 일이라 생각해요." 둘째 아이 파이퍼는 말한다. "내가 배우가 되고 싶다고 말했을 때, 아빠는 해보라고 하셨죠. 전적으로 후원해주시면서요." 파이퍼는 은혜를 갚을 때가 왔다고 느낀다. 그녀는 아빠가 창조적인 탐험을 하도록 용기를 북돋운다. "아빠가 3개월 동안 생산적인 일을 전혀 하지 못하고 있다고 하셨을 때 아빠가 무척 힘들어하신다고 느꼈어요. 아빠가 목공 수업을 생산적이라고 생각하시면 좋겠어요. 저는 생산적이라고 생각하거든요."

대릴에게는 그의 새로운 선택에 감사할 인내심(그리고 가족의 지원)이 있다. 목공 수업 초반, 그는 이미 새로운 시도에 깊은 흥분을 느끼기 시작했다. 목공을 통해 생산성을 새롭게 느끼고 있다. "나는 바쁘게 지내는 것을 좋아해요. 바쁘기 위해 바쁜 것은 말고요. 이 일은 나를 위한 것이에요." 그는 말한다. 무의미한 활동으로 그저 바쁜 것이 아닌, 우리를 충족시킬 활동을 찾는 데에는 용기가 필요하다.

생산성은 우리 인생의 각 시기마다 다른 것을 의미한다. 은퇴기에 설정한 목표는 일할 때 설정한 목표와는 많이 다를지도 모른다. 그 목표들은 '너무 작거나', '너무 크게' 보일지도 모른다. 뭐든지 다 될 수 있는 자유는 무력감을 느낄 정도로 압도적일지도 모른다. 그러나 나는 생산성에 시동을 걸기 위한 간단한 방법이 있으며, 일단 프로젝트가 시작되면 그것은 그 자체의 에너지로 굴러가는 경향이 있다는 것을 알아냈다.

리자는 자신이 찍은 가족사진과 물려받은 가족사진을 모두 모아 정리해서 앨범을 만드는 거대한 프로젝트를 시작하고 싶었다. "나는 회고록에서 과거와 연결되고자 하는 강한 끌림을 느꼈어요. 이것이 내가 하고 싶은 일이에요. 이 시각 역사를 앨범으로 만드는 일 말이에요." 그녀는 말한다. "그렇지만 나는 바로 시작을 할 수 없었어요." 하루하루 날이 가고, 몇 주가 지나자 그녀는 과제를 미루는 자신을 질책했다. 큰 과제를 앞둔 많은 사람들처럼 그녀는 과제의 범위에 압도당했다. 그렇지만 미루고만 있다 보니 죄책감과 무력감이 몰려왔고, 이로 인해 아무것도 하지 못하는 상태가 계속 반복되고 있었다. 나는 리자에게 자신을 회유하기 위해 자신에게 솔깃한 선물을 제안해보라고 했다. 그녀는 저항했다. "바보 같은 소리예요."

"맞아요, 바보 같은 소리죠." 나는 대답했다. "그 바보 같은 것이 효과가 있어요."

여전히 한꺼번에 다 하거나 전혀 못하거나 둘 중 하나라고 믿으면서도 마지못해 리자는 아기 걸음마처럼 작은 걸음 떼기와 선물주기를 시도했다. 리자는 그녀의 내면 예술가에게 말했다. "네가 시작만 한다면 새 바지를 사 줄게." 그녀는 1년 동안 날이면 날마다 똑같은 바지를 입었던 것이다. 놀랍게도 리자는 정말로 사진 작업을 시작했고, 시간과 노력이 그녀가 걱정했던 것보다 훨씬 덜 들었다. "나는 시작을 해야만 했어요. 그래서 집에 있는 큰 탁자를 정리하고, 작업대로 삼았죠. 온 집 안을 뒤져서 사진을 모으고 그것들을 탁자 위에 나열해놓느라 몇 시간을 보냈어요. 그게 다였어요. 하지만 드디어 시작을 한 거죠." 또한 그녀는 바지를 사 준다는 약속을 지켰다. 다음에는 내 요구대로 내면 예술가에게 또 다른 선물을 제안했다. 바지보다 훨씬 더 비싼 것이었다. "네가 2시간 동안 분류를 하면 새 겨울 코트를 사 줄게." 그녀는 분류했고, 정말로 코트를 샀다.

"나 자신을 회유하려고 계속 뭘 사 줄 형편이 안 돼요." 그녀는 오랫동안 꿈꿔온 프로젝트를 시작하자 크게 안도했음에도 불구하고 이렇게 소리쳤다.

"작은 것이어도 괜찮아요." 나는 그녀를 격려했다. "꼭 거창할 필요는 없어요."

이번에 리자는 내면 예술가에게 말했다. "이 집에 있는 모든 사진을 모으고, 잃어버린 사진을 갖고 있을 법한 사람한테 모두 연락을 해봐. 그러면 초콜릿 전문점에서 고급 코코아 한 잔을 사 줄게." 그녀는 다시 시작했다. 상자를 뒤지고, 다락방에 올라가고, 서랍을 열어보고, 친척들에게 이메일을 보내는 동안에도 머릿속에서는 코코아가 맴돌았다. "나는 매우 흥분됐어요. 코코아도 너무 기대됐지만, 프로젝트에도 가속도가 붙기 시작했거든요. 나는 마침내 생산적이라는 기분이 들었어요. 나는 이 방법이 정말로 효과가 있다는 것을 인정해야만 해요." 이제 그녀는 선물을 제안한 다음 작업을 하는 행동 양식을 만들었다. "작업을 해봐. 그러면 우디 앨런의 새 영화를 보여줄게." 그녀는 그녀 자신에게 제안했다. 아니나 다를까, 결국 선반은 사진 앨범으로 가득 찼고, 날짜별로 세심하게 설명을 적어놓았다.

"나는 상당한 성취감을 맛보았어요. 다음에는 무슨 프로젝트를 할까 생각 중이에요. 그리고 이제 나는 어떻게 나 자신으로 하여금 시작하게 할지 알아요. 선물은 나를 더 행복하게 해줬어요. 그리고 더 행복해지니 생산적이 되었고요."

기억하라. 우리의 창조를 담당하는 내면 예술가는 내면의 어린아이이다. 우리가 제안하는 선물은 재미있어야 한다. 새로운 바지, 겨울 코트는 실용적이지만 마음에 들었다. 코코아도 리자의 내면의 어린아이에게는 똑같이 매력적이었다.

나는 선물은 곧 실행이라는 똑같은 기법을 카덴에게도 시도했다. 그는 그림을 그리고 싶었지만 무언가에 가로막혀 시작할 수 없었다. 마찬가지로 그는 자신이 선물에 유쾌하게 반응한다는 것을 깨달았다. 카덴의 선물은 모험적인 경향이 있었다. 그는 내면 예술가와 약속했다. "네가 그림을 그리면 페르메이르 전시회를 보여줄게.", "네가 그림을 그린다면 허드슨 강 서클라인 유람선을 태워줄게. 강물 위에서 맨해튼을 구경할 수 있어." 기쁘게도 카덴은 꾸준히 그림을 그리기 시작했다. 그리고 그는 좌절감을 느낄 때마다 솔깃한 선물을 제안하는 법을 알았다.

선물이 물질적인 것이든 심리적인 것이든 중요한 점은 내면 예술가가 관심을 받고 있음을 느끼게 해주는 것이다. 종종 내면 예술가를 숨어 있는 곳에서 끌어내고 호기심을 느끼도록 해서 기꺼이 시작하게 하는 것은, 요구가 아니라 선물이다.

| 과제 |
생산성

다음의 질문에 답하라.

1. 내가 생산적이라고 느끼곤 했던 때는 _____이다.
2. 지금 내가 생산적이라고 느끼는 때는 _____이다.
3. 만일 _____면 내가 생산적이라고 느낄 것 같다.
4. 내가 남모르게 하고 싶은 것은 _____이다.

5. 내가 시작하도록 마음을 끌 만한 작은 선물은 _____ 이다.

| 과제 |

회고록 - 9주차

나이: _____

1. 이 시기에 맺었던 주요 유대 관계에 대해 묘사하라.
2. 어디에서 살았는가? 여러 곳에서 살았는가?
3. 이 시기에 당신의 인생은 어떻게 생산적이었는가?
4. 당신을 이 시기로 이끄는 냄새 하나를 묘사하라.
5. 이 시기에 기억나는 맛 하나를 묘사하라.
6. 이 시기 동안 당신이 앞으로 나아갔던 방법 하나를 묘사하라.
7. 이 시기에 당신은 어떤 면에서 꼼짝 못 하거나 가로막힌 기분을 느꼈는가? 이것이 현재 당신이 느끼는 꼼짝 못 하는 기분과 관련이 있는가?
8. 당신은 이 시기의 누구를 또는 무엇을 그리워하는가? 지금 이 사람이나 감정과 연결할 방법이 있는가?
9. 이 시기에 당신과 돈의 관계는 어떠했는가? 현재와 비교하면 어떠한가?
10. 이 시기에 의미 있다고 느껴지는 다른 기억은 무엇인가?

행동에 옮기기

우리 대부분은 무언가를 창조하고 싶다는 꿈을 꾸며 여러 해를 보냈다. 그렇지만 꿈꾸는 것과 실행하는 것은 전혀 별개의 것이다. 무언가를 창조하는 꿈을 꾸기만 하고 행동에 옮기지 않으면 우리는 자신이 게으르다고 자책한다. 그렇지만 우리를 가로막는 것은 실제로 게으름이 아니다. 우리는 그것을 올바른 이름으로 부를 필요가 있다. 우리를 가로막는 것은 바로 두려움이다. 그렇지만 시작할 수 있는 능력이 없다는 것은 우리를 쓸모없게 만드는, 고칠 수 없는 성격 결함이 아니다. 그것은 관대함과 보살핌을 필요로 하는 보편적인 인간 조건이다.

우리는 꼼짝 못 하는 기분으로 인한 고통을 극복하기 위해 작은 첫걸음을 뗄 수 있도록 인도해달라고 요청할 수 있다. 나는 글쓰기를 통해 요청하는 것을 좋아한다. "무엇을 해야 할까요?" 항상 놀랍지만 나는 언제나 응답을 '받으며' 그 응답은 항상 작고 실행 가능한 것이다. 그 걸음을 내딛음으로써 나는 정체에서 행동으로 옮겨가게 된다. 사실 일단 한 걸음을 내디디면 한 걸음 더, 그리고 그다음에는 또 한 걸음 더 내딛고 싶어진다. 우리가 정체에서 행동으로 옮겨가면 자아 존중감이 생긴다. 우리는 우리의 행동을 소중하게 생각하며, 그러한 행동을 하는 우리 자신을 소중하게 여긴다. 우리는 우리 자신의 힘을 느낄 수 있다. 우리는 인도함을 받고 보호받는다는 것을 알게 된다. 꿈을 향해 행동할 때 우리는 힘과 용기를 얻는다. 첫 번째 붓질은 두 번째 붓질로 이어진다. 첫 번째 단어는 그다음 단어로 이어진다. 우리의 창조하는 능력은 시작하

실천보다 더 빨리 불안을 사라지게 하는 것은 아무것도 없다.
— 월터 앤더슨

는 데 필요한 믿음과 낙관주의의 양과 관련이 있다. 우리의 믿음과 낙관주의는 모든 긍정적인 행동과 함께 자라난다. 그 행동이 아무리 작은 것이라 하더라도 말이다.

보니는 광고 카피라이터로 일했다. 그녀에게는 연애 소설에 대한 숨은 열정이 있었다. 그녀는 통근 열차 안에서 연애 소설을 탐독했다. 직접 작품을 쓰는 꿈을 꾸었기 때문에 그녀는 어떻게 시작하는지 알고 있었지만 어째서인지 결코 시작을 하지 않았었다. 그녀는 은퇴를 했고 상당히 많은 시간이 생겼다. 이제는 쓰지 않는 것에 대한 변명의 여지가 없어졌다는 것을 깨달았다. 그녀는 모닝 페이지를 쓰기 시작했고, 몇 주 계속 쓰는 동안에 머릿속에 한 캐릭터가 떠올랐다.

"나는 무엇을 해야 하나요?" 그녀가 내게 전화를 걸어 물었다.

"당신은 써야 해요." 나는 대답했다. "지금 하는 것처럼 모닝 페이지를 계속 쓰세요. 그런 다음 오후에 연애 소설을 쓰세요." 나는 모닝 페이지에서 많은 아이디어가 흘러나오는 것을 보아왔다. 요령은 모닝 페이지 자체가 이런 아이디어들이 세상으로 나오도록 돕고 있다는 것을 믿는 것이다. 그러므로, 모닝 페이지 쓰기를 포기하고 싶은 유혹을 느끼겠지만, 그럴수록 모닝 페이지가 목적을 달성하는 데 도움이 된다는 것을 믿고 모닝 페이지 쓰기를 그만두지 말라. 당신이 창조를 할 때 모닝 페이지는 계속 당신을 지지하고 인도할 것이다.

보니는 정말로 글을 쓰기 시작했다. 처음에는 이 글이 그녀가 오랫동안 꿈꿔왔던 연애 소설인지 의심했지만 나중에는 그렇다는 것을 실감했다.

한동안 연락이 없던 보니는 내게 전화를 걸어 이렇게 물었다. "이제 뭐 해야 돼요? 소설을 다 끝냈어요."

"그 소설을 읽어보고 싶군요." 나는 대답했다. "그건 그렇고, 이제 두 번째 소설을 시작할 때예요."

행동에 옮기는 것(그런 다음, 더 많은 행동에 옮기는 것)은 우리가 앞으로 나아가는 열쇠이다. 프로젝트를 수행할 때 우리는 프로젝트가 가변적이라는 단순한 사실을 잊어버리기 쉽다. 우리 프로젝트는 살아 있다. 그것을 발전시키고 지속하는 것은 우리에게 달려 있다.

주디스는 오랫동안 회계사로 일하다가 은퇴했다. 날마다 고객들과 그들의 문제로 무척 바쁠 때 그녀는 은퇴와, 자신의 프로젝트를 수행할 수 있는 자유 시간을 고대했었다. 그렇지만 그녀의 자유 시간은 그녀가 고대했던 것을 가져다주지 않았다. 자신이 계획한 프로젝트를 바쁘고 생산적으로 수행하기는커녕 시작조차 할 수 없을 것 같았다. 은퇴는 지연 자격증이 되어버렸다. 그녀에게는 바쁜 직장 생활 탓에 반 정도밖에 진행하지 못한 부엌 리모델링 프로젝트가 있었다. 이제 그녀는 그 일을 진행할 힘을 충분히 모으지 못할 것만 같았다.

프로젝트가 지연되면서 주디스는 자기혐오감에 휩싸였다. "나는 왜 시작하지 못하지?" 그녀는 의아해했다. 그리고 프로젝트 자체를 수행하기보다 자신이 프로젝트를 미루고 있는 원인을 곰곰이 생각하느라 며칠을 보냈다.

"부엌 리모델링은 어떻게 되어가?" 주디의 친구들은 이런 질문을 하면 안 된다는 것을 알게 되었다. 부엌 리모델링은 전혀 진전이 없었고, 반쯤 칠해진 벽과 화강암 및 타일 조각 속에서 밥을 먹으면서 주디스의 자아상은 점점 더 악화일로를 걷고 있었다.

"이 바보 같은 부엌에서는 아주 간단한 결정조차 내릴 수 없을 것 같

성공에 이르는 가장 확실한 방법은 언제나 그냥 한 번 더 시도하는 것이다. ─ 토머스 A. 에디슨

아요." 그녀는 내게 하소연했다. "내가 이 일이 없으면 무엇을 하며 시간을 보낼지 확신이 없기 때문에 이렇게 부엌을 미완성인 채로 내버려두고 있는 것 같아요. 항상 '뭔가' 할 일을 남겨두려고 말이에요. 그렇지만 착잡해요. 특히 요즘 집에 더 오래 있으니까 이 아수라장을 매일매일 봐야 해요."

"어떤 일이 마무리되기를 바란다면, 그 일을 바쁜 사람에게 맡기라." 이것은 주디스가 직장 생활을 할 때 정해진 기한 내에 해결해야 할 업무보다 더 많은 업무를 해결하는 자신의 능력을 자랑스러워하며 자주 인용했던 문장이다. 그녀는 이제 한때 좋아했던 이 격언이 비통하게도 맞는 말이었음을 깨달았다. 그녀는 바빴던 지난날과, 고객들의 문제를 해결했을 때 느꼈던 만족감이 그리워졌다. 마침내 절망감을 느낀 그녀는 프리랜서로서 몇몇 고객들을 만나기 시작했다. 그녀의 기분은 이내 좋아졌다. 그리고 오랫동안 지연되었던 부엌 리모델링 프로젝트를 다시 시작했다. 3개월 안에 그녀는 이전처럼 바빠졌고 그녀의 부엌은 밝고 쾌적한 느낌을 주는 타일로 마무리되었다.

"아마 어떤 사람들은 은퇴할 생각이 없을 거예요." 주디스는 가정했다. 바쁘게 지내는 것이 행복한 그녀는 은퇴하기에 적절한 때가 아니었다는 걸 깨달았다. "다른 식으로는 설명할 수 없어요." 그녀는 말한다. 그녀는 지금 침실을 다시 꾸미는 일을 시작했는데, 파트타임 회계사로 일을 계속하면서 자유 시간에 그 일을 하기로 결심했다.

주디스의 이야기는 특별한 사례가 아니다. 많은 은퇴자들은 자신이 뭔가를 혼자 힘으로 시작할 수 없다는 것을 알게 된다. 그들 모두가 주디스처럼 다시 직장 생활의 고삐를 쥘 수 있는 것은 아니다. 혼자 힘으로 시작하는 것이 어려운 사람들에게는 모닝 페이지가 출발점이다. 모닝 페이지는 매일 지속적으로 하는 생산적인 행동이다. 다른 도구들과 함께 모닝 페이지를 쓰면 우리는 경로를 바꾸고 시동을 걸게 된다.

이제 막 은퇴한 사람들은 새로운 인생에 조바심을 낸다. 도구들은 질문뿐 아니라 그 질문에 대한 답도 제시한다. 라이너 마리아 릴케가 이런 말을 했다. "마음속 해결되지 않는 모든 질문에 대해 인내하라. 그리고 그 질문들 자체를 사랑하라." 모닝 페이지는 많은 이들에게 익숙한 질문보다는 더 심오한 인식을 포함한 질문을 던진다.

재니스도 벽에 부딪힌 느낌이 들었다. 많은 것들이 제공되는 다채로운 도시인 샌타페이에 살면서도 그녀는 그 도시의 모험을 누리지 못했다. 은퇴한 후 더는 자신을 필요로 하는 곳이 없다는 생각에 그녀는 우울해졌고 고립되었다는 것을 알게 되었다. 친구의 강력한 권유로 그녀는 마지못해 지역 신문 금요일판에서 〈무슨 일이 일어나고 있는가?〉라는 난을 읽기 시작했다. 여전히 주저했지만 그녀는 자신이 표현한 대로 '따분한 일상'에서 벗어나 현대 미술 강좌를 수강하는 주간 모험을 시작했다. 처음에 그녀는 모든 사람들이 그녀보다 더 많이 아는 것이 틀림없다고 생각하며 겁을 냈다. "사람들이 정말로 멋져 보여." 그녀는 친구에게 투덜거렸다. "그들은 아주 작고 동그란 안경, 회색 단색 튜닉과 셔츠와 바지, 밝게 염색한 뾰족 머리 등 자신을 미술 작품처럼 표현해. 아무도 '평범'해 보이지 않아." 다른 수강생이 그녀에게 말을 건 것은 세 번째 강의에서였다.

"항상 강의에 오시네요." 그녀가 말했다.

"네, 맞아요." 재니스가 말했다. "따라잡기 놀이를 하고 있는 것 같아요."

행동은 우선순위를 나타낸다. — 찰스 가필드

"저도 그래요." 그 수강생이 말했다. "저랑 갤러리 나들이 해보실래요?"

"오, 좋아요!" 재니스는 대답했다.

"키아로스쿠로° 갤러리에서 크리스 릭터라는 사람의 멋진 전시회가 있어. 거기에서부터 시작할 수 있겠네요."

재니스는 갤러리 나들이에 동의했고, 놀랍게도 뜻밖에 낙관적인 기분이 들었다.

"나는 사실 유행에 밝다고 생각했어요." 재니스가 말했다. 63세의 나이에 그녀는 몇 년 전보다 더 활발해졌다.

은퇴기는 활동을 늘리기에 이상적인 시기이다. 선택과 기회가 활짝 열린 시기이다. 가능성이 끝이 없다고 느껴질 때, 우리에게 영감을 주고 우리에게 말을 거는 어떤 것이라도 한번 시도해보는 것은 흥미진진하다.

부부인 데이브와 조앤은 치과 의사와 위생사로 한 팀이 되어 일했다. 그들은 오랜 시간 일하는 데 익숙해져 있었다. 은퇴하자 그들 앞에 시간이 거대하게 다가와 그 시간을 채우려면 무척 많은 활동이 필요했다. 먼저 그들은 한 팀으로 멋진 유인용 새를 조각하고 색칠했다. 그 새가 얼마나 훌륭했던지 국내 대회에서 우승을 했다. 그들은 내게 견본품을 크리스마스 선물로 주었다.

그렇지만 곧 조각 작업이 그들에게 충분하지 않다는 것을 깨달았다. 그들은 교도소 치과 검진 자원봉사를 했다. 이것이 훨씬 좋았지만 충분하지 않았다. 조앤은 동네 헬스클럽에서 운동을 시작했다. 곧 그녀의 체력은 대부분의 30대들을 능가했다. 지지 않겠다는 듯, 데이브도 다른

° 회화에서, 한 가지 색상의 명도 차를 이용해 입체감을 나타내는 기법.

취미 활동을 두루 찾아보았다. 그는 빵 굽기에 재미를 붙였다. 식료품 저장실에 아주 맛있는 빵이 넘쳐나자 그는 친구들과 이웃들에게 선물로 나누어 주었다.

"어떻게 이렇게 맛있는 빵을 만드세요?" 이웃 중 한 명이 물었다. 그 질문이 계기가 되어 그는 제빵 수업을 시작했다. 데이브는 자기가 가르치는 것을 좋아한다는 것을 알게 됐고, 그가 구운 빵은 모든 사람들의 사랑을 받았다. "일을 하면 할수록 더 많은 일을 하고 싶어져요." 데이브는 말한다. "빈둥거리면 빈둥거릴수록 더 빈둥거리고 싶어지고요. 그런데 빈둥거리는 것은 정말 힘들어요."

정말 그렇다. 작업을 하는 예술가보다 벽에 부딪혀 아무것도 하지 못하는 예술가가 훨씬 더 힘들고 고통스럽다.

벽에 부딪혀 아무것도 하지 못하게 된 우리는 우리의 꿈이 너무 거창하다고, 심지어 불가능하다고 느낀다. 아주 간단하고 작은 행동이라도 우리가 실제로 행동에 옮길 때 한때 불가능하고 무모해 보였던 이 꿈이 성취하기 쉬워 보인다.

도구들은 우리가 무력감에서 빠져나와 실행하도록 이끌어준다. 도구들 자체가 적극적으로 활동한다. 도구들은 우리에게 우리가 무엇을 바라는지, 무엇을 바라지 않는지, 무엇을 더 하고 싶어 하는지, 무엇을 덜 하고 싶어 하는지를 말해준다. 우리에게 명확함을 가져다주고 지연을 종식시킨다. 회고록을 통해 우리의 꿈과 목표를 기억해낼 때 우리가 꿈과 목표를 추구하지 않은 이유가 분명해진다. 우리는 한때 꿈꾸기만 했던 세상을 향해 우리 자신을 이끈다. 더는 이미 성취한 명예에 안주하지 않고 우리는 거의 무의식적으로 우리의 꿈을 향해 행동하기 시작한다.

행동에 옮기기

당신이 행하기를 꿈꾸는, 큰 행동 5가지를 나열하라. 예를 들면 다음과 같다.

1. 소설 쓰기
2. 세계 여행하기
3. 집을 증축하기
4. 자화상 그리기
5. 드럼 배우기

이제 각각의 큰 행동을 위해 취할 수 있는 구체적인 작은 행동 5가지를 나열하라. 예를 들면 다음과 같다.

1. 관심 영역 나열하기
2. 여행사 방문하기
3. 건축 잡지 보기
4. 자신을 빠르게 스케치하기
5. 봉고*로 시작하기

• 보통 한 쌍으로 된, 손으로 연주하는 작은 드럼.

행동은 구체적이고 작을수록 더 좋다. 아기 걸음마처럼 작은 걸음이 정말로 효과적인 걸음이다.

돈 문제

돈은 우리 모두가 노동 시장을 떠날 결정을 할 때 따져보고 연구해야 하는 요소이다. 이 새로운 경제적 국면은 익숙해지는 데 시간이 좀 걸릴 수 있다. "나는 돈이 충분히 있어. 그렇지만 내가 110세까지 산다면 어떨까? 사상 초유의 인플레이션이 발생한다면 어떨까?" 우리는 우리 자신에게 상기시킨다. 지금 재정 상태가 안정적이더라도 당연히 우리는 불안정함을 느낀다.

은퇴기에 접어들면 지금 우리가 돈을 어떻게 쓰기를 원하는가를 파악하는 것이 도움이 된다. 우리가 진정 가치 있다고 생각하는 것에 돈을 쓰면 우리는 풍요로움을 느낀다. 우리의 관심을 가장 많이 끄는 것을 좇아 행동하면 예상치 못한 돈이 수중에 들어오기도 한다. 우리는 정말로 충분히 갖고 있다. 우리는 번창하고 번영할 수 있으며, 풍요로움을 느낄 수 있다. 풍요로움은 영적인 상태이기 때문에 우리 자신에게 진실하면 진실할수록 우리는 더 풍요로워진다. 모호한 것만큼 괴로운 것은 찾기 어렵다. 재정에 대해 명확해지면 우리는 자율권을 행사할 수 있다.

우리 중의 일부는 일 자체가 즐거워서라기보다는 월급 때문에 열심히 일했다. 은퇴한 우리는 창조성을 탐색할 수 있는, '즐거움을 위한' 일을

진정한 부(富)는 내면에 가진 부이다. — B. C. 포브스

할 수 있다. 때때로 우리는 '즐거움을 위한' 일을 하면서 월급까지 받는다. 우리는 이것을 감사하게(그리고 즐겁게) 받아들일 수 있다.

질은 동물 애호가이다. 그녀는 길에서 반려견만 보면 멈춰 서는 사람이다. 그녀는 동네의 반려동물들 이름을 알고 있다. 법률 회사 비서로 30년간 일하고 은퇴한 후, 그녀는 여유 시간 중 일부를 동물 구호 단체에 기부한다. 일주일에 3일간 오후 시간을 버려진 강아지와 고양이를 돌보는 데 쓴다.

"모든 동물들을 집으로 데려오지 않도록 내 모든 본능과 싸우고 있어요." 그녀는 이렇게 말하며 웃는다. "나는 침실이 하나인 아파트에서 살아요. 나하고 강아지 한 마리, 그리고 데려오지 않을 수 없었던 고양이 한 마리, 이렇게 셋이서 살기에 딱 알맞은 크기예요. 강아지 이름은 해리예요. 그 친구는 포메라니안 종자가 섞인 것 같아요. 해리는 복슬복슬한 털을 갖고 있어요. 고양이는 좀 이국적이에요. 히말라야 고양이예요. 반은 페르시아 고양이이고, 반은 샴 고양이죠. 이 고양이 이름은 '야옹이'예요. 말이 너무 많은데 항상 같은 말만 하기 때문이에요. 야옹, 야옹, 야옹. 내 친구들은 나에게 내 반려동물이 되고 싶다고 말해요. 나는 내 반려동물들을 꽤 잘 돌보거든요. 내 반려동물들과 안락하고 행복한 저녁 시간을 보내요. 해리는 한 6가지 정도의 장기를 갖고 있고요, 야옹이는 훈련이나 장기 이런 거에는 시큰둥해요. 내 인생은 이 반려동물들로 무척 풍요로워요."

질은 직장에 다닐 때 매일 출퇴근길에 이국적인 새를 파는 가게를 지나쳤다.

부는 인생을 충분히 경험하는 능력이다.
— 헨리 데이비드 소로

"얼마 전 나는 그 가게에 들렀어요. 그리고 지금 아메리칸 그레이* 한 마리와 사랑에 빠졌어요. 그 작은 앵무새를 집으로 데려오고 싶지만, 그렇게 하면 재앙을 불러들이게 될 거예요. 그래서 잠깐씩 들러서 그 앵무새를 보는 것으로 만족해야만 해요. 나는 또 다른 누군가가 그 아메리칸 그레이와 사랑에 빠질까 봐 두려워요. 나는 유명한 모노드라마 배우인 스폴딩 그레이의 이름을 따서 그 앵무새 이름을 스폴딩이라고 지었어요."

질이 매우 정기적으로 가게에 들르니 주인이 질에게 일자리를 찾느냐고 물었다. "처음에는 이렇게 생각했어요. '안 돼, 당연히 안 되지. 나는 은퇴했잖아.' 그렇지만 며칠 동안 심사숙고한 끝에 이틀 정도 출근하면 어떻겠느냐고 제안해보았어요. 그랬더니 주인이 바로 자신이 바라던 조건이라고 말하더라고요. 나는 그걸 동시성으로 받아들이고 일을 하기로 했어요."

질은 그녀 표현대로 '놀면서' 그 가게에서 가외로 돈을 버는 재미를 느끼고 있다. 하지만 새들과 보내는 재미가 더 크다. "내가 새 파는 가게의 점원이 되었다고 생각을 하니까 놀라워요. 나는 법률 회사 비서로 일하는 동안 내가 정말로 좋아하는 것에 대해 자문해본 적이 한 번도 없었어요. 은퇴한 나는 좋아하는 일을 하고 있고, 돈도 벌고 있죠. 왜 이런 생각을 좀 더 빨리 하지 못했을까요? 돈을 받을 때마다 보너스를 받는 느낌이에요. 스폴딩 그레이와도 아주 잘 지내고 있어요."

때때로 은퇴한 전문가들은 어떤 일이 '너무 쉬우면', 그들이 최선을 다

• 말하는 앵무새 가운데 세계적으로 호평을 받는 품종으로 영리하다.

해 일하고 있지 않다거나, 어떤 면에서 현실과 타협하고 있다고 느낀다. 그렇지만 그 시도가 '너무 쉬운가'라고 묻는 것은 적절하지 않은 질문이다. 모든 분야의 예술가들은 현실과 타협하는 것은 쉽고 최선을 다하기는 어렵다고 생각하는 경향이 있다. 그런데 진실은, 공식은 그 반대여야 한다는 것이다. 즉, 새로운 아이디어를 실행에 옮길 때 우리는 최선을 다하는 것을 편안해하고, 현실과 타협하는 것은 어려워하는 것을 배워야 한다.

행크는 부동산 중개업자로 일하다가 은퇴했다. 은퇴 후, 그는 항상 '그저' 취미였던 '유리 불기'에 시간을 썼다. 그는 은퇴 전에 휴가 기간과 비수기마다 기술을 배우고 연마했다. 이제는 풀타임 유리 세공인인 그는 돈을 지불하고 그의 작품을 사려는 사람이 있음에도 불구하고 자신의 작품에 값을 매기기를 꺼린다.

행크는 돈은 필요 없다며 자신을 방어한다. "내가 왜 모든 작품에 값을 매겨야 합니까? 알다시피 나는 이 취미를 계속할 형편은 돼요."

결국 자기 작품의 가격을 얼마로 매길지는 행크에게 달려 있지만, 그는 자신의 노력을 정당하게 평가하는 것이 좋을 것이다. 우리 작품의 가격을 낮게 책정할 때 우리는 우리 스스로의 가치를 저평가하는 위험을 감수해야 한다. 우리가 우리 재능을 기부하기로 선택해도 기부할 수 없다는 말이 아니라, 우리가 주고받는 것 사이에서 균형을 추구하는 것이 중요하다는 말이다. 무엇이 우리에게 재미있다고 해서(또는 쉽다고 해서) 그것이 가치가 없다는 뜻은 아니기 때문이다.

은퇴자는 종종 직장 생활을 하고 있을 때보다 예산이 더 빠듯하므로, 은퇴기에는 새로운 인식으로 지출에 접근해야 한다. 우리에게 정말

돈은 수단일 뿐이다. 돈은 당신이 바라는 곳 어디든지 데려다주겠지만 당신 대신 운전할 수는 없다.
— 아인 랜드

중요한 것은 무엇인가? 어떤 과도한 부분을 절감할지 어떻게 결정해야할까? 즐거운 소비와 신중한 소비의 균형을 이루어야 하며 이 균형을 이루는 매우 간단한 방법이 있다. 그것은 바로 내가 '가계부 쓰기'라고 일컫는 도구이다.

'가계부 쓰기'는 내가 이전에 여러 차례 사용했던 도구이다. '가계부 쓰기'란 말 그대로 들어오는 돈과 나가는 돈을 10원짜리 동전 하나까지 모두 헤아리는 것이다. 이것은 정보를 얻는 도구이지 판단을 하는 도구가 아니다. 우리는 우리가 식료품점에서는 실제로 절약한다는 것을 알지만 기호 식품에 이르면 하루 지출 비용을 초과한다. 그리고 종종 단 음료와 비싼 칵테일을 산 것을 후회한다. 우리는 친구들에게는 아낌없이 선물하면서도 자신의 낡은 신발은 바꾸지 못하는 등 다른 사람들에게는 지나치게 많이 쓰면서 자신에게는 충분히 쓰지 않을지도 모른다. 우리는 극장에 가는 것을 '너무 비싸다'고 생각하지만 실제로는 지출을 피할 수 있었던 택시비로 극장 푯값보다 더 많은 돈을 쓴다. 가계부를 쓰면 우리가 돈을 어디에 썼는지 알게 된다. 가계부에 적힌 숫자를 보면서 우리에게 정말로 무엇이 문제인지 이해한다. 그리고 우리가 무엇을 바꾸고 싶어 하는지 알게 된다.

우리가 진정으로 가치 있게 여기는 것을 알고, 그 결과 그것을 추구하는 방향으로 지출하면(그리고 돈을 벌면) 돈은 우리에게 덜 수수께끼 같은 존재가 된다. 우리 자신에게 명료성의 존엄성을 주면 우리는 우리 삶에서 좀 더 많은 존엄성을 갖게 된다는 것을 알게 된다.

가계부 쓰기

일주일 동안 가계부를 쓰라. 당신은 가계부를 더 오래 써보고 싶을지도 모른다. 가계부 쓰기는 간단하다. 들어오는 돈과 나가는 돈을 10원짜리 동전 하나까지 모두 적으라. 자동차 구매나 신문 구매, 뜻밖의 유산 상속이나 땅에서 주운 동전까지, 목돈이든 푼돈이든 모두 적으라. 한 주의 마지막 날 당신의 지출 내역을 돌아보라. 당신의 지출 양식이 명료하게 드러날 것이다.

남을 돌보는 일을 한 사람들

나는 서비스업에 종사하다 은퇴한 수강생들이 은퇴 후에 자신에게로 초점을 전환하는 데 더 많은 어려움을 겪는 모습을 여러 차례 봤다. 간호사와 의사, 교사, 요리사 등 '절대로 끝나지 않는 일'에 종사했던 사람들은 종종 일하지 않는 것에 적응하는 데 가장 큰 어려움을 겪는다. 은퇴할 준비가 되었음에도(심지어는 진이 다 빠진 상태임에도) 자신이 '필요치 않은' 사람처럼 느껴지는 변화는 충격의 원인이 된다. 항상 다른 사람을 돌보는 것이 삶의 목적이었던 사람은 은퇴하고 자신을 돌보는 삶으로 전환하는 것이 특히 더 어려울 수 있다. 그들이 능력을 발휘했던 분야에서 더는 자신을 필요로 하지 않게 되면 허전해하고, 심지어 분개하기까지 한다. 이것은 다른 사람에게 서비스를 제공하는 직업에 종사하던 사람들에게 적용할 수 있지만, 둥지를 떠나는 자녀들을 둔 부모, 연로한 가족을 돌봐온 사람들, 또는 누군가 다른 이들에게 '건전지' 역할을 해온 사람들에게도 적용할 수 있다.

데니스는 수년간 최고급 식당의 총주방장이었다. "나는 밑바닥부터 시작해서 이를 악물고 정상까지 올라갔어요." 그는 말한다. "나는 끈질겼고 야망과 투지로 가득했어요. 아무것도 나를 멈추게 할 수 없었죠." 요리사의 소란스럽고 전투적인 생활 방식은 그에게 맞았다. 그는 그의 표현대로 '결코 정말로 앞서 갈 수 없고 언제나 긴장한 상태로 있어야' 했다. 요리사라는 직업은 실제로 '누군가를 따라잡는 일'이 아니기 때문에 그의 할 일 목록은 언제나 넘쳐났고 사람들은 항상 그를 필요로 했다. 은퇴는 '러닝머신에서 뛰어내리는 일' 같았다고 그는 말한다. "은퇴를 하고 나서 와르르 무너지는 것 같은 느낌이 들었어요. 다음에 무슨 일을 해야 할지 정말로 모르겠더라고요."

데니스는 은퇴할 때쯤 완전히 진이 다 빠졌지만 한편으로는 쉼이 없는 직업과, 식당에 꽉 찬 손님들은 말할 것도 없고 그에게 의존하는 식당 직원들과의 높은 긴장감에 익숙해져 있기도 했다. "나는 사람들을 돌보는 데 익숙했어요. 그 일은 매일 내 목적이자 임무였어요. 이제는 매일 내 삶을 무엇으로 채워야 하는지 전혀 모르겠어요."

내가 그에게 자신을 돌볼 수 있는 방법에 대해서 생각해보라고 제안했을 때, 그는 이것이 그에게 아주 낯선 영역이라는 것을 인정했다. "나는 멋진 집과 멋진 차를 갖고 있지만 결코 가져보지 못한 것이 있어요. 그것은 업무와 관계없는 휴가나 마사지예요." 회고록을 통해 데니스는

> 자기 연민은 우리가 다른 사람들에게 베푸는 것과 똑같은 친절을 우리 자신에게 베푸는 것일 뿐이다.
> — 크리스토퍼 거머

자신의 40대 중반에 주목했다. 그때 그는 요리사로서 남은 인생 동안 소신껏 운영할 수 있는 식당을 인수했는데, 이제 돌이켜보니 그 당시 거의 공황 상태에 빠져 있었다. "나는 '성공'해야만 한다고 생각했어요. 그것도 빠른 시간 내에요." 그는 말한다. "나는 젊은 시절의 나 자신을 돌아보며 내가 내 일을 위해서 무엇이든지 기꺼이 포기했음을 알게 되었어요. 그렇게 많은 걸 포기했으니 지금 나 자신의 많은 부분을 잃어버린 것 같은 느낌이 드는 것은 당연해요." 데니스는 많은 사람들처럼 그의 회고록을 통해 돌아보면서 자신에 대한 연민을 느낀다.

"지금의 자신을 돌보는 것에 대해 생각하기 어렵다면, 이전의 자신을 돌보는 것에 대해 생각해보세요." 나는 그에게 제안했다. "46세의 그가 필요로 했지만 얻지 못했던 것은 무엇이었나요?"

데니스는 이 점에 대해 곰곰이 생각하다가 결국 젊은 시절의 자신에게 진정한 멘토가 없었다는 점을 깨달았다. "나는 외로웠어요." 그가 말했다. "나는 광야를 지나 나만의 길을 만들어야 한다고 느꼈어요. 기댈 만한 사람이 아무도 없었어요. 이렇게 말하고 보니 그것이 슬픈 일이라는 생각이 드는군요. 그때로 돌아가 이전의 나 자신에게 멘토가 되어줄 수 있으면 얼마나 좋을까요."

희소식은, 어떤 면에서는 그가 그것을 할 수 있다는 것이다. 데니스는 서서히 젊은 시절의 자신과 만나는 작업을 했다. "처음에, 나는 한 달간 해변으로 가야 한다고 생각했어요. 그렇지만 지금은 그 일이 내가 정말로 하고 싶은 일이 아니라는 것을 깨달았어요. 나는 다른 사람들과 이야기를 하고 싶어요. 나는 다른 식당 경영자, 은퇴한 뒤에 다음 단계를 찾는 데 성공한 사람들을 만나고 싶어요." 자신을 돌보는 것은 매우 구체적인 예술이며, 우리는 자신이 '실제로' 필요로 하는 것이 무엇인지에 대해 자신에게 매우 솔직해야만 한다. 우리가 필요로 하는 것이 충고라면, 아이스크림 한 통은 소용이 없을 것이다. 우리가 필요로 하는 것이 휴식이라면, 과도한 계획은 우리를 괴롭게만 할 것이다. 우리가 다른 사람들을 돌보며 많은 세월을 보냈다면 우리가 필요로 하는 것을 알아내는 데 시간이 좀 걸릴 것이다. 인내하라. 그럴 만한 가치가 있다.

프레드는 아내가 아팠을 때 한동안 휴직을 했다. 아내의 간병인으로서 그는 하루 종일 아내의 곁을 지켰다. "다른 방법이 없었어요." 그는 말한다. "그렇지만 여러 면에서 매우 고통스러웠어요." 아내의 건강이 악화되자 그 스트레스는 그에게 큰 영향을 미쳤다. "육체적으로도 지쳤지만 정신적으로도, 영적으로도 지쳤어요. 나는 슬퍼할 겨를도 거의 없었어요." 마사지를 예약하는 것은 프레드로서는 혁신적 행동처럼 느껴졌다. "마사지가 내 계획이라니, 믿을 수 없지만 나는 시도해볼 거예요." 그가 말했다. 마사지를 받는 동안 그는 자신이 아내에 대해 깊은 상실감을 느끼고 있음을 깨달았다. 그가 다른 사람의 손길을 그리워하고 있음을 알게 됐다. 행복한 순간과 힘겨운 순간이 기억났다. 그리고 자기 자신에게 연민을 느꼈으며, 수년간 자신에게 무엇이 필요한지 생각해보지 않았다는 것을 깨달았다. 마사지가 거의 끝나갈 무렵, 그는 다음번 마사지를 예약했다. 프레드에게 이 마사지는 생산적인 치료로 느껴졌다. 그는 일주일에 한 번씩 마사지를 받기로 결심했다.

많은 은퇴자들에게 자기 돌봄은 어려운 예술이다. 그렇지만 그것의 보상은 들인 시간과 돈을 크게 뛰어넘는다. 다음 걸음을 내딛기 어려울 때, 우리가 한때 바라던 것이 무엇이었는지에 대한 단서를 찾기 위해 회

먼저 당신 자신을 사랑하라. 그러면 그 밖의 모든 것은 동조하게 되어 있다. 이 세상에서 무언가를 성취하려면 당신 자신을 진정으로 사랑해야 한다.　—루실 볼

고록을 통해 젊은 시절을 돌아보는 것이 좋다. 우리가 다른 이를 돌보는 일로 지쳐 있을 때, 우리는 완전히 지친 자신을 돕기 위한 최선책을 찾을 수 있다. 우리 자신에게 손을 내미는 것이 너무 낯설어서 우리가 얻을 수 있는 결과를 보고 깜짝 놀랄 것이다. 그리고 우리가 실제로 거의 반응을 하지 않는다는 것에도 깜짝 놀랄 것이다. 우리가 정말로 필요로 하는 것이 무엇인지 우리 자신에게 물어보면 우리는 우리가 그 답을 가지고 있는 것에, 그리고 그 대답이 얼마나 간단한지에 깜짝 놀랄 것이다.

| 과제 |

우리 자신을 돌보기

당신은 다른 누군가의 건전지였던 적이 있는가? 관계를 회피하기보다는 더 많은 에너지를 쏟아부었던 경험 세 가지를 적어보라. 그런 기억이 내재되었거나 고통스럽다면 이 관계에 대해서 5분 동안 글을 쓰도록 하라.

이제 1부터 10까지 숫자를 적으라. 그리고 당신 자신을 행복하게 할 일 10가지를 적어보라. 그 일은 당신이 다른 사람들을 위해 쉽게 하지만 당신 자신을 위해서는 거의(또는 한 번도) 해본 적이 없는 일이어야 한다. 그중에서 한 가지를 고른 다음, 그것을 하라.

바로 다음에 할 일을 향해 나아가기

은퇴와 직면했을 때 많은 이들은 혼란스러워한다. 직장 생활을 하는 동

우리 뒤에 있는 것과 우리 앞에 있는 것은 우리 안에 있는
것과 비교해볼 때 아주 작은 문제이다.
— 랠프 월도 에머슨

안 그들은 다음에는 무슨 일을 해야 할지 알았다. 그들의 상사나 동료, 또는 고객이 계획이나 일정을 제시해주었다. 은퇴를 하면 아무도 그들에게 계획이나 일정을 제시해주지 않기 때문에, 자신이 다음에 무엇을 할지 모른 채 빈둥거리고 있다고 느끼는 순간이 올지도 모른다. 한낮이나 주중에 집에 있을 때, 지난 몇 분 동안 무엇을 해야 할지 알아내려고 하면서 자신이 냉장고 앞에 우두커니 서 있거나 신문을 읽지도 않고 뚫어지게 쳐다보고 있었다는 것을 문득 알아차리게 될지도 모른다.

이런 혼란의 순간을 경험하는 것은 흔한 일이다. 이런 일을 겪은 사람들에게 나는 이렇게 말한다. "그냥 바로 다음에 할 일을 하세요." 큰 그림에 초점을 맞추는 대신에 작은 것에 초점을 맞추라. 우리 대부분은 앞으로 디딜 작은 걸음을 알아내는 것은 그리 어렵지 않다. 바로 다음에 할 일은 매우 단순한 일일 수 있다(예를 들어 잠자리 정리하기, 설거지하기, 쓰레기 버리기 등). 내딛는 각각의 작은 걸음은 바로 다음에 내딛을 작은 걸음으로 이어진다. 예를 들어 잠자리 정리하기는 옷 걸기로 이어지고, 또는 당신이 바란다면 옷 걸기는 잠자리 정리하기로 이어진다.

이러한 행동들은 너무 작고 단순해 보일지 모르지만, 신체는 일단 움직이기 시작하면 계속 움직이게 마련이어서 쓰레기 버리기나 샤워하기처럼 별것 아닌 행동도 필연적으로 다른 행동으로 이어지게 된다. 우리가 신(God)을 '유익하고 정돈된 방향(good, orderly direction, 즉 GOD)'으로 생각한다면 바로 다음에 할 일이 왜 영적인 집안일인지 쉽게 깨달을 수 있다. 바로 다음에 할 일이 신체적인 것일 수 있다(예를 들어 마음을 맑게 하기 위해 주변 산책하기, 밖에 장작을 깔끔하게 쌓아놓기, 강아지와 공놀이하기 등). 그 일이 정서적인 것일 수도 있다(예를 들어 친구나 가족에게 전화하기, 회고록에서 내재된 기억에 대해 쓰기, 또는 베개에 대고 소리지르기 등). 그 일이 영적인 것일 수도 있다(예를 들어 음악 감상하기, 영감을 주는 작품 읽기 등). 비결은 우리가 생각해낼 수 있는 방법이 무엇이든지 그 방법으로 침체 상태에서 벗어나 행동으로 옮겨가는 것이다.

청소나 정리는 침체 상태에서 벗어나 행동으로 옮겨간다는 측면에서 큰 이익을 가져다준다. 우리가 "청결은 경건함 다음으로 중요하다."라는 격언을 믿는다면, 주변을 정리하고 청소할 때 우리는 올바른 방향으로 가고 있는 것이다. 많은 수강생들이 청소할 때 많은 영역에서 '바로 다음에 할 일'에 대한 아이디어를 얻는다고 말한다. 내 경우에는 종종 설거지를 하노라면 희곡의 줄거리가 떠오른다.

거의 언제나 시의적절한, 또 다른 '바로 다음에 할 일'은 아티스트 데이트이다. 쉽게 회피하지만 언제나 그에 따른 보상을 받는 아티스트 데이트는 앞으로 나아가는 행동의 출발점이 되는 훌륭한 선택이다. 나는 다음에 무슨 일을 해야 할지 모르거나 확실하지 않다고 느낄 때 급히 차를 몰고 시내에 있는 조지아 오키프 미술관에 간다. 그러면 영적으로 정비되고 명확해진다. 탐험을 마치고 집에 돌아오면서 나는 뭔가 다른 일을 할 수 있는 힘을 얻는다.

수강생 조지프는 모닝 페이지를 쓸 때마다 '극심한 공포에 사로잡혔기' 때문에 좌절감을 느꼈다. "나는 아무 이유 없이 무척 불안해요. 나는 이 느낌이 어느 쪽으로 가야 할지 모르는 느낌과 관련이 있는 것이 틀림없다고 생각해요. 나는 그것에 대해 생각하기가 너무 고통스럽기 때문에 거의 쓰고 싶지 않아요." 그가 말했다.

나는 그에게 별것 아닌 일도 상관없으니 할 수 있는 일 한 가지를 생

용기가 언제나 고함치는 것은 아니다. 때때로 용기는 하루의 끝에 조용한 목소리로 이렇게 말하는 것이다. "나는 내일 다시 할 거야." — 메리 앤 래드마처

각할 수 있는지 물었다.

"글쎄요, 식료품점에는 갈 수 있을 것 같아요." 그가 말했다.

"완벽해요." 나는 기쁜 목소리로 말했다.

"왜 내가 식료품점에 간다는데 그렇게 기뻐하는 거죠?" 그가 의심스러 워하며 물었다.

"왜냐하면 그 생각은 좋은 생각이고, 그 생각이 또 다른 생각으로 이어질 테니까요." 나는 그에게 설명했다. "나중에 전화해서 그 일을 했다고 말해주세요."

그가 전화했을 때 그의 목소리는 눈에 띄게 가벼워졌다. 그는 식료품점에 가서 필요한 것들과 '마음에 드는 것들'을 많이 샀다. 식료품점에서 나왔을 때 그는 근처에 은행이 있다는 생각이 떠올랐고 미처 처리하지 못한 일을 처리하러 은행에 들렀다. 집으로 돌아오면서 그는 갑자기 열어보기를 미뤄왔던 편지와 마주할 에너지가 생긴 것 같았다. 그는 그 안에서 오랫동안 연락이 끊겼던 친구가 쓴 짤막한 편지를 발견했다.

이제 그는 자신이 성취감을 느낀다는 것을 알아차렸지만 그의 집은 여전히 쓸쓸하게 느껴졌고, 외로움과 씨름하느라 그는 어디에서 시작해야 할지 잘 몰랐다. 그것은 너무 커 보였다. 냉장고를 채워 넣는 것이 할 일 가운데 하나였다. 그렇지만…….

"그저 바로 다음에 할 일을 하세요." 그는 내가 한 말을 떠올렸고, 자신에게 짤막한 편지를 보낸 친구에게 답장을 보낼 수 있다는 생각이 명확해졌다. 내용을 많이 쓸 필요는 없었다. "안녕, 나는 이제 막 은퇴했고 다음에 뭘 할지 고심하는 중이야. 네가 보내준 편지를 받고 너무 좋았어. 그래서 나도 네게 편지를 써야겠다는 생각이 든 거야."

당신이 있는 곳에서, 당신에게 있는 것을 가지고, 당신이 할 수 있는 일을 하라. ─ 스콰이어 빌 와이드너 편지를 썼으니 우체국으로 갈 차례였다. 그는 우표 전지 한 장을 샀고 친구에게 쓴 편지를 부치는 데 첫 우표를 사용했다. 집으로 돌아오면서 그는 새로 생긴 주유소에 들렀다. 그 주유소는 전에 가던 곳보다 1갤런(약 3.8리터)당 39센트가 더 쌌다. 그는 주유를 하는 동안 차창을 닦으면서 세차를 한 지 오래되었다는 사실을 깨달았다. 주유를 마치고 나서 그는 세차장까지 약 2킬로미터를 운전해서 갔다. 그는 바퀴 레일 위에 차를 위치시키고 나서 의자에 편히 기댄 채 비눗물이 쏟아져 나오며 차를 닦아내는 것을 즐겼다. 세차하는 데 10분도 걸리지 않았고 진공청소기로 차 내부를 청소하는 데 10분이 걸렸다. 그는 행복감을 느끼며 차를 몰고 집으로 돌아왔다. 바로 다음에 할 일을 하는 것은 행복하고 생산적임이 증명되었다.

그가 이 이야기를 내게 계속 늘어놓을 때 나는 웃음을 터뜨렸다. "조지프, 당신은 매우 생산적인 하루를 보낸 것 같아요." 나는 조심스럽게 말했다.

"맞아요. 그리고 통찰력 있는 날이기도 했어요. 일단 내가 움직일 수 없는 상태에서 벗어나자 '그저 한 가지 일'을 하는 것은 무척 쉬웠어요. 그런 다음에 그저 한 가지 일을 더 하기도 쉬웠고요. 솔직히 말하면, 당신에게 전화해서 식료품점에 갔었다고 말해야 했기 때문에 문밖으로 나갈 수 있었어요."

'샌드위치 전화' 기법, 즉 친구에게 전화를 걸고 행동을 한 다음 행동이 완료됐을 때 그 친구에게 다시 전화를 하는 기법을 과소평가해서는 안 된다. 우리 자신을 움직이게 하는 데 친구의 도움을 요청하는 것은 말도 안 된다고 느낄지도 모르지만, 나는 전화를 거는 것보다 옴짝달싹

못 하는 상태가 더 고통스럽다고 말하곤 한다. 그리고 그런 경험을 해보지 않은 사람이 있을까? 우리가 현명하게 친구들을 고른다면 친구들이 말해줄 테니 우리는 안심해도 될 것이다. 심지어 그들은 자신의 하루 계획을 스스로 세워야 할 때 우리에게 전화를 할 것이다.

우리 스스로 바로 다음에 할 일을 찾을 때이든, 바로 다음에 할 일을 찾는 친구를 도와줄 때이든 간에 이 질문을 하는 것은 유용하다. "당신이 미뤄온 작은 일은 무엇인가?" 파코가 미뤄왔던 일은 도서관 카드를 발급받는 것이었다. "그렇지만 그 일은 당신이 말하는 그런 일은 될 수 없겠죠? 안 그래요?" 그가 물었다. "'너무' 하찮은 일이잖아요?"

전혀 그렇지 않다. 너무 하찮은 일이란 없다.

"어서 가서 도서관 카드를 발급받으세요." 내가 강하게 권했다.

"어, 알았어요." 파코는 툴툴대며 말했다.

바로 다음번에 그와 얘기할 때 그는 자랑했다. "도서관 카드를 발급받았어요, 우리 도서관은 정말 좋아요."

"파코, 그럼 이제 다음에는 뭘 할 건가요?" 내가 물었다.

"커피 전문점에서 사진 전시회가 있는데……."

"그러면 가보세요." 나는 그에게 강하게 권했다.

다음에 우리가 이야기를 나눌 때 그는 뽐내며 말했다. "그 사진작가를 직접 만났어요. 내일 그의 스튜디오에 가서 그의 작품을 더 볼 거예요. 작품 중 하나를 살지도 몰라요." 파코는 가벼운 탐험의 예술을 발견하고 있었다. 즉, 그는 무력감을 극복하면 그의 하루하루를 쉽게 채울 수 있다는 점을 깨달았다.

'바로 다음에 할 일'을 하는 것은 움직임의 주기가 시작될 때 거의 마법처럼 느껴질 수 있다. 바로 다음에 할 일이 무엇인지 너무 많이 생각하지 말라. 그것은 작은 것일 수도 있고, 하기 쉬운 것일 수도 있으며, 상상력을 자극하는 것일 수도 있다.

| 과제 |

바로 다음에 할 일을 하라

힌트: 바로 다음에 할 일은 아주 작고, 위협적이지 않으며, 바로 당신 앞에 있는 것이다. 그것을 하라.

|주간 점검 사항|

1. 며칠 동안 모닝 페이지를 썼는가? 모닝 페이지를 직접 써보니 어떤 느낌이 드는가?
2. 아티스트 데이트를 했는가? 무엇을 했는가? 회고록에서 아티스트 데이트를 통해 탐험해보고 싶은 것을 발견했는가?
3. 산책을 했는가? 산책을 하는 동안 당신의 관심을 끈 것은 무엇인가?
4. 이번 주에는 어떤 '아하'를 발견했는가?
5. 이번 주에 동시성을 경험했는가? 그것은 무엇이었는가? 동시성을 통해 겸손함을 느꼈는가? 왠지 창조주가 당신을 인도한다는 느낌을 받았는가?
6. 회고록에서 좀 더 충실하게 탐험해보고 싶은 것을 발견했는가? 그것을 어떻게 탐험할 것인가? 늘 그렇듯이 좀 더 주의를 기울여 살

펴봐야 할 필요가 있다고 느끼는 내재된 기억이 있지만 어떤 조치를 더 취해야 할지 확실하지 않더라도 걱정하지 말라. 계속 앞으로 나아가면 된다.

생명력 되살리기

이번 주에는 어려운 상황을 헤쳐나가기 위해 필요한 힘과 명확성을 우리에게 제공해주는 건전한 자기방어 감각을 발달시키는 데 초점을 맞출 것이다. 회고록을 돌아보면서 당신이 당신 자신과 다른 이들에게 당신의 에너지를 어떻게 사용했는지 기억해보라. 현재 당신의 귀중한 개인 역량을 어디에 사용할지 다시 선택하라. 당신 자신과 당신의 가치를 위해 올바르게 선택할 때 당신은 에너지와 힘으로 보상받는다. 모닝 페이지를 쓰면서 당신은 앞으로 나아간다. 아티스트 데이트를 통해 당신은 영감을 얻는다. 산책을 하며 당신은 무한한 영적 자원과 연결되고, 적극적으로 그 영적 자원과 교감함으로써 필요한 힘을 얻는다. 회고록을 다시 돌아보며 당신은 이전의 당신 자신과 접촉하고 이전의 당신 자신에게서 배운다. 묻어둔 꿈에 진정한 정체성이 담긴 경우가 많다. 우리가 우리의 진정한 정체성을 존중할 때 그 보상으로 생명력을 되살릴 수 있다.

내면 우물

창조적인 무언가를 할 때마다 우리는 내면 우물에서 낚시질을 한다. 이 말은 무슨 뜻일까? 우리가 창조할 때 이용하는 이미지를 우리 모두 충분히 가지고 있다는 뜻이다. 우리 자신을 생태계 일원으로서 생각해볼 가치가 있다. 글을 쓰거나, 그림을 그리거나, 바느질을 하거나, 연기를 할 때 우리는 우리의 내면 우물에 있는 이미지에 의존한다. 우리가 이미지 저장소를 다시 채우는 법을 배운다면, 우리는 더 쉽게 작업할 수 있다. 반대로 우리가 다시 채워놓는 법 없이 우물에서 계속 낚기만 하면 우리 일은 고통스러워지고 '갑자기' 무엇이 잘못되었는지 궁금해지게 된다.

잘못된 것은 다름이 아니라 이미지 저장소를 다시 채우지 않은 채 우물에서 낚시질을 하는 것이다. 우물을 다시 채우는 가장 좋은 방법은 아티스트 데이트를 하는 것이다. 의식적으로 우물을 다시 채우면 우리는 편안함을 다시 얻는다. 매주 한 번씩 아티스트 데이트를 하면 대체로 충분하다. 그렇지만 우리가 전력을 다해 작업을 하고 있다면 아티스트

중요한 것은 삶의 길이가 아니라 깊이이다.
— 랠프 월도 에머슨

데이트가 추가로 필요할지도 모른다.

오로지 재미를 위해 뭔가를 탐험하는 아티스트 데이트는 하찮게 느껴진다. 그러나 많은 수강생들이 처음으로 창조주와 의식적인 교감을 느낀 것은 아티스트 데이트를 할 때였으며 아티스트 데이트를 할 때 자애로운 우주를 느낄 수 있다고 말한다. 아티스트 데이트는 사치스러울 수도 있고, 수수할 수도 있다. 꽃집에 들르는 것만큼 간단한 뭔가가 내면 우물을 조용히 다시 채울지도 모른다.

회고록은 언제나 아티스트 데이트로 할 수 있는 탐험 주제를 제시한다. 구체적으로 '기억하기' 아티스트 데이트를 하는 것은 우리 과거와 연결되는 측면과 우리 현재에 활기를 불어넣는 측면 모두에 매우 강력한 도구가 될 수 있다. 어떤 사람들은 살았던 동네에 다시 가보거나, 초등학교 때 오가던 등하굣길을 따라 걸어본다. 어떤 사람들은 레시피를 재현해보고 어린 시절에 좋아했던 영화를 보거나 책을 다시 읽는다. 특정한 모양의 모빌이나 고양이가 가지고 놀던 빨간색 장난감 쥐, 또는 할머니의 향수 냄새나 중학생 시절 푹 빠져 듣던 노래 등, 매우 효과적으로 기억을 되살릴 수 있는 작고 세밀한 사항들이 많이 있다. 이러한 이미지와 감각은 기억보다 더 많이 우리와 우리 자신을 연결시킨다. 이것들은 모두 여전히 우리의 일부이다. 이 이미지와 감각을 되찾음으로써 우리는 이것들과 소통할 수 있을 만큼 더 강해진다.

아티스트 데이트로 무엇이든 할 수 있다는 것을 명심하라. 즐겁다고 말할 수 있는 것이면 된다. 아티스트 데이트는 언제나 우리를 신선한 이미지와 연결시키기 때문에 어떤 아티스트 데이트라도 우물을 채워줄 것이다. 이미지는 지금 하는 작업과 직접적으로 관련되어 있을 필요가 없다. 어떤 이미지라도 상관없다.

영어 선생님이었던 제너비브는 50대 중반에 소설가로 등단했으며 두 번째 작품에 열중하고 있다.

"줄리아, 폭풍처럼 글을 쏟아놓았더니 다 말라버렸어요." 그녀는 내게 투덜댔다.

"제너비브, 걱정 말아요." 나는 그녀를 안심시켰다. "당신이 우물에서 너무 많이 낚아 올려서 그래요. 아티스트 데이트를 몇 번 하고 나면 곧 다시 글을 쓸 수 있을 거예요. 그런데 아티스트 데이트는 당신이 쓰려고 하는 이야기와 아무 상관없어도 된다는 점을 기억하세요."

제너비브는 계획한 아티스트 데이트를 시작했다. "나는 집을 나설 때마다 나가기 싫은 기분이 들어요." 그녀가 마음을 털어놓았다. "갑자기 바람이 너무 많이 분다거나 설거지를 해야 한다거나, 또는 말도 안 되는 핑계를 대요. 내가 이렇게 나가기 싫어하는 건 논리적이지 않아요. 아티스트 데이트는 고작 한 시간밖에 안 걸리는데, 나는 그것을 통해 영감을 얻어요. 그리고 아티스트 데이트를 하고 나면 좋은 기분이 며칠 동안 지속되거든요. 나는 그저 아티스트 데이트를 해야겠다는 동기를 찾기가 힘들어요."

첫 번째 아티스트 데이트로 제너비브는 이웃 동네에 있는 도넛 장인의 가게에 갔다. "특이하고 무척 흥미로운 모양의 도넛을 파는 곳이라고 들었어요. 내 흥미를 자극했어요. 블러드 오렌지 감 도넛은 무엇일까? 둘세 데 레체*는 어떤 맛일까? 그렇지만 나는 우연히라도 그 가게 근처에

---

* 설탕을 첨가한 우유를 천천히 가열하여 만드는 과자의 일종

우리가 상상 놀이에 진 빚은 헤아릴 수 없을 정도로 막대하다.
— 카를 융

가본 적이 없었어요. 확실히 '그저' 도넛만 사러 거기에 가지는 않았을 거예요."

그렇지만 그녀가 '그저' 도넛만 사러 갔을 때 마법 같고 장난스러운 느낌이 들었다. "너무 별것 아닌 것 같아 보였어요. 그렇지만 도넛은 맛있었어요. 그래요. 두 개나 먹었어요." 그녀는 장난스럽게 털어놓았다. "특별 선물을 받는 어린아이가 된 기분이었어요."

우리 자신으로 하여금 특별 선물을 받는 어린아이처럼 느끼게 하는 것은 매우 강력한 창조적 행동이다. 그리고 우리가 어린 시절에 정말로 즐거워했던 선물을 선택할 때 그 보상은 훨씬 더 크다. 어린 시절의 특별 선물을 다시 경험하는 것은 기억과 아이디어가 쏟아져 나오는 계기가 될 수 있다.

다음 아티스트 데이트 때 제너비브는 그녀의 안전지대에서 많이 벗어나는 것을 했다. 즉, 그녀는 옷을 사러 갔다.

"나는 절대로 쇼핑이 취미인 사람이 아니었어요." 그녀가 말했다. "그래서 쇼핑을 위한 쇼핑은 약간 낯설었어요. 그런데 옷을 입어보는 것은 또 다른 차원에서 낯설었지요! 나는 3학년 때 이후로는 옷을 입어보고 사지 않았거든요!"

제너비브는 아티스트 데이트를 하면서 단순한 디자인의 옷을 찾았고 정말로 샀다. 한 달 후, 그녀는 그 옷을 입을, 생각지도 않은 기회가 생겼다.

"저작권 대리인한테서 전화를 받았어요. 새로운 출판사가 생길 예정인데 그녀는 내 소설과 그 출판사가 잘 맞을 것 같다고 생각했어요. 나는 회의에 입고 갈 옷이 있다는 사실이 매우 기뻤어요. 나는 새 옷이 편

그저 사는 것만으로는 충분하지 않다. …… 사람에게는 햇빛과 자유, 작은 꽃이 필요하다.
— 한스 크리스티안 안데르센

안했어요. 그런데 비밀도 하나 있었어요. 비밀이란 그 옷이 내면 예술가를 돌보고 있는 나를 상징한다는 것이죠. 그 옷을 입고 거기에 앉아 있을 때 나는 자신감을 느꼈어요. 회의는 아주 잘 진행되었어요. 아티스트 데이트를 하면서 창조적 자유로움을 느꼈기 때문이라고 생각해요. 나는 내 목표를 명확하게 느꼈고, 그래서 그 회의에서 내 작품에 대해 이야기할 수 있었어요. 아티스트 데이트를 할 때 나는 내게 중요한 것과 접촉할 수 있어요."

제너비브는 이제 새 작품을 막힘없이 잘 쓰고 있다는 소식을 알려주었다. "이렇게 단순하다니 믿을 수가 없어요." 제너비브는 다시 글을 쓸 수 있게 되어서 무척 신이 난다고 말했다. 그렇지만 나는 놀라지 않았다. 나는 아티스트 데이트가 사람들로 하여금 그들 자신과, 그리고 결과적으로 세상과 강하게 접촉하도록 이끌어주는 것을 지속적으로 봐왔기 때문이다.

아티스트 데이트를 계획할 때 우리는 매혹되는 것을 목표로 삼아야 한다. 즉, 우리는 우리 상상력을 사로잡는 뭔가 신비로운 것을 탐험하러 나가야 한다. 아티스트 데이트는 순수 예술일 필요는 없다. 어쩌면 순수 예술이어서는 안 될지도 모른다. 어린이 서점에 가서 우리가 어린 시절 좋아했던 책을 다시 읽는 것은 엄청난 감정과 에너지를 불러일으킬 수 있다. 어린 시절에 좋아했던 요리를 하거나 우리 인생의 다른 시기에 좋아했던 영화를 다시 보는 것은 우리의 과거와 현재를 연결한다. 아티스트 데이트는 깨우침을 주는데(enlighten), 나는 그 단어를 진정 문자 그대로 생각한다. 즉, 우리는 아티스트 데이트를 시작할 때보다 끝마칠 때 더 가볍다(light)고 할 수 있다. 깨우친다(enlighten)는 것은 우리를 더 가볍게(light) 만드는(en-) 것이기 때문이다.

내가 좋아하는 아티스트 데이트 중 하나는 내 책상 위에 있는 서진을 만든 유리 불기 작업실에 방문했을 때였다. 그 예술가가 녹은 유리 방울로 서진 모양으로 만들 때 나는 흥미진진해하면서도 약간 두려워하며 그 모습을 유심히 지켜보았다. 모든 면에서 그것은 내 평범한 경험의 세계에 속하지 않는 것이었다.

"한번 해볼래요?" 그녀가 나에게 물었다. 나도 모르게 "네."라고 대답했다. 나는 끝에 녹은 유리가 달려 있는 막대기를 잡았다. "물감에 살짝 담그세요." 그 예술가가 물감을 가리키며 말했다. 나는 진홍색을 골랐고 그 물감 위로 막대기를 굴렸다.

"두 번째 색깔을 고르세요." 그 예술가가 말했다. 이번에는 자홍색을 골랐고 그 물감 위로 막대기를 굴렸다. 그러고 나서 나는 진한 분홍색을 골랐다. 한 단계, 한 단계, 나는 예술가가 인도하는 대로 따랐다.

그녀는 설명했다. "이제 그것을 내려놓으세요. 이제 분리하세요." 들은 대로 했더니 어느새 훌륭한 서진이 만들어졌다. 그다음에 나는 그 예술가가 금빛으로 아롱진 은색 비단잉어를 만드는 모습을 넋을 잃고 바라보았다. 그녀는 무척 쉽게 만드는 것처럼 보였다. 그녀는 비단잉어 꼬리를 펼쳐놓았는데 마치 그 꼬리가 움직이는 것 같은 환상을 일으켰다. 비단잉어는 무척 섬세하고 전문가적인 손길이 필요했다. 그 작품은 고가였는데 나는 그 이유를 알 수 있었다.

나는 내가 색유리를 아주 좋아한다는 것을 깨달았다. 나는 유리 덩어리가 알아볼 수 있는 형태로 변하는 모습을 지켜보는 것을 좋아한다. 아무것도 없는 것에서 무언가를 만들어내는 유리 불기의 마술과 예술적 기교를 무척 좋아한다. 내게 이것은 결실이 있는 모험의 진수이다.

이 통찰이 간단하게 들리겠지만, 당신이 좋아하는 것을 인정하고, 그 것을 좋아하는 사람이 바로 당신임을 인정하는 것은 매우 강력한 힘을 발휘한다.

희곡 작가 카디는 마감일이 닥쳐오면 그녀 자신이 내면 우물에 깊이 의존한다는 것을 깨달았다. 그녀는 마감의 압박을 느끼며 내면 우물을 다량으로 '퍼낸' 뒤 추가로 '채워 넣을' 필요가 있다는 점을 인식하고 새 를 파는 가게에 갔다.

"나는 회고록 작업을 할 때 할머니가 새를 무척 사랑하셨다는 사실이 기억났기 때문에 새를 파는 가게에 갔어요." 카디는 말한다. "나는 할머 니와 연결되고 싶었어요. 정확히 어떻게 해야 하는지 잘 몰랐지만, 잠시 새를 파는 가게에 들르는 것이 적절한 조치라고 생각했어요."

"집 뒷마당에 큰어치와 작은 새들이 살아요." 카디가 점원에게 설명 했다.

"그렇다면 모이가 두 종류가 필요하실 거예요." 점원이 말했다. "큰어 치는 땅콩을 좋아하고 작은 새들은 씨앗을 좋아하거든요." 카디는 새 모 이를 살 생각으로 그 가게에 간 것은 아니었지만 모이 두 종류를 샀고, 집에 돌아와 집 뒤에 걸려 있는 새 모이통을 채웠다. 점원의 말대로 땅 콩을 채워 넣자마자 큰어치들이 몰려왔다. 어떤 때는 한꺼번에 다섯 마 리가 날아왔다. 작은 새들은 좀 더뎠다. 작은 새들은 쌍으로 노래를 부 르며 찾아와 모이를 쪼았다. 카디의 새 모이통은 거실 창 바로 밖에 걸 려 있었다. 거실 소파에 앉으면 이 모든 광경을 볼 수 있었다. 그녀는 작 은 조류 관찰 책을 가지고 있었는데 새들이 오면 책을 찾아봤다. 검은 방울새, 박새, 되새 등이었다. 그 새들은 모두 사랑스러웠다. 물론 대담하고 아름다운 큰어치가 있었다. 그 새들을 지켜보면서 그녀는 할머니와 가까워지는 느낌이 들었다. 할머니를 생각하면 더 많은 추억이 떠올랐다. 그녀는 어렸을 때 벽에 오듀본 도감의 복제화들이 줄지어 걸려 있는 할머니 댁 현관에 앉아 있고는 했다. 할머니는 그 현관에 새가 가득한 색칠놀이책을 두었는데 손주들이 집에 놀러 오면 그 책을 가지고 놀게 했다.

희곡을 쓰다가 잠깐 쉬는 틈을 타 카디는 인터넷으로 오듀본을 검색했다. 그녀는 오듀본 포스터 판매자를 알아내고는 포스터를 12장 주문했다. 포스터가 도착했을 때 그녀는 액자를 파는 가게로 곧장 가서 각각의 포스터에 어울리는 아름다운 액자를 골랐다. 공교롭게도 그녀가 사는 작은 마을에는 국립 오듀본 협회의 보호 구역이 있었다. 따뜻한 봄날이 되자마자 그녀는 조류 보호 구역에 갔다. 기쁘게도 많은 새들이 거기에 모여 있었는데 그녀는 그 새들이 사랑받고 안전하다는 것을 확실히 느낄 수 있었다. 그 조류 보호 구역 안에 있는 서점에서 그녀는 할머니 댁 현관에 있던 색칠놀이책과 아주 비슷한 색칠놀이책을 샀다. 집에 돌아와서 그녀는 새 모이통에 몰려온 새들을 색칠놀이책에서 찾아 색칠하며 아주 즐거운 시간을 보냈다.

"나는 내가 새를 사랑한다는 것을 깨달았어요." 카디는 말한다. "나는 산에 살아요. 어린 시절 보았던 왜가리와 백로와는 멀리 떨어진 곳이죠. 그렇지만 지금 포스터 두 장을 갖고 있어요. 한 장은 눈백로이고, 또 하나는 푸른 왜가리예요. 새들에 둘러싸이니 나는 할머니와, 그리고 어린 시절의 나 자신과 연결된 느낌이 들어요. 새를 관찰하다 보면 나는 큰 기쁨을 느끼고 작가로서 굉장한 영감을 받아요."

어린 시절의 소중하고 즐거운 추억을 찾아 탐험하며 얻는 힘을 과소평가하면 안 된다. 그것들을 기억하는 것과 그 추억이나 구체적 상징물을 찾아 나서는 것은 다르다. 당신이 과거의 자신에게 다가가면 미래에 대한 아이디어가 가득한 과거의 자신이 당신을 찾아온다.

| 과제 |

우물을 채우라

이번 주에는 아티스트 데이트를 한 번 더 해보라. 한 번은 평소처럼 단순히 당신을 기쁘게 하는 아티스트 데이트를 하고, 또 한 번은 당신의 과거 기억을 의식적으로 좇는 '기억하기' 아티스트 데이트를 해보라. 당신이 두 가지 데이트를 즐긴다면 그것은 좋은 일이다! 우물을 채우면 당신의 현재 프로젝트에 연료를 공급하고 다음 프로젝트를 위해 준비할 수 있다.

| 과제 |

회고록 - 10주차

나이: _____

1. 이 시기에 맺었던 주요 유대 관계에 대해 묘사하라.

2. 어디에 살았는가? 여러 곳에서 살았는가?

3. 이 시기 동안 당신의 에너지 대부분을 어디에 썼는가?

4. 당신을 이 시기로 이끄는 소리 하나를 묘사하라.

5. 이 시기에 기억나는 맛 하나를 묘사하라.

6. 이 시기 동안 당신은 누구에게 당신의 에너지를 썼는가? 다른 누군 가를 돌보느라 당신의 욕구를 한쪽에 밀어두었는가?

7. 이 시기 동안 기쁨의 원천은 무엇이었는가? 그것은 오늘날에도 여 전히 기쁨의 원천인가, 또는 기쁨의 원천이 될 수 있는가?

8. 이 시기 동안 당신 또는 다른 사람의 건강 문제를 다루었는가?

9. 이 시기 동안 고통의 근원은 무엇이었는가? 시간이 지난 지금 돌아 봤을 때 그 고통으로부터 무엇을 배웠는가?

10. 이 시기에 의미 있다고 느껴지는 다른 기억은 무엇인가?

건강한 이기주의

은퇴기에 많은 사람들은 '건강한 이기주의'라고 할 만한 것을 실행하는 법을 배워야만 한다. 더는 직업에 매여 있지 않은 우리는 자유롭지만 그 자유의 일부는 우리 자신을 위해서 쓰여야만 한다. 그런데 놀랍게도 우 리 대부분은 이것을 어려워한다. 우리는 우리 자신을 희생하려고만 한 다. 가족이라는 이름으로, 또는 가정을 유지한다는 명목으로, 또는 교회 에서 돕기로 한 약속이나 오랫동안 보류되었던 의무를 위해서 말이다. 요점은 때때로 우리는 외부의 요구 때문에 우리 자신의 소망을 희생시 킨다는 점이다.

유치원 선생님으로 근무하다가 은퇴한 제럴딘이 가장 기대했던 일 중

하나는 손주들과 더 많은 시간을 보내는 것이었다. 그녀는 며느리에게 이따금 아이들 돌보는 일을 도와주겠다고 제안했었는데 결국 하루 종일 아이를 돌보는 무료 보모를 자처한 셈이 되었다. 그녀는 아이들을 사랑했고 필요한 사람이라는 느낌을 좋아했지만, 고마워할 줄 모르고 당연시하는 것을 좋아하지는 않았다. "야박하게 들리겠지만, 나는 할머니라는 문화적 고정 관념, 그러니까 할머니는 인내심과 체력의 무한 저장고이며 마냥 희생해야 한다는 고정 관념의 희생자가 된 것 같은 느낌이 들어요. 나는 손주들을 사랑해요. 그렇지만 지쳤어요!"

제럴딘의 불만을 살짝 들여다보다가 나는 그녀의 불편함에 진실이 있음을 알아차렸다. 그녀의 며느리는 직장에서 자기 자리를 되찾고 싶었기 때문에 제럴딘의 손주 돌봄 제안을 덥석 받아들였다. 어떻게 하다 보니 곧 제럴딘은 8시부터 5시까지, 일주일에 5일 동안 일을 하고 있었다. 그녀의 손주는 네 살짜리 남자아이와 두 살짜리 여자아이였는데, 활발하고 건강하고, 다루기 힘든 아이들이었다. 이 아이들을 계속 돌보느라 제럴딘의 에너지는 다 소진되었다. 그녀는 그녀 자신이 손주 돌보미라는 자신의 역할에 분노하고 있다는 것을 알게 되었다. "어머님은 애들에게 너무 좋은 할머니세요." 그녀의 며느리는 자주 이렇게 말했다. 제럴딘은 손주들에게 좋은 할머니였다. 그렇지만 스스로 완전히 지쳐버렸다고 느끼기 시작하자 점점 더 고통스러워졌다. 손주들은 매력적이었지만 그녀는 성인들과의 활동과 대화에 대한 자신의 욕구가 얼마나 큰지는 깨닫지 못했다.

"나는 엉망이 되어버렸어요." 그녀가 말했다. "나는 너무 많이 주고 양보했어요. 하던 일을 그만두는 데 죄책감이 느껴지기도 하지만 내가 언

그 일은 할 수 없는 일이라고 말하는 사람은 그 일을 하고 있는 사람을 방해해서는 안 된다. ─ 중국 격언

제나 시간을 낼 수 있는 사람으로 취급받는 데 화가 나기도 해요. 아들, 며느리, 그리고 손주들과의 관계가 나빠질까 봐 두렵기도 하고요."

제럴딘을 만났을 때, 나는 쉽게 진단을 내릴 수 있었다. 즉, 그녀는 너무 기꺼이 돕는 사람이었다. 나는 그녀에게 모닝 페이지를 써보라고 제안했다. 그녀가 모닝 페이지를 쓰기 시작했을 때 그녀는 자신이 계속 눌러놓았던 분노에 깜짝 놀랐다. 나는 모닝 페이지에 분노를 터뜨리는 것은 괜찮다고 그녀를 안심시켰다. 그러라고 모닝 페이지가 있는 것이고, 그래서 그녀 혼자만 모닝 페이지를 보아야 하는 것이다.

"당신에게 필요한 것은 작은 건강한 이기주의예요." 나는 제럴딘에게 말했다. "며느리한테 며칠은 아이들을 돌봐줄 수 있지만 일주일 내내는 못 봐준다고 말하세요." 제럴딘은 내 진단에 안도했지만 내 처방에는 주저했다. 이기적인 것은 아닌가 하고 그녀는 생각했다. 결국 그녀는 '아무 것도' 하지 않기를 선택했다.

"바로 그게 문제예요." 나는 그녀에게 말했다. "당신은 당신만의 취미와 관심사를 찾을 필요가 있어요." 제럴딘은 새로운 경계를 세우는 데 주저했다. 성인과 순교자는 종이 한 장 차이인데도 불구하고 그녀는 성인의 반열에 오르려는 사람처럼 보였다. 제럴딘의 모닝 페이지는 그녀만의 삶이 필요하다고 계속 제안했다. 마침내 아이를 돌보며 보낸 긴 한 주의 끝에 그녀는 며느리와 하기 어려운 대화를 나누었다.

"내가 너를 사랑한다는 건 알 거야." 그녀가 말을 꺼냈다. "내가 손주들을 사랑하는 것도 알 테고. 그렇지만 매일 아이들을 돌보는 일이 내게는 정말로 너무 힘에 부치는구나."

며느리가 걱정하는 빛을 띠며 웃었다. "정말로 맞는 말씀이라고 생각해요." 며느리가 인정했다.

"일주일에 3일은 봐줄 수 있어." 제럴딘이 제안했다, "그렇지만 나머지 이틀은 돌볼 사람을 구했으면 한다."

"그렇게 할 수 있어요." 며느리가 대답했다.

제럴딘은 안도했다. "어린이집에 보내는 것도 나쁘지는 않을 거야. 다른 아이들과 어울려 지내는 것이 애들한테 좋을 수도 있어." 그녀는 조심스럽게 말했다.

"아마도 어머님 말씀이 맞을 거예요." 며느리가 수긍했다.

그렇게 제럴딘은 매주 이틀을 온전히 자신을 위해 쓸 수 있게 되었다. '그 이틀 동안 뭘 할까?' 그녀는 생각했다. 그때 그녀는 스스로 답을 찾았다. '나는 박물관이나 갤러리에 가고 연극을 보러 갈 수 있어. 나는 수업을 들을 수도 있고. 많은 일들을 할 수 있을 거야. 무엇을 해야 할지 모를 때에는 그냥 뭔가를 할 거야. 그런 다음에는 뭔가 또 다른 일을 하고.' 머지않아 제럴딘은 처음으로 건강한 이기주의를 실행했다. "나는 내 위치를 확실히 하고 나 자신을 옹호해야 했어요." 그녀는 이제 말한다. "어려운 일이었어요. 하루 종일, 일주일 내내 아이를 돌보는 건 내가 원하는 것 이상이라는 걸 인정하고 싶지 않았어요. 그렇지만 일단 정중하게 요구하기로 마음을 정하고 하니 나는 좀 더 균형 잡힌 삶을 향해 나아갈 수 있었어요. 그러지 않았다면 내가 어떻게 느끼는지를 숨기느라 화를 내거나 심지어는 수동적이고 공격적이 되어 분개하게 되었을 거예요. 나는 이제 나 자신을 포함해 모든 사람들에게 더 인내심을 갖게 되었어요."

건강한 이기주의를 찾기 위해 우리는 우리의 감정에 대한 정직함과

나는 인생의 마지막 순간에 신 앞에 서서 남겨둔 재능이 하나도 없으며, 당신이 내게 주신 모든 것을 썼다고 말할 수 있기를 바란다.
　　　　　　　　　　　　　　　　　　　　　　　 — 어마 봄벡

우리 자신에 대한 연민 사이에서 섬세하게 균형을 잡아야 한다. 하지만 행복은 이 과정에 따라오는 필연적인 결과이다.

창조성 회복을 시작할 때 우리는 우리 자신의 둘레에 신성한 원을 그릴 필요가 있다. 우리 친구들 대부분은 우리가 그린 경계선을 이해하려 하지 않을 것이다. 우리는 우리의 새로운 활동을 보호할 필요가 있다. 예를 들어 아티스트 데이트는 호기심이 많은 친구들과 함께 하는 것이 아니라 혼자 해야 한다.

클라리스는 많은 친구들이 그녀의 창조성 회복에 대한 그녀의 흥분을 회의적으로 생각한다는 것을 알게 되었다. 그럼에도 불구하고 그녀는 모닝 페이지와 아티스트 데이트, 산책 등 기본 도구들을 착실하게 해나갔다. 그녀는 회고록 작업을 하면서 엄마가 은퇴를 한 후 퀼트를 하면서 시간을 보냈다는 사실을 선명히 기억해내고는 깜짝 놀랐다. 감동을 받고 영감을 얻은 그녀는 관람할 수 있는 퀼트 전시회가 있는지 찾아보았다. 그런데 그녀가 특히 밀어붙이기 잘하는 성격의 친구에게 이 계획을 털어놓자 그 친구는 곧 자기도 따라가겠다고 했다.

"나 혼자 가고 싶어." 클라리스는 이기심과 확신을 느끼며 조심스럽게 말했다. "이해할 수 있을지 모르겠지만 나는 엄마와의 추억하고만 함께 있고 싶어."

"클라리스, 왜 갑자기 이렇게 이기적인 된 거야?" 그 친구는 그녀를 귀찮게 했다.

클라리스는 마음이 아팠지만 자기주장을 굽히지 않았다. 그녀는 대신에 그 후에 같이 밥을 먹자고 그 친구에게 제안했다. 그녀의 친구는 마지못해 동의했다.

클라리스는 혼자 퀼트 전시회를 관람하면서 밀려드는 추억에 잠겼다. 그녀의 머릿속은 엄마의 골무 수집품에 대한 기억으로 가득 찼다. 엄마가 퀼트를 처음 배우는 모습을 본 지 수십 년이 지났는데도 그 기억은 선명했다. 그녀는 기린이 있는 퀼트 작품을 보고 어린 시절 할머니가 만들어주었던 퀼트가 생각났다. 자신만의 고요함 가운데 퀼트 속으로 들어간 그녀는 엄마와 할머니가 그녀와 함께 거기에 있는 것처럼 느꼈다. 그녀는 무엇을 해야 할지 알았다.

전시회에서 나오면서 그녀는 전시회장 안내대에 있는 나이 지긋한 한 여성에게 다가갔다.

"퀼트 초보자를 위해 몇 가지 제안을 해주시겠어요?" 그녀가 수줍어하며 물었다. 그녀는 퀼트를 해보겠다는 생각을 한 번도 해본 적이 없었지만 이 특별히 강력한 아티스트 데이트 끝에 일어난 이 욕구를 거부할 수 없었다.

"물론이죠." 그 친절한 여성은 자신의 명함과 안내 책자를 건네며 대답했다. "당신이 관심 있어 할 만한 자료들과 괜찮은 동네 천 가게, 그리고 제 개인 전화번호예요. 그리고 첫 작품은 작게 만드는 게 좋아요."

주차장으로 걸어 나오면서 클라리스는 그녀의 과거와, 그녀에게 기쁨과 의미를 가져다줄 미래를 모두 본 것 같은 기분이 들었다. '내가 이 아티스트 데이트를 혼자 했다는 것이 얼마나 중요한지 모르겠어.' 그녀는 혼자 생각했다. 누군가와 같이 거기 있었다면, 특히 밀어붙이기를 잘하는 그 친구와 함께 있었더라면 그렇게 은밀한 경험을 할 수는 없었을 것이다.

클라리스는 아티스트 데이트를 계속하면서, 친구들 중 누가 혼자 특별한 모험을 하고자 하는 그녀의 바람을 존중해주는지 분명히 알게 되었다. 그 친구들은 클라리스에게 믿음 거울, 즉 그녀의 힘과 잠재력의 진가를 인정해주는 사람이 되었다. 그녀는 시간과 통찰을 함께 나누고자 할 때 그들을 선택했다. 시간과 통찰을 함께 나누기 위해 선택할 때에는 신중하게 해야 한다. 시간과 통찰을 함께 나누는 것은 우리 자신을 함께 나누는 것이기 때문이다.

기본적으로 예술은 개인 역사의 일부인 가족의 비밀을 드러내는, 일종의 자서전을 쓰는 행위이다. 이런 까닭에 예술을 창조하는 것은 가족의 비밀을 누설하는 것처럼 느껴질지도 모른다. "어떻게 그럴 수 있어?" 그 작업은 이런 반응과 마주하게 될 것이다. 예술 작품을 만드는 데에는 대담함이 필요하고 그 대담함은 환영받지 못할 수도 있다. 그것은 예술가가 지하 저장실이나 다락방, 또는 옷장의 문을 활짝 열어젖히는 것과 같으며, 가족의 금기를 깨는 것이다.

엘리자는 풍경화를 전공한 순수 미술 화가였다. 모닝 페이지를 쓰면서 그녀는 초상화를 그리고 싶은 욕구를 느꼈다. 그녀는 가족과 자신을 그리기 시작했다. 그녀의 가족은 엘리자의 새 작품을 보고는 경악했다. "나는 그렇게 뚱뚱하지 않아!" 여동생이 소리쳤다. "아빠가 마티니 잔을 들고 있는 모습을 꼭 그려야만 했니?" 또 다른 가족이 따졌다. "그리고 엄마는 화난 것처럼 보여."

엘리자의 작품은 가족의 비밀을 떠벌리고 있었다.

"오빠는 몽롱해 보여." 또 다른 여동생이 외쳤다.

"오빠는 늘 취해 있잖아." 엘리자가 대답했다. 그녀의 믿음대로 엘리자의 갤러리 대표는 그녀의 새 작품을 받아들였다. "나는 항상 당신의 아름다운 풍경화를 뛰어넘는 무엇이 있다고 생각했어요." 그녀는 엘리자의 초상화 전시회의 세부 사항을 조정하면서 말했다. 그 전시를 대표하는 작품은 엘리자 자신의 초상화였다. 그 작품 속에서 그녀는 사납지만 행복해 보였다.

우리가 갈망하는 것이 무엇인지 인정하고 우리가 갈망하는 예술을 행하려면 용기 있게 행동해야 한다. 창조성 회복 과정을 거칠 때 우리는 좀 더 이기적일 필요가 있는 크고 작은 상황과 맞닥뜨린다. 모닝 페이지에서 이러한 욕구를 탐험하면서 우리는 우리 자신과 접촉하게 되고, 우리의 소망에 따라 행동하는 법을 안내받는다. 우리의 소망에 따라 적절하게 행동하면서 우리는 진실성에서 오는 자존감을 갖게 된다. 굳건한 자아 존중감에 기반을 두면 우리는 좀 더 충실하게 다른 사람들을 만나게 된다.

| 과제 |

건강한 이기주의

다음 문장을 완성하라.

1. 너무 이기적이지 않다면 나는 _____을/를 할 것이다.

2. 너무 이기적이지 않다면 나는 _____을/를 할 것이다.

3. 너무 이기적이지 않다면 나는 _____을/를 할 것이다.

4. 너무 이기적이지 않다면 나는 _____을/를 할 것이다.

5. 너무 이기적이지 않다면 나는 _____을/를 할 것이다.

건강 문제

직장 생활을 하는 동안에 우리 대부분은 자신의 유능함과 힘을 즐겼다. 여러 프로젝트를 진행하면서 우리는 활력을 느끼고 자존감으로 충만했다. 직장 생활을 그만두면 우리 대부분은 허둥댄다. 우리 자신의 강인함은 점점 사라진다. 우리는 더는 정정하지도 신체가 튼튼하지도 않다. 우리는 직장 생활이 주었던 성취감을 그리워한다. 쇠약함에 당혹스러워진 우리는 강인함을 다시 회복하지 못할까 봐 염려한다. 그렇지만 이런 느낌은 착각이다. 우리가 해야 할 일은 실제로 매우 단순하다. 우리 자신을 위해 새로운 목표를 세우면 된다. 그 목표를 성취하면서 우리는 활력이 되살아나는 것을 알게 될 것이다. 그것은 정말로 손에 펜을 쥐고 우리가 목표를 설정할 수 있는 범주를 나열하는 것만큼이나 단순하다. 우리의 범주는 단순할 수 있다. 바로 영성, 우정, 창조성, 신체 능력이다.

이러한 훈련을 할 때 나는 각각의 범주에서 할 수 있는 작은 목표를 세운다. 영성에 관해서는 나는 영성 문학을 날마다 조금씩 읽는 것을 선택할 수 있다. 우정에 관해서는 친구와 함께 하는 식사를 계획할 수 있다. 창조성에 관해서는 나 자신에게 모닝 페이지를 쓰기로 서약하고 나서 현재 프로젝트에 관해 3쪽씩 쓸 수 있다. 내가 성취할 수 있는 목표를 세우고, 그 목표를 달성하면 나는 힘과 더 하고 싶은 욕구를 느낀다. 목표 달성은 우리에게 만족감을 준다. 목표를 달성할 때 우리는 우리 자신이 어느 때보다 강해지고 있음을 느낀다.

몇몇 친구들이 완전 채식인 비건 다이어트를 시작한 뒤 육체적으로,

정신적으로 건강해지기 시작하는 것을 보고 나도 2년 전부터 비건이 되었다. 현재 나는 20킬로그램을 뺐다. 그리고 더 정력적이 되었으며 머리도 더 맑아졌다. 나는 채식을 하게 되어 얼마나 감사한지 모른다. 표면적으로는 여러 차례 더 작은 옷을 사야 했고 체력이 훨씬 향상되었다. 콜레스테롤 수치가 낮아지고 잠도 더 잘 잔다. 그렇지만 나는 또한 채식으로 얻는 이득이 수치로 재거나 눈으로 볼 수 있는 것보다 훨씬 더 많다는 것을 느낀다. 건강 문제에 능동적으로 대처하는 것은 우리가 감당할 수 있는 목표이며, 그 목표는 인생의 새로운 국면에 들어갈 때 우리에게 큰 이득을 준다.

빈센트는 은퇴를 하고 나서 인디애나폴리스의 쇼핑몰에서 걷기를 하며 겨울을 지냈다. "참 편리해요. 그 쇼핑몰에는 표지물이 있어서 내가 얼마나 많이 걸었는지 알 수 있어요. 눈도 피할 수 있고요. 인디애나폴리스는 걸을 만한 데가 그렇게 많지 않아요. 특히 날씨가 좋지 않을 때는 더 그래요. 나는 쇼핑몰을 걷는 사람들에게 어떤 문화가 있다는 것을 알게 됐어요. 우리는 서로 알게 돼요. 그리고 같은 사람을 매일 마주치는 것이 재미있어요." 빈센트는 쇼핑몰 걷기는 건강한 습관일 뿐 아니라 마음이 맞는 사람들과 그를 연결해주는 수단이자 격려라는 것을 깨달았다. "이따금씩 딸과도 같이 걷는데 우리는 유대감이 형성되어 있기 때문에 재미있어요. 그리고 이른 아침에는 상점들이 문을 닫아서 안전해요." 그는 농담을 한다. "걷는 코스에서 벗어나 딸이 나를 가게로 끌고 들어갈 수 없으니까요." 겨울이 끝나갈 즈음 총 9킬로그램을 감량한 빈센트는 요즘 하루에 16킬로미터를 걷는데, 의사는 그의 혈액 검사 수치가 개선되자 깜짝 놀랐다. 한때는 당뇨병 전증 진단을 받았던 그는 이제

한겨울에야 나는 내 안에 여름이 계속 도사리고 있음을 마침내 깨달았다.
— 알베르 카뮈

'건강의 화신'이다.

내 친구 케빈은 빈센트와 다른 태도를 취한다. 케빈은 건강 문제와 씨름하고 있으며, 상심하여 종종 이렇게 말한다. "나이듦은 자신과 다른 이들의 좋지 못한 건강에 익숙해지는 거야." 관절염의 만성 통증과 심장박동기의 필요성, 인공 관절이 필요한 무릎 등은 나이듦으로 인해 생길 수 있는 질환이지만 나이의 영향에 맞서는 작업은 가장 보잘것없는 작업조차도 생산적일 뿐 아니라 필수적이라고 나는 말하곤 한다. 84세인 메리 엘리자베스는 세 가지 질환으로 고생하고 있다. "나는 이제 신체적으로 상당히 제약을 많이 받지만 아직도 매일 긍정적인 뭔가를 할 수 있어요." 그녀는 말한다. 메리 엘리자베스는 부지런히 물리 치료를 받고 있으며 영적 위안을 구하는 시에 열정적이다. 내 친구 엘버타는 86세로 말 농장과 도로포장 회사를 경영한다. 그녀는 건강이 옛날만큼 좋지는 않지만 균형 잡힌 영양과 유머, 가벼운 운동으로 자신을 돌본다. 일을 하는 동안 그녀는 주의를 딴 데로 돌릴 수 있다.

65세로 이제 막 은퇴한 에드먼드는 갑작스러운 많은 통증과 고통, 그리고 전반적인 불안감에 시달리고 있다.

"나는 뭔가를 해야 해요." 에드먼드는 말했다. "내가 일을 하고 있었을 때에는 건강해 보였어요." 에드먼드는 초보 목수 수업을 수강하기로 결정하고는 무척 흥분했다. "나는 다시 물에 발가락을 담그고 있어요." 40년 전 아버지의 차고에서 간단한 탁자와 책장을 만들면서 즐거워했었다고 그는 이렇게 말했다.

일단 수업이 시작되자 에드먼드는 그의 에너지가 돌아오고 있으며 그의 고통과 통증이 사라지고 있다는 것을 알아차렸다. 많은 은퇴자들처

그 일이 끝나버렸다고 울지 말라. 그 일이 있었음에 미소
지으라.   — 닥터 수스

럼 그는 전념하는 행위 그 자체가 자신을 괴롭히는 질병에 대한 치료제임을 발견했다. 그 질병은 신체적으로 나타났음에도 불구하고, 풀리지 않던 그의 문제는 신체적인 것이라기보다 정신적인 것에 더 가까웠다. 작업(그리고 동료 수강생들의 영감)으로 그의 정신이 활력을 되찾았을 때 그는 자신의 건강이 자연스럽게 회복된 것 같았다. "목공은 내게 필요한 일이었어요." 그는 말한다. "목공은 더 좋은 건강으로 향하는 에둘러 가는 길(또는 적어도 놀라운 길) 같아요. 그렇지만 나는 그 길을 선택할 거예요. 나는 기분이 좋아요. 그리고 정말로 멋진 시간을 보내고 있어요." 기운이 나고 활기가 넘치는 그는 온 마음으로(그리고 별로 힘들지 않게) 목공 수업에 몰두했다.

학교 심리 상담사였던 78세의 카이다는 유방암에 걸렸다. 수술은 성공적이었다. 그런데 그녀는 은퇴를 하기로 결심했다. "내 건강은 경고 신호였어요. 나는 여생을 어떻게 보내고 싶었을까요?" 카이다는 관심사가 많았다. 그녀는 그중에서 선택해야 했다. 다른 사람들에게 귀를 기울이며 세월을 보냈으니 이제는 그녀 자신에게 귀를 기울일 때였다.

카이다는 말을 무척 좋아해서 덴버의 아라비안 마상 쇼를 특석에서 즐기기로 했다. 말들은 아름다웠고 카이다는 낙관적인 감정을 되찾았다. 아라비아풍의 카드를 몇 장 사서 곳곳에 흩어져 있는 친구들에게 몇 마디 적어 보냈다. "내가 하고 싶은 건 내일이 아니라 오늘, 사람들과 다시 연결되는 것 같은 사소한 일들이 전부예요. 나는 내가 바라는 것이 무엇인지 좀 더 분명히 알게 되었어요. 그리고 건강에 이상이 생긴 이후에, 나는 이제 좀 더 주체적으로 살고 있어요. 전에 사람들이 그런 말을 하는 것을 듣기는 했지만, 직접 경험하면서 나는 각각의 아주 작은 선택이 얼마나 중요한지, 그것이 내게 실제로 얼마나 의미 있는지 알게 됐어요."

때때로 우리는 나이가 들어가면서 돌보미 역할을 맡게 된다. 우리에게 중요한 사람들도 나이를 먹고 때로는 그들이 병으로 고통당할 때 우리가 책임을 맡게 된다.

앤지는 파킨슨병을 앓고 있는 남편을 돌본다. 남편은 상태가 좋을 때도 있고 나쁠 때도 있지만 대체로 나쁜 날이 더 많다. 앤지는 날마다 그녀의 반려자가 쇠약해져가는 모습을 지켜본다. 그는 더는 그녀가 결혼했던 정력적인 사람이 아니다. 앤지는 여전히 그를 깊이 사랑하고 그를 직접 돌보고 싶어 한다. 그렇지만 그의 건강과 끝없이 씨름하느라 앤지도 건강이 좋지 않다. 그녀는 자신이 짜증을 내고, 불안해하고, 곧잘 화를 낸다는 것을 알아차렸다. 내가 몇 시간 동안 남편을 믿을 만한 사람에게 맡기고 아티스트 데이트를 해보라고 권했을 때 그녀는 좌절감 때문에 눈에 눈물이 가득 고였다.

"나는 그와 떨어져 있고 싶지 않아요." 그녀가 고백했다.

"그냥 몇 시간일 뿐이에요." 나는 그녀를 설득했다. "휴식은 당신과 남편 모두에게 유익할 거예요."

앤지는 확신이 서지 않았다. 그녀는 병든 남편에게 이런 생각에 대해 얘기를 꺼냈다. 놀랍게도 그는 상당히 밝아졌다.

"좀 쉬어야지." 그가 그녀에게 말했다. "당신한테 좋을 거야."

그래서 앤지는 마지못해 일주일에 한 번씩 오는 요양 보호사를 고용하고 외출을 했다.

죄책감을 느끼면서 그녀는 첫 번째 아티스트 데이트로 아쿠아리움에

우리는 우리에게 주어진 시간으로 무엇을 할 것인지만 결정하면 된다.　　　　　　　　　　　　　　　　　　－J. R. R. 톨킨

갔다. 많은 수조를 돌아보면서 그녀는 긴장이 풀리기 시작했다. 아쿠아리움의 어둑한 빛 속에서 그녀는 조용히 눈물을 흘렸다. 그녀는 몇 달 동안 자신이 누리지 못했던 호사를 느끼도록 자신을 내버려두었다. 한 시간 후, 환한 햇빛 속으로 나오면서 그녀는 아주 오랫동안 느꼈던 것보다 더 많이 그녀 자신을 느꼈다.

집으로 돌아왔을 때 그녀는 남편도 더 밝아졌다는 것을 알아차렸다. 그와 요양 보호사는 카드 게임을 했다. 그는 앤지의 아티스트 데이트에 대해 모든 것을 알고 싶어 했다. 그녀는 곰치와 상어가 있는 아쿠아리움에 대해 이야기해주었다. "당신이 다녀올 수 있어서 나는 무척 기뻐." 남편이 그녀에게 말했다. 앤지는 일주일에 한 번씩 외출을 하기로 결심했다. 남편도 그 결정을 진심으로 지지했다.

우리 자신을 돌보는 것은 항상 주변 사람들에게 도움이 된다. 내 건강이 향상되면 내 반려견의 삶이 나아진다. 내 반려견이 좀 더 오래, 좀 더 지속적으로 산책을 갈 수 있기 때문이다. 그리고 친구들과 딸과 손녀를 위해 쓸 더 많은 에너지가 내게 생긴다. 교사와 작가로서 나는 더 명확해진다. 우리 자신을 위해 투자하면, 우리의 개선된 상태 덕분에 다른 사람들이 유익을 얻는다. 그리고 그들 또한 그들 자신의 삶을 향상시키도록 영감을 받을지도 모른다.

| 과제 |

당신의 건강을 위해

당신 건강(신체적·정서적·영적 건강)을 위해 할 수 있는 간단한 일 5가지를 적어보라. 예를 들면 다음과 같다.

1. 운전하는 대신 도서관까지 걸어가기
2. 다음에 시내에 갈 때 내가 아주 좋아하는 교회를 여유 있게 방문하기
3. 로라에게 전화해서 언제나 내 기운을 북돋아주는 재미있는 소식을 나누며 오랫동안 수다 떨기
4. 한동안 소홀히 했던, 아침에 스무디 먹는 습관 되살리기
5. 기타 등등

현실적으로 당신의 일과(日課) 목록에 한 개 이상의 일정을 더 덧붙일 수 있는가?

균형 잡힌 동반자 관계

한 익살꾼은 이렇게 적었다. "은퇴한 남편이 있다는 것은 부엌에 피아노가 있는 것과 같다." 이 말은 웃음을 자아내지만 과장된 말로 느껴지지는 않는다. 은퇴한 배우자는 갑자기 하루 24시간, 일주일 7일 동안 우리 주위를 맴돈다. 이는 배우자에게 상당히 많은 부분의 변화에 적응할 것을 요구한다. 은퇴한 남편을 둔 전업주부는 혼자 시간을 갖다가 갑자기 감시하에 있으며 비판을 받는다고 느끼게 될지도 모른다. "남편의 '도움' 없이도 잘 지내왔어요." 한 아내가 말한다. "걸음마를 하는 아이를 둔 것

같아요." 또 다른 아내가 말한다. "남편은 내가 자기를 즐겁게 해주기를 기대해요. 적어도 내 생각에는 그래요." 다른 아내가 말한다.

직장에 나가던 아내가 은퇴를 할 때에도 동일한 노력이 필요하다. "내 아내는 돈을 벌었어요. 아내의 은퇴는 수입이 더 적어지고 자율성이 더 줄어든다는 것을 의미했어요. 나는 다른 시대에 성장했어요. 어머니는 직장에 다닌 적이 없었죠. 나는 무의식적으로 아내가 어머니처럼 되기를 기대했던 것 같아요. 그런 기대 때문에 나는 아내를 몹시 불쾌하게 만들었죠. 아내의 기분이 상한 것은 전혀 놀랄 일이 아니죠. 나는 내 생각에 문제가 있다는 걸 알아요. 하지만 아내의 은퇴가 우리 둘 모두에게 감정적 격변을 일으켰다고 생각해요."

가족을 자동차라고 생각해보자. 은퇴로 인해 모든 부품들은 걷잡을 수 없이 흔들리게 된다. 부품 하나의 움직임은 모든 부품에 영향을 미친다.

"나는 은퇴했어요." 짐은 말한다. "그렇지만 아내는 여전히 직장에 나가고 있었죠. 나는 안절부절못하고 불평불만이 많았어요. 한마디로 나는 외로웠어요. 직장 동료들이 그리웠죠. 나도 모르게 아내가 내 놀이 친구가 되어주기를 기대했어요. 반면에 아내는 여전히 많은 임무가 주어진 직장인이었어요. 솔직히 말하자면 어떤 면에서 나는 질투를 하고 있었던 것 같아요."

"우리는 정말로 시련을 겪었어요." 짐의 아내는 회상한다. "나는 즐겁게 일하던 직장과 남편 사이에서 갈등을 느꼈어요. 남편은 나를 위해서 점점 더 많은 일거리를 고안해내면서 하루하루를 보내는 것 같았어요. 사무실에서 퇴근을 하고 집에 오면 장 볼 목록과 정리해야 할 파일 더

깊은 사랑이 없는 곳에는 깊은 실망감도 있을 수 없다.
— 마틴 루터 킹 주니어

미, 집수리 목록 등, 짐이 바라는 일 목록이 나를 기다리고 있을 뿐이었어요. 그는 상사 노릇을 하는 데 익숙했지만, 난 그의 아내가 아니라 고용인이 된 기분이 드는 게 싫었어요."

"아내가 참 안됐어요." 이제야 짐은 말한다. "나는 그녀에게 임무를 주고 또 줬어요. 내가 직장에 다닐 때 내 지시를 수행하던 직원이 있었어요. 은퇴 후에 나는 무의식적으로 아내를 그 직원처럼 대했어요. 아내가 내 기대 앞에서 주저할 때 나는 이혼까지 생각했어요. 이제는 내가 기대했던 것들이 불합리한 일이었음을 깨달았지만요."

"이혼을 꿈꾼 사람은 바로 나였어요." 짐의 아내는 말한다. "우리는 30년 넘게 탄탄한 결혼 생활을 유지해왔었지만 남편의 은퇴는 정말로 우리가 타고 있는 결혼이라는 배를 흔들어댔어요."

짐은 마침내 최근의 불안정한 결혼 생활의 해결책을 공유했다. "아내는 상담 치료사를 만나보자고 제안했어요. 나는 마음이 상했어요. 아내가 더 열심히 하기만 하면 모든 문제가 해결될 텐데 하고 생각했어요. 그렇지만 아내는 완강했어요. 결국 나는 그녀의 요구에 굴복했어요. 상담 치료사는 우리 부부 둘 다 은퇴에 따른 힘의 변화를 간과하고 있었음을 알게 도와주었어요. 고맙게도 아내는 내가 그녀의 이해를 필요로 한다는 점을 알아차렸어요. 나는 나대로 아내는 내 직원이 아니며 그녀에게 너무 많은 일거리를 주기보다는 나 자신만의 프로젝트를 찾을 필요가 있다는 것을 깨달았어요. 내가 나 자신에게 집중했을 때 우리가 타고 있는 결혼이라는 배는 제 항로를 찾아갔어요. 나는 정말로 '왕처럼 멋대로 고집을 부리는 아기'였다는 것을 깨달았어요."

부부 중 한 사람 또는 두 사람 모두 은퇴하면 동반자 관계의 균형은

자기 자신을 사랑하는 것은 평생 계속될 로맨스의 시작
이다.　　　　　　　　　　　　　— 오스카 와일드

불가피하게 변화를 일으킬 것이다. 그런 변화가 당연한 것임을 받아들이면 부부가 새로운 균형을 찾는 데 도움이 될 것이다.

분석 심리학자인 베아트리체가 70세가 되었을 때 그녀의 인생의 동반자는 그녀에게 은퇴하라고 압박을 가했다. "나는 은퇴할 준비가 안 됐어요." 베아트리체는 저항했다. "나는 이제야 도움을 줄 만큼 나이를 충분히 먹었고, 지혜로워졌어요." 그렇게 동반자의 반대를 무릅쓰고 그녀는 정상 진료를 계속했고, 심지어 새 환자도 맡았다.

"그렇게 하다가 당신은 소진될 거요." 행복하게 은퇴를 하고 베아트리체도 동참해주기를 열망하는 그녀의 동반자가 항변했다. 베아트리체는 원로의 가치에 대한 융의 가르침을 인용했다.

"나는 내가 쓸모 있는 사람이라는 것을 즐겨요." 그녀는 자신의 동반자에게 말했다. "은퇴를 하기에는 에너지가 너무 많아요."

"나는 같이 여행을 가고 싶소." 동반자가 응수했다. "이집트와 마추픽추에 가고 싶단 말이오."

"나도 가고 싶어요." 베아트리체가 대답했다. "일정을 조정할 수 있을 것 같아요."

그렇지만 그녀의 동반자가 정말로 바란 것은 여행을 위해 일정을 조정하는 것이 아니라, 그녀가 그에게 주의를 집중해주는 것이었다. 이 사실을 깨달은 베아트리체는 그들의 관계를 단절하는 힘든 결정을 내렸다. 그녀는 계속해서 10년을 더 일했으며 70세에서 80세 사이, 바로 그 10년 동안에 훌륭한 업적을 이루었다. 그리고 80세에 그녀는 기품 있고 행복하게 은퇴했다.

동반자 한 사람 또는 두 사람 모두의 은퇴가 가정의 역학 관계에 영향을 미칠 때, 모닝 페이지는 혼자만 보는 것임을 기억하는 것이 도움이 된다. 우리가 변화를 겪을 때 종종 어떤 작업은 혼자 하는 것이 가장 좋다. 우리는 배우자에게 모든 과정을 시시콜콜 얘기할 필요가 없다. 우리는 모닝 페이지에 이렇게 쓸 수 있다. "짐이 늦잠을 너무 많이 자지 않으면 좋겠어." 아마도 그러고 나서 다음 문장을 쓸 것이다. "사실 짐이 늦잠을 잔다고 해도 뭐가 문제야? 짐은 40년 동안 일찍 일어났잖아. 그것은 그리 큰 문제가 아니야."

모닝 페이지는 우리가 감정을 정리해가는 것을 돕는다. 우리가 스스로 충분히 생각을 정리하기도 전에 모닝 페이지에 쓴 모든 문장에 대해 이야기를 한다면 극적인 일이 계속 뒤따를 것이다. 그래서 모닝 페이지를 혼자만 간직하는 것은 중요하다. 나는 내 모닝 페이지를 읽을 사람과 같이 산 적이 전혀 없다는 점에 감사한다. 그렇지만 내 수강생들에게는 모닝 페이지를 숨기고, 태우고, 금고에 넣어 잠그고, 아주 작은 조각으로 잘라 버리게 했다. 이런 방법은 괜찮다. 종종 부부 둘 다 모닝 페이지를 쓰는 경우가 있는데 한 사람이 모닝 페이지를 쓰기 시작하면 나머지 한 사람도 '자기방어'라고 하면서 모닝 페이지를 쓴다. 그러나 이러한 동반자 관계 또한 변화를 무사히 헤쳐나가고 더 솔직하고 정직한 태도를 보임으로써 이득을 얻는 경향이 있다.

'우리 쪽'을 정리하는 데에만 초점을 맞출 때 우리는 더 행복하고 더 자율적이 되며, 자연스럽게 주변 사람들에게 더 충실하고 상냥하게 대하게 된다.

이 결혼이 웃음으로 가득해 우리가 날마다 천국에 있는 것 같게 해주소서.　　　　　　－ 루미

균형

간단한 개인 질문 목록을 작성하라. 당신의 은퇴로 인해 가정 내 균형에 변화가 일어났는가? 당신의 화를 돋우는 것이 있는가? 만일 그런 것이 있다면, 당신이 무슨 역할을 하는지 면밀히 들여다보라. 우리가 자신에 대해 책임을 질 때, 우리 동반자 및 우리와 친밀한 관계에 있는 사람들도 종종 똑같이 한다.

에너지로서의 고통

고대인들은 지구가 평평하다고 믿었지만 사실은 그렇지 않다. 마젤란의 항해를 통해 지구는 둥글다는 사실이 입증되었다. 많은 사람들이 지구가 평평하다는 신념만큼이나 잘못된 신념을 가지고 있다. 그들은 자신들이 창조적이지 않다고 믿는다. 그리고 그들은 그들의 꿈을 향해 항해를 해야만 지구가 둥글다는 사실을 증명할 수 있다.

자신이 창조적이지 않다고 믿는 것은 고통스럽다. 결코 사실이 아니기 때문이다. 나는 지금까지 창조적이지 않은 사람을 만난 적이 없다. 고통과 관련된 어려움은 그것이 고통스럽다는 것이다. 그렇지만 고통과 관련된 희소식은 그것이 에너지라는 것, 그리고 우리가 조금만 의식적으로 노력하면 그 에너지를 우리 자신을 위해 쓸 수 있다는 것이다.

> 어느 날 힘겨웠던 시절을 돌이켜보면 그 시절이 가장 아름다운 시절이었다는 생각이 떠오를 것이다.
> — 지그문트 프로이트

제시는 55세에 "나에게는 창조적인 유전자가 없다."라고 믿으며 은퇴했다. 오랜 세월 기업 경영 관련 업무를 해온 그는 그가 살아온 인생만큼이나 그 자신도 지루하다고 확신했다. 그렇지만 좀 더 면밀히 들여다보면 제시와 그의 인생은 결코 따분하지 않았다. 그는 여기저기 돌아다니고 여행을 했으며, 스키를 타러 다니고 하이킹을 했으며, 친구들과 긴밀한 관계를 유지했고, 산더미처럼 많은 문학 작품들을 읽고 가족을 부양했다. 그는 카리스마가 있고 매력적인 사람이며 파티의 중심임에도 불구하고 여전히 자신을 재미없는 사람으로 여겼다. 그가 오래전에 포기했던 연기에 대한 젊은 시절 꿈에 관심을 기울이게 된 것은 바로 회고록 작업을 할 때였다. "나는 적어도 읽을 수는 있다고 생각하고 곧장 셰익스피어에 뛰어들었어요." 그는 말한다. "그저 종이에 적힌 희곡과 소통하는 것은 이룰 수 있는 멋진 꿈이었어요. 나는 연기를 할 수 없다고 믿었어요. 하지만 연기를 하고 싶은 열망이 있었어요. 결국 나는 시도해보기로 했어요. 그리고 대학에서 모노드라마 수업을 들었어요. 믿을 수 없을 정도로 재미있어서 더 배우고 싶었어요. 지금 나는 두 가지 상반된 감정을 느끼고 있어요. 한편으로는 연기를 시도하고 있다는 점이 자랑스러워요. 또 한편으로는 내가 연기를 할 수 없다고 믿으며 낭비한 그 세월이 후회스러워요." 제시는 이제 후회의 고통을 앞으로 나아가기 위한 에너지로 사용해야만 한다. 그렇지만 이것을 인식하는 것은 크게 첫걸음을 내딛는 것이며 그 걸음은 그의 성공을 보장할 것이다.

우리는 신체적 고통뿐 아니라 정신적 고통을 가진 연장자 나이에 다다를 것이다. 수년 동안 우리는 상처를 받아왔을 것이며 대개는 그 상처를 묻어왔다는 것을 알 것이다. 모닝 페이지 쓰기와 회고록 작업은 우리의 고통을 표면으로 끌고 나올 수 있다. 우리의 고통에 대해 씀으로써 우리는 상처를 에너지로 전환한다. 그런 다음에 우리는 그 에너지를 이용해 고통을 치유하고 고통을 넘어 오랫동안 기다려온 꿈을 향해 나아갈 수 있다.

조나는 중세 문학 분야에서 저명한 학자였다. 그는 학술 서적을 여러 권 저술했지만 소설 집필에 대한 꿈을 꾸었다. 그는 60세가 되었을 때 생각했다. '소설을 쓸 수 없다고 말하는 데 넌더리가 나. 지금이 아니면 결코 할 수 없을 거야.' 그러고 나서 그는 그의 첫 소설을 썼다. 그 책은 소규모 출판사에서 출간되었는데 인세 수입은 전혀 없었다. 그는 어쨌든 책이 출간된 것에 감사하며 그 상황을 그냥 넘기기로 했다. 그때 한 중견 작가가 조나의 책을 읽고 그에게 말했다. "더 광범위하게 출판해볼 만하겠어요. 아주 멋진 작품이에요." 당황한 조나는 인세를 전혀 받지 못했다고 고백했다. 그 중견 작가는 화가 났다. 그는 조나의 책을 그의 저작권 대리인에게 보냈다. 그 대리인은 그 중견 작가의 의견에 동의했다.

"변호사를 고용하세요." 그 대리인이 조언을 했다. "당신이 그 소규모 출판사와의 계약을 해지할 수 있다면 제가 당신 책을 맡아서 다른 출판사에 팔겠습니다."

조나는 용기를 냈다. 그는 조언을 받은 대로 변호사를 고용했다. 변호사는 인세 미지급을 계약 위반의 근거로 들어 계약을 해지할 수 있었다. 조나는 그 대리인과 계약을 했다. 사실상 그는 그 자신의 재능에 내기를 건 것이었다.

"변화를 일으키기에 충분할 정도로 나는 좌절을 겪었어야 했어요." 그

운명 지어진 것은 아무것도 없다. 과거의 장애물은 새로운 시작으로 이끄는 문이 될 수 있다. — 랠프 블럼

는 말한다. "그렇지만 사실이에요. 나의 좌절은 그런 면에서 생산적이었어요. 아무것도 하지 못하고 가만히 있는 대신에 전진하는 나 자신이 자랑스러워요. 비록 원칙적으로 생각할 시간을 가졌다고 하더라도 생각에 잠겨 있는 것은 내게 어떤 도움도 되지 않았어요."

많은 사람들은 은퇴 후에 우리에게 여유 시간이 생긴다는 것을 안다. 그런데 무척 많은 사람들이 자신들이 자초한 절망감에 빠져 시간을 보낸다. 창조적인 사람들은 극적이다. 우리는 부정적인 드라마를 이용하여 자신에게 겁을 줘서 창조성을 잃어버릴 수도 있다. 이를 조심하고 경계하는 것은 중요하다. 우리는 어둡고 불길한 미래를 그린 최악의 시나리오를 생각해내거나 절망과 분함을 품은 채, 사랑하는 사람들에게 싸움을 걸지도 모른다. 은퇴는 쉽지 않다. 우리는 은퇴가 주는 도전에 허를 찔렸다고 느낀다. "은퇴를 하면 재미있게 지낼 것이라 생각했는데……." 우리는 화가 나서 씩씩거린다. 은퇴기는 재미있는 시간이 아니라 힘든 시간이라는 것을 깨닫는다. 이는 우리를 분노하게 하며 종종 우리는 이런 분노의 감정에 불편해한다. 이는 우리가 분노 또한 실제로는 에너지임을 인식하지 못하기 때문이다. 우리가 꿈을 꾼다면 분노는 그 꿈을 실현할 수 있도록 돕는다. 분노는 도전이며 어려운 상황에 잘 대처하는 것은 우리에게 달려 있다.

카리는 법무사로 40년 동안 일했다. 그녀는 몸은 은퇴했지만 정신적으로는 여전히 사무실에 매여 있었다. 그녀는 자신이 결코 만족시킬 수 없을 것만 같았던 한 변호사를 계속 생각하고 있다는 것을 알아차렸다. 그는 언제나 그녀의 업무를 날카롭게 비판하며 그녀를 겁먹게 만들었다.

"나는 그 사람 말고 다른 모든 사람들은 만족시킬 수 있었어요." 카리

나는 내 인생을 통해 나를 비판한 이들이 거짓말쟁이임을 증명할 것이다. ― 플라톤

는 말했다. "나는 그 점을 그 사람에게 알려줬어야 했어요. 나는 유능하고 자신감이 있는 사람이라는 점을 그에게 알려줬어야 했다고요. 그런데 입이 떨어지지 않았어요." 카리는 머릿속으로 그녀가 했어야 했던 행동과 말을 몇 번이고 연습했다. "나는 정말로 그에게 화가 치밀어요." 그녀는 스스로 인정했다. "나는 더는 그를 위해 일하지 않는데도 그의 비판은 여전히 나를 아프게 해요." 그녀는 은퇴 후에 오히려 근무할 때보다 더 많은 정신적 에너지를 이전 직장 일에 쏟고 있었다. 그것은 창조성의 비극적인 낭비였다.

나의 제안으로 카리는 그녀를 공격했던 그 변호사에게 편지(보내지는 않을 편지)를 썼다. 나는 그 편지에 아무리 사소한 것이라도 모두 쓰라고, 말하고 싶었던 것을 모두 쓰라고 했다. 카리는 편지를 다 쓰고 나면 자유가 있기를 바라고 믿으며 편지를 쓰기 시작했다.

"당신은 나를 결코 좋아하지 않았어요." 그녀는 적었다. "내가 아무리 열심히 일을 해도 당신은 한 번도 나를 칭찬하지 않았어요. 당신은 내 감정에 상처를 줬어요." 그녀는 그녀의 분노에는 어린아이 같은 면이 있다는 것을 알아차렸다. "나는 당신이 이기적이라고 생각해요." 그녀는 적었다. "나는 당신이 가시가 있는 사람이라고 생각해요. 내가 아무리 잘해도 당신은 절대로 어떤 말도 하지 않았어요. 나는 일을 잘했어요. 나는 한 번도 실수한 적이 없었어요. 나는 신뢰할 수 있는 사람이었어요. 나는 시작한 일은 계속해서 성공적으로 해냈어요. 그리고 당신이 성공하도록 도왔어요."

카리가 편지를 다 쓰고 나자 나는 카리에게 내게 편지를 읽어달라고 부탁했다.

"하지만 너무 유치해요." 그녀가 항변했다.

"맞아요." 내가 말했다. "분노는 종종 유치하죠. 괜찮아요."

카리는 내게 편지를 읽어줬다. 편지를 읽는 그녀의 목소리는 점점 더 강해졌다. 그녀는 큰 소리로 자신이 훌륭한 직원이었다고 주장했다. 다 읽고 나자 그녀의 분노는 사라지기 시작했다. 그녀 자신의 고통을 스스로 인정했으며 이를 통해 그녀는 자유로워졌다. 자신의 고통을 스스로 인정하고 알아주는 것은 다른 사람들의 인정만큼이나 중요하다.

자신의 분노를 종이 위에 적으면서 카리는 어깨 위에 있던 아주 무거운 짐이 벗겨지는 것을 느꼈다. 그녀는 머릿속으로 그 상황을 계속해서 재생하면서 쌓아두었던 분노에 더는 짓눌리지 않았고 유쾌한 기분이 들었다. "나는 다음 도전을 맞이할 준비가 되어 있어요." 그녀가 내게 말했다. "그 편지를 쓰는 건 힘들었지만 내면에 분노를 안고 있는 건 더 힘들었어요. 다음에 내가 무슨 일을 선택하든지 간에 분명히 이만큼 힘들지는 않을 거예요." 최근에 카리가 즉흥 연극 수업을 듣는다는 소식을 들었다. 과감하고 용감한 선택이지만 그녀가 했던 일들 가운데 가장 어려운 일은 아니다. 결코 그렇지 않다.

때때로 연장자들은 연민에 중독된 자신을 발견한다. 그들의 성취에 대해서 긍정적인 관심을 받으려 하기보다는 부정적인 관심을 받으려고 한다. 처음에 이것은 그다지 해로워 보이지 않는다. 하지만 결국 어떤 관심이든지 모두 유익하다고 할 수 있을까? 그렇지 않다. 연민에 중독되는 것은 유약함에 중독되는 것이다.

주드는 광고업계에서 바쁘게 일하다가 은퇴했다. 그런데 그는 자신이 으레 받곤 했던 관심에 목말라하고 있다는 것을 깨달았다. 자신을 위해서 긍정적인 조치를 취하기보다 뚱하니 골을 내고 있었다. 누군가 자신에게 관심을 기울이는 것이 당연하다고 생각하면서 말이다. 그의 아내와 자녀들은 자기 생활에 바빴다. 주드의 삶은 공허하게 느껴졌다. 은퇴한지 6개월 후 그는 자신이 우울과 싸우고 있음을 알았다. 그는 30년 만에 처음으로 담배를 피웠다. 그는 자기 자신을 파괴하는 것임을 알았지만 멈출 수가 없었다. 일주일에 한 번씩 친구들과 포커를 쳤는데 친구들이 그의 무기력을 알아차렸다. 어느 날 한 친구가 포커를 치고 난 후에 늦게까지 남았다. 주드는 삶이 공허하게 느껴지고, 담배는 공허함에 대한 기분 전환용이라고 털어놓았다.

"아내는 담배를 끊으라고 잔소리하지." 그는 이렇게 고백하고 나서 덧붙여 말했다. "그렇지만 적어도 잔소리는 일종의 관심이잖아."

주드의 친구는 돌려서 말하지 않았다. "너는 부정적인 관심에 중독돼 있는 것 같아." 그는 직설적으로 말했다. "너는 우정이 아니라 연민을 바라는 거야." 주드는 항변했지만 마음속으로는 그 친구의 말이 맞다는 것을 알았다. 그는 오랫동안 웹 디자인에 관심이 있었다. 그는 친구의 독려에 힘입어 웹 디자인 석사 과정을 알아보다가 집에서 수강할 수 있는 온라인 학위 과정을 발견했다. 그는 교수진의 이력을 읽으며 흥분했다. "나이가 좀 많지만 한번 해볼까 하오." 그는 아내에게 말했다. 그는 지원해서 입학 허가를 받았고 공허했던 저녁 시간을 이제는 새로운 도전으로 채웠다. 그는 더는 연민을 끌어내는 것에 관심이 없었다. 그는 자신이 가족과 친구들의 감탄을 불러일으키고 있음을 알아차렸다.

"나는 다시 목표를 찾고 있어요. 참 흥미진진해요." 주드는 곰곰이 생각하며 말한다. "젊은 사람들의 관심사를 배우고 있는데 내 광고계 경력이 그 모든 것에 훌륭한 바탕이 되어주고 있어요. 나는 담배도 끊었어요. 젊은 동료들을 열심히 따라가야 하거든요!"

사실 우리의 고통을 선을 위한 에너지로 변환하는 것은 연륜이 주는 위대한 자산 중 하나이다. 우리가 바라는 인생을 창조하기 위해 노력할 때, 약간의 의지로 우리는 경험의 창고를 이용할 수 있고 우리 상처를 치유할 수 있다.

| 과제 |

에너지로서의 고통

고통은 우리 에너지를 사용한다. 그렇지만 우리가 기꺼이 새로운 눈으로 우리의 선택지를 살펴보려고 한다면, 우리는 의식적으로 생산적이며 긍정적인 행동 쪽으로 그 에너지를 돌릴 수 있다. 당신 자신을 검열하지 않도록 빠른 속도로 다음 문장을 완성하라.

  1. 사실, 나는 _____에 좌절한다.

  2. 사실, 나는 _____에 좌절한다.

  3. 사실, 나는 _____에 좌절한다.

  4. 사실, 나는 _____에 좌절한다.

  5. 사실, 나는 _____에 좌절한다.

이제, 당신이 막 밝혀낸 그 에너지를 창조적 행동을 위해 사용하라.

1. 며칠 동안 모닝 페이지를 썼는가? 모닝 페이지를 직접 써보니 어떤 느낌이 드는가?

2. 아티스트 데이트를 했는가? 무엇을 했는가? 회고록에서 아티스트 데이트를 통해 탐험해보고 싶은 것을 발견했는가?

3. 산책을 했는가? 산책을 하는 동안 당신의 관심을 끈 것은 무엇인가?

4. 이번 주에는 어떤 '아하'를 발견했는가?

5. 이번 주에 동시성을 경험했는가? 그것은 무엇이었는가? 동시성을 통해 겸손함을 느꼈는가? 왠지 창조주가 당신을 인도한다는 느낌을 받았는가?

6. 회고록에서 좀 더 충실하게 탐험해보고 싶은 것을 발견했는가? 그것을 어떻게 탐험할 것인가? 늘 그렇듯이 좀 더 주의를 기울여 살펴봐야 할 필요가 있다고 느끼는 내재된 기억이 있지만 어떤 조치를 더 취해야 할지 확실하지 않더라도 걱정하지 말라. 계속 앞으로 나아가면 된다.

모험심 되살리기

이번 주에는 약간의 꿈을 꿀 것이다. 당신의 한계를 조금만 더 확장하기로 한다면, 어떤 점이 재미있겠는가? 당신의 회고록을 돌아보며 당신이 감수한 위험과 감수하지 않은 위험에는 어떤 것이 있는지 살펴보라. 어떤 것이 당신을 흥분시키며 자극하는가? 인생의 제2막에도 성장을 위한 무한한 잠재력이 있다. 처음으로 창조적인 위험을 감수하고, 새로운 관계와 새로운 종류의 관계를 형성하며, 새로운 장소를 찾고, 새로운 목표를 세우고 만나기에 너무 늦은 때란 결코 없다. 이 시기는 자유로운 시기이며 모험을 할 시기이다.

위험을 위한 위험

「분노의 주먹(Raging Bull, 1980)」이라는 영화를 보면 권투 선수 제이크 라모타의 매니저이자 동생은 라모타에게 이길 수 없을 것 같은 경기를 권한다. "도전해볼 가치가 있어." 그의 동생이 설명한다. "형이 이기면 이기는 경기이고, 형이 져도 이기는 경기야."

창조적 시도를 시작할 때 그 결과가 우리 기대에 부응하든지 부응하지 않든지 간에 아무것도 하지 않는 것보다 무언가를 시도했다는 것이 더 낫다는 면에서 우리는 항상 '이긴다'. 전력을 다하면서 우리는 새로운 힘과 관심사를 발견한다. 우리는 우리 자신의 잠재력을 최대한 확장한다. 우리는 곡을 쓴다. 이후에 무슨 일이 벌어지든지 상관없이 계속 곡을 쓴다. 다음 곡은 더 쉽게 쓸 수 있을 것이다. 우리는 지금 다른 모든 작곡가들과 뭔가 공통점이 있다. 무언가를 해냈을 때 필연적으로 자아존중감이 높아진다. 「분노의 주먹」에서처럼, 그것은 이기거나 지는 것에 관한 것이 아니다. 그것은 과감히 링에 오른 사람이 경험을 쌓고 극복하

당신이 던지지 않은 슛은 모두 빗나간 것이나 마찬가지이다.
― 웨인 그레츠키

는 것에 관한 것이다.

제이크 라모타처럼, 가장 중요한 순간은 우리가 링에 오르는 순간이다. 이 순간은 우리의 두려움과 의심, 의심 많은 친구들 등 얼마든지 많은 것들이 우리를 방해하는 순간이다. 어쨌든 우리는 기꺼이 시작해야만 한다. 창조적 위험은 온갖 형태와 크기로 다가온다. 그것은 모닝 페이지를 쓰려고 펜을 쥐는 것일 수도 있다. 어쩌면 낯선 아티스트 데이트를 하러 집을 나서는 것일 수도 있다. 새로 기억난 이야기를 친척과 나누는 것일 수도 있다. 조언을 해줄지도 모르는, 갤러리 대표인 친구의 언니와 통화하기 위해 수화기를 드는 것일 수 있다. 창조적 위험은 크든 작든 우리의 세계를 확장하고, 우리는 위험을 감수함으로써 성장한다.

예술은 우리가 연습을 생활화한다는 신념에 찬 행동이다. 우리가 취하는 창조성의 형태가 무엇이든지 간에, 창조성의 핵심은 결국 무(無)에서 무언가를 만들어낸다는 것이다. 무에서 어떤 것을 만드는 데에는 언제나 위험이 따른다. 우리는 특별히 노력한다. 우리는 이렇게 말한다. "나는 이걸 알아요. 나는 이걸 생각해요. 나는 이걸 상상할 수 있었어요. ……." 위험을 감수하는 데에는 항상 용기가 필요하다. 빈 종이나 빈 이젤, 빈 무대나 빈 연단 등 이 모든 것들은 신념에 찬 행동을 할 것을, 기꺼이 위험을 감수할 것을 요구한다. 작가로서 나에 대해 말하자면, 나에게는 빈 종이가 매일의 도전이다. 나는 인도해달라고 기도한 다음 귀를 기울이고 내가 들은 것을 적는다. 위대한 창조자가 나를 통해 창조하도록 한다. 그리고 종종 내가 적은 글 안에 담긴 지혜에 깜짝 놀란다. 그 아이디어는 나 자신 너머, 어딘가에서 온 것 같다.

내 딸도 글쓰기는 미지의 세계로 한 발짝 들어서는 것이라고 생각한다고 내게 말한다. 1년 동안 연기할 기회가 거의 없자 딸은 빈 종이에 글쓰기 도전을 했고 69편의 시를 썼다. 사진작가인 내 친구 로버트 스타이버스는 원래 무용수였다. 그런데 그는 영구적인 척추 부상으로 무용을 할 수 없게 되었을 때 완전히 새로운 방향으로 새 출발했다. 즉, 그는 더는 구현할 수 없는 우아한 몸짓을 포착하는 수단으로서 사진을 시작했다. 다른 예술 형식을 새롭게 시작한다는 것은 그로서는 큰 위험을 감수하는 것이었다. 그렇지만 그는 이 새로운 예술 형식으로 직업 생활의 후반을 보내고 있다. 그리고 이것은 이제 그를 정의하는 중요한 부분이다. 그는 무용수였던 경험을 토대로 더 깊이 있고 힘 있는 사진작가가 될 수 있었다.

연륜은 새로운 용기를 불러올 수 있다. 우리가 감수하기를 두려워했던 위험은 이제 우리가 반드시 감수해야 할 위험이 된다. 회고록을 돌아보면, 당신이 회피했던 위험과 당신이 한 번 이상 외면했던 특정 형태의 예술이나 목표를 향한 반복적인 갈망을 볼 수 있을 것이다. 때때로 우리가 가장 반복적으로 눈을 감았던 꿈이 가장 크게 다가온다. 꿈은 소멸하지 않는다. 우리가 그 꿈을 실행에 옮기지 않을 수도 있지만 그 욕망의 불씨는 계속 타오른다. 어떤 사람들은 꿈을 추구하지 않는 이유로 실패에 대한 두려움을 들 것이다. 젊을 때에는 많은 사람들이 다른 사람들이 어떻게 생각하는지, 위험 감수가 개인 또는 전문가로서의 삶에 어떤 영향을 미칠지 염려한다. 인생 후반에는 이러한 염려가 그렇게 크게 다가오지는 않겠지만, 너무 많은 나이나 자격 미달에 대한 두려움이 우리의 마음을 어지럽힐지도 모른다. 결국 우리의 꿈을 무시하는 이유가 무엇인지는 중요하지 않다. 꿈은 여전히 우리를 기다리고 있다.

꿈을 좇을 용기가 있다면 우리가 꾸는 모든 꿈은 이루어질 수 있다.
— 월트 디즈니

도린은 수년간 배우를 꿈꿔왔다. 그렇지만 그녀는 언제나 오디션 보기를 주저했다. 단지 너무 무섭기 때문이었다. 그러나 여러 해가 지났는데도 여전히 그녀 안에는 그 꿈이 불타고 있었다. 65세가 되자 도린은 회고록 작업을 시작했고, 자신이 10년 주기로 얼마나 지속적으로 연기에 대한 소명을 회피해왔는지 알게 되었다.

"나도 내가 이 꿈을 품어왔다는 것은 알고 있었어요. 그렇지만 내가 얼마나 자주 이 꿈을 품어왔는지는 회고록 작업을 하면서 알게 되었어요." 그녀는 말한다. "나는 그걸 알고 충격을 받았어요. 그런데 한편으로는 이상하게도 흥분이 돼요. 이제는 내가 무엇을 해야 하는지 알아요. 내가 할 일은, 어릴 때 바랐던 것처럼, 유명한 영화배우가 되거나 오스카상을 수상하는 것이 아니에요. '내가 연기하고 싶어 한다.'라는 사실을 깨닫고 인정하는 것이에요. 바로 그거예요. 내 안에는 연기를 해보라고 하는 뭔가가 있고 이제 행동으로 응답할 때라는 것을 나는 알아요."

지역 극단에서 「비소와 낡은 레이스」 공연 계획을 발표했을 때 도린은 흥미를 느꼈다. 그녀는 자신이 바라는 것이 무엇인지, 그리고 이번이 기회라는 것을 깨달았다. "나이대도 딱 맞고, 이 이야기가 마음에 들어. 알아볼 수 있어." 그녀는 용기를 내 오디션 일정을 잡았다.

"전화를 하기가 참 어려웠어요." 그녀는 말한다. "그렇지만 그때 전화를 받은 여성이 아주 친절했고 내가 오디션을 받는 것을 대단한 일이라고 생각하는 것 같지 않았어요. 그녀는 내 이름을 적고 내게 시간을 알려줬어요. 어쨌든 다른 사람에게 이야기를 했다는 것만으로도, 절벽에서 단번에 훌쩍 뛰어내리는 것 대신에 작은 걸음을 여러 번 내딛는 것처럼 보이기 시작했어요."

오디션을 보는 날, 도린은 일찍 일어나서 그녀의 10분짜리 오디션까지 남은 시간을 세었다. "나는 가야만 한다고 다짐했어요." 그녀는 말한다. "내가 배역을 맡느냐, 못 맡느냐는 중요하지 않았어요. 중요한 것은 내가 문을 열고 나가 오디션장에 나타나는 것이었어요. 바로 그거예요. 나는 시도한 것 자체로 자랑스러워할 거예요(심지어 축하까지 할 거예요)." 이것이 위험을 위한 위험이다. 그녀의 담당이 아닌 부분(배역을 맡는 것)이 아니라 그녀가 성취할 수 있는 부분(바로 오디션장에 모습을 드러내는 것)을 목표로 세움으로써 그녀는 자신이 감수해야 하는 위험만 감수하고 있었다.

"나는 극장으로 들어가 내 대사를 읽었어요. 나는 떨렸어요. 나는 감독에게서 짧은 대본을 한 장 받았어요. 나는 다른 배우와 그 장면을 읽고 나서 극장에서 나왔어요. 얼떨결에 일어난 일이었어요. 그렇지만 나는 해냈어요! 드디어 해냈다고요!"

그 연극에 캐스팅되었다는 전화를 받았을 때 도린이 얼마나 기뻤을지 상상해보라.

"나는 기뻐서 펄쩍펄쩍 뛰었어요." 그녀는 말한다. "생각해 보니 나를 방해했던 것은 오디션장에 가는 것이었어요. 어릴 때 지역 극장 무대 이후로 오디션을 보지 않았더라고요. 그러니까 거의 60년이 흘렀네요. 그렇지만 나는 나 자신에게 물어봐야 했어요. 내가 무엇을 해야 할지, 60년을 더 기다릴 것인지 말이에요. 그런데 그거 알아요? 오디션은 그리 나쁘지 않았어요. 나는 모든 것을 한 번에 하나씩 하면 됐어요." 도린은 작은 위험을 감수하고 나서 계속해서 또 다른 작은 위험을 감수해나갔다. 첫날 긴장이 됨에도 불구하고 극장에 일찍 나갔고, 이해가 안 되는 장면은 감독에게 물어봤고, 집에서 대사를 외울 때 남편에게 상대역을 해달라고 요청했다. "한 걸음, 한 걸음 앞으로 나가다 보니 점점 더 쉬워졌어요." 그녀는 말한다. "내가 두려워하던 일을 일단 성공적으로 마치고 나니 다른 것도 할 수 있었어요. 모두 다 괜찮았어요. 오히려 전혀 경험해보지 못했던 흥분감과 감정을 매일 느끼니까 꽤 짜릿하더라고요. 위험을 감수한다는 것이 이런 느낌인가 봐요."

많은 이들이, 적어도 몇몇 부분에서만큼은, 위험을 감수하지 않는 인생을 산다. 우리는 스트레스가 없는 삶을 바라기 때문에 위험을 감수하지 않는 삶을 영위해왔을지도 모른다. 부정적 상황에서 오는 스트레스는 해가 될 수 있다. 그렇지만 도전에 직면하거나 건강한 위험을 감수하는 데서 오는 스트레스는 우리에게 활력을 주고 동기를 부여해줄 수 있다. 우리의 삶에 활력이 없다고 느껴질 때 아직 해보지는 않았지만 감수해볼 만한 창조적 위험은 없는지 우리 자신에게 묻는 것은 도움이 된다. 작은 건강한 위험을 감수하면 그 보상으로 살아 있음을 느낄 수 있다.

위험은 여러 형태를 취할 수 있음을 기억하는 것이 중요하다. 가능성은 무한하다. 그렇지만 우리가 감수하고자 하는 위험이 무엇인지 우리 자신은 알고 있다. 그것을 정하는 것은 우리 자신의 몫이다. 예술 활동은 항상 위험을 수반하며 예술적 행위의 보상은 경험과 작품 그 자체이다. 무용가이자 안무가인 아그네스 데밀이 남긴 말과 같이 예술가들은 '암흑 속에서 뛰고 또 뛴다'. 처음 작곡을 하고자 했을 때 나는 일단 앉아서 시작하는 것 자체가 큰 위험을 감수하는 것처럼 느껴졌다. 그렇지만 나 자신의 도전에 응했다. 나는 위험을 무릅쓰고 피아노 앞에 앉아서 곡을 쓰기 시작했다. 내가 과연 '괜찮은' 곡을 쓸 수 있을지 잘 몰랐지만 나 자신을 위해 해보기로 했다. 나는 '암흑 속에서 뛰고 또 뛰었고', 마침내 꽤 많은 곡을 작곡했다. 그 가운데 꽤 여러 곡은 공연되기까지 했다. 나는 지금 앨범을 녹음하고 있다. 과감히 첫 번째 노래를 작곡하지 않았다면, 지금의 내가 있기는 어려웠을 것이다.

내가 어렸을 때, 내 조랑말 치코는 다른 말들보다 장애물을 더 잘 뛰어넘었다. 치코를 장애물 넘기 수업에 데리고 가는 것은 항상 위험을 감수하는 일이었다. 그렇지만 그것은 내가 감수하고 즐기는 법을 배운 위험이었다. 치코는 종종 수업 시간에 1등을 했다. 그리고 치코가 1등을 하지 못했더라도 우리는 여전히 시도한 것 자체로 자부심을 느꼈다. 그리고 매주 수업마다 기꺼이 장애물 넘기에 도전하고자 했던 나의 용기에 대해 나는 여전히 자부심을 느끼고 있다. 장애물 넘기는 다른 위험과 흡사하다. 일단 장애물 넘기를 목표로 하면 되돌아올 수 없다. 결심을 한 다음에 실행을 하면 가속도가 붙고 커다란 만족감을 느낀다. 나는 여전히 내삶에서 감수하는 위험을 '장애물 넘기'라고 말한다. 어떤 날은 많은 '장애물 넘기(피할 수 없는 생방송 인터뷰, 하기 어려운 전화, 빡빡한 여행 일정 등)'가 있을지도 모른다. 그렇지만 나는 이 '장애물 넘기'를 감수하는 법을 배웠고 거의 넘어지지 않는다는 것을 안다.

| 과제 |

위 험

다음 문장을 완성하라.

1. 내가 감수할 수 있는 위험은 _____ 이다.

2. 내가 감수할 수 있는 위험은 _____ 이다.

3. 내가 감수할 수 있는 위험은 _____ 이다.

4. 내가 감수할 수 있는 위험은 _____ 이다.

5. 내가 감수할 수 있는 위험은 _____ 이다.

| 과제 |

회고록 - 11주차

나이: _____

1. 이 시기에 맺었던 주요 유대 관계에 대해 묘사하라.

2. 어디에 살았는가? 여러 곳에서 살았는가?

3. 이 시기에 감수했던 위험은 무엇인가?

4. 이 시기에 감수하고자 했으나 하지 못한 위험은 무엇인가?

5. 이 시기에 기억나는 소리 하나를 묘사하라.

6. 이 시기에 여행을 했는가? 어디로, 왜, 누구와 같이 여행을 했는가?

7. 이 시기에 가졌던 목표는 무엇인가? 그 목표를 달성했는가?

8. 이 시기의 목표와 현재의 목표 사이에 공통점이 있는가?

9. 이 시기에 모험의 근원은 무엇이었는가? 오늘날의 모험의 근원과 비교하면 어떤가?

10. 이 시기에 의미 있다고 느껴지는 다른 기억은 무엇인가?

새로운 관계

단조로운 일과처럼 보이는 모닝 페이지를 쓰기 시작하면서 모험적인 삶을 시작한다는 것은 역설이다. 통찰을 얻기 위해 우리 마음속을 파고들어가면 우리는 깊은 관심의 내면세계(그다음엔 외면세계)를 만난다. 우리가 정말로 느끼는 것이 무엇인지 탐색하면서 우리는 진정한 새로운 유대 관계의 형성이라는 진기한 경험을 하게 된다.

페리는 자신의 삶이 따분하다고 말했지만 모닝 페이지를 쓰기 시작하면서 오히려 그 반대라는 것을 깨달았다. 그는 일상에 대해 적으면서 길을 지나며 마주치는 사람들과 장소, 사물들에 대한 관심이 점점 깊어지는 것을 경험했다. 현대 미술에 대한 관심은 곧 열정이 되었다. 아티스트 데이트를 하면서 그는 갤러리와 박물관에 푹 빠졌다. 다른 이들의 작품을 보면서 그는 많은 화가들과 연결된 듯한 신비감을 느꼈다. 예술가들의 작품은 왠지 모르게 페리 자신의 깊은 감정을 표현하는 것처럼 보였다. 한 갤러리에서 열린 전시회는 특히 그의 관심을 끌었는데 기쁘게도 페리는 전시된 작품들을 그린 화가를 만날 수 있었다.

페리와 그 화가는 친구가 되었다. 화가의 작품은 나무 추상화에 기반을 두고 있었다. 페리는 작가의 깊은 예술성에 감명을 받았다. 화가는 자기 작품의 진가를 인정해준 데 대해 감명을 받았다. 페리와 화가 모두 60대였다. 그 화가는 은퇴를 한 후에 막 전업 화가가 된 사람이었다. 페리도 은퇴를 하고 전문 감상자가 되었다. 그들은 지금 서로에게 영감을 주며 활기찬 우정을 즐기고 있다.

"그 아티스트 데이트를 했다는 것이 기쁩니다." 페리는 말한다. "혼자 무언가를 하다가 그것 덕분에 언제 새 친구를 사귀게 될지는 아무도 알 수 없죠." 아티스트 데이트를 시작한 사람들에게 새로운 관계의 '기회'가 찾아오는 것을 나는 많이 보았다. 우리 자신을 더 잘 알고 우리에게 말을 거는 모험을 떠날 때 우리는 종종 관심사가 같은 사람들을 만난다.

다른 사람들이 나를 본다는 것은 참 멋진 일이다. 아무도 나를 보지 않는다고 느끼는 것은 고통스러운 일이며, 갑자기 일상에서 만나는 사람이 거의 없어진 은퇴자들이 흔히 겪는 역경이다. '직장인'으로서의 정체성을 잃은 그들은 자신이 투명 인간이 된 것처럼 느낀다. 이전에는 많은 동료들과 날마다 만났지만 지금은 많은 시간을 혼자 보내고 있다. 은퇴 후 새로운 정체성을 형성하는 것은 각자에게 달린 문제이다. 우리의 정체성은 다른 사람들이 우리를 어떻게 보느냐에서 시작되는 것이 아니라, 우리가 자신을 어떻게 보느냐에서 시작된다. 우리가 과거를 되돌아보고 미래를 계획할 때 모닝 페이지는 그날그날 우리의 감정적 지형을 보여준다. 아티스트 데이트는 늙지 않고 걱정이 없는 우리의 한 부분과 만나게 해준다. 이러한 방식으로 우리 자신을 꽃피우고 탐험함으로써 우리는 우리의 정체성에 대해 좀 더 안정감을 느끼고 다른 사람들과 진정한 관계를 좀 더 잘 형성할 수 있게 한다.

나이가 들면서 우리는 우리 자신이 점점 더 성적 매력을 잃는 것을 발견할 수도 있다. 우리 문화는 젊은이 중심의 문화이며, 우리는 우리의 젊음을 뒤로하면서 우리 자신이 다르게 보이거나 아예 보이지 않게 된다는 것을 깨닫는다. 이것은 여성들에게뿐 아니라 남성들에게도 마찬가지이다.

계단 전체가 보이지 않을 때라도 첫걸음을 떼는 것이 바로 믿음이다. — 마틴 루서 킹 주니어

"사람들은 더는 나를 매력적으로 봐주지 않아요." 랜돌프는 말한다. "나는 한물간 것 같아요." 60대 중반의 매력적인 남성인 랜돌프는 새로 생긴 주름들을 보며 절망한다. 한때는 '웃을 때 생기는 주름'이라고 했던 것을 이제는 그냥 '주름'이라고 한다. 홀아비인 그는 체념하여 여자들을 만나지 않고 혼자 지내려고 한다. 최근에 그는 새로 찍은 사진을 넣은 새 운전면허증을 받았다. "내가 이렇게 생겼다고요?" 그는 절망하며 한탄했다. "나는 여전히 젊다고 느끼는데 이제 그렇게 보이지는 않아요." 유럽 여행을 가는 공항에서 랜돌프는 70세가 넘었느냐는 질문을 받았다. 70세가 넘었다면 보안 검색대를 지날 때 신발을 벗지 않아도 됐다. "그렇게 재촉 좀 하지 마시오!" 그는 검색 요원에게 말했다. 70세가 되려면 다섯 살이나 더 먹어야 한다는 것을 주장하고 싶어서 그는 기꺼이 신발을 벗었다.

그의 고통을 좀 더 탐색해보라는 압박을 받았을 때, 그는 "나는 나 자신을 대체 가능한 사람이라고 느끼는 것 같아요."라고 인정했다. 이런 생각은 은퇴자들이 나이와 관련해 겪는 많은 어려움의 핵심이다. 그런데 이런 생각은 아주 중요한 사실을 무시한 것이다. 대체 가능한 사람은 아무도 없다. 위대한 영적 스승 어니스트 홈스는 이렇게 말했다. "우리가 각각 개성 있는 존재라는 것은 옳은 일이며 필요한 일이다. …… 심령은 어떤 것도 똑같이 창조하지 않았다. 똑같은 장미 덤불, 똑같은 눈송이, 똑같은 모래알이 없는 것처럼 똑같은 사람도 없다. 우리 모두는 단지 약간의 독특함을 지니고 있다. 왜냐하면 우리는 각각의 다른 얼굴을 하고 있지만, 각각의 뒤에는 하나의 존재, 즉 신이 있기 때문이다. …… 어떤 것도 똑같을 수는 없다."

당신에게 지식이 있다면, 다른 사람들이 그 지식으로 자신들의 초에 불을 밝히도록 하라.
— 마거릿 풀러

내 친구 앤드리아는 두 번 이혼했고, 지금은 10년 연하의 남성과 데이트를 하고 있다. 그렇지만 늘 나이 차가 신경 쓰인다. "당신은 멋져요." 그 연하남은 말하지만 그녀는 이렇게 생각한다. '우리가 10년만 더 빨리 만났더라면 좋았을 텐데……' 앤드리아는 젊은 여성들을 동경하고 부러워한다. 그녀는 나이가 지혜를 가져다주었다고 느끼는 반면, 지혜가 성적인 매력으로 해석되지는 않는다고 걱정한다. 다시 말하자면 앤드리아는 자신이 다른 누군가로 대체될 수 있다고 느끼고 있다. 이 점이 그녀가 갖는 두려움의 핵심이지만 실제 상황과는 거의 관련이 없다. 그가 좀 더 젊은 여자를 찾아 그녀를 떠날까 봐 두려워하기 때문에 앤드리아는 '너무 깊은 관계'가 되지 않으려고 자제한다. 우리의 진정한 모습이 아닌 것에 초점을 맞추고 있는 한, 우리는 자신의 진정한 모습을 기쁘게 받아들이고 함께 나누지 못한다. 또한 우리가 가진 가장 좋은 면의 진가를 인정하는 사람들과 진실한 관계를 형성하지 못한다. 우리가 지금 여기에서 자신의 진정한 모습에 초점을 맞추면 우리는 우리 자신을 포용하고 다른 사람 또한 우리를 포용할 수 있게 할 수 있다.

인생의 제2막을 살면서 자신은 마음이 젊다고 여기는 사람들은 종종 자신과 마음이 맞는 짝을 만나게 된다. 연륜이 주는 지혜로 축복받은 이들은 그들의 새로운 연애에 감사하고 그것을 소중히 여긴다.

"나는 이런 일이 일어날 거라고는 생각하지도 못했어요. 나는 너무 행복해요!" 엘리자베스는 외친다. 막 재혼한 엘리자베스는 '그녀의 행운'을 믿지 못하겠다고 말한다. 그녀의 남편은 은퇴한 엔지니어로 '프로젝트로 가득 찬' 사람이다. 엘리자베스는 첫 번째 결혼이 비극적으로 막을 내린 후에 그녀 자신과 말 농장을 돌보기 위해 초상화 화가로 일했다. 그녀는 목표는 이루었지만 금전적으로는 항상 빠듯했다. 그리고 때때로 다음 달 대출 이자가 어디서 나올지 걱정했다. "항상 겨우겨우 메꿨죠. 나는 내 예술을 충분히 즐길 수가 없었어요. 너무 많은 것들이 내 예술에 기대고 있었어요." 엘리자베스가 셸을 만났을 때 그는 7년간 유방암으로 투병하던 아내와 사별한 지 얼마 안 되었었다. "너무 멋진 남자였지만 나는 누군가의 빈자리를 채워주는 역할을 하고 싶지 않았어요." 반면에 셸은 엘리자베스가 자신의 행복을 위한 기적 같은 두 번째 기회라는 것을 단번에 알아차렸다. 그들은 상대방의 창조성에 감명을 받으며 교제하기 시작했다. 셸은 엘리자베스의 초상화 작품에 감명을 받았고, 엘리자베스는 셸의 '프로젝트'에 감명을 받았다. 은퇴한 셸은 엘리자베스와의 연애에 헌신할 시간과 에너지가 있었다. 그는 그녀에게 구애하는 데 자신의 상당한 창조성을 사용했다. 반면에 그녀는 연애를 하면서 자신의 일을 꾸려나가야 했다.

셸은 즐거웠지만 엘리자베스는 아주 오랫동안 즐겁지 않았다. 그녀는 노는 것도 열심히 해야 한다는 것을 깨달았다. 그녀는 그녀 자신이 어느 때보다 더 깊이 사랑에 빠진 것을 느꼈을 때 당황하지 않으려고 애썼다. 프러포즈했을 때 셸은 그녀와 그녀의 농장을 모두 책임지기로 했다. 그는 농장에 새 담장과 문을 만들었으며, 실내 승마장으로 화려하게 마무리했다. 그는 마치 모든 친구들에게 다음과 같이 공표라도 하듯이 화려한 결혼식도 올렸다. "나는 이 여성을 사랑해요. 그녀는 세상 모든 걸 누릴 자격이 충분해요." 몇 년 만에 처음으로 엘리자베스는 자신이 오롯이 기쁨을 위해 그림을 그리고 있음을 발견했다. 그녀는 남편의 삶의 환희에 맞추며 말했다. "우리는 항상 매우 바빠요. 우리는 둘 다 일하는 것을

아무것도 바꾸지 않으면 아무것도 바뀌지 않는다.
— 토니 로빈스

좋아해요. 셸의 은퇴는 우리 두 사람 모두에게 풀타임 일자리를 준 셈이에요."

우리에게 우정, 모험, 사랑을 가져다줄 사람들과 새로운 관계를 형성하는 것은 가능하다. 회고록 작업은 이것의 실현을 돕는다. 우리의 과거를 돌아보고 이해함으로써 우리의 과거를 치유하면, 우리는 이전의 자신과 현재의 자신을 연결하게 된다. 이렇게 하면 우리는 더 강해지며, 강해지면 우리는 이 세상에 제공할 거리가 더 많아진다. 그리고 그것을 함께 나눌 사람들도 더 많아진다.

| 과제 |

가시성

우리 자신을 처음 본 사람들의 눈에 띄게 하는 첫걸음은 우리가 우리 자신을 분명하게 보는 것이다. 회고록을 돌아보면서 당신 자신이 투명 인간 같다고 느꼈던 시기, 또는 자신이 하고 있는 일이 인정받을 가치가 없다고 생각한 시기를 고른 다음, 그것에 대해 써보라. 세부 사항까지 더 깊이 파고들라. 예를 들면 다음과 같다. 농장에서 오랜 시간 일했는데 알아주는 사람이 없었는가? 춥고 바람이 불었는가? 빨간 격자무늬 스카프에 당신이 기운 구멍이 있었는가? 이 추억에 대해 기억할 수 있는 모든 것을 묘사하라. 당신은 3인칭 시점으로 기록하고 싶을 수 있다. "그는 새벽 3시 30분에 일어났다. 그리고 늘 입던 옷을 여러 겹 겹쳐 입고 스토브 위 녹슨 주전자에 물을 끓였다. ……." 글쓰기를 마쳤을 때 당신은 글을 쓰는 동안 당신 자신의 목격자가 될 수 있었다고 느낄지도 모른다. 또는 그것을 다른 사람과 나누고 싶을 수도 있다. 어쩌면 당신은 (그리고 당신의 독자는) 당신이 지워버렸을 수도 있는 추억에서 발견한 감정의 깊이 때문에 놀랄 수도 있다.

여행: 새로운 지평선에 도달하기

은퇴는 자유를 의미할 수 있다. 더는 직장이나 일상에 얽매이지 않고 우리는 자유롭게 여행을 할 수 있다. 직장 생활을 하는 동안 많은 사람들은 출장을 통해서만 여행을 다녔을 것이다. 이국적인 곳에서 열리는 회의에 참석했을지라도 우리는 일이 너무 바빠 주변의 아름다운 경관을 즐기지 못했을 것이다.

프레드는 은퇴 후, 다음에 할 일로 무엇이 재미있을지 생각하는 중에 '여행'이란 단어가 자꾸 생각났다. '하지만 나는 이미 여행을 했잖아.' 그는 머릿속으로 항변했다. 그렇지만 되돌아보니 자신이 멋진 곳에 아무리 많이 가봤어도 진정으로 그 장소들을 탐험해보거나 즐기지 못했다는 것을 깨달았다. 회고록 작업을 하면서 그는 자신이 50대에 했던 하와이 여행이 떠올랐다. 당시 그는 그곳에 더 있었으면 좋겠다는 아쉬움을 남긴 채 돌아와야 했다. 그곳의 문화와 풍경이 그를 사로잡았었다. 그는 하루 종일 진행되는 회의에 참석하면서 간절한 마음으로 창밖을 내다보며 뭔가 놓치고 있다는 생각을 했다. '나는 하와이에 다시 가보고 싶어.' 그는 생각했다. 그렇지만 곧이어 '너무 비싸다'며 그 생각을 툭 잘라버렸다.

"프레드, 당신이 선택할 수 있는 것들을 모두 살펴보세요." 나는 강력

우리의 한계를 인정하기만 하면 우리는 그 한계를 뛰어넘을 수 있다.
— 알베르트 아인슈타인

하게 권했다.

"나는 마치 사탕가게에 들어가는 걸 허락받지 못해 그 앞에 서 있는 아이 같아요." 그는 완고한 투로 씩씩댔다. "더 짜증이 나는 것은 거기 들어가지 못하게 막는 사람이 바로 나라는 거예요."

다음 날 그는 모닝 페이지를 쓰다가 지인 중에 파커라는 여행사 직원이 있다는 것을 기억해냈다.

"그녀에게 전화해보세요." 나는 권유했다.

프레드는 자신이 그토록 바라던 조치를 취한다는 생각에 무척 당황하며 반대했다. "그렇지만 내 예산을 초과하면 어떻게 해요? 그녀한테 실컷 알아보게 시켜놓고 마지막 순간에 비용 때문에 포기하게 되면 어떻게 해요?"

"프레드, 당신은 비용이 얼마나 드는지 모르고, 그것을 알아봐주는 것이 파커의 일이잖아요." 나는 말했다. 그의 저항이 아무리 거세다 해도 그가 진정으로 이 여행을 가고 싶어 한다는 것은 분명했다.

"나는 매달 받는 국민연금보다 한 푼도 더 쓸 수는 없다고요." 프레드가 분명히 말했다.

"괜찮아요." 나는 장담했다. "당신이 안전하다고 생각하는 한도를 알고 있는 거잖아요. 그러면 그녀가 알아보기가 더 편할 거예요."

그는 마지못해 파커에게 전화했고, 하와이 여행을 저렴하게 할 수 있는지 물었다.

"당신은 운이 좋네요." 파커가 확언했다. "딱 당신을 위한 표가 있어요." 그녀는 프레드의 여행 예산보다 400달러 낮은 금액을 제시했다.

"예약해주세요." 그는 기쁜 마음으로 말했다. 그렇게 해서 그는 자신이 꿈꾸던 여행이 현실이 되었다는 것을 실감했다. 그는 단지 자신의 소망과 마주해야 했고, 그런 다음에는 그 소망과 관련하여 약간의 조사를 해야 했을 뿐이다. 이때 필요했던 것은 그가 그의 선택지를 살펴볼 의지(그리고 약간의 격려)뿐이었다. 그리고 이제 그는 멋진 모험을 떠나려고 한다.

"가장 힘들었던 일은 맨 처음에 파커에게 전화하기 위해 수화기를 드는 일이었어요." 그는 멋쩍어하며 인정한다.

물론 그렇다. 도움을 필요로 하지만 그것을 부탁하고 싶지는 않을 때 우리는 "1톤짜리 전화기를 들어야 한다."라고 말하는데, 거기에는 그만한 이유가 있다. 이것은 우리가 심각한 정서 장애를 앓고 있다는 의미가 아니라, 단지 때때로 전화기를 드는 것이 힘들다는 의미일 뿐이다.

여하튼 전화기를 드는 것이 좋다.

조지는 프레드처럼 자신의 소망 목록에서 여행을 발견했다. 그렇지만 여행사 직원에게 전화를 걸지는 않았다. 대신 AAA*에 연락을 했고, 그들의 도움으로 국립공원 자동차 여행 계획을 세웠다.

"나는 미국 남서부 지방에서 20년 동안 살았지만 그랜드 캐니언이나 오색 사막, 모뉴먼트 밸리를 여행한 적은 한 번도 없어요. 나는 운전하는 것이 좋았고 여행이 무척 즐거웠어요. 내 속도에 맞게 가고 멈추고 싶을 때 멈추면서 인생 최고의 여행을 즐겼어요. 나는 해마다 여행을 하기로 마음을 먹고 다음 해에는 태평양 연안의 북서부 지방으로 여행을 떠났어요. 나는 한 번도 캠핑을 해본 적이 없었지만 가는 길에 있던 캠핑

● 미국 자동차 서비스 협회(American Automobile Association): 1902년 설립된 단체로 여행자 예약, 도로 정보, 긴급 조치, 보험 등의 광범위한 서비스를 제공한다.

장들을 보고 무척 강한 흥미가 생겼어요. 나는 텐트를 하나 좋은 것으로 살 수 있겠다고 결론을 내렸어요. 텐트에 드는 비용만큼 호텔비를 아낄 수 있을 테니까요."

은퇴하고 몇 년 후, 조지는 남편과 사별한 여인과 데이트를 하기 시작했다. 그는 그녀가 그의 캠핑 여행에 대해 들으면 제정신이 아니라고 생각할 줄 알았지만 오히려 그녀는 완전히 매료되어 진심으로 말했다. "오, 조지, 너무 낭만적이에요!" 그렇게 해서 그의 다음 캠핑 여행에는 동반자가 생겼다.

모든 형태의 여행은 가깝든지 멀든지, 모험을 낳는다. 인근 도시로 가는 당일치기 여행이라고 하더라도 주변 환경을 바꾸는 것은 이미지의 우물을 채우고 우리를 둘러싼 광대한 세상을 상기시킨다. 어떤 사람들은 내 친구 아널드와 더스티처럼 이동 주택을 끌고 여행을 떠난다. 아널드와 더스티는 샌타페이에 있는 집에서부터 알래스카의 최북단 지역까지 이동 주택을 이용해 여행했다. 그다음에 그들은 멕시코 국경에 이르기까지 남쪽 지역을 여행했다. 그들은 이동 주택에서 안전감과 이동성을 느꼈다. 여행하는 방법은 다양하며 우리의 지평을 넓히고 낯선 곳의 신비로움을 탐험하는 방법도 다양하다.

크리스타는 숨 막힐 듯한 35년간의 결혼 생활을 마감했고, 그녀가 간절히 보고 싶은 6개국을 여행할 결심한 채 은퇴했다. 그녀의 전남편은 일 때문에 자주 여행을 했으며, 휴일이나 휴가에는 즐거움을 위해 여행을 하는 것보다는 그냥 집에서 쉬는 것을 더 선호했다. 이제 혼자가 된 그녀는 그녀의 소망을 따를 준비가 되어 있었다. 그리고 그렇게 하자 그녀는 큰 보상을 받았다.

아주 오랫동안 육지를 보지 못한다는 각오로 항해를 해야 새로운 땅을 발견할 수 있다.　　　　— 앙드레 지드

"여행에 대해 말하자면, 나는 여행 계획을 짜는 것에 겁이 나곤 했어요. 나 혼자 할 때는 더했죠. 따분한 검색과 다수의 결정과 가능성이 있었어요. 그런 다음에는 짐싸기와 여행지 도착이 있었죠. 여행은 언제나 할 일이 너무 많아 보였어요. 그렇지만 일단 여행을 해보니 그럴 만큼의 가치가 있었어요."

크리스타는 결국 계획을 짤 때는 겁이 나지만, 번거로움보다 여행의 보상이 훨씬 더 크다는 것 알게 되었다. "나는 내 길을 찾고 있어요. 나는 나 자신을 찾고 있어요." 그녀는 말한다.

앨리슨의 경우, 여행에 대한 관심이 서서히 드러났다. 회고록 작업을 하면서 앨리슨은 그녀의 일과 결혼 생활에 집중하느라 그동안 억눌러왔을 수도 있는 예술적인 관심에 대한 실마리를 부지런히 찾았다. 그녀는 자신이 글쓰기 또는 그림 그리기의 꿈을 간직하고 있을 거라고 확신하고 있었다. 그런데 계속해서 여행 가고 싶은 장소들이 줄줄이 떠올랐다. 그녀가 간절히 보고 싶어 했던 나라들이 수년 동안 그녀를 부르고 있었다. 그러던 어느 날 그녀는 모닝 페이지에 다음과 같은 문장을 썼다. "여행은 나의 예술적 소명이다." 이것이 돌파구였으며, 이와 함께 여행을 기록하기 위해 사진에 대한 그녀의 오랜 사랑을 사용할 수 있다는 깨달음이 찾아왔다.

"이제 나는 여행을 나의 예술적 소명이라고 생각해요. 그래서 나는 이 모든 노력들이 'OO에 가자.'라는 설익은 계획을 여행에 소요되는 시간과 비용이 아깝지 않은 경험으로 바꾸어준다고 생각해요." 앨리슨은 말한다. "내가 여행을 하나의 교향곡이라고 생각한다면, 먼저 할 일은 다시 쓰고, 리허설을 하는 것이에요. 그러다 보면 어느 순간 놀랍게도 여

지향점은 결코 장소가 아니라 사물을 바라보는 새로운 시각이다.
— 헨리 밀러

행이 창작물의 한 부분이 되어 있어요. 나는 완벽한 여행을 창조하려는 것이 아니라, 새로운 시각을 얻고 삶에 더 많은 풍요로움을 더하는 경험이 가득한 여행을 창조하려는 거예요."

지금까지 앨리슨은 그녀가 꿈꾸었던 곳의 절반을 방문했다. 지금은 그다음 단계인 '리허설' 단계에 들어가고 있다. 그녀의 사무실 벽에는 여행하는 동안 찍은 수많은 사진들이 붙어 있다. "날마다 그 벽을 보면 즐거워요." 그녀는 활짝 웃는다.

체스터는 오랫동안 비즈니스 매니저로서 성공적인 직장 생활을 하다가 은퇴했다. 그는 직장 생활을 하는 동안 목표를 이루려는 사람들을 도우면서 만족감을 얻었다. 은퇴 후 초점을 맞출 다른 사람들의 목표가 없어진 그는 자기 자신과 자신의 목표에 초점을 맞출 필요가 있음을 알게 되었다. 그는 유럽 여행을 하겠다는 오랜 꿈을 갖고 있었다. 그는 자산을 계산해보고 자신의 꿈을 현실로 만들기에 충분한 능력이 있음을 알아차렸다. 여행 계획을 세우면서 그는 기대감과 모험심을 느꼈다. 비행기 표를 예매했을 때 그가 느낀 흥분은 손에 만져질 듯 생생했다.

"나는 직장 생활을 할 때에는 다른 사람들을 돕는 데에서 모험심을 느꼈다는 것을 깨달았어요. 이제 나는 오직 나 자신을 위해 모험을 예약했어요. 그 기분은 정말로 대단해요."

20년 이상 목회자로 살아온 어맨다는 그녀의 관심사를 다루는 학회에 참석할 때 자신의 모험심을 채울 수 있다는 것을 알았다. 그 학회에서는 다양한 연사들이 기독교인의 삶에 대한 이론을 나누었다. 그녀는 자신의 설교를 계획할 때 이 이론들을 고려했다. 새로운 아이디어와 만나면 그녀는 목회 초기 시절만큼 신선하고 흥미진진하게 아이디어를 유지할 수 있었고, 목회자로서의 그녀의 삶과 한 개인으로서 그녀의 삶 모두를 확장할 수 있었다.

어떤 사람들에게 여행은 상당한 시간과 계획을 필요로 하는 것이다. 또 다른 사람들에게는 주말에 가까운 도시로 여행을 떠나는 것만으로도 여행 취미를 충족하기에 충분하며, 창조적 생산을 위한 충분한 원재료를 공급받을 수 있다. 완벽한 여행에 대한 각자의 생각은 다 다르다. 그렇지만 풍경의 변화가 주는 보상은 신선한 이미지와 통찰을 가져옴으로써 언제나 우리의 창조성에 영향을 미친다.

| 과제 |

여행 탐험하기

다음 문장을 완성하라.

1. 재미있게 들리는 거창한 여행은 _____이다.

2. 재미있게 들리는 소박한 여행은 _____이다.

3. 내가 언제나 볼 수 있기를 바라왔던 것은 _____이다.

4. 더 많은 시간을 보내고 싶은 곳은 _____이다.

5. 집 근처에서 탐험하고 싶은 곳은 _____이다.

6. 함께 여행하면 재미있을 것 같은 사람은 _____이다.

7. 같이 여행하고 싶지 않은 사람은 _____이다.

8. 여행을 할 때 걱정거리 한 가지는 _____이다.

9. 여행을 할 때 흥미진진한 한 가지는 _____이다.

10. 내가 여행 계획을 세워야만 한다면 그곳은 _____ 일 것이다.

새로운 목표 설정

은퇴를 하면 내가 나 자신의 상사가 된다. 다른 사람이 설정한 목표(적어도 다른 사람들과 관련된 목표)에 도달하는 데 익숙했던 우리는 종종 우리 자신과만 관련된 목표를 설정하는 것이 낯설게 느껴질 것이다. 그렇지만 모닝 페이지를 쓰기 시작하면 우리는 자연스럽게 자기 주도적인 목표를 설정하게 될 것이다.

나는 영감을 주는 인용구가 인쇄되어 있는 비닐 장바구니를 가지고 있다. 한 문구는 목표를 세우고 일 년에 4번 종이에 적기를 권유한다. 목표 설정은 우리 '내면 컴퓨터'를 설정하는 것이라고 인용구는 설명한다. 나는 모닝 페이지를 내 목표를 설정하는 데 사용한다. 내 목표는 모닝 페이지에 소망으로 드러난다. "나는 대본을 쓰고 싶다. 그렇지만 무엇에 대해 쓰지?" 내 모닝 페이지에 묻는다. 그러면 그다음 날이나 그 후에 이렇게 답한다. "나는 자살에 관한 대본을 쓰고 싶다." 이 모호한 소망은 곧 계획이 된다. "내일 시작할 것이다."는 "오늘 시작할 것이다."가 된다. 목표가 구체화될수록 그 목표를 향해 나 자신이 작은 걸음을 옮기고 있음을 알아차린다.

"나는 좀 더 영적인 것을 느끼고 싶다."는 "나는 좀 더 어니스트 홈스의 기도문을 읽고 싶다."가 된다. 이것은 이어서 "밤에 기도문 3편을 읽을 것이다."라는 목표가 된다. 소망으로 시작한 목표는 계획이 된다. "나는 더 건강해지고 싶다."는 "나는 조깅을 해볼까 한다."가 된다. 이 목표는 "가볍게 시작해야겠다. 10보 조깅, 10보 걷기, 10보 조깅, 10보 걷기."로 세밀하게 조정된다. 내 인생 영역 중 가벼운 목표 설정을 통해 이익을 얻지 못한 영역은 없다.

창조성과 영성, 건강 등 나는 내가 선택한 모든 활동 영역에 목표를 세울 수 있다. 목표를 세우면 모호하고 할 수 없을 것 같아 보이는 일들이 할 수 있는 일이 된다. "새로 찍은 증명사진이 한 장 있으면 좋겠다."는 "로버트에게 말해서 한 장 찍어달라고 해야겠다."가 되고, "살을 빼야겠다."는 "비건 채식에 관해 딕과 이야기를 나눠봐야겠다. 그는 비건 채식으로 거의 20킬로그램이나 뺐다."가 된다. 목표는 사색, 소원, 생각에서 출발할 수 있으며 목표가 구체화되면 실행 계획이 그 모습을 드러낸다.

목표를 세우고 목표를 향해 전진하는 것은 활기를 북돋운다. 모닝 페이지를 쓰기 시작하면서 우리는 자유로운 방식으로 우리의 소망을 탐색한다. 날이 갈수록 아이디어는 뚜렷해진다. 모닝 페이지를 통해 구체적인 계획이 드러난다. 우리는 천천히, 한 번에 한 단어씩 쓰면서 우리 자신을 알아가며 권한을 얻게 된다.

나는 손으로 쓰는 것을 좋아한다. 노트에 써 내려가다 보면 새로운 생각이 떠오른다. 최근에 한 친구가 컴퓨터와 같은 기계에 의지해 쓰는 것보다 손으로 쓰는 것이 '더 창조적'이라는 내용의 기사를 보내왔다. 그래서 나는 손으로 쓰는 것이 더 많은 신경 연결 통로를 열어준다는 사실이 과학적으로 입증된 것에 기뻐하며 행복한 마음으로 나의 첫 번째 초안을 계속 써 내려갔다. 그렇지만 그다음에는 어떻게 해야 할까? 나는 내 생각을 노트에 적어왔고, 이제는 컴퓨터를 사용해서 쓸 때가 되었

당신은 결코 또 다른 목표를 세우거나 새로운 꿈을 꿀 수 없을 만큼 나이 들지 않았다.
— 아리스토텔레스

다. 편집을 하고 출판을 할 단계에서는 나 또한 전자 세대에 돌입해야만 한다. 최근에 나는 모닝 페이지에 이렇게 썼다. "컴퓨터에 좀 더 능숙하다고 느끼면 도움이 될 것 같다."는 "나를 도와줄 누군가를 찾아야만 한다. 이리저리 수소문해보아야겠다."가 되었다.

이제 나는 내게 도움을 줄 켈리를 만났다. 켈리는 내게 컴퓨터 사용 방법을 가르쳐주고 있다. 나로서는 컴퓨터를 좀 더 능숙하게 다루는 법을 배우겠다는 단순한 목표를 향해 작은 진보를 이룬 셈이다. 이를 통해 나는 더 자유로워지고 활기차졌다.

우리는 은퇴 후 큰 목표를 세울 수도 있다. 회고록의 이 시점에서 큰 목표가 우리에게 속삭이는 것은 드문 일이 아니다. 때때로 우리는 더 큰 목표에 대해 잘 자각하고 있다. 어떤 때는 더 큰 목표가 우리에게 몰래 다가온다. 우리는 우리 자신이 하고 싶은 일을 다른 누군가가 하면 질투심을 느낄지도 모르며, 우리가 오랫동안 원했던 것이 무엇인지 인식하는 데 도움을 받기 위해 외부의 시선이 필요할지도 모른다.

앤드류는 걸출한 이력을 가진 영화 평론가로서의 삶을 오랫동안 즐겼다. 은퇴를 하고 난 후 그는 자신이 여전히 일하고 있는 사람들을 질투하고 있다는 것을 알아차렸다.

"영화 작가들은 운이 좋아요." 앤드류가 내게 말했다. "그들은 은퇴할 필요가 없잖아요."

나는 앤드류에게 직접 영화 대본을 써보라고 권했다. 그는 소스라치게 놀랐다.

"나는 평론가이지 작가가 아니에요." 그는 항변했다.

"그냥 한번 써보세요." 내가 구슬렸다. 앤드류는 마지못해 시도해보는

새벽 미풍이 그대에게 들려줄 비밀이 있네. 다시 잠자리로 돌아가지 말게.   — 루미

데 동의했다. 그의 자아는 그 자신과 집필 사이에 서 있었다. 평론가로서 그는 작품 평가에 익숙해 있었다. 그렇지만 이제 그는 자신을 평가받는 위치에 세워놓으려 하고 있었다.

"그냥 당신이 관심 갖고 있는 것을 찾아서 쓰세요." 나는 그에게 조언했다.

"영화에 관한 내 경험을 쓸 수 있어요." 그가 마침내 자원했다. "영화에 대해서 신랄하게 비판해왔을지라도, 사실 나는 항상 영화를 좋아했어요. 지금의 나를 만든 모든 경험은 영화와 관련되어 있어요." 일단 그가 쓰기 시작하니 아이디어들이 넘쳐흘렀다. 그는 이 과정을 즐겼고, 일하면서 만났던 많은 작가들이 그 어느 때보다 더 가깝게 느껴졌다.

"나는 내가 피하고 있던 목표 때문에 질투를 했던 거예요." 앤드류가 내게 고백했다. "이제는 글쓰기를 좋아해요. 그런데 일단 이 원고를 마치고 나면 피드백을 받고 싶은 작가가 있어요. 내가 수차례 비평했던 바로 그 사람이에요. 참 아이러니하죠. 그렇지만 그 안에 유머가 있다는 것을 이제 나는 알아요. 나는 그의 정직한 피드백을 환영할 거예요. 그가 기꺼이 해주기만 한다면 말이에요. 나는 더는 주변인이 아니라 마침내 그들의 일원이 되었다고 느껴요." 앤드류에게는 계획이 있다. 목표 설정의 가장 큰 결실 가운데 하나는 또 다른 목표를 이끌어낸다는 것이다.

모닝 페이지를 씀으로써 우리는 목표를 잊지 않는다. 우리는 날마다 목표에 대해 쓰면서 다음에 하고 싶은 것이 무엇인지 어렴풋이 떠올린다. 무시해왔던 어렴풋한 생각은 점점 뚜렷해질 것이다. 회고록 작업을 함으로써 우리는 우리의 진정한 꿈과 만난다. 우리의 목표에 이름을 붙이는 것은 어린 시절 피아노 선생님이 '여러 부분으로 나누어 연습하기'

라고 불렀던 기법과 같다. 우리는 지평선에 있는 궁극적인 꿈을 본다. 그렇지만 우리와 지평선 사이에는 수많은 작은 걸음이 놓여 있다. 우리가 각각의 그 걸음을 성취할 수 있다는 점을 기억한다면 우리는 앞으로 나아갈 수 있다. 여기에서 지평선까지 단번에 훌쩍 건너뛸 수는 없는 노릇이다. 한 번도 피아노를 배운 적이 없는데 '갑자기' 바흐의 「인벤션」을 칠 수는 없는 것과 같다. 그러나 우리는 배울 수 있다. 한 번에 한 걸음씩(한 번에 한 음씩) 우리는 앞으로 나아간다. 전진은 항상 선택 사항이다. 전진하면 우리는 더 전진하도록 영감을 받는다. 기꺼이 우리 꿈에 이름을 붙이고, 그것을 향해 첫걸음을 내디디면 우리는 이전에 꿈꾸기만 했던 삶 속으로 가까이 다가가는 것이다.

| 과제 |

작은 목표 세우기

우리는 종종 성취감을 느끼는 것에 대해서는 고려하지 않은 채 오직 목표만 세우려고 한다. 어떤 목표는 거창하고, 어떤 목표는 소박하다. 작은 목표를 성취하는 것은 펌프에 마중물을 붓는 것이며, 또 다른 목표를 세우도록 영감을 불어넣는 것이다. 오늘 성취할 수 있는 작은 목표를 선택하라. 만족감에 대해 기록하라. 또 다른 더 큰 목표가 우리에게 눈짓하는가? 그것에 화답하여 눈짓하고, 그것을 받아들일 준비가 되어 있는가?

한 인간의 의미는 그가 무엇을 가지고 있는가에 달려 있는 것이 아니라 그가 무엇을 얻고자 갈망하는가에 달려 있다.
— 칼릴 지브란

1. 며칠 동안 모닝 페이지를 썼는가? 모닝 페이지를 직접 써보니 어떤 느낌이 드는가?

2. 아티스트 데이트를 했는가? 무엇을 했는가? 회고록에서 아티스트 데이트를 통해 탐험해보고 싶은 것을 발견했는가?

3. 산책을 했는가? 산책을 하는 동안 당신의 관심을 끈 것은 무엇인가?

4. 이번 주에는 어떤 '아하'를 발견했는가?

5. 이번 주에 동시성을 경험했는가? 그것은 무엇이었는가? 당신은 동시성을 통해 겸손함을 느꼈는가? 왠지 창조주가 당신을 인도한다는 느낌을 받았는가?

6. 회고록에서 좀 더 충실하게 탐험해보고 싶은 것을 발견했는가? 그것을 어떻게 탐험할 것인가? 늘 그렇듯이 좀 더 주의를 기울여 살펴봐야 할 필요가 있다고 느끼는 내재된 기억이 있지만 어떤 조치를 더 취해야 할지 확실하지 않더라도 걱정하지 말라. 계속 앞으로 나아가면 된다.

신뢰 되살리기

이번 주에는 지금 이 순간을 기념하는 데 초점을 맞출 것이다. 이 순간 당신은 안전하며, 이 순간 당신은 인도되고 있다. 당신은 이번 주에 회고록을 끝내고 현재의 자신과 함께 '현재'가 될 것이다. 당신의 인생 지형을 되찾음으로써 당신은 지금 여기에 존재할 수 있으며, 오늘을 인식할 수 있을 것이다. 당신은 당신이 따라온 길에 대한 관점을 갖게 되고 감사하게 될 것이다. 지금 당신의 삶을 되돌아보면서, 당신의 삶이 인도되어왔다는 것을 느끼는가? 다음에는 무엇을 하고 싶은지 느낄 수 있는가? 무엇이 행복을 가져올지 짐작할 수 있는가? 당신 자신의 진정한 가치를 인정하고, 자신이 생각한 것보다 독특한 자신만의 여행을 했다는 것을 깨달았는가? 되찾은 목적의식을 느끼는가? 당신이 가정했던 것보다 당신의 목표를 계속해서 더 많이 의식해왔음을 알아챘는가? 과거의 '당신'과 현재의 '당신'이 만남으로써 당신은 힘과 온전함을 갖게 된다.

연금술로서의 예술

65세가 되면 우리는 공식적으로 '노인'으로 간주되지만 우리의 내면 예술가는 항상 어린아이로 남아 있다. 우리는 연장자로서의 역할을 하고 가족과 친구들을 위해 지혜와 안목의 원천이 되기를 바란다. 우리는 종종 그 요구를 충실히 이행하지만 우리가 내면 아이와 연결되어 있을 때는 훨씬 더 잘 이행한다. 아티스트 데이트에서 우리는 내면 예술가에게 놀 기회를 준다. 우리는 곧 강하고, 새로운 창조성의 흐름으로 보상받는다. 우리는 우리에게(그리고 다른 사람들에게) 매우 도움이 되는 내적 자원을 발견한다. 에너지와 믿음의 새로운 저장고를 발견한 우리는 더 이상 탈진하지 않는다.

많은 사람들이 '노인'이라는 단어에 질색할 것이다. "그 단어는 너무 늙은 느낌을 주잖아요." 나는 종종 내 생일이 다가오면 이렇게 불평을 했다. 65세에 우리는 그 나이보다 몇십 년은 더 젊다고 생각할 수 있다. 이 책을 쓰면서 나는 내가 노인이 아니라고 부정하고 있는 나 자신을

배우는 것, 그리고 보편적으로 진리와 아름다움을 추구하는 것은 우리가 평생 어린아이로 남도록 허락받은 활동 영역이다.
　　　　　　　　　　　　　　　　　　─ 알베르트 아인슈타인

극복해야 했다. 좋든 싫든, 65세가 되자 나는 공식적으로 노인이 되었고, 내 책 『아티스트 웨이』로 작업을 했던 다른 베이비붐 세대들 역시 노인이 되었다.

그들 중 많은 사람들이 이렇게 말한다. "하지만 줄리아, 나는 노인이 될 준비가 안 됐어요. 그리고 현자가 될 준비는 더더욱 안 됐고요." 그렇지만 누군가에게 우리는 노인이고, 또 누군가에게 우리는 현자이다. 우리의 삶의 경험은 우리를 지혜롭게 하고, 우리가 그 사실을 받아들인다면 다른 사람들을 돕는 데 그 지혜를 사용할 수 있다. 역설적이게도 우리가 '연장자의 연륜'을 주변 사람들과 공유할 때 우리 자신의 젊고 활달한 부분과 연결된다.

창조의 순간에 우리는 나이를 잊는다. 우리는 마음의 젊음, 그리고 늙음과 지혜를 동시에 느낀다. "예술가는 끝까지(죽을 때까지) 일해." 사진 작가인 내 친구 로버트가 어제 이렇게 말했다. 그렇다. 그들은 끝까지 일한다. 그러므로 우리가 한 가지 직업(설사 그것이 주된 직업이라 할지라도)에서 은퇴를 했다고 해서 그것은 결코 '끝'이 아니다. 무엇이 됐든지 간에 무언가를 창조하는 행위를 하는 동안 우리는 나이를 잊기 때문에, 창조 행위는 우리 내면에 있는 어린아이에 의해 진행되기 때문에, 우리는 예술을 통해 끊임없이 우리의 삶을 재창조할 수 있다. 창조력은 우리의 생명력만큼이나 타고난 것이다. 나는 심지어 우리의 창조성과 생명력은 하나이며 같은 것이라고 말하곤 한다.

칼라는 검안사로 일하다가 은퇴했다. 그녀는 다음에 무엇을 할지 큰 고민 없이 은퇴를 했지만 무언가에 도전하기 위해 필요한 에너지는 충분히 가지고 있었다. "일련의 아티스트 데이트를 하다가 작은 제과점을 열어봐야겠다는 아이디어가 떠올랐어요." 그녀는 말한다. 칼라는 어린 시절 제빵을 배웠다. 어린 시절에 좋아했던 디저트용 과자를 찾는 일련의 아티스트 데이트를 하다가 그녀는 집에 돌아가 직접 과자를 굽게 되었다. "이 과자가 나를 얼마나 기쁘게 했는지 기억했어요. 그리고 내가 찾는 디저트를 살 만한 제과점이 근처에 없다는 것을 알고는 상심했어요. 그래서 나는 제과점을 열면 이 마을에 공헌을 할 수 있을 거라고, 그리고 나도 큰 기쁨을 느낄 거라고 생각하기 시작했어요."

칼라는 지금 작은 수제 제과점을 운영하고 있다. 그녀는 보기에 아름다울 뿐 아니라 맛도 좋은 디저트를 판다. 그녀는 빵과 과자를 구울 때면 시간 가는 줄 모른다. 그녀는 어린아이의 기쁨과 연장자의 안목을 지녔다. "나는 빵과 과자를 굽는 것을 좋아해요." 칼라는 말한다. "어떤 것도 이보다 나를 행복하게 만들 수는 없어요. 제과점을 열기 전에 나는 지루함과 우울함에 시달렸어요. 내가 좋아하는 일을 찾을 필요가 있었지만 찾는 방법을 몰랐어요. 아티스트 데이트를 해서 정말로 행복해요. 아티스트 데이트 덕분에 추억과 열정을 느끼게 되었고 결국 생기 넘치는 삶을 살게 되었으니까요. 내게는 빵과 과자를 굽는 것이 바로 생기 넘치는 삶이에요."

정말 맛있는 생강 쿠키와 키라임 파이*, 다크 초콜릿 피스타치오 케이크, 그리고 호박 치즈 케이크에 이르기까지 칼라는 자신이 창조한 작품에 자부심을 느낀다.

"빵과 과자를 구울 때 나는 결코 지치지 않아요." 칼라는 말한다. "나

• 연유와 라임즙으로 만든 미국 플로리다주의 전통 요리.

세상을 밝히는 것은 당신의 빛이다.　　　ㅡ루미

는 매우 젊어진 것 같아요. 앞으로 몇 년 동안 계속 빵과 과자를 굽고 싶어요."

어떤 종류이든 예술을 창조하는 것은 연금술과 같다. 예술을 창조할 때 우리는 우리 삶 속에 있는 불순물을 금으로 만든다. 예술을 창조하는 것은 우리 자신을 재창조하는 것이다. 회고록 작업을 할 때 우리는 우리 삶에 일어난 크고 작은 일들을 금처럼 소중한 모험으로 탈바꿈시킨다. 우리가 회고록 작업을 하면 일상은 특별한 것이 된다. 아주 흔한 곳도 특별한 곳이 된다. 우리는 과거의 기억들을 소중한 추억으로 변화시킨다. 우리는 과거를 현재로 만든다. 모닝 페이지를 손으로 쓰는 동안 우리는 우리 인생을 우리 손으로 창조한다. 우리의 관점과 발견을 지인들과 공유함으로써 우리는 그들에게 우리 세계를 볼 수 있는 창문을 열어준다. 그들은 종종 우리의 이야기와 추억에 깜짝 놀란다. 그들은 종종 그들 자신의 이야기와 추억을 공유한다. 우리가 우리 자신에 대해 알게 되고 진가를 인정할 때 우리는 더 공유할 것이 많아지고, 더 공유할 것이 많아지면 다른 사람들과의 유대 관계는 더 깊어지고 더 풍부해진다.

회고록을 다시 보았을 때, 나는 수면 위로 떠오른 나의 어린 시절 기억에 흥미를 느꼈다. 「이상한 나라 앨리스」에서 영감을 얻어 마법의 버섯을 먹어보려 했던 나 자신의 이야기를 썼는데, 그 이야기는 내 손녀 세라피나에게 교훈적인 이야기가 되었다. 이 모험을 되돌아보며 나는 나의 엄마가 어떻게 대처해야 할지 알고 있어서 다행이었다고 여기면서도 나 자신의 대범함을 높이 평가했다. 나는 마법을 찾고자 했던 어린아이의 논리를 이해할 수 있었다. 그리고 내가 이제는 뒤뜰에서 버섯을 따 먹지는 않지만, 여전히 마법을 찾고 있다는 것을 알 수 있었다.

발명에는 뛰어난 상상력과 쓰레기 더미가 필요하다.
— 토머스 A. 에디슨

내 어린 시절에서 찾아낸 또 다른 이야기는 복서 트릭시가 강아지를 낳은 이야기이다. 그 강아지들은 아주 작아서 잡을 수도 없을 정도였다. 트릭시는 강아지를 낳을 완벽한 장소로 지하실에 있는 낡은 샤워 부스를 선택했다. 나는 '강아지'라는 단어를 배웠다. 세라피나가 개에게 관심이 생겼을 때 나는 '강아지'라는 단어를 알려줬고, 세라피나는 곧 그 단어를 따라 했다.

내 어릴 적 이야기들은 세라피나의 어릴 적 이야기가 되어 시간의 흐름과 무관하게 영원히 살아남을 수 있다.

"왜 나한테는 이런 이야기들을 안 해줬어요?" 내 딸 도메니카는 알고 싶어 했다.

"그때는 아직 내 기억들을 금으로 만들지 못했거든." 나는 도메니카에게 설명해주었다.

우리는 추억의 세세한 부분까지 돌아보면서 그 추억을 우리 상상력의 마법을 통해 탈바꿈시킨다. 우리는 우리의 경험을 소중히 여긴다. 경험은 우리에게 에너지와 힘을 가져다준다. 우리가 우리 내면의 어린아이의 과거의 소망(그리고 현재의 소망)을 소중히 여기기 때문에 우리의 내면 아이는 여전히 활달하다. 어린 시절 가장 친했던 친구 리니 레인과 함께 결성한 '사나운 기수 클럽'에서 추구했던 모험에 관해 쓸 때, 나는 그 모험을 헤라클레스의 과업으로 탈바꿈시켰다. 이렇게 해서 내 추억은 금이 되었다.

우리 안의 어린아이는 생기가 넘치고 적극적이며 호기심이 넘친다. 이 내면의 어린아이가 바로 창조하고 우리의 금처럼 소중한 추억을 소중하게 여기는 부분이다. 우리의 추억을 소중하게 여기고, 우리 꿈을 좇아 행동하면서 우리는 오늘날 우리 자신을 재창조한다. 우리의 현재 나이를 받아들임과 동시에 우리는 또한 우리 안의 어린아이가 그다음에 하고 싶어 하는 것도 받아들여야 한다. 어쩌면 그것은 건강을 위한 식이요법을 시작하거나 하고 싶던 제과 제빵을 마음껏 하는 것일 수도 있다. 또는 둘 다 하는 것일 수도 있다. 혹은 새 수채화 물감을 사거나 새로운 우정을 맺는 것일 수도 있다. 그것이 무엇이든지 간에 우리는 그것에 강한 흥미를 느낄 것이고, 부름에 응답할 것이며, 생기를 되찾을 것이다. 그것이 무엇이든 간에 우리는 그것을 추구해야만 한다.

창조성은 어렵지 않고 쉽게 느껴져야 한다. 우리가 귀를 기울이기만 한다면 우리의 내면의 어린아이는 길을 알려줄 것이다.

| 과제 |

젊음의 샘

우리는 모두 점점 젊어지는 희열을 경험해본 적이 있었다. 당신이 젊다는 느낌을 받는 10가지 활동을 떠올려보라. 그리고 그 가운데 한 가지를 골라 그것을 하라.

1. 나는 _____ 을/를 할 때, 젊다고 느낀다.
2. 나는 _____ 을/를 할 때, 젊다고 느낀다.
3. 나는 _____ 을/를 할 때, 젊다고 느낀다.
4. 나는 _____ 을/를 할 때, 젊다고 느낀다.
5. 나는 _____ 을/를 할 때, 젊다고 느낀다.

6. 나는 _____을/를 할 때, 젊다고 느낀다.

7. 나는 _____을/를 할 때, 젊다고 느낀다.

8. 나는 _____을/를 할 때, 젊다고 느낀다.

9. 나는 _____을/를 할 때, 젊다고 느낀다..

10. 나는 _____을/를 할 때, 젊다고 느낀다.

| 과제 |

회고록 - 12주차

나이: _____

1. 이 시기에 맺었던 주요 유대 관계에 대해 묘사하라.

2. 어디에 살았는가? 여전히 그곳에 살고 있는가?

3. 이 시기에 일어난 중요한 변화는 무엇인가?

4. 이 시기 동안 당신이 인도함을 받는다고 느꼈던 때를 묘사하라.

5. 회고록을 돌아보면서 당신 인생에서 인도함의 손길을 느끼는가?

6. 당신 삶 전체를 되돌아본 지금, 당신은 목적의식이나 소명을 갖고 있는가?

7. 회고록에서 본 것 중 지금 당신이 당신 자신의 진가를 인정할 수 있는 것 하나는 무엇인가?

8. 당신 삶을 돌아볼 때 지금에야 보이는 당신의 창조성과 관련된 양식은 무엇인가?

9. 이 시기에 의미 있다고 느껴지는 다른 기억은 무엇인가?

10. 다음에 하고 싶은 일은 무엇인가?

후회 없는 인생

우리 인생 이야기를 적어 내려가면서 우리는 내면의 지혜와 접촉하게 된다. 우리는 여러 차례, 과거의 후회를 잠재우려 한다. "내가 ○○했었다면."이라고 쓰면 종종 우리가 실제로 택했던 길 위로 지혜가 드러나게 된다. 카를 융 박사는 모든 인생에는 운명의 흔적이 남아 있다고 믿었다. 우리의 이야기를 쓰다 보면 우리 운명은 우리에게 선명하게 다가온다. 우리는 우리가 한 많은 선택을 돌아보며 그 선택의 의미를 높이 평가한다.

내가 『아티스트 웨이』를 쓸 때, 내 영화 대리인이 내 초고를 읽고 말했다. "줄리아, 다시 영화 대본을 쓰지 그래요? 누가 창조성에 관한 책에 관심을 갖겠어요?" 거의 400만 명의 독자가 생긴 후에, 나는 영화 대본이 아닌 책을 쓴 것이 지혜로운 행동이었음을 깨달았다. 그 전환점 이후에 나는 40권 이상의 책을 집필했다.

내가 '창조성 보조 세트'라고 부른 것은 『아티스트 웨이』였다. 이 보조 세트의 도구들은 예술가들이 자기 자신을 신뢰할 수 있도록 도와주었다. 나는 도우미로서 명성을 얻었다. 정말로 뿌듯했다. 영화 분야에서 『아티스트 웨이』는 많은 영화배우들과 감독들을 도왔다. 최근에 나는 뉴욕에서 세미나를 진행했는데, 세미나 중간에 유명 영화배우가 참석한 걸 알고는 깜짝 놀랐다. 그녀는 급상승하는 자신의 경력을 위해 『아티스트 웨이』를 창조성 보조 세트로 활용하고 있었다.

회고록 작업을 하는 것은 우리 자신과 화해하는 데 도움이 된다. 어떤 때는 우리가 택한 길에서 지혜를 발견하고, 또 어떤 때는 이제야 그 것을 추구할 용기가 생긴, 묻혀 있던 꿈을 만나기도 한다. 회고록을 통 해 되돌아볼 때 종종 우리가 후회라고 생각한 것이 운명이었음이 드러 난다.

많은 사람들은 자기 자신에게 실망한 상태에서 은퇴한다. 직장 생활 을 하는 동안에 우리는 종종 우리 자신의 꿈과 목표는 무시한 채 다른 이들의 꿈과 목표만을 이루어줬을 수도 있다. 이제야 드디어 우리 자신 의 계획을 추구할 자유를 얻었을 때 우리는 후회 없는 삶을 살기 위해 오로지 우리 자신의 꿈에만 집중해야 함을 깨닫는다.

우리의 창조성을 가로막았던 장애물을 벗어나 회복하는 동안에는 서 서히 느긋하게 가는 것이 필수적이다. 우리 목표는 새 상처를 만드는 것 이 아니라 오래된 상처를 치유하는 것이다. 광고 제작 감독인 캐미는 종 종 자신이 감독한 광고의 광고 음악을 작곡한 멋진 음악가였다. "나는 작곡가이지만 겨우 30초짜리 곡만 써요." 그녀는 농담을 했다. 그러다가 캐미는 사랑에 빠졌고 결혼을 했다. 그녀의 남편은 스튜디오 음악가*였 다. 그는 종종 캐미가 쓴 곡들을 녹음했다. 그렇지만 캐미는 곧 작곡을 그만두었다. 그녀는 집안에서 '진짜' 음악가는 남편이라고 생각했다. 그 녀는 작곡을 그만두고 남편을 곁에서 지켜보는 것으로 만족했다. 그녀 가 인정하지는 않았지만 그녀는 자신만의 음악을 작곡하는 것을 그리워 했다. 그녀는 회고록 작업을 하면서 그녀 자신이 수년에 걸쳐 점점 작곡 에서 손을 떼는 과정을 지켜보았다. 그 과정에서 그녀 자신이 포기한 창

• 주로 녹음 작업에 참여하는 음악가.

경험은 인간에게 일어나는 일이 아니라, 인간이 자신에게 일어나는 일에 대처하는 일이다. — 올더스 헉슬리

조적 표현 수단에 대한 슬픔이 수면 위로 떠올랐다.

"나는 내가 잃어버린 모든 시간이 후회돼요." 그녀는 고백했다. "인생을 잘못 살았다는 생각이 들어요."

"모닝 페이지를 쓰는 것처럼 작곡을 해봐요." 나는 그녀에게 권유했다. "작곡을 하고, 대신에 그 곡은 당신 혼자만 간직해요. 당신의 내면 예술가는 남편의 예술에 겁을 먹은 거예요. 그러니까 당분간은 곡을 쓰고 혼자만 간직해요. 당신은 내면 예술가와 다시 신뢰를 쌓아야만 해요." 아침마다 그녀는 모닝 페이지를 쓰고 난 후, 피아노 앞에 앉아 단편적으로 떠오르는 멜로디에 귀를 기울였다. 날이 갈수록 멜로디들은 서로 조화를 이루었다. 그녀는 마침내 안도하며 내게 말했다. "나는 지금 내가 필요로 하는 방식으로 나 자신을 표현하고 있어요. 그것은 다름 아니라 표현하는 행위 그 자체를 말해요. 물론 때가 오면 내 음악을 다른 누군가와 나눌 수도 있겠죠. 그렇지만 지금 나는 작곡을 통해 나의 후회를 치유하고 있어요. 나는 내가 '잃어버린' 시간이라는 고통 때문에 작곡을 하는 것을 두려워하고 있었어요. 그런데 내가 깨닫지 못하고 있었던 것은 그 고통이 작곡을 통해 회복될 수 있었다는 거예요. 어쩌면 내가 '잃어버린' 시간(고통 그 자체)이 나를 더 성숙한 음악가로 만들어줄지도 모르겠어요."

반은 오랫동안 후회하고 있던 자신의 10대 후반 시절을 돌아보기를 두려워하며 회고록 작업을 시작했다. 18세 젊은이였던 그는 여자 친구를 임신시켰고, 많은 고민 끝에 그들은 낙태를 하기로 결정했다. 50년이 지나서도 그는 여전히 그때의 선택으로 괴로워했다. 그는 다른 젊은 남성들에게 도움을 주는 책을 쓰고 싶었다.

모든 사람들은 천재이다. 그렇지만 당신이 나무에 오르는 능력으로 물고기를 평가한다면, 그 물고기는 자신이 어리석다고 믿으면서 온 생애를 허비할 것이다. ― 알베르트 아인슈타인

"나는 글을 쓰고 싶지만 글을 쓰기가 두려워요." 그가 내게 말했다. 나는 모닝 페이지로 글쓰기를 시작하라고 권유했다. 그는 내 말대로 했다. 한 달 후에 그는 그가 꿈꾸던 책을 쓰기 시작했다. "마치 내가 내 꿈을 향해 한 걸음 내디디면 이 세상은 두 걸음 더 내딛는 것 같아요." 그가 설명했다. "글쓰기 그 자체가 치유 과정이에요." 회고록을 통해 자신의 과거와 화해를 했을 때, 그는 그것을 다른 사람들과 나눌 수 있었고, 마침내 그가 오랫동안 비밀로 간직해왔던 주제와 관련된 다른 사람들과 관계를 맺게 되었다.

"한 달에 한 번, 나는 약물 의존 치료 센터에서 강연을 해요. 내가 약물 남용을 했던 일을 이야기할 때, 낙태에 대해서도 이야기해요. 강연이 끝나면 사람들이 다가와서 내게 감사하다는 인사를 해요. '나도 그런 일을 겪었어요.'라는 말들을 해요. 나는 낙태 후에 과도하게 술을 마시고 약물을 사용하기 시작했어요. 그 일은 내게 정말 큰 상처를 남겼어요. 나는 자가 치료를 하려고 한 것이었지만 당연하게도 술은 내 상처를 더 악화시키기만 했어요. 나는 나 자신을 용서할 수 없을 것만 같았어요. 나는 천주교 신자였어요. 그래서 고해 성사를 하러 신부님을 찾아갔어요. 그때 신부님에게 들은 말이라고는 내가 내 죄로 지옥에 떨어질 것이라는 것뿐이었어요. 그 뒤로 나는 성당과 결별했죠. 영성에 대한 책을 읽기까지는 20년이 걸렸어요. 한 목사님을 만났는데, 그분 덕분에 나는 하나님이 벌을 주시는 분이 아니라 사랑을 주시는 분이라는 생각을 할 수 있게 되었어요. 이것이 내가 다른 젊은 남성들에게 전하고 싶은 말이에요. 나는 다른 남성들과 대화를 하면서 낙태에 대해서는 남성들보다 여성들이 더 많은 이야기를 나눈다는 사실을 알게 됐어요. 내 주변에는 내 경험에 관한 이야기를 나눌 남성이 아무도 없었어요. 그리고 나는 이 남자들은 자주 그런 경험을 가지고 있지 않다는 것을 알게 됐어요. 내 고통은 다른 이들을 위한 치유와 지혜의 원천이 될 수 있어요. 다른 사람들을 돕는 것은 내 고통과 후회에서 벗어나는 데 도움이 돼요."

우리 모두는 젊은 시절의 상처를 갖고 있다. 예술은 치유를 동반한다. 예술은 지하실과 다락방을 환기하고 옷장 문을 활짝 열어젖히며 어쩌면 아주 오래된 우리의 상처를 치유한다. 예술은 구석구석 말끔히 청소하는 영적인 진공청소기이다. 이런 의미에서 모든 예술은 자서전적이고, 치유의 힘이 있다.

때때로 우리는 심각한 상처를 갖고 있다. 에이드리엔은 필사적으로 글쓰기를 하고 싶어 했지만 두려운 마음이 들어 나를 찾아왔다. 나는 그녀에게 모닝 페이지를 써보라고 권유했다. 하지만 그녀는 주저했다.

"협상을 하죠." 나는 그녀에게 말했다. "글쓰기를 시작하세요. 그리고 너무 혼란스러워지면 상담 치료사를 만나보세요."

그렇게 해서 에이드리엔은 글쓰기를 시작했다. 약 6주 후에 그녀는 아주 신이 나서 강의실로 들어왔다. 그녀는 내게 민무늬 봉투를 내밀며 말했다. "내 첫 단편 소설이에요." 나는 그 봉투를 집으로 가져왔고 그다음 날 밤에 자리를 잡고 앉아서 그 소설을 읽기 시작했다. 소설은 정말 재미있었지만 불편한 구석이 있었다. 그 소설은 가정 내 성폭력에 관한 이야기였다. 나는 에이드리엔에게 전화를 걸어 커피 한잔 마시자고 했다. 우리가 만났을 때 나는 그녀에게 자전적 소설인지 물었다.

"맞아요." 에이드리엔이 말했다. "이것이 내가 대면하기를 두려워했던 유령이에요."

당신이 숨을 쉬는 한, 뭔가 선한 일을 하기에 너무 늦은
때란 결코 없다.　　　　　　　 ― 마야 안젤루

"우리가 했던 협상 기억나요?" 나는 말했다. "좋은 상담 치료사를 찾아서 만나봐요."

몇 주 후, 에이드리엔은 내게 두 번째 봉투를 건네주었다. "또 다른 단편 소설이에요." 그녀가 말했다. "그리고 상담 치료사도 찾았어요."

나는 그날 밤 봉투를 열어보았다. 또다시 가정 내 성폭력에 관한 소설이었다. 그렇지만 가상의 여주인공은 그녀의 가해자와 맞섰다. 나와 에이드리엔은 다시 만나서 커피를 한잔 마셨다.

"난 당신의 소설이 참 좋아요." 내가 말했다. "여주인공이 정말 용감했어요."

"맞아요. 나도 그녀가 좋아요." 에이드리엔이 대답했다. "현실 세계에서 내 가해자는 죽었어요. 가상 세계에서 나는 용기를 좀 낼 수 있었어요. 내 상담 치료사는 내 글쓰기가 치료법이라고 말했죠. 나도 그렇게 생각해요."

모든 상처가 에이드리엔의 상처만큼 심각하지는 않다. 그렇지만 상처가 무엇이든 간에, 예술을 창조하는 것은 그것을 치료하는 데 도움이 된다. 후회는 고통스럽다. 그렇지만 우리는 항상 긍정적인 행동을 할 수 있는 힘(그리고 고통을 줄일 수 있는 힘)을 가지고 있다.

| 과제 |

선(善)을 위한 변화

이 시점에서 당신은 위협이 느껴지는 영역에 변화를 일으키고 싶다는 느낌을 받을 수도 있다. 부정적으로 보였던 변화가 나중에 알고 보니 긍정적이었던 때에 대해 써보라. 그때를 기억하면서, 당신이 거부하고 있을지도 모르는 현재의 변화가 최선일 수 있다고 상상해보라. 당신의 현재 상황을 변화시킴으로써 얻을 수 있는 밝은 희망은 무엇인가?

오늘이라는 마법

인생은 한 번에 하루씩 살아가게 되어 있다. 그렇지만 많은 사람들은 오늘이 아닌, 과거 또는 미래로 빠져버리기도 한다. 과거는 이미 지나갔고 미래는 아직 오지 않았다. 우리는 지금 우리가 살고 있는 이 하루만 살 수 있다. 하루하루를 잘 사는 것은 아름다운 일이며, 그렇게 살아야 과거에 더 만족감을 느낄 수 있고 미래가 더 밝아진다.

나에 대한 신의 의지를 알기 위해 매일 기도할 때 나는 바로 다음에 할 행동으로 인도된다. 우리의 매일 습관이 신의 의지를 묻는 것이든, 단순히 모닝 페이지가 무엇을 드러낼지 보기 위해 모닝 페이지에 쓰는 것이든, 거기에는 항상 우리의 현재를 생산적으로 만들기 위해 우리가 할 수 있는 작은 어떤 것이 존재한다. 현재에 집중하면서 우리는 그 보상으로 행복감을 느낀다. 매일매일의 우리 삶은 충만해진다.

카를 융 박사는 인생의 후반부는 회고하는 시기라고 믿었다. 지난날을 돌아보면서 우리는 과거의 의미를 이해하게 된다. 우리가 회고록을 통해 우리 생애를 예우할 때 우리는 예술로, 또는 말이나 글로, 또는 타인을 위한 가르침으로 유산을 남기게 된다. 우리는 후손들에게 우리가 누구이고 어떤 사람이었는지를 알려준다. 우리는 우리의 과거가 어떻게 우리를 지금의 이 자리까지 데리고 왔는지 안다. 반면에 모닝 페이지를 쓰면서 우리는 과거에 초점을 맞추는 것이 아니라 현재에 초점을 맞춘다. 모닝 페이지는 '현재에 머물도록' 우리를 돕는다. 하루하루 우리가 지낼 날들을 펼쳐 보이며 그날그날의 의미와 은총을 발견하도록 돕는다.

직장 생활을 할 때 우리는 현재에, 그리고 그 순간의 안건과 일정에 집중해야 했다. 이제 이러한 삶의 굴레에서 자유로워진 우리는 어쩌면 겁먹고 방황할지도 모른다. 우리는 현재에 다시 한번 집중할 필요가 있다. 매일 아침 우리는 모닝 페이지를 통해 바로 지금 이 순간 우리에게 필요한 지식을 알게 됨으로써 지혜로워진다.

모닝 페이지에 중독성이 있음은 많은 이들이 증명해 준다. 우리는 바로 여기, 그리고 바로 지금에 초점을 맞추어 우리 자신의 인생을 영위해 나아가는 데 '푹 빠지게' 된다.

레이는 주저하면서 모닝 페이지를 쓰기 시작했다. 그녀는 모닝 페이지가 그녀를 이혼으로 이끌 것이라고 확신했다. 그녀는 줄곧 자신이 결혼 생활에 실패했다는 생각에 사로잡혀 있었고, 끊임없이 어둡고 음울한 미래를 상상했다. 그렇지만 모닝 페이지를 쓰면서 그녀는 어느새 현재로 끌려 나왔고, 놀랍게도 어려움을 겪고 있는 지금의 결혼 생활에 대한 책임감을 느끼게 되었다.

"남편이 좀 더 나에게 마음을 열어줬으면 좋겠다." 그녀는 이렇게 글을 시작했는데, 글을 써 내려가다 보니 나중에는 이렇게 쓰게 되었다. "내가 남편에게 좀 더 마음을 열어야 한다는 생각이 든다." 그녀는 모닝 페이지의 권유대로 좀 더 마음을 열고 남편과 소통하기 시작했다. 그러자 놀랍게도 그녀의 남편 또한 그러한 태도를 보였다. 불과 몇 주 만에 그녀는 전보다 더 큰 행복을 느끼며 결혼 생활에 만족하게 되었다. 미래를 걱정하면서 시간과 에너지를 쓰는 대신에 현재를 개선하는 데(그리고 즐기는 데) 집중을 한 것이다.

"결국 나에게 필요했던 것은 거대하고 극적이고 파괴적인 변화가 아니었어요. 그건 복잡한 감정(알고 보니 걱정했던 것보다는 덜 복잡한 감정)을 정리하는 것이었어요." 나는 모닝 페이지를 통해 긍정적인 변화를 경험한 수강생들에게 자주 말하듯 그녀에게도 계속해서 모닝 페이지를 쓰라고 권했다. 모닝 페이지는 우리가 지금 여기 현재의 삶에서 벗어나지 않도록 해준다. 레이는 계속해서 모닝 페이지를 쓰며 매일의 감정적 변화를 처리했다. "모닝 페이지는 훌륭한 결혼 문제 상담사 같다. 모닝 페이지는 내가 끔찍한 실수를 하지 않도록 막아주었다. 답은 이혼이 아니라 소통이었다." 그녀는 어느 날 적었다. 이러한 충고는 굉장히 단순해 보이지만, 이 명료함이 바로 우리 안에서 나온 것이라면 진정으로 심오한 것이다. 우리가 자신의 문제에 대한 해결책을 스스로 찾는다면 우리는 그 해결책 속의 지혜를 내면화하고, 우리 자신의 진정한 일부로서 그 지혜를 사용할 수 있다. 똑같은 충고라고 하더라도 외부에서 주어진 충고는 우리 안에서 나온 충고에 비해 힘이 약하다.

우리 중의 일부는 우리 인생의 가장 흥미로운 시간은 이미 지나갔다고 생각한다. 현재에 초점을 맞추면 우리는 우리 인생이 여전히 흥미로우며 우리의 통찰이 심오하다는 것을 알 수 있다.

최근에 나는 니키라는 60대 여성으로부터 한 통의 편지를 받았다. 그녀는 감옥에 있을 때 모닝 페이지를 쓰기 시작했다. 그녀의 죄목은 마리

아무리 오래 산다고 해도 늙지 말라. 우리가 태어난 위대한 신비 앞에 호기심 많은 어린아이처럼 서 있기를 멈추지 말라. ─ 알베르트 아인슈타인

화나 소지였다. 그녀는 징역 7년을 선고받았다. "모닝 페이지는 감옥의 따분함을 견딜 수 있게 해줬어요." 그녀는 말한다. 10년이 지난 지금, 그녀가 감옥에서 풀려난 지 몇 년이 지난 뒤에도, 모닝 페이지는 여전히 그녀의 인생을 이끌어나갈 방법을 가르쳐준다.

"나는 내 형량이 끝나려면 얼마나 남았는지에 대해서만 골몰하지 않고 현재를 사는 법을 배웠어요." 그녀는 말한다. "나는 '현재'가 통찰로 가득 차 있다는 것을 깨달았어요. 감옥에 있었지만 내 상상력은 날개를 단 듯했죠."

많은 사람들은 시간을 둘둘 말려 있는 긴 옷감과 같다고 여긴다. '오늘부터 죽을 때까지' 말이다. 우리가 가진 것은 시간뿐인 것처럼 시간을 바라보는 것은 우리에게 도움이 되지 않는다. 자꾸 미루게 만들고 생산적으로 쓰지 못하게 한다. 우리가 한 번에 하루씩 살려고 노력한다면 훨씬 더 나아질 것이다. 아침에 일어나 모닝 페이지를 쓰면서 우리는 앞으로 펼쳐질 하루를 자극하고, 명료하게 하고, 위로하고, 격려하고, 우선순위를 정하고, 동시성을 경험하게 한다. "오늘은 무슨 일을 할 수 있을까?" 우리 자신에게 물으면, 우리는 언제나 우리가 감당할 수 있는 작은 걸음의 답을 얻을 수 있다.

45년 동안 내 친구 제인은 영적인 길을 걸어왔다. 고민이 생겨서 그녀에게 전화를 하면 그녀는 항상 이렇게 말한다. "참 힘들겠구나. 하지만 오늘만큼은 괜찮아." 내 고민의 영역이 무엇이든 간에 제인은 현재에만 집중하는 그녀의 방식대로 고민의 범위를 조정해준다. 최근에 건강 이상으로 입원했을 때 그녀는 자신의 문제에 대해 현재에만 집중하는 방식을 활용했다. 의사는 그녀에게 앞으로 살 날이 3일밖에 안 남았다고

우리를 기다리고 있는 삶을 받아들이려면, 계획했던 삶을 기꺼이 내려놓아야 한다.
— 조지프 캠벨

말했다. 그녀는 차분하게 이 선고를 받아들였다. 당황한 친구들이 그녀에게 전화를 하면 그녀는 항상 소란을 피우지 않으며 차분히 말했다. "나는 '괜찮아'." 의사로부터 3일 선고를 받은 지 몇 달이 지난 지금, 현재에만 집중하는 그녀의 방식이 그녀를 걱정해주던 나와 그녀의 여러 친구들에게 본보기가 되었다. 현재에 집중해서 살면 삶의 소소한 것들이 축복으로 다가온다.

"무리하지 말라." 우리 모두 들어본 말이다. 나는 항상 이 말을 "침착해."라는 뜻으로 이해했다. 그런데 "무리하지 말라."는 말이 실제로는 "힘을 빼고 그것(당장 앞에 놓인 매일 매일의 목표)을 성취하라."는 뜻일 수 있겠다는 생각이 들었다. 그제야 나는 현재에 집중하는 여유로운 접근 방법이 어떻게 아직 이루지 못한 미래에 대한 상상보다 훨씬 더 앞으로 나를 나아가게 하는지 깨닫기 시작했다. 하루에 일어날 수 있는 일은 그 분량이 정해져 있으며, 그날그날 우리에게 주어진 일을 받아들이고 성취할 때, 우리는 상상했던 것보다 훨씬 더 앞으로 나아가 있음을 어느덧 깨닫게 된다. 이것이 바로 현재에 집중함이 주는 마법이다.

| 과제 |

오늘 하루

오늘에 집중한다는 것이 말하기는 쉽지만 행동하기는 어렵다. 하지만 우리가 성공적으로 지금 이 순간에 초점을 맞춘다면, 언제나 마법과도 같은 일이 벌어질 것이다. 종종 우리는 지금이 무언가를 시작하기에 '너무 늦었다'(또는 '너무 이르다')고 생각하여 과거 또는 미래로 건너뛴다. 우리

어찌할 도리가 없는 날은 일 년에 이틀뿐이다. 하루는 어제라 불리는 날이며, 나머지 하루는 내일이라 불리는 날이다. ― 달라이 라마

는 다음에 디뎌야 할 걸음이 우리에게 너무 크다거나 벌써 우리를 지나 쳐갔다고 짐작한다. 실제로 이용할 수 있는 시간인 오늘에 집중하면 우리는 우리가 '오늘 하루' 성취할 수 있는 일들이 무엇인지 알 수 있다.

다음 문장을 완성하라.

1. 내가 오늘 하루 할 수 있는 일은 _____이다.
2. 내가 오늘 하루 할 수 있는 일은 _____이다.
3. 내가 오늘 하루 할 수 있는 일은 _____이다.
4. 내가 오늘 하루 할 수 있는 일은 _____이다.
5. 내가 오늘 하루 할 수 있는 일은 _____이다.

결코 혼자가 아니다

나는 아침에는 모닝 페이지를 쓰고 저녁에는 이미 돌아가신 분들께 삶의 지혜를 구한다. 나는 질문을 던지고 대답을 듣기 위해 귀를 기울인다. 예를 들면 이렇다. 내가 "엄마로부터 답을 들을 수 있을까요?"라고 물으면 "줄리 B., 나는 항상 너와 함께 있어. 너는 지금 제대로 잘 가고 있어. 낙심하지 마. 나랑 너의 이모들은 너에게 기지와 지혜를 주기 위해 노력하고 있단다. 우리는 항상 너의 숨결이 닿을 정도로 가까운 곳에 너와 함께 있어."라고 '듣는다'.

엄마가 주는 메시지는 나를 안심시킨다. 그다음에는 아빠에게 묻는

모든 것은 앞으로, 밖으로 나아간다. 아무것도 무너지지 않는다.
— 월트 휘트먼

다. "아빠로부터 답을 들을 수 있을까요?"라고 물으면 "줄리 B., 나는 너를 지키고 인도하고 있단다. 내게 인도해달라고 하면 너는 인도를 받을 수 있을 거야. 너는 안전하고 보호받고 있어."라고 '듣는다'.

영락없이, '저 너머'에서 받은 메시지는 긍정적이고 도움이 된다. 나는 종종 메시지가 '진짜'인지, 또는 내 상상에서 오는 허구인지 궁금하다. 그 메시지들은 확실히 진짜처럼 들린다. 나는 그것을 반복해서 읽으면 평화로워지고 차분해진다. 좀 더 보편적인 초월적 존재에게 지혜를 구하면 나는 '우리는'으로 시작하는 메시지가 들린다. "우리가 너를 지키고 인도한다. 우리는 너를 안전하게 이끈다. 우리는 너를 부드럽게 인도한다. 우리는 너를 한 번에 한 걸음씩 이끈다."

나의 부모님으로부터 오는 메시지처럼 좀 더 신비로운 초월적 존재에게서 오는 메시지도 온유하고 다정하다. 내가 이런 메시지를 상상으로 꾸며낸 것이라 할지라도 이것은 나를 위로해준다. 나는 단순히 돌아가신 분들을 '그리워'하기만 하는 것이 아니라 그들과의 지속적인 소통을 즐긴다.

우리 모두는 이미 세상을 떠난 사람들에게 편지를 쓸 수 있다. 놀랍게도 우리는 이미 세상을 떠난 사람들이 우리에게 답을 준다는 느낌을 받을 수 있다. 시간이 지나면 우리는 문제에 대한 답을 구하고 그 대답을 들으며 진정한 대화를 나누게 된다.

준은 외로워서 저세상으로 먼저 떠난 친구들과 소통을 시도하기 시작했다. 그녀는 그들의 지혜와 우정이 그리웠다. 그녀가 친구들로부터 그들도 준을 그리워한다는 대답을 들었을 때 그녀가 얼마나 놀랐을지 상상해보라.

"친구들로부터 메시지를 들었을 때 나는 안도감을 느꼈어요. 나는 그들의 몸은 떠났어도 영은 그렇지 않다는 것을 깨달았어요. 우리 관계는 감지하기 힘들었지만 지속되고 있었어요. 난 그들이 간절히 날 도와주고 싶어 한다는 걸 깨달았어요."

칼 또한 자신이 세상을 떠난 사람들과 지속적으로 연결되어 있다는 것을 깨달았다. "정말 충격적이었어요." 그는 말한다. "그들과의 소통을 기대하지 않았지만, 정말로 그들과 소통할 수 있다는 것을 알게 되었죠. 나는 무수한 질문을 했고, 답변을 받았어요. 세상을 떠난 내 친구들로부터 도움을 구하는 것은 일상이 되었어요. 세상을 떠난 친구들에게 도움을 구한다고 말하는 예수회 수사와 얘기를 나누기 전까지는 내가 좀 미친 것은 아닌가 생각했어요. 그 수사는 책상 서랍을 열고 카드 묶음을 꺼냈어요. 각각의 카드에는 이름과 약력이 적혀 있었어요. '나는 아프면 의사였던 친구에게 도움을 요청해요.' 그 수사는 말했어요. '법적인 문제가 생기면 나는 변호사였던 친구에게 물어봐요. 나는 내 친구들이 나만의 성자라는 걸 깨달았어요. 그리고 그들은 간절히 날 도와주고 싶어 해요.'"

점차 우리는 영적인 도움으로 우리 삶의 모든 영역을 향상시킬 수 있다는 것을 깨닫는다. 모닝 페이지를 혼자 간직하는 가운데 우리는 영적 각성을 경험한다. 점차 우리는 도움을 요청하고, 받은 도움에 감사하는 우리 자신을 발견한다. 우리 삶의 동반자들은 우리 자신과 우리의 태도가 변했다는 것을 알아차릴지도 모른다. 우리는 우리의 변화가 영적인 것임을 그들에게 알릴 필요는 없다. 우리의 각성은 개인적인 영역이며, 각성은 우리가 하는 것이다.

그들에게 이야기를 들려주라. — 필립 풀먼

세상을 떠난 사람들과의 소통을 시도하면서 나는 위안을 얻는다. 나는 내세를 믿는다. 그리고 우리가 노년기를 보내고 있을 때 우리 세상과 다음 세상 사이에 쳐진 막은 점점 얇아질 것이다. 우리는 인도함을 구하면 우리 자신이 인도받는다는 것을 안다. 우리 자신보다 더 젊은 사람들의 멘토가 될 때 우리는 도리어 그들에게서 조언과 도움을 받는다. 이미 세상을 떠난 사람들과 지속적인 관계를 형성하고자 할 때 우리는 정말 혼자가 아니다. 회고록을 끝마칠 때 우리는 새롭고 더 견고한 믿음을 가지고 있다. 우리는 먼저 간 모든 것과 앞서가는 모든 것의 일부이다. 우리는 다른 세계와 연결되어 있으며, 이러한 연결에 대한 믿음을 우리의 마지막 유산(그리고 가장 멋진 유산)으로 남긴다.

| 과제 |

구하고 귀를 기울이라

이번 주에는 세상을 떠난 사람들에게 직접 질문하고 응답을 듣기 위해 '귀를 기울이는' 실험을 하라. 좀 더 높은 지혜가 느껴지는가? 답변에는 진실성, 당신이 다가간 이들의 친숙한 음성이 담겨 있는가? 당신이 혼자가 아니라는 것을 알아채기 시작하고 있는가?

| 주간 점검 사항 |

1. 며칠 동안 모닝 페이지를 썼는가? 모닝 페이지를 직접 써보니 어떤 느낌이 드는가?

앞으로 나아가는 것, 그것은 행복의 열쇠이다.
— 루스 몽고메리

2. 아티스트 데이트를 했는가? 무엇을 했는가? 회고록에서 아티스트 데이트를 통해 탐험해보고 싶은 것을 발견했는가?

3. 산책을 했는가? 산책을 하는 동안 당신의 관심을 끈 것은 무엇인가?

4. 이번 주에는 어떤 '아하'를 발견했는가?

5. 이번 주에 동시성을 경험했는가? 그것은 무엇이었는가? 동시성을 통해 겸손함을 느꼈는가? 왠지 창조주가 당신을 인도한다는 느낌을 받았는가?

6. 회고록에서 좀 더 충실하게 탐험해보고 싶은 것을 발견했는가? 그 것을 어떻게 탐험할 것인가? 늘 그렇듯이 좀 더 주의를 기울여 살펴봐야 할 필요가 있다고 느끼는 내재된 기억이 있지만 어떤 조치를 더 취해야 할지 확실하지 않더라도 걱정하지 말라. 계속 앞으로 나아가면 된다.

다시 태어나기

이 책의 끝에서 나는 모든 작업을 끝낸 당신은 당신 자신이 상상한 것보다 더 크고 다채로운 사람임을 깨달았기를 바란다. 당신이 당신 자신의 이야기와 다시 만났기를, 그리고 당신만의 독특한 여정이 당신과 연결된 사람들에게 선사하는 모든 것을 높이 평가하기를 바란다. 인생의 제2막에서 당신을 앞으로 나아가게 해줄 내면의 강점과 에너지의 원천을 찾았기를 기대한다. 앞으로도 모닝 페이지와 아티스트 데이트, 그리고 산책을 계속해나가기를 권한다. 이 도구들은 미래의 창조성을 보장해준다. 이 도구들을 이용할 때 당신은 "이제 나는 무엇을 해야 하지?"라는 질문에 대한 답이 간단하고 심오하며 실행 가능하다는 것을 끊임없이 발견하게 될 것이다.

"이거 한번 해봐." 우리의 모닝 페이지는 제안을 하고 우리는 '이것'을 해 본다. 나이가 들어감에 따라 현자가 된 우리는 함께 나눌 지혜가 많다. 우리 자신의 창조성에 대한 믿음은 우리가 물려줄 선물이다. 우리의 자녀들과 손주들, 친구들, 그리고 동료들은 모두 우리의 확신으로부터 이익을 얻는다. 우리가 새롭고 좀 더 생기 있는 삶을 꾸려나가는 것을 볼 때 그들도 종종 감명을 받아 그 도구들을 집어 든다. 우리는 본보기로서 그들을 이끌 수 있다. 우리의 행동은 우리 주변 사람들에게 그들도 과감히 꿈을 꿀 수 있다고 용기를 북돋아줄 수 있다.

우리 한 사람, 한 사람 모두 창조적이다.

소망 목록

마지막 도구이자 내가 가장 좋아하는 도구 중 하나는, 단순하지만 잠재력이 있는 '소망 목록'이다. 1번부터 20번까지 번호를 매기고, 빈칸을 채우라.

  나는 _____을/를 소망한다.
  나는 _____을/를 소망한다.
  나는 _____을/를 소망한다.

  소망의 범주는 사소한 것에서부터 심오한 데까지 이르며, 소망은 대부분 우리 자신이 실행하여 성취할 수 있는 것들이다.
  당신은 무엇을 소망하는가?

새로운 시작을 위한 아티스트웨이

1판 1쇄 발행   2020년 9월 10일
1판 5쇄 발행   2024년 8월 8일

지은이   줄리아 카메론
옮긴이   정영수
펴낸이   이종호
편 집   김미숙
디자인   씨오디
발행처   청미출판사
출판등록   2015년 2월 2일 제2015-000040호
주 소   서울시 마포구 토정로 158, 103-1403
전 화   02-379-0377
팩 스   0505-300-0377
전자우편   cheongmipub@daum.net
블로그   blog.naver.com/cheongmipub
페이스북   www.facebook.com/cheongmipub
인스타그램   www.instagram.com/cheongmipublishing

ISBN   979-11-89134-17-4 03190

이 도서의 국립중앙도서관 출판예정도서목록(CIP)은 서지정보유통지원시스템 홈페이지
(http://seoji.nl.go.kr)와 국가자료공동목록시스템(http://www.nl.go.kr/kolisnet)에서
이용하실 수 있습니다.(CIP제어번호 : CIP2020035472)
* 책값은 뒤표지에 있습니다.